小笠原諸島の混合言語の歴史と構造

日本元来の多文化共生社会で起きた言語接触

ダニエル・ロング

ひつじ書房

This book is dedicated to my friends
Soon-hyeong and Gauco ...
because I wouldn't have made it without them.
李舜炯さんと甲賀真広君にささげる

iii

目　次

第1部　日本語到来以前	1

第1章　小笠原諸島の言語史	3
1.1.　言語接触関連の用語	5
1.1.1.　ピジン化とピジン	5
1.1.2.　クレオール、クレオロイド、急速クレオール化	7
1.2.　小笠原諸島の歴史的概要	11
1.3.　小笠原言語研究の意義	12
1.4.　地理と地名	17
1.5.　入植以前の歴史	20
1.6.　初期の入植者	22
1.7.　日本人の到来	22
1.8.　第二次世界大戦	23
1.9.　戦後の孤立化	24
1.10.　日本への返還	25

第2章　小笠原諸島における言語変種	27
2.1.　太平洋の諸言語	28
2.2.　ヨーロッパの諸言語	29
2.3.　イギリス英語とアメリカ英語	32
2.4.　ボニンピジン英語	33
2.5.　ボニンクレオロイド英語	34

iv

2.6.	ボニン標準英語	35
2.7.	八丈島方言とその他の日本語変種	35
2.8.	小笠原コイネー日本語	37
2.9.	小笠原標準日本語	38
2.10.	小笠原混合言語	39
2.11.	様々な集団の名称	40

第3章　日本語が入ってくる以前の英語　　45

3.1.	入植者一世の母語の多様性	46
3.2.	家庭内で異なる言語	52
3.3.	学校教育の欠如	58
3.4.	日本人漂着者の記録	62
3.5.	太平洋諸島の影響	68
3.6.	島民の外部との接触	69
	3.6.1.　入植者一世の来島前の経験	69
	3.6.2.　入植者一世が外の世界と接触する機会	70
	3.6.3.　太平洋人入植者の言語使用	72
	3.6.4.　島生まれ二世の外部者とのコミュニケーション	77
	3.6.5.　島を離れて生活した入植者一世	77
	3.6.6.　勉学や勤労で島を離れた二世	78
3.7.	ハワイ語などに由来する単語	80
3.8.	人名に由来する単語	87
3.9.	類似する言語接触状況	91
3.10.	一世の間で使われたピジン化された英語	93
3.11.	二世以降に使われたクレオロイド英語	94
3.12.	接触言語を示唆する記録	96
3.13.	19世紀後半のボニン英語に関する記述	98

第2部　日本語到来後　　107

第4章　社会歴史学的概要：日本語時代の初期　　109

4.1.　日本語の領域拡張の歴史で捉える小笠原　　109

4.2.　小笠原島民の日本語との出会い　　112

4.3.　ジョセフ・ゴンザレスと19世紀後期の英語教育　　113

4.4.　19世紀後半のバイリンガリズムとダイグロシア　　118

4.5.　日本語と英語が混ざり始めた状況　　120

4.6.　日本本土で教育を受けた欧米系島民　　123

4.7.　日本時代初期における英語と太平洋諸語の接触　　124

第5章　19世紀後半のボニン英語　　131

5.1.　話者について　　133

5.2.　検証すべき課題　　135

5.2.1.　データから得られること　　135

5.2.2.　島を離れた船上生活による言語的影響　　136

5.2.3.　チャーリー爺の英語と「ピジン」　　137

5.2.4.　チャーリー爺の英語と一般アメリカ英語　　137

5.3.　分節音素　　139

5.3.1.　母音　　139

5.3.2.　子音　　144

5.3.3.　/v/音が［w］類になる現象　　147

5.3.4.　/v/としての［β］の起源　　149

5.4.　超分節音素　　151

5.4.1.　単語アクセント　　151

5.4.2.　文イントネーション　　151

5.5.　語彙　　151

5.6.　日本語からの干渉　　154

5.7.	19 世紀クレオロイドの形跡	155
5.8.	伝聞にみられるクレオロイド	157
5.9.	形態統語素	160
5.10.	まとめ	163

第3部　20 世紀前半　165

第6章　社会歴史学的概要：20 世紀初頭の英語　167

6.1.	20 世紀初頭において増加する二言語使用とダイグロシア	168
6.2.	日英通訳を務めた島民	170
6.3.	人名	171
6.4.	20 世紀の日系島民が話していた英語	175

第7章　20 世紀初頭のボニン英語と戦前の混合言語　183

7.1.	20 世紀初頭生まれの男性の英語	183
7.2.	戦前における小笠原混合言語の発生	191
7.3.	音韻論	196
7.4.	小笠原混合言語の日本語の要素	198
7.5.	機能的語彙	201
7.6.	形態論	204
7.7.	統語素	206

第4部　米軍時代　211

第8章　社会歴史学的概要：米海軍時代の英語　213

8.1.	戦後のダイグロシアの L 言語としての日本語と混合言語	215
8.2.	米海軍統治下における英語による教育	215

目次　vii

8.3.　米軍時代における戦前生まれ話者の英語使用　219

8.4.　個人話者の言語レパートリー　221

第 9 章　ネイビー世代のボニン英語　227

9.1.　1960 年代に話されていた英語に関する報告　227

9.2.　60 年代後半の書記英語としての例　230

9.3.　ネイビー世代の英語に影響を与えた様々な言語変種　237

9.4.　米軍時代における太平洋諸島の影響　238

9.5.　ネイビー世代が話す英語の特徴　240

第 10 章　戦後の小笠原混合言語　243

10.1.　混合言語という概念　243

10.2.　小笠原混合言語の発生　244

　10.2.1.　言語死　245

　10.2.2.　第二言語習得　246

　10.2.3.　第一言語習得　247

　10.2.4.　小笠原混合言語の発生における子供たちの役割　248

　10.2.5.　Myers-Scotton が提唱した MLT モデル　252

　10.2.6.　小笠原混合言語とコードスイッチングおよびコード混交 258

10.3.　戦後の混合言語の特徴　262

　10.3.1.　戦後の小笠原混合言語に見られる 2 つの音韻体系　262

　10.3.2.　人称代名詞　264

　10.3.3.　数字と数詞　268

　10.3.4.　時間関係の表現　269

　10.3.5.　ポートマントー文　271

　10.3.6.　基本語彙、文化固有の語彙、複雑な語彙　273

　10.3.7.　句単位の英語の導入　277

　10.3.8.　言語転移による特徴　279

10.4.　混合言語の研究　281

| 10.5. | 「二起点接触言語」としての混合言語 | 282 |
| 10.6. | 小笠原混合言語の将来 | 285 |

第5部 返還後　289

第11章 欧米系島民が使う日本語の実態　291

11.1.	欧米系島民の日本語能力に見る世代差	291
11.2.	会話例にみるネイビー世代話者の日本語能力	294
11.3.	作文にみるネイビー世代話者の日本語能力	299
11.4.	ネイビー世代話者が話している日本語の特徴	304
11.4.1.	音韻面の特徴	304
11.4.2.	語彙面や表現面の特徴	305
11.4.3.	東京・関東方言との共通点	307
11.4.4.	九州方言と共通するもの	309
11.4.5.	沖縄と共通しているもの	310
11.4.6.	小笠原に取り残される古い単語	312
11.4.7.	旧南洋庁の日本語との共通点	313
11.5.	欧米系島民の日本語に見られる八丈島方言の影響	316
11.5.1.	八丈島方言に由来する小笠原ことば	316
11.5.2.	接頭辞	320
11.5.3.	八丈島方言が変化した小笠原ことば	321
11.5.4.	八丈島方言に「逆流」している小笠原ことば	325

第12章 他の孤立した言語変種の社会との比較　331

12.1.	類似した言語接触の状況	331
12.2.	言語的要因	335
12.2.1.	言語系統の分類	335
12.2.2.	理解度の観点から見た主流の言語変種との言語的距離	336

12.3.	地政学的要因	338
12.3.1.	地理的孤立	338
12.3.2.	微少な人口	340
12.4.	言語ドメインに関する要因	340
12.4.1.	書きことばとしての使用	340
12.4.2.	マスコミの役割	341
12.4.3.	学校カリキュラムにおける言語変種の使用	342
12.5.	言語使用の諸要因	342
12.5.1.	言語レパートリーと外部者へのコードスイッチング	342
12.5.2.	外部者による言語習得	344
12.5.3.	若年層への継承	344
12.6.	社会心理学的要因	347
12.6.1.	標準変種に対する態度	347
12.6.2.	地元の言語変種の概念化	349
12.6.3.	彼ら自身の変種に対する態度	351
12.6.4.	地元の変種に対する外部者の態度	352
12.6.5.	アイデンティティ	353

第13章　返還後における英語、日本語および混合言語　359

13.1.	返還後における日本語のH言語復位	359
13.2.	現在の小笠原日本語の特徴	360
13.3.	小笠原日本語に見られる英語の影響	363
13.3.1.	小笠原日本語における英語起源借用語の母音の発音	363
13.3.2.	ニューイングランドなまりが現れるボニン英語	366
13.4.	歴史的まとめ	367
13.5.	コミュニティの現状	369
13.6.	ボニン・アイランダーたちの将来	371

第14章 「小笠原混合言語」は本当に「言語」なのか —5つの側面からの検証—　375

14.1. 問題の所在　375

14.2. 言語意識面　376

14.3. 言語使用面　377

14.4. 言語能力面　378

14.5. 言語習得面　379

14.6. 言語構造面　381

14.7. まとめ　383

第15章 世界遺産時代の小笠原ことば　385

15.1. 生物学から言語を考える　385

15.2. 言語的固有種　386

15.3. 言語的広域分布種　388

15.4. 言語的外来種　389

15.5. 小笠原の言語を知る「意義」　391

謝辞　395

参考文献　397

索引　409

第1部　日本語到来以前

ペリー一行が見た1850年代の父島の光景
Hawks(1856)

第1章　小笠原諸島の言語史

　あまり知られていない事だが、先住民の間のコミュニティ言語として英語が保たれている西太平洋の島々がある。それが「ボニン諸島」である。今日、これらの島々(日本では普通「小笠原諸島」と呼ばれる)は日本国の領土となっており、島民は日本国籍であるがいまだに英語が生き残っている。それはコミュニケーション手段でもあり、また、一部の島民にとっては独特なアイデンティティを表示する手段でもある。本書は1830年から現在に至るまで諸島で使われてきた様々な形の英語を概括することを目的とする。

　本書は5部から構成されており、小笠原の歴史的区分にそって、日本語が話される以前の時代(第1部)、日本語が入った初期(第2部)、20世紀前半(第3部)、米軍時代(第4部)、そして返還後(第5部)へと進んでいく。

　第1部では1830年の最初の入植者から1870年代を取り上げる。章立ては次のとおりである。第1章「小笠原諸島の言語史」では島の歴史を概説し、頻繁に用いる専門用語や概念を定義づけする。諸島の歴史の中で英語は独立した言語として使われてきた。一方、英語は小笠原日本語や小笠原混合言語などの構成要素としての役割も果たしている。第2章でこれらの言語変種を概し、これまで島で暮らしてきた人々がどのような言語や方言を母語として使っていたか、島でどのような接触言語が生まれたかを検証する。第3章では日本語が島に入ってくる以前にどのような英語が話されていたかについて考察する。英語ネイティブの様々な母方言および非ネイティブによって話されてきた接触変種を時代ごとに確認し、それらを生み出した社会的背景を考える。すなわち19世紀前半に島民の間で話されていたピジン英語を

考え、それを生み出した歴史的要因を考察する。この「不安定ピジン」が後に島生まれの若者の第一言語となり、クレオロイド（準クレオール、§1.1.2参照）へと発展した。

　第2部は日本語が島に入って来た1860年代から世紀末までの状況を考える。第4章と第5章は、日本語が島に入って来た1860年代から19世紀末までを扱う。まず、第4章でクレオロイド英語の歴史的・社会的役割を検証する。島のクレオロイド英語と日本語のバイリンガルである人が増える過程で、社会的ダイグロシアもみられるようになった。第5章でこの時代のボニン英語(小笠原英語)を話していた話者のデータをケーススタディとしてその言語体系を記述し、分析を行なう。本書ではこれ以降の章でも第4・5章と同様、それぞれの時代の言語を「社会的背景」と「言語体系の記述」に分けて考える。

　第3部では、20世紀初頭から戦争まで話された英語および混合言語の社会的背景の概要(第6章)を述べ、言語体系の記述(第7章)を行なう。第6章と7章では、20世紀初頭から第二次世界大戦終結までに話された英語および混合言語の社会的背景の概括(前者)と言語体系の記述(後者)を行なう。

　第4部では戦後の米軍統治下時代に使われていた2つの言語変種の社会的要因を検証した上で(第8章)、この時代のボニン英語(第9章)およびこの時代に安定した使用がみられた小笠原混合言語(第10章)の実態を分析する。

　第5部で1968年の返還から現在にいたるまでの状況を検証する。第11章で返還直後に行なわれた日本語能力の判定から、現在も話されている日本語の特徴まで、複数の観点から欧米系島民の日本語の実態に迫る。第12章で1968年の返還以降の英語およびそれ以外の言語変種をみる。似たような言語状況がみられる世界の孤島との比較から小笠原諸島の特徴が浮き彫りになるはずであろう。第13章で小笠原の英語や日本語、および小笠原混合言語が返還後にどのようになっているかを検討した上で、その将来像を考える。第14章で「小笠原混合言語」は単なるコード切り替えと違って、一つの言語体系として認められる主張を多面的に考察する。第15章ではユネスコの世界自然遺産として登録された小笠原の自然だけではなく言語に敢えて

注目する理由を追求する。

1.1.　言語接触関連の用語

　本題に入る前に本書で頻繁に使われる言語接触論の用語の意味や使い分けを確認する。すなわち「ピジン」、「ピジン化された言語」、「クレオール」、「クレオロイド」、「急速クレオール化」についてである。

1.1.1.　ピジン化とピジン

　ピジン（pidgin）は 2 つ、または 3 つ以上の言語の話者がお互いの言語が理解できない状態で集まるときに生じる言語体系である。典型的には「力」（経済力、優勢な技術、戦力、圧倒的な人数など）を持っていない複数の集団が、力をもっている人々の言語を不完全に習得する際に生まれる言語体系のことをいう。これらの集団が力を持っている集団の話す言語から語彙形態素を取り入れることから、その力を持っている人々の話す言語を「語彙提供言語（lexifier language）」、または「上層言語」（superstrate language）と呼ぶ。しかし、彼らがその言語の文法的形態素や文法事項（統語論規則）を理解しようとすると、自分たちのそれぞれの母語（複数の「基層言語」substrate languages）が習得を阻害してしまう。「基層言語」の影響を受けて彼らが目標言語の文法を誤解（再解釈）することによって、目標言語の文法は単純化され、再構築される。

　初期段階ではピジンは均質的なものではなく、同じピジンでもさまざまな話者の母語によって著しい違いが現れる。ここで一例を挙げる。ある人がハワイのピジン英語を話すとき、その話者の母語がタガログ語であるなら、動詞で始まる構文を考え "Work hard des people"（よく働くこの人々）のように言うだろう。一方、韓国語や日本語を母語とするハワイピジン英語話者は、母語の影響を受け動詞などの述語を文末に持って行き "Name me no like"（その名前は好きじゃない）と話す（Carr 1972, Bickerton & Odo 1976, Bickerton 1981）。しかし、ピジンが発展すると個人間の変異が減り、均一化し、「結

晶」となる(Thomason 2001: 169)。それゆえピジンはやがて自らの文法規則を持つようになる。Sebba(1997: 15)は「ピジンの語彙や文法は(根本的なものとはいえ)その使用者に容認されている。けっして「何でもあり」の状態ではない。」と述べているのである。

このようにある程度の均一化を達成しているピジンを「安定ピジン」と呼ぶ研究者がいる(Sebba 1997)。また、安定していなければ「ピジン」と呼べないのであるからわざわざ「安定」と言う必要はないと訴える研究者もいる(Winford 2003)。研究者によっては、安定する前の段階を「前ピジン」あるいは「ジャーゴン」と呼ぶこともある。

Holm(2000: 5)は次のように述べている。「個人はその場その場で自分のことばを単純化し、縮小することができる。例えばリスボンで買い物をするニューヨーカーについて考えてみるが、ここに見られるのはピジンではなく何の規範もないジャーゴンである。」しかし、こうした区別は決して明確なものではなく、「前ピジン連続体」の存在を指摘する言語接触論者もいる(Holm 2000: 69)。

Hymes(1971: 84)の昔の定義はいまだに教科書に使われている(Winford 2003: 270)。「ピジン化は内的縮小とともに、使用域の減少が起きる複雑な社会言語学的変化である。この過程を経て規範となったのがピジンである。」本書ではHymesの定義に沿って、「ピジン化」を「非母語話者が多くいるコミュニティで長期にわたって使われる単純化された英語の発展」と定義する。

小笠原諸島のボニンピジン英語については安定ピジンまで発展したという証拠がない。しかし、小笠原ピジン英語はピジンの条件の1つを満たしていたことは明らかである。その条件とは「3次的ハイブリッド化」(tertiary hybridization)[1]と呼ばれる現象である(Holm 1988: 5, Sebba 1997: 103)。ボニン英語は英語の非母語話者同士の言語として使われたことは明らかなのだ。ここでは「小笠原ピジン英語」よりも「小笠原前期ピジン英語」や「小笠原非安定ピジン英語」などのネーミングのほうが正しいのかもかもしれない。

ピジンの母語話者がいないということに関して、言語学者の意見は一致す

る。ピジン使用者はその定義からして必ず別の母語を持っているからである。ピジンを母語とするものが現れると、それは「クレオール」と呼ばれるようになる。

　ある話者がピジンを使ってコミュニケーションをする際、その話者が母語で認識することのできる複雑な文法関係であっても、文法的に制限されているためピジンでは言い表せないことがある。ピジンは「私疲れた。腹減った」や「黙れ！働け！殴る！」といった概念を表現するのに向いている。しかし、ピジン使用者が「ねえ、もし私があの石をもう持ち上げられないぐらいお腹が空いていると彼に言ったら、彼が私を殴るぞと脅し続けるとあなたは思いますか？」のような複雑なことを考えついたとしても、ピジンでは言い表せないためあきらめて黙って働き続けるしかないのである。

1.1.2.　クレオール、クレオロイド、急速クレオール化

　ピジンを使う話者に見られる「考えられること」と「表現できること」とのギャップはクレオール話者にはない。クレオール話者は子供のときにピジンを第一言語(多くの場合は話せる唯一の言語)として獲得しており、彼らの頭の中では文法が拡張され、個別単語が複雑な文法事項へとリサイクルされているからである。例えば、*suppose*(たとえば)が *s'pose* に短縮され、仮定法マーカー(上層言語の標準英語の *if* に当たる文法事項)として使われている。この複雑さへの発展は、他の言語からの影響によるものではなく、子供たちの脳の中で起きるので「非接触型拡張 non-contact expansion」と呼ばれる(Trudgill 2002: 69–70)。クレオールは「ピジンの母語化による拡張」であり、子供たちによって想像されるクレオールは(ピジンと違って)完全な言語体系を成している。彼らの脳が考え得る認知上の関係は、全て彼らの持っているクレオール言語によって言語化可能なものであるのだ。

　かつての研究では子供たちによる「安定ピジン」の母語化現象(これをgradual creolization と呼ぶ)がかなり注目されたが、近年、これと異なる過程がかなり注目を浴びている。Sebba(1997: 134)は次のように語っている。「子供たちが安定ピジンや拡張ピジンが話されている定住コミュニティに生まれ

ることもある。しかし、初期ピジンが安定ピジンに発展するまでの間子供たちが生まれるのを待つということはない。だとすると大人の間で使われている唯一のリンガ・フランカが発展の初期段階のピジン（つまりただのジャーゴン）である状況下で彼らの子供たちが生まれてくることは、少なくも理論的にはあり得ることだ。」このように安定していないピジンが子供たちの母語として習得される過程をThomason & Kaufman(1988)は「急速クレオール化 abrupt creolization」と呼んでいる。

　急速クレオール化ではピジンが一世代の間に文法的に複雑化していく。言うならばピジン化で起きた縮小(reduction)がこの拡張(expansion)過程で修復されるということである(Trudgill 2002: 70)。急速クレオール化のシナリオとして、例えば次のような状況が考えられる。それまで無人島だったところに集まってきた人々はそれぞれ母語が異なるため、コミュニケーション言語としてピジン英語を使ってコミュニケーションをしている。そのコミュニティに生まれ育つ子供たちは、ネイティブによる英語(あるいは大人が母語としているそれ以外の言語のネイティブによる話し方)をめったに耳にすることはないので、このノンネイティブ同士の間で使われるピジン英語を自分たちの母語として獲得する。

　なお、多くの話者がノンネイティブとしてピジン英語を使っているコミュニティでも、数の少ない英語母語話者が非常に影響力を発揮する場合がある。小笠原諸島および後に取り上げるピトケアン(Pitcairn)島では、英語母語話者は極めて少数であった。こうしたところで生じる「クレオロイド」(creoloid/ 準クレオール)と呼ばれる接触言語は「クレオール」との共通点も相違点もある。クレオールと似ている点は(1)他言語から混入された単語や言語形式(admixture)と、(2)数多くの成人した非母語話者の不完全な習得による単純化の2点である。一方でクレオロイドとクレオールは(1)クレオロイドの場合の単純化はそれほど劇的なものではない、(2)それゆえクレオール化の場合に見られる文法構造の大胆な拡張もクレオロイドでは見られないという点で異なっている。すなわちピジン化・クレオール化に見られる極端な「スクラップアンドビルド」現象がクレオロイドの場合には観察されない

のである。

「クレオロイド」は事情の異なる現象を指す用語としても使われている。最初に使ったのは John Platt (1975) で、シンガポール英語の低位変種 (basilect) を指していた。これはクレオールのように使用者の第一言語の影響が見られるが、本当のクレオールのような劇的な文法的再構築は起こっていない。その後、同じ用語がインド洋レユニオン島のレユニオン・クレオールのような言語体系を指すことばとして使われるようになった。モーリシャス島のモーリシャス・クレオールはそれが形成された後、標準語との接触が少なかったために独特な変遷を遂げたが、レユニオン・クレオールでは標準フランス語との接触が続いていた (Trudgill 1983)。その結果後者の構造の方がフランス語に近い (Corne 1982)。最近 Holm がこうした現象を一冊の本にまとめている。彼は「半クレオール (semi creole)」という名称を候補として検討した末、「部分的に再構築された言語 (partially restructured languages)」といううまわりくどい用語を提唱している (Holm 2004: xiii)。

Sebba (1997: 162) は「本当のクレオールではないが、クレオールのような形式を持つ」という意味においてアフリカーンス語はクレオロイドに当たるとしている。特に「他のクレオールに比べて、過激な単純化が少ないものの、この章で取り上げるほかのクレオールと同程度、本来のオランダ語のテンス活用が縮小されている」点を強調している (Sebba 1997: 166)。

Sebba が「単純化」と呼んでいる過程を、Trudgill は「単純化 (simplification)」と「縮小 (reduction)」の2つに分けている。彼のクレオロイドの概説をここに引用する。

世界にはポスト・クレオール (post-creoles 脱クレオール化によって当初の上層言語に似てきたもの) に見えても実はそうではない言語変種がたくさん存在する。これらの変種は起点言語 (ピジン形成に関わる上層言語と基層言語) に対する、混入 (admixture) や単純化の程度が相対的に低く、過去にはピジンがなかったことが分かっている。Trudgill (1983: 102) で指摘したように、こうした言語をクレオロイド、そしてこれら

10 第1部 日本語到来以前

の形成過程をクレオロイド化と呼ぶことができる。

　すなわちクレオロイド化は混入や単純化の2つの過程から実現している。しかし、クレオールと違ってクレオロイドは〈縮小そして後の拡張による修復〉の歴史を持っていない。クレオロイドは最初から縮小を得ていないのである。したがって部分的に脱クレオール化を経ているクレオールとクレオロイドを分けるのは歴史的な違いであり、共時的な検討だけでは区別できない。クレオロイド化は数多くの成人した非母語話者の不完全な習得による現象である。しかし、クレオロイドの場合母語話者との接触は途絶えていないため縮小が起きない。クレオロイドの優れた例はアフリカーンス語であり、オランダ語に比べて明らかにクレオロイド的である。（訳および傍点は筆者によるものである。）

(Trudgill 2002: 71)

　同じ章で Trudgill は上記の2種類の現象を区別する必要を訴えている。それはシンガポール英語のように母語として使われていないものは「非母語話者クレオロイド」、そしてアフリカーンス語のようにコミュニティ全員の母語として使われるものは「クレオロイド」のように2つを区別するべきであるというものだ。

　最後に上記の Trudgill の引用文のうち、筆者が傍点を付けた部分に注目したい。氏はクレオロイドが発展したコミュニティには「過去にはピジンがなかったことが分かっている」と述べ、「母語話者との接触は途絶えていない」としている。なお本書で19世紀半ばの小笠原諸島で発展した英語基盤の接触言語（そして後に20世紀の混合言語の起点言語(source language)の1つとなった言語）はクレオロイドであったと主張する。しかし本書ではそのクレオロイドの過去にはピジン（少なくとも不安定な初期ピジン）があり、そして英語母語話者との接触が希薄ながらも続いていたという主張をつらぬく。状況的証拠を見ていけば19世紀の小笠原諸島で非安定型ピジンが発展し、やがて急速クレオロイド化によってクレオロイドへと進化したという説が十分裏付けられるはずである。

1.2. 小笠原諸島の歴史的概要

　19世紀前半に様々な言語を話す太平洋諸島の女性と欧米諸国の男性が移住してくるまで、小笠原諸島はずっと無人であったようだ(2章の§2.1および§2.2を参照)。様々な資料にコミュニティの共通言語としてピジン英語(入植者のそれぞれの母語を基層言語としたもの)の形成が示唆されている。こうした言語環境に生まれ育った子供たちはこのピジンを母語として獲得したのである(すなわち、クレオロイド化が起きた)。

　1860〜1870年代には小笠原諸島は日本の領土となり日本人が大量に入植してきた。日本人が島で最初の学校を開設して、英語と日本語によるバイリンガル教育が開始された。増加するバイリンガリズムに伴い、統語論的収斂(syntactic convergence)が起き、もう1つの接触言語が形成される。それが日本語の基層言語に、19世紀の英語基盤クレオロイドからの語彙が取り入れられた「混合言語」である。

　第二次世界大戦後島の言語状況は再び激変する。島は米海軍の統治下におかれるようになり、欧米系の島民のみ帰島が許可され英語による学校教育が行われるようになった。こうした日本との断絶の時代が終わったのは1968年であった。1968年に小笠原諸島は日本へ返還され日本本土での生活を余儀なくされていた「日系」の島民が四半世紀ぶりに里帰りすることが許された(エルドリッチ2008)。長い間小笠原混合言語と小笠原クレオロイド英語が標準日本語や標準英語といった高位変種と並んで使用されていたが、返還以来加速する人間の移動やコミュニケーション技術の進歩も加わって、これらの低位変種の「脱クレオール化」(厳密に言えば、「脱クレオロイド化」と「脱混合言語化」)が進んでいる。

　言語が小笠原諸島で使われはじめてから170年の間、優勢言語が英語から日本語へ(1870年代から)変わり、そして再び英語に(1946年に)戻り、さらに日本語へと(1968年に)戻った。次にこの複雑な言語史と関わる出来事を綴っていく。

　小笠原の言語史は4つの時代に区分することができる。第1期(1830–

1875)は最初の定住者が来島してから日本人入植者が入ってくるまでの時代
である。第2期(1875–1945)は日本語化が始まってから第二次世界大戦に島
民が内地へ強制疎開するまでであり、この時代は言語状況によってさらに区
分できる。日本の領土になった直後から欧米系の日本語習得が始まったが、
その時点では英語が優勢だった(2A期)。20世紀の初頭(1910年代、20年
代)から、日本語を第一言語とする欧米系が増えてくる(2B期)。1937年ご
ろからは、高まる軍国主義の中で英語の使用への弾圧が公私の場面を問わず
厳しくなっていく(2C期)といったような具合である。第3期(1946–1968)
には、諸島を統治していた米海軍が欧米系島民のみの帰島を許可したため、
英語優勢の社会へと戻り子供たちは英語による教育を受けるようになった。
この時代は1952年を境に2つに再分化できる。それまで欧米系島民だけが
島に住んでいたのだが、この年を境に海軍兵とその家族が島で一緒に暮らす
ようになったのである。(歴史の詳細に関してはHead & Daws 1968参照。
ロング1998bに日英両言語による文献目録が記載されている。)

1.3.　小笠原言語研究の意義

　言語学のいくつかの分野にとって小笠原を研究することは大きな意義を
持っている。本書は諸島の英語を対象としているが、ここで日本語学との関
係についても触れておく。

(1) 小笠原は第二言語としての日本語教育が(個人単位ではなく)コミュニ
ティ全員に対して行われた最初の例である。

(2) 欧米系島民が第二言語として習得した日本語の中に興味深い特徴があ
る。

(3) 日本語諸方言が交じり合った結果、コイネー(一種の新生方言)が生み
出されている。

言語学の文献において小笠原の言語状況に関する記述は少ないながらも存

在する。しかしそのほとんどは英語と日本語の両方の使用に触れるだけで、本書で指摘している重要な事実(英語と日本語以外にも2つの言語体系が言語接触によって形成されたこと)を見落としている。20年ほど前に2つの論文が刊行された。津田(1988)は30歳代の男性とその50歳代の母との会話に出てくる日英両言語の単語の使用に注目している。その結果男性が英単語を使うのは、アメリカの学生生活関連の話、米軍時代の自分に関する話、アメリカの地名、数字の場合であるということを述べている。母親が英単語を使ったのは、衣食住、公の施設、天気の話である。関口(1988)は母島の子供たちを対象にアンケート調査を行った結果、ハンマーヘッド(シュモクザメ)のような魚名を英語で知っていることが分かった。日本音声学会会報にも論文が載っている(有馬1985)が、その発音の表記法から島民の英語の発音を想像するのは困難である。

　諸島の日本語に関する記述も少ないが、例えば平山(1941)は多くの島民が八丈島出身であることにより、八丈島のことばとの類似性が高いことを指摘している。

　しかし、いずれの研究も小笠原に集まった日本語の方言の間にコイネー化が起きたかどうかといった課題を追究することができていない。また島の英語において日本語以外の影響(英語の地域方言のなごり、クレオロイド化など)も無視している。欧米系島民の話す日本語に見られる言語転移の研究も滞っている。無論、これらの論文が書かれたときには「コイネー化」(本書の§2.8参照)という用語はまだ確立していなかったが、日本の方言研究者は昔から北海道などにおける方言接触の現象に注目していたのだ。同様に日本の言語学は昔から外国人の話す日本語の特徴に注目している。1941年4月から1945年1月まで『日本語』という(日本語教育振興会発行の)学術雑誌が、当時の朝鮮、満州国、台湾、南洋庁などの植民地におけるこうした第二言語としての日本語教育を言語学的に追究していた。こうした言語研究の状況の中で、小笠原がほとんど注目されなかったのは不思議なことである。

　近年、何人かの日本語学者が、小笠原における英語使用の(止むを得ない)衰退、そして返還(1968年)後に生まれた欧米系話者の多くは日本語モノリ

14 第1部 日本語到来以前

ンガルであることなどについて触れている(DeChicchis 1993, Maher 1997, ネ
ウストプニー 1997)。学問的に重要なのは島における英語一般の衰退ではな
く、小笠原で形成された島独自の英語変種が消えつつあることである。

　小笠原で話されている様々な言語変種が言語研究にとって重要である理由
はいくつか挙げられる。まず太平洋の言語接触の中では入植者の集まった年
代が早かった(1830年)ことがある。ピジンが太平洋において広く作られ、
使われるようになったのは1830年よりだいぶ後のことである。それに島民
がどの程度外の世界から孤立していたかということも重要である。太平洋の
接触言語の大部分は同一のものに由来すると思われ、いくつかの異なった変
種に枝分かれした後でも話し手の移動によってお互い影響し合っていたと考
えられている。ピトケアン語が他の太平洋地域の接触言語と大きく異なって
いる理由は、早くに形成され、そして孤立していたという2点に起因する
と言われているが(Clark 1979)、そう考えると小笠原の接触言語も注目に値
するだろう。

　以上は言語学一般の立場から考えたものだが、太平洋、そして世界におけ
る英語の言語変種を研究する際にも小笠原は重要なフィールドである。その
理由は以下の通りである。

① 　住み着いた人たちの母語は非常にバラエティーに富んだものであっ
　　た。
② 　英語母語話者の数が少なく、島民全体の中での割合も小さかった。さ
　　らに、同じ母語話者とはいえ、イギリス南東部、米国のニューイング
　　ランド地方など様々な方言を話していた(本書§2.3参照)。
③ 　複数の言語による接触状況が接触言語を生み出した(非・安定ピジ
　　ン、後にクレオロイド)。残念ながら19世紀のピジンやクレオール
　　に関する記録が皆無に近いので詳細を知ることができない。しかし今
　　日に至って伝承されている話し方(小笠原混合言語や20世紀のボニ
　　ン英語)の中に見られる特徴のいくつかは、この初期の言語変種のな
　　ごりだと思われる。

④　小笠原のピジン・クレオロイドは、太平洋の他の地域で発展したピジン英語・クレオール英語とはほとんど無関係に発展し、独自の進化を遂げている。

⑤　この小笠原ピジン・クレオロイドが発展したにもかかわらず、「主流英語」もこれらと並行して島で使われ続けたようである。（本書で使っている「主流英語」とは接触言語ではない英語変種を意味する。つまり標準語にしろ方言にしろ、母語話者から代々伝承されたものを指す。）

　小笠原諸島でこれまで本格的な言語研究が行なわれたことはないが、太平洋の言語接触に関する言語学の文献では小笠原に関する言及がよく目に付く。但しほとんどの言及は「研究を必要とされる島である」という類のものである。以下ではこうした文献をいくつか取り上げ、言語学者がどの点に関心を持っているか、そしてどういう知識や誤報が見られるかを考察する。

　Mühlhäusler & Trew (1996: 380–381) は以下のように述べている。

　　小笠原諸島は、1593年に小笠原貞頼によって発見されたと報告されている。19世紀初め、様々な地域からの船員がポリネシア、ミクロネシアの女性を連れて小笠原に移住した。ポリネシアやミクロネシアの女性のことばはその移住によって変わってはいたが、クレオール英語ではなかった。1876年にこの島は公式に日本の領土となった。第二次世界大戦中、島民たちは日本本土で避難生活をしていた。1946年、小笠原諸島はアメリカ領となり海軍基地が建設された。1968年に日本に返還された。1986年、人口は1804人で日本人が多数を占めた。19世紀における小笠原の言語は恐らくピトケアン語と比較できるが、ボニン英語の実例が残っていないのは残念である、これは日本の研究者が取り組むべき研究テーマになろう。　　　　　（ミュールホイスラー＆トリュー 2000）

　Mühlhäusler (1998: 39) は「種々様々な人口構成や、識字率がほとんどゼロ

16 第1部 日本語到来以前

だったことを考えると、ピジン化とクレオール化が起きたに違いない」と述べている。

また Ehrhart-Kneher(1996: 523)は「これらの2つの言語［パーマストン英語とピトケアン島の言語］と、「ナティック島男ことば」および研究されていないボニン英語との比較は理論的に興味深いものになるであろう。そして、トリスタン・ダ・クーニャ(Tristan da Cunha)などの孤島に見られる新しい英語変種との比較も同様である。」としている。

しかし中には誤った報告も存在する。例えば Mühlhäusler & Baker(1996: 498)は太平洋地域の言語接触について次のように述べている。

　　英語基盤の言語変種が新しく発生したわずかな地域では、これらの言語変種と［後に］他所の言語—特に［主流］英語—との間に強烈な接触が再び起きたため、小笠原諸島のようなこれら［独自に発生した英語起源の接触変種］が消滅した。

この情報は一部間違っている。小笠原諸島は太平洋の多くの島と同様、英語基盤の接触言語が形成された。そして、他の島と同様、独特な接触変種が一旦形成されてから主流英語が再び入ってきて、地元独自の変種に取って代わろうとしたという点に関して異論を挟む余地はない。しかし、小笠原で主流英語がこの競争に勝ち、接触変種が消滅した、という説明は明らかに間違っている。現在の話者が話している英語は「ポスト・クレオロイドの連続体」に位置づけられるいくつかの話し方に使い分けられている。彼らの話し方は19世紀のボニン英語だけではなく、日本語および米軍が持って来た米語にも影響されているのである。

言語学が19世紀のボニン英語の姿を抽出する唯一の方法は、元々島にあったピジン・クレオールの要素と後に外から入って来て絡み合ってしまった要素をほどくことである。

1.4.　地理と地名

　小笠原の歴史に多大な影響を与えた要因の1つに、島が置かれている地理的条件がある。ここで地理的位置を地名とともに考察しよう。

　小笠原諸島(英語ではボニンアイランズ、延島 1990 参照)は図 1–1 のように日本本土とマリアナ諸島との間に位置している。そして、日本語の歴史の観点からみても小笠原は特異な位置にあるのだ。すなわち小笠原の最初の住民は日本民族ではなく、多数の日本人以外の民族から成り、彼らは多数の言語を話していたのである。そうであるにもかかわらず島の言語状況は(前節の§1.3 で見たわずかな言及を除いて)日本の言語学者にはほとんど無視されてきたのである。その人口は極端に少なく(2001 年に小笠原村の人口は2366 人)、そして島の歴史を通して英語話者の数が 200 人を超えたことはない(図 1–2 参照)。

　行政単位としての東京都小笠原村は西の沖ノ鳥島から東の南鳥島(マーカス島)まで広がっているが、中心となるのは民間人の住む小笠原群島と自衛隊の駐屯する火山諸島(北硫黄島、硫黄島、南硫黄島)である。小笠原群島は真ん中の父島列島、北の聟島列島、そして南の母島列島からなる。現在住民がいるのは母島と父島のみである。

　2001 年の父島の人口は 1927 人で母島は 439 人であった。19 世紀、父島の人口は数百人だったのに対し母島は数十人だったので、二島の差はより著しかった。20 世紀の第 3 四半期の間、母島は再び無人島と化した。二島の間がわずか 50 キロで、昔はカヌーによる行き来が行なわれていた。父島内でも孤立した集落があったことを考えると、母島だけが特に孤立していたわけでもない。よってその二島は 1 つの生活コミュニティを形成していたと考えることができる。これらの理由から本書では「父島」について言及したり、2 つを合わせて「小笠原」と呼んだりはするが、(特筆箇所を除いて)取り上げている言語的な状況に限って言えば、「父島」と「小笠原」を厳密に分けて考える必要がないという立場をとる。本書ではさほど意識して 2 つの言い方を使い分けていないことを述べておきたい。

小笠原の地理的位置を他の島と比べてみよう。父島は北緯 27 度 2 分にある。沖縄の島々は 24 度〜27 度の間にあるということを考えると想像しやすいかもしれない。そしてその言語状況の共通点が多いことから本書でよく取り上げているピトケアン島は南緯 25 度 4 分にある。面積では父島(24 平方キロ)とピトケアン(5 平方キロ)は沖縄本島の 1206km² とは比較にならない。数字だけでイメージがわかなければ、父島をボートで一周するのに一時間ほどかかると考えると実感がわくかもしれない。(第 12 章では世界の島々との比較を行なう。)

小笠原のように南北に連なる島々は他にもある。船に乗って東京湾から出航して南南東方向に進むことを想像しよう。(現実問題として、今日に至ってもこれが小笠原諸島に渡る唯一の方法である。)朝出発すれば、最初に出会うのは、伊豆諸島の大島や三宅島、そして小笠原と言語的、歴史的に関係の深い八丈島などである。

さらに南下して 2〜4 ノットの速さで北東方向に流れる黒潮を横切る。夜の間に無人の島を通る。これらには日本語起源ではない名前(ベヨネーズ列岩＜Bayonnaise Rocks、須美寿島＜Smith Island、嬬婦岩＜Lot's Wife)が付けられていて、日本の歴史的文化圏から離れていることが感じられる。

二日目の朝、智島列島が見えてくる。今日に至っても日常的に使われ続けている英語名はこの列島で最初に現れるケータ(＜Cater Island、智島)のみである。順番に 媒島と嫁島が見えてくる。通り過ぎたこの 3 島が視界を去った頃父島列島の孫島、弟島、兄島、父島、南島が次々へと現れる。50 キロ南にあるのは女性の親戚を中心に名付けられた母島、姉島、妹島、姪島、向島、平島である。

さらに南には火山諸島とサイパン、テニアン、ロタからなる北マリアナ諸島やグアムがある。

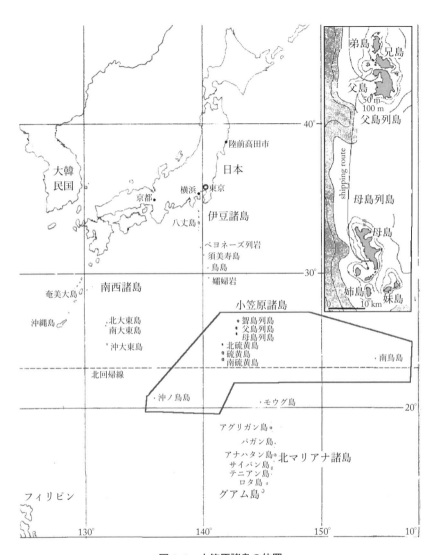

図 1-1　小笠原諸島の位置

1.5. 入植以前の歴史

　先史時代の小笠原諸島には、南方から来たミクロネシア系(チャモロやカロリンなど)の人々が住んでいた可能性がある。父島や北硫黄島で発見されている石斧は日本(縄文や弥生)の物ではなく、ミクロネシア的な作りとなっているからである。この人たちが島を訪れたのは確実だが定住していたかどうかは不明である。ただ確実に言えることは、16、17世紀に西洋人や日本人が島を見たときにはどんな人間もその島にはいなかったということである。

　小笠原諸島と思われる島が最初に歴史的な記録に登場するのは、スペインのビラロボス船長(Ruy Lopeze deVillalobos)が1543年10月半ばに島を見かけたときである(しかし、このときは上陸せずに通り過ぎただけであった)。1639年7月半ばには、オランダのタスマン(Abel Tasman)船長率いるフラフト号(Graft)とクアスト(Mathijs Hendriksz Quast)船長率いるエンゲル号(Engel)の2隻がまた上陸せずに通りすぎている。彼らは父島にフラフト島という名を、母島にエンゲルという名を付けたがこれらの呼び名が使われることはなかった。

　記録がはっきりしている最初の上陸者は、1670年2月に漂着した日本人であった。1669年10月29日、船は阿波の国(海辺郡浅川浦)を出帆して紀州でみかんを積んだ。船頭の勘右衛門と荷主の長左衛門、そして5人の水夫の計7人で11月15日に江戸に向かった。12月6日に強風に遭い7人は東へと流されてしまった。28日には米が底をついて以降、みかんと釣ったシイラを食べ雨水を貯めて飲んだ。1670年の2月中旬に無人島に漂着した。彼らの後の供述によると、島の西南に湾があってその向かい側に3つの小島があった、となっているので彼らのたどり着いた島は母島であったと思われる。島には獣はいなかったが亀や鯨をたくさん見た。数週間そこで体力をつけて、船の修理を試みた。この島の北西には別の島(父島)が見えたので、ある朝それを目指し夜半ごろに着いた。一週間ほど滞在したあと再び北に進んで、20ばかりの小島を通って狭くて平らな島(聟島列島)にたどり着いた。

そこから北西に向かって8日間走り続け、1670年4月25日に八丈島にたどり着いたと彼ら漂流者が江戸幕府の取調べを受け詳細な報告書を残している。

これをきっかけに、幕府が小笠原諸島の探検、調査を計画する。16世紀後半には日本人は大型船を建造し、シャム（現在のタイ）やルソン（フィリピン）、ジャワやスマトラ（インドネシア）まで進出する。それは日本の大航海時代であったが、鎖国政策に転換してからは、こうした船が解体され、図面も捨てられて造船の技術は伝承されなくなってしまった。

しかし、幕府が長崎と江戸の間の外洋に耐える唐船の製造を命じ、1670年2月には「豊国寿丸」が完成する。同年に阿波のみかん船がたどり着いてから、八丈島の辰巳（東南）の方向にあるこの島々は「辰巳（巽）無人島」と呼ばれるようになった。1674年の5月、幕府は嶋谷市左衛門に巽無人島への巡検航海を命じた。翌年の4月5日に嶋谷一行は下田を出帆した。八丈島や鳥島に寄りながら、南進して1675年5月1日には父島の宮之浜と思われるところから上陸を試みた。小さな神社を建て、また観測を行うなどして地図や海図を作成するなどした。それから一ヶ月をかけて母島、南島、兄島、弟島を探索した。5月23日の記録では「島々の総称は無人島」と決めた上、父島、母島、兄島、弟島、姉島、妹島、東島、南島、西島、孫島、瓢簞島、二見湾、洲崎と名付けた。巡検隊はビロウや小笠原桑、「メジロに似た鳥」（母島メグロ）やコウモリ、そして石などを採取した。しかし、この後幕府は小笠原に入植しようとはしなかった。

現在の英語名 Bonin Islands はこの時代の名称「無人島」に由来する。「小笠原」という呼び名はよく「伝説」に由来するとなされるが、これは伝説よりも事実無根のほら話と言った方が正確である。浪人であった小笠原貞任は、先祖にあたる小笠原貞頼が1593年に諸島を発見したと訴えて、それを裏付けるため幕府に歴史的文献を提出した。貞頼が実在したかどうかに関しては諸説あるが、諸島を発見したという貞任の話はうそだった。1735年に貞任の捏造はばれ幕府に重追放を処せられた（田中1997、Tanaka 1998）。皮肉なことに次世紀の日本政府は諸島における日本の主権を国際的に訴える

22　第 1 部　日本語到来以前

ために、このうそを利用した。この時代から「小笠原諸島」という地名が使われ始めたのである。

1.6.　初期の入植者

　1830 年代に複数の民族からなる集団が島に入植する。島にやってきた開拓者一世のうち、全ての女性と多くの男性が太平洋諸島の人々であった。情報がはっきりしている定住者だけでも、12 を超える言語が話されていたことが分かっている（図 3–13 参照）。

　島を訪問した船長の航海日誌（本書 §3.6 の分析参照）から、島民が不完全な英語を話せた様子をうかがい知ることができる。これは驚きに値する事実である。なぜなら島民のうちで英語を母語とする人はごく少数だったからである。圧倒的多数は正式な英語の教育を受けていなかったし、もちろん英語の読み書きもできなかった。島生まれの二世は一種の英語（後述のように、これはクレオロイドだったと思われる）を母語としていたのだ。

1.7.　日本人の到来

　江戸では、諸島に外国人が住み着いていることを知ったが、長年その状態を放置した。しかし島は完全に孤立していたわけではなく、毎年ヨーロッパやアメリカから数隻の船（捕鯨船、アザラシ猟の船など）が入港し、飲み水、食料などの物資を島民から購入していた。島民の中にはこうした人達から物品を略奪されるというような被害にあうこともあったようだ。

　訪問者の中で最も著名人は日本に行く途中に寄ったペリー提督（Commodore Matthew Calbraith Perry）であろう。島に滞在中、ペリーは島民のリーダーであるアメリカ出身のセーボレー（Nathaniel Savory 1794–1874）と会い彼から土地を購入した。

　日本人が 1862 年に入植を試みたがこれは江戸幕府の都合によって、全員が引き上げられ入植計画は打ち切りとなった。1876 年に八丈島島民による

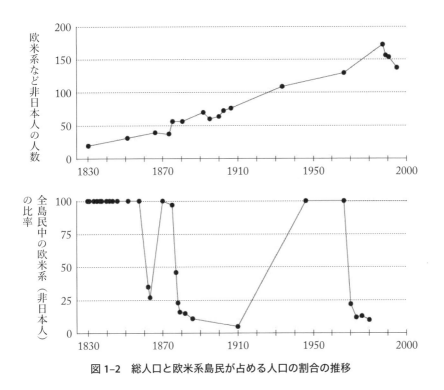

図 1–2　総人口と欧米系島民が占める人口の割合の推移

開拓団の到着で入植は再開した。日本人の入植が始まる以前、小笠原の人口は 66 人（うち、3 人は母島在住）であったが、1878 年末の時点で日本人移民の数は 194 人にものぼったのである。1900 年には人口が 2366 人まで跳ね上がり、在来島民はもはや民族的にも言語的にも少数派に転じていた（図1–2）。

1.8. 第二次世界大戦

　戦争までの言語状況は第 4 章で詳しく取り上げるが、ここでは重要な言語的、文化的事実を概説する。欧米系島民は太平洋戦争までに完全なバイリンガルになり、しかも日常的な言語生活はダイグロシア的なものであった。日本が軍事国家になるにつれ、欧米系島民や彼らの英語使用に対する不信感

が増し、1938年ごろには島の公な場における英語の使用は禁止されるまでに至った(Pesce 1958: 33)。欧米系の男性は日本軍に徴兵され多くの場合は通訳を命じられたが、天皇の防衛に当たった者もいた。島では上陸戦には至らなかったがひどい空襲に見舞われた。

戦場はミクロネシアからサイパンへと北上し日本本土に近づいた。1944年には7000人以上の小笠原・硫黄島民が内地へと強制疎開させられた。日本軍の降伏後、残った軍隊も島を撤退し一時期は一世紀以上ぶりの無人島状態に戻ったのである。

1.9. 戦後の孤立化

戦後、欧米系島民が東京で米軍に帰島する許可を求めた。欧米系島民が島にいたときには、日系島民は彼らを当たり前の存在としともに暮らしていたのであるが、強制疎開先、つまり内地は単一民族社会で、彼ら欧米系島民は疑いや偏見の目で見られた。人種差別を受けたリーゼ・ワシントン(NHK 1987)やエーブル・セーボレー(Long 2003)はこうした体験を語っている。米軍は日系島民の帰島を許可しなかったが、1946年に(明治時代から日本国籍になっていた)欧米系島民を島に帰した。1950〜1960年代、欧米系島民が数十人の米軍兵士やその家族、および数人の米国人文民(学校の先生や宣教師)と共にこの孤立した島で暮らしていた。この時代、欧米系島民が島を離れるには米軍の許可と協力が必要だった。島民が日本と接触をすることも米軍は否定的であった。数世代前から島を故郷にしていた日系島民の里帰りは許されなかったが、1965年5月に墓参団の上陸が認められた。

この「米海軍時代」に島のダイグロシア的言語使用で英語が再び「高位変種」(H言語)となった。英語による教育を行なう学校が設立された。10年目(高校一年)から生徒たちはグアムへと渡り、ホームステイをしながらそこの学校で(英語による)教育を受けた。

1.10. 日本への返還

　1968 年に米国政府が日本への返還を発表し、旧島民が島へ戻り始めた（エルドリッヂ 2002）。一世紀余の間に島社会における優勢言語が英語から日本語に変わり、そして再び英語に戻り、そしてまた日本語に戻ったのである。日系の旧島民の帰島とともに日本語の使用が広まった状況については本書の第 12 章と第 13 章で取り上げる。

注

1　ピジンが生じる環境では、ネイティブが非ネイティブに話す場合（1 次的使用）、非ネイティブがネイティブに向かって話す場合、および非ネイティブ同士がそのネイティブの言語を使って話す場合（3 次的使用）がある。

第 2 章　小笠原諸島における言語変種

　本章では小笠原諸島で話されてきた様々な言語変種を定義し、その概要について述べる。後の章(3, 4, 6, 8)でそれぞれの言語変種を生じさせた歴史的・言語学的過程について考える。そしてそれぞれの言語変種の言語学的特徴を記述し分析する(5, 7, 9, 10, 11 章)。本章の目的はそれぞれの言語変種を区別し、その名称を確認し、概説することにある。島の言語変種はお互い関係しているところが多いだけに性格も名称も似ているため、先に説明しておく必要があると判断した。

　言語変種を紹介する順番はおおむね、その言語を話す人々が島にやってきた、あるいはその変種が島で形成された歴史的な順になっている。図 2–1 は言語変種とその変種が使われた時代を示している。(それぞれの変種の発展的関係は§3.10 で取り上げるので、それに関しては図 3–1 を参照されたい。)線の濃さは「その時代に島を訪れた人がそれぞれの変種をどの程度耳にしたか」、つまり言語勢力について表している。それぞれの変種の「言語勢力」は次のような要因を総合的に考慮して決めた。(1)話者(ネイティブ、非ネイティブにかかわらず)の人数。例えば 1800 年代半ばの小笠原には、ドイツ語やポルトガル語を話す話者が複数いたことが明らかになっている。(2)言語ドメイン(domain、領域)が要因となっているその言語変種の使用頻度。米海軍時代には学校教育というドメインや、兵隊とのコミュニケーションというドメインで英語が使われたが、返還されるとこれらのドメインは一晩にして消えたことなどが例として挙げられるだろう。(3)社会心理学的要因。返還後に小笠原混合言語を使うのが恥ずかしくなったというような事例

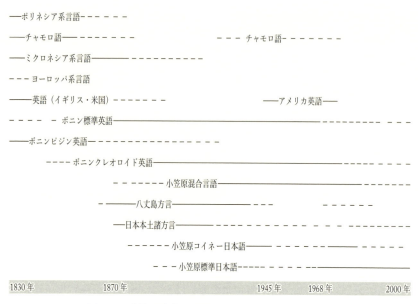

図 2-1　小笠原諸島の言語変種とその使用期間

があり、言語変種の使用頻度を推測する際、社会心理学的要因についても考慮に入れた。(4)話者が持つそれぞれの言語使用能力。返還後に「英語を段々忘れて、下手になった」と言う人は多くなってきているのである。

2.1. 太平洋の諸言語

19世紀から20世紀にわたって、太平洋諸島各地の言語を話す人々が小笠原諸島に存在した。まず、西マレー・ポリネシア(Malayo-Polynesian)語族からは、チャモロ語(グアム、北マリアナ諸島の言語)とマダガスカル語の話者がいた。(東マレー・ポリネシア語族に属する)オセアニア語族の中からはハワイ語、タヒチ語、北マルケサス語、ロトゥマン語(フィジー)といったポリネシア系の言語とカロリン語、キリバス語、ポナペ語、モキル語といったミクロネシア系の言語の話者がそれぞれ島に住み着いていたようである。(これらの言語を話していた話者に関する情報、およびその情報源である史

料の詳細については本書の§3.1と§3.2で述べる。)

　中国やフィリピンから来た入植者がいたという記録もあるが、どの言語または どの方言を話していたか(あるいはそれが推測できる出身地情報)は分かっていない。さらにある家族はメラネシア地域のブーゲンビル島から来た可能性がある。しかし彼らについての村や国の行政記録と、島民の間に伝承されてきた情報(いわゆるメモリーカルチャー)は異なっている。島民の中にはこの家族がブーゲンビル島北部の属島ブカ(Buka)から来たと言う人がおり、彼らはハリア語(Halia、別名ブカ語)を使っていた可能性がある。

2.2. ヨーロッパの諸言語

　島で最も影響力を及ぼしていた男性はヨーロッパ語族の言語(ポルトガル語、ドイツ語、フランス語、イタリア語、デンマーク語、英語)を母語としていた。

　1830年に到着初期の開拓者であるジョンソン(Charles Johnson)はデンマーク出身だと言われており(Cholmondeley 1915)、デンマーク語を母語としていたと思われる。ブレイク船長の記録によると1838年の時点では彼はまだ島に住んでいたが(Blake 1838; Blake 1924, Blake 1839も参照)、彼の名前はその後のあらゆる記録(ペリーなど)に載っておらず、また日本に帰化した島民のリストにも名前がないためジョンソンの行方は分かっていない(三浦1882)。

　同じく1830年に到着した人の中にはイタリア・ジェノヴァ出身のマザロ(Matteo Mazzaro、生年不詳–1848)という人物がいた。彼はイタリア語を母語としていたと考えられる。マザロはイギリスのパスポートを所持しており、サンドウィッチ諸島(現在のハワイ)のイギリス領事から島の統治者に任命されていた。そのため彼の影響力は大きかったと思われる。彼は1848年に殺害されるまで島に住んでいた。彼のグアム出身のチャモロ人妻マリア・デロスサントス(Maria delos Santos、1828–1890)は彼の死亡後にナサニエル・セーボレー(Nathaniel Savory)と再婚した[1]。

30 第1部 日本語到来以前

　もう1人の多大な社会的影響力を持つ入植者は、ルイ・レゾワ(Louis Leseur、他の島民と同様、つづりも仮名表記にもかなりのバリエーションが見られる)であるが、彼の影響は社会的なものであり言語的な影響を直接及ぼすことはなかった。彼はフランス北部のブルターニュ地方の出身と記録されているためフランス語、あるいはケルト系のブルトン語、あるいはその両方を話した可能性がある。来島した年代は定かではないが、少なくとも彼は1862年の時点では島に住んでおり、1885年に死去するまで父島で暮らしていた。妻は Pidear という名のアグリハン島(Agrihan)出身のカロリン人であった。彼は後にマルケサス出身のジョン・マルケス(John Marquese)と再婚したようである。

　同じように影響力の大きい「後から来た」ヨーロッパ系島民にフレデリッキー・ロルフス(Frederick Rohlfs)が挙げられる。彼は島でロースという名で知られているが、帰化したときに「良志羅留晋」に改名した。ドイツのブレーメン出身の彼が実用性を見出したロース石が当時の母島の重要な資源・財源となった。母島では彼にちなむロース記念館という郷土資料館があり、また彼の貢献を讃える立派な銅像が立っている。しかし彼の言語的な影響はこの「ロース石」以外にはほとんど皆無である。1852年から没年の1898年まで母島に住み、1人目の妻(1860–1887)は「カナカ人」[2]のケテで後に日本人の妻を娶った。

　ロースと同じように、ドイツのブレーメン市からアレン(William Allen)と呼ばれる人物が島に来たとされており、少なくとも1862年までには父島に来島していたようである。彼は1875年ごろにはポコノイ(Poconoi)というハワイ人と結婚していたが、後に(彼が死去する1882年まで)ナサニエル・セーボレーの未亡人であるマリア・デロスサントス(Maria delos Santos)と再婚している。

　数十人しかいなかったこのコミュニティにとりわけ多かったのはポルトガル系の島民だった。例えば、1837年に島を訪れた Michael Quin 船長によると、ジョセフ・アントニオ(Joseph Antonio、ブラジル出身、在住歴4年)、ジョン・ロバーツ(John Roberts、リスボン出身、在住歴4年)およびフラン

シス・シルバ(Francis Silva、アゾレス諸島出身、在住歴1年)が住んでいたようだ。この3人がいつまで島にいたかは不明であり子孫を島に残していないようであるが、少なくとも数年間彼らはその小さな共同体のメンバーであった(Quin 1837)。

Quinが言及しているもう1人は、1837年当時Port Lloyd(現在の二見湾)に五年半住んでいたジョアキム・ゴンザレス(Joachim Gonzales)である。彼はmulatto(混血、Goldschmidt 1927: 4)で、大西洋のポルトガル領カーボベルデ(Cape Verde)諸島のブラヴァ(Brava)島出身であった。そのためJohn Bravoという名で呼ばれていたようだ。出身地からすれば彼はポルトガル語起源のクレオールを話していた可能性が高い。Quinが訪れた当時、島にいる6人の子供のうち3人はBravoの子供だった。Gonzales家ではポルトガル語が受け継がれることはなく、二世代目から話されることばが英語化していったことを示唆する記録が多く存在している(§3.6.4)。1837年という早い時期からJoachim本人はJohnという英語風の名前を名乗っていたのだが、それだけではなく4人の息子にJohn、George、Thomas、Andrewという英語風の名前を付けている。その子孫は計り知れないほどの影響を島社会に与えているし、現在でもその松枝が島で暮らしている。

これらヨーロッパ諸語を母語としている入植者たちの直接的な言語的影響はほとんど見られない(例外は本書の§3.7にある)。しかし彼らは太平洋諸島の妻たちと同様、英語を第二言語として操っていた。島の歴史においてこの初期の頃こそが言語的な将来を定める時代であった。なぜならこの島独特の言語環境の中で生まれ育った最初の子供たち(いわゆる「二世代目」)が母語を獲得した時期がこの時代に当るからである。より正確に言えば彼らの間で新しい言語体系が作り上げられたのである(詳細は§3.11を参照)。

この時代では島育ちのほぼ全員において、父親と母親のお互いが母語を共有していなかったことに留意されたい。こうした「異言語家庭」の影響の可能性については§3.2で考察する。

上で述べた男やその妻たちはこの無人島の最初の住民であった。そこでMufwene(1996)が提唱した「創始者の原理」(Founders' Principle)の観点から

彼らの存在の意義を考えなければならない。この原理によると最初に住み着く人々の言語的影響は、その後から入ってくる人たちの影響に比べて大きいとされている。

2.3.　イギリス英語とアメリカ英語

19 世紀の最も名の知れた英語話者は米国マサチューセッツ州出身のナサニエル・セーボレーであった[3]。彼は最初の開拓者の 1 人で、亡くなる 1874 年までは島で最も影響力のあった人物である。後の第 5 章で見るように、この 1 人の話者の言語的影響は本人の死後もずっと続いた。

しかし、セーボレー以外にも英語を母語とする者はいた。長期滞在者や子孫を残した人物としては、イギリス出身のゲレー(William Gilley)とウエブ(Thomas Webb、南部の Surrey 郡出身)とミリンチャンプ(Richard J. Millinchamp)、そして米国マサチューセッツ州出身のチェピン(Aldin B. Chapin)が挙げられる(Cholmondeley 1915)。

20 世紀には米海軍がアメリカ各地の方言を島に持ち込んできた。特に島の子供たちに影響を与えたのは、ハワイ英語を話していたアメリカ人の George Yokota である。島でミスター・ヨコタと敬愛された彼は 1950 年代から返還まで米軍に雇われ文民の教員として子供たちを毎日指導していた。彼は自分の母方言を「ハワイのピジン」と言っている(2004 年 5 月 4 日の面接調査)。この「ハワイのピジン」とは言語学的に分類するとピジンではなくクレオール英語の一種で、ハワイで広く生活言語として用いられている接触言語のことである。しかし、彼が改まった場面で話す言語変種は正確に分類すれば「ハワイ標準英語」に当たるので、子供たちと接するときにはこの変種を使っていた。(これらの言語変種名については Carr 1972 を参照されたい。)

2.4. ボニンピジン英語

　本書では 19 世紀に島へやって来た(太平洋やヨーロッパの諸言語を母語とした)人たちが第二言語として話していた様々な種類の英語を「ボニンピジン英語」と呼ぶ。この「ボニンピジン英語」の言語構造についてはほとんど何も知られていない。その存在を疑うことはできないのであるが、こうした言語変種が存在したという証拠はほとんど状況証拠や間接証拠に求めるしかないというのが現状である。

　あるいは「ボニンピジン英語」よりも「ボニンピジン化された英語」という呼称の方がよりふさわしいかもしれない。なぜなら言語接触論で言われている「ピジン」とはある程度均一化が進んでいるものを指す。しかしここで主張したいのは、彼らが話していたことばが均一化された「安定ピジン」であったということではなく、それぞれ母語集団が異なっていた「ブロークン・イングリッシュ」がこの時代に並存していたということなのである。但し「異なっていた」とはいえこれらの人々は数十年にわたり日常生活を共にしていたので、お互いに影響を与え合いながらこれらの「ブロークン・イングリッシュ」が均一化の方向へと向いつつあったと推測されるのである。

　しかし、このピジン化をより複雑なものにすると同時に、このピジン化の詳細を追究する重要性を低めている要因が 2 つある。1 つ目の要因は島へ移り住んだ一世の人たちが均一化されたピジン英語を作り上げる以前に、島生まれの二世の間でこのピジンが母語として習得され、クレオロイド英語へと発展していたという事実である。加えて初期の入植者が着いた時代から子供が島で生まれていたということも忘れてはいけない。2 つ目の要因としては、1830 年に島に到着した人たちがその後、外の世界から断絶された生活を送っていたのではなく、1840 年代、50 年代、60 年代、70 年代のそれぞれの時代を通して絶えず人々が新しく入り込み続けていたのということがある。その中に英語を母語とする者もそうではない者もいた。どの時代においてもコミュニティの構成員全体の人数は極めて少数(100 人弱)であったので、次のような状況を容易に想像することができよう。すなわち住んでいる

34　第1部　日本語到来以前

人々の間で話されていたピジン英語が均一化の方向に向かおうとしていた矢先に、5人、10人の新着島民が言語コミュニティに加わることによって、言語的な均一性と安定性の度合いが再び下がってしまうという状況である。

2.5.　ボニンクレオロイド英語

「ボニンクレオロイド英語」は英語を語彙提供言語とした(English lexified)変種で、島で形成されたピジン英語が「急速クレオール化」(abrupt creolization)を経て誕生したものである。ボニンクレオロイド英語は19世紀から20世紀初頭にかけて島で使われたと思われる。「現在はこれが1つの独立した言語の要素として残っているのみである(Trudgill 他 2003, Long & Trudgill 2004)。」具体例を挙げると(1)複数形が見られるものの、単数形との明確な使い分けがないこと、(2)定冠詞・不定冠詞が現れるものの、その使い方が恣意的で、むしろ「ゼロ冠詞」(冠詞を使わないこと)が一般的であること、(3)"th" の無声音・有声音はそれぞれ [t, d] で発音されること、これら3つの特徴はいずれもこのクレオロイドのなごりであると思われる。

20世紀半ばから、米海軍が再び主流かつネイティブの英語変種を島に持ちこんできた。これによって脱クレオール化に類似する「脱クレオロイド化」が起きた。よって、現在の欧米系島民が話す英語には「ポスト・クレオール連続体」(post creole continuum)が見られる(より正確に表現すれば、「ポスト・クレオロイド連続体」なので、"post creoloid continuum" であろう)。従来のピジン・クレオール理論の用語で説明すると、身内で(欧米島民同士)で使う「低位変種」(basilect)はよりクレオールらしく聞こえ、アメリカから来た訪問者などと話すときに使うよそ行きの「高位変種」(acrolect)は主流(アメリカ)英語により近い。そしてそれら低位変種と高位変種の間は様々な段階で連続しているのである。スタイルを「切り替える」というよりは、スタイルを「スライド」するというイメージを思い描いた方が使用の実態を浮かべやすい[4]。ボニンピジン英語およびボニンクレオロイド英語のそれぞれの歴史的背景については第3章で述べる。

2.6. ボニン標準英語

　本書ではこれまでに概説した細かいラベル以外にも「ボニン英語」という名前を用いて島で使われてきた様々な英語関係の言語変種を指す場合がある。ここで言う「ボニン英語」とは「ボニン限定ピジン英語」と「ボニンクレオロイド英語」および「ボニン標準英語」などを含む総称として使う。こうした総称を用いることは系統論(genetic)の面からも、スタイル面からも正当化されるだろうと考えている。系統論的には「ボニン限定ピジン英語」が「ボニンクレオロイド英語」を生み出したと言えるだろう。また、スタイル面から見ればフォーマリティによって、クレオロイドの変種とより標準英語的な変種という両極との間で、連続体の上で話者がスライドをしながらその場その場でことばを調整しているということも言えるからである。

　「ボニン標準英語」はこの連続体の上にあるフォーマルな言語変種である。再度強調すれば標準英語(あるいは「主流英語」)により近い言語変種が小笠原諸島で使われる状況は何も戦後のことだけではなく、小笠原の歴史の中で絶えず、島で形成された接触言語の変種と並んで、標準的な英語が使われてきたのである。

　「ポスト・クレオロイド連続体」は不要な造語にみえるかもしれない。というのも Trudgill(2002: 71)が言うように「クレオロイドと部分的に脱クレオール化したクレオールとの違いはあくまでも歴史的な違いだけであり、共時的な観察だけでは見分けが付かない」のであるが、しかしこの造語が特に誤解を招くわけでもない。確かにこうした造語をむやみに作ってはならないとも思われるが、反対に言えばより正確で、実態に合った用語を使うべきだという意見も成り立つであろう。

2.7. 八丈島方言とその他の日本語変種

　19 世紀後半に小笠原に持ち込まれた日本語は、日本本土から 290 キロ離れた八丈島の日本語であった。その音韻や語彙・意味論的な特徴の多くは現在

でも欧米系島民の間で使われ続けている。いつくかの形態・統語論的な特徴も彼らの日本語に聞かれる。皮肉なことに今日の小笠原で八丈島方言を耳にすることがあれば、それは八丈系島民からではなく欧米系島民の口からである。

この奇妙な状況を生み出した歴史的状況を考察してみると、まず小笠原に最初に入った日本人の多くは八丈島の出身であった（図2-2）。その結果、当時の在来島民（今の欧米島民の先祖にあたる西洋系や太平洋系の人々）が最初に耳にした日本語は八丈島方言となった。もちろん学校の教室内などでは標準日本語が使われていたが、日常生活では八丈島方言が使われていたと考えるのが自然であり、また実際にそうであったという証言を面接調査で得ている。それゆえ19世紀当時、欧米系島民の日本語が最も色濃く影響を受けたのは八丈島方言であったのである。

時代が変わって戦後の米軍の統治下では八丈系の小笠原島民は日本本土各地（東京をはじめとする関東地方や東海地方に多かった）での生活を余儀なくされた。このような強制疎開が四半世紀続いた。その間に生まれ育った「八丈系小笠原島民」は移住先のことばに染まり、八丈島方言の色合いが消されたか、かなり薄れていった。同じ四半世紀の間、欧米系島民の英語は様々な要因から影響を受けた。ハワイの日系人の教師やアメリカ本土各地から来た兵隊の影響はもちろん、グアムの高校に通う間はそこの地元の人々（チャモロ人）の影響を受けた。しかしこれは全て英語の話であり、彼らが話していた日本語（あるいは、その要素）は標準日本語など島の外の日本語から隔離された環境にあった。米軍統治時代に生まれ育った子供はまわりの戦前生まれの大人が話していた日本語、すなわち八丈島方言の影響が色濃く残る日本語を話していた。結果的に返還後に島に戻った「八丈系」島民は内地のことばに染まっていたが、欧米系の間（返還当時の若者でも）では八丈島方言は戦前のままに「冷凍保存」された形で生き残ることになったのである。

これは純粋な八丈島方言ということではなく、八丈島方言のいくつかの要素が欧米系話者の話しているコイネー日本語、あるいは彼らの間で作り上げられた混合言語の日本語の部分に残されているということを意味している。

なお現在の小笠原に見られる八丈島方言の影響（特に欧米系話者に残ると

図 2–2　八丈島から来た入植者（Cholmondeley 1915）

ころ）については § 11.5 で考察する。

2.8. 小笠原コイネー日本語

　小笠原のコイネー日本語は八丈島方言の影響を強く受けている（阿部 2002, 2006）。日本語を話す最初の入植者が八丈出身であったことを考えれば、これは Mufwene（1996）の「創始者の原理」によって予想される結果である。しかしコイネーであるので、その定義通り多数の方言が入り混じっているのである。

　小笠原コイネー日本語には東京方言や関東方言の特徴が多い。遠くは九州や沖縄と共通するところもある。九州の特徴は入植者が持ってきた可能性があるが、沖縄からの移住者は皆無に近いという点を考えると移住者が持ってきた特徴ではない可能性が高いと思われる。とはいえこれは偶然の一致という意味ではない。むしろ琉球語（琉球方言）を母語とする人が第二言語として（標準）日本語を習得したときに生じた中間言語と、ボニン英語を母語とする小笠原の欧米系島民が第二言語として日本語を習得したときの中間言語との共通点が現れたと考えた方が妥当である。小笠原コイネー日本語の具体例は

§11.4で取り上げる。

2.9. 小笠原標準日本語

　ボニンクレオロイド英語とボニン標準英語が連続体を成しているのと同様、小笠原コイネー日本語と小笠原標準日本語も連続体を成している。現実問題として、話者がこれらの言語変種を「切り替えている」(コードスイッチング)というよりは、これらを両端にもつ連続体の上で「スライド」しながら話者たちは自分のことばを調整しているのである(図2–3)。

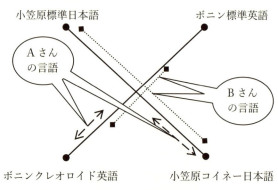

図2–3　小笠原における言語の使用イメージ

　きわめて重要な概念なので少し補足的に説明をしておくと、このような言語変種の使い分けは小笠原特有の現象ではなく、日本本土やアメリカの方言と標準語の使い分けとさほど変わらない。まず日本本土の多くの方言話者はくだけた場面では方言を使う。方言は社会的な威信の低い言語変種であるから、こうした「私的」で、リラックスした場面で使われることばは「低位変種」と呼ばれる(英語のlowの頭文字をとってL言語とも言う)。こうした方言話者は改まった場面(緊張感のあるかしこまった公的な場合)になると社会的評価の高い変種(高位変種、H言語)である標準語を使う。しかし多くの方言話者にとってこの行為は「方言使用100％かゼロか」という「切り替

え」というより、「方言7割・標準語3割から方言1割・標準語9割へ」という「調整」に当たるのである。方言から標準語という軸にそって自分のことばの調整を行なっているために実際の言語使用が連続的なものとなっている。こうした状態を言語の「使用連続体」と言う。図2–4a の話者Cのようにかなり方言的な話し方からかなり標準語的な話し方まで幅広く調整する個人もあれば、話者Dのようにわりと改まった場面でもやや方言的な話し方をする人もいる。英語圏の話者も同じように一本の連続体で自分のことばを日ごろ調整しているのである（図2–4b）。

図 2–4a　日本語話者の使用連続体　　図 2–4b　英語話者の使用連続体

　小笠原の欧米系話者の場合、学校教育や社会生活の影響で第二言語との標準英語、第三言語として標準日本語が使えるようになっている。しかし彼らの場合、「英語連続体」と「日本語連続体」の2つが図2–3のように交差しておりその両方で調整を行なっているのである。

2.10.　小笠原混合言語

　小笠原混合言語（Ogasawara Mixed Language = OML）は Bakker & Mous (1994) で記述された Mixed Language（混合言語）に当たる。すなわち「接触言語」(contact language) の1つではあるが、従来の言語接触論者が注目してきたピジン・クレオールと違って文法構造の「崩壊と再構築」は見られな

い。小笠原混合言語は簡単に言えば、日本語の文法構造に英語の単語や句が大量に取り入れられているもので、日本語の要素は日本語の音韻体系に英語の要素は英語の音韻体系のそれぞれに従って発音される。この言語変種を本書の第 7 章、第 10 章で解説する。

2.11. 様々な集団の名称

小笠原の住民はしばしば 3 つに分類される。これまで述べてきたように日本人以外の先祖を持つ人は「欧米系」と呼ばれる。彼らには「在来島民」という名称も使われるし、明治から戦前にかけては「帰化人」(まれには「異人」)という名称も使われていた。

戦前の島に住んでいた日本人やその子孫の多くは返還後に島へ帰って来た。それ以来彼らは「旧島民」と呼ばれている。なお旧島民の多くは八丈島出身の人やその子孫であるため「八丈系」という名称もしばしば耳にする。3 つ目の集団は、1968 年の返還のあとに島へ入った人(や、その子孫)にあたる「新島民」である。

1877 年に、バミューダ島の黒人だったと伝えられている Robert Morris(ロベルト・マリス、ロバート・モーリスなどの片仮名表記が見られる)が最初に日本籍を取得した島民となった。1882 年までには在来島民全員が日本に帰化した。1870 年代から 1930 年代まで公的な人口統計などでは「帰化人」とそうでない島民との区別が保たれていた。彼らを区別する制度が廃止された背景には、同じ国民を人種によって区別することは倫理上よくないという批判があったこともあるが、集団間の結婚が多くなり事実上「帰化人」かどうかの判別が難しくて無意味なことになったということもある(石原 2007)。

同じ日本国民でありながら、1897 年 6 月に「帰化人入籍取締りに関する諸条約」が廃止されるまで、帰化人が内地へ行った場合、その自由な移動は制限されていた(辻 1995: 196)。今日において欧米系以外の島民(名称がないので、本書で仮に「日系島民」と呼ぶ)の中に「帰化人」という言い方が差別的に捉えられると心配する人がいる。しかし、筆者は 20 年のフィールド

ワークの中で、この言い方に抵抗を感じる欧米系島民の話を聞いたことがない(とはいえ、特に好ましい言い方という意見も聞いたことはないのであるが)。

　本書では「欧米系」という名称を用いているがこの言い方に問題がないわけではない。この名称を使うと決めたのは島民や他の研究者との相談や議論を重ねた上での判断である。ここでは小笠原の「日本民族以外の先祖を持つ人やその子孫」を指す日本語と英語の自称や他称を取り上げながら考察を行ないたい。

　最初の問題は「欧米系」が今日島でよく使われているとはいえ、これは主に他称として「日系」の島民が用いるものであり欧米系の人々はこれを自称として使うことはあまりないということである。この言い方を嫌っているわけではないが彼らの会話で自分たちのことを何と言っているかと言うと、日本語では「我々」や「仲間」などの非常に曖昧な表現、英語では *we* や *our people* という言い方を使っている。

　2つ目の問題は島が日本の領土になる前(1830–1870 年代)、英語の文献では *Westerner*(西洋の島民)と *Pacific Islander*(太平洋諸島民)を区別していたことである(表 2–1)。日本人が入ってくると 2 つのグループ間の結婚が増えたこともあって、両者を区別することは難しくかつ無意味なことになった。日本人が移住してきた後は西洋人と太平洋諸島民の両方の血を引く人のことを「欧米系」と呼んでいた。「西洋人」も「欧米系」も *Westerner* と訳されるので、時代によってその言い方が指すグループが違っていて誤解を生みやすい。

表 2-1　島の様々な集団の名称

日本人が入る前	日本人が入った後
西洋人 *Westerner*	欧米系島民 *Westerner*
太平洋諸島民	
	日本民族の島民

42　第1部　日本語到来以前

　3つ目の問題はこれと関連するが、現在島を訪れた人が「欧米系」という言い方を聞けば、その人たちは西洋人だけの血を引いていると誤解されかねないということだ。しかし実態はまるで逆である。「欧米系」の中に太平洋の血をまったく引いていない人はゼロに近い。初代の開拓者ナサニエル・セーボレーおよび現在島に住む彼の子孫のことがしばしば注目されるが、彼の妻はグアムの Maria delos Santos というチャモロ人(もしくはチャモロとスペイン人の混血)であった。「欧米系」という名称を使うことでこの人たちのルーツの半分が隠れてしまうのである。これは名字が父方から伝わるという父系社会のためでもあるが、上記の用語にも問題があるだろう。

　ともかく以上のように様々な問題が存在するにもかかわらず、本書では一般の使用に合わせて「欧米系」という言い方を選んだ。「在来島民」や "Bonin Islander" など他に考えられる呼称にもそれぞれ問題が生じるからである。

注

1　Maria delos Santos y Castro は 1828 年グアムに生まれ、父島に来た後、15 歳の時(1843 年頃)にマザロと結婚し、息子のジョン(?–1897)と娘アリタ(生没年不明だが、11 歳で死亡)を生んでいる。1848 年にマザロが殺害されるとセーボレーと再婚し、8 人の子供を生む。彼が 1874 年に死亡して、2 年後の 1876 年に William Allen(ウィリアム・アレン、アーレンなどと表記される)と結婚し、1890 年に亡くなる。

2　「カナカ」は広義では太平洋諸島民、狭義ではチャモロ以外のミクロネシア島民(カロリン人、パラオ人など)を指す。日本語の「カナカ」は英語の "kanaka" と同様、現在は差別的に感じられることが多いが、19 世紀から 20 世紀半ばまで小笠原で使われていた。現在でも、日本の統治下にあったマリアナ諸島のカロリン人は日本語で「カナカ」と自称していることから、日本語のカナカは必ずしも差別的ではないことが分かる。

3　文献の中で、Nathaniel Savory の仮名表記法にかなりのバリエーションが見られ、個人名がネサニール、ネサネル、ナサニールなどとなる。またこの家系の苗字がセボレー、セーボレ、セボリー、セヴォリー、セヴォリ、サヴォリ、セーボレー

などと表記され、母音の「リ・レ」の変異、子音の「ボ・ヴォ」の変異、そして母音の長短の揺れが見られる。本書で(引用を除いて)セーボレーで統一している。なお現在島に住む彼の子孫の名字は「セーボレー」と「瀬堀」の二種類がある。

4　ここで使っている「高位変種・低位変種」と§1.1で紹介した「上層言語・基層言語」は混乱されやすい用語だが、「高位変種・低位変種」(acrolect/basilect)は「場面による使い分け」の概念であるのに対し、「上層言語・基層言語」(superstrate/substrate)は接触によって言語体系が新しく形成される場合に、接触したそれぞれの言語がどういう役割分担になっているかを説明する概念である。

第3章　日本語が入ってくる以前の英語

　この章では19世紀の島において英語を基盤とする接触言語が発展し、それが島民の間で共通のコミュニケーション手段として使用されたという仮説を提唱する。ここで考察する要因は次の通りである。

①　島にやってきた一世が母語としていた言語の多様性。
②　夫と妻の母語が異なる家庭の多さ。
③　学校教育がなかったことによる識字率の低さ。
④　漂着した日本人水夫が報告した単語。
⑤　島民と訪問者との間に一種の英語が使われたという記録。
⑥　島を離れて生活した島民。
⑦　接触言語の使用を示唆する記録。
⑧　英語以外の単語の継続的使用。
⑨　似た状況を抱えていた他の島社会の場合。

　本書の§1.3で述べたようにこれまで複数の研究者が小笠原諸島の言語接触に関する情報がほとんど無いことを嘆いてきた。しかし、「ほとんど無い」だけであって、皆無ということではない。この章では既存の資料をもう一度洗い直し、言語状況に関する断片的な情報がないか再検討する。これらの「断片的な情報」は言語学者が求める言語体系に関する科学的な分析ではない。とはいえ第一次史料および島民の面接調査（インタビュー）から得られたデータではあるので、信憑性に特に問題はないと考えている。この第一次

史料からかなり長い引用を記載している場合もあるが、本書の紙幅のことを考えても敢えて原文を載せることにした。というのも非常に入手しにくい文献(例えば19世紀の宣教師集団のニュースレター、あるいは島を訪れた船長の未公開の手書き航海日誌)があるからである。

こうしたデータを個別に観察するとお互い関係のない断片的な情報に過ぎないように見えるが、言語学に認められている「言語使用の傾向や法則」という観点から総合的に再分析すれば、19世紀の小笠原における言語使用の実態が見えてくるのである。

3.1. 入植者一世の母語の多様性

日本人が明治時代に小笠原諸島へやってくるまで、世界各地から様々な言語を話す人々が来島した。現在把握しているだけでもその出身地としてイギリス、イタリア、デンマーク、フランス(ブルトン語地域)、ドイツ、ポルトガル、アゾレス、カーボベルデ、バミューダ、アメリカ、ブラジル、ハワイ、タヒチ、北マルケサス、キリバス、ポナペ、グアム、ブーゲンビル島(パプアニューギニア)、フィリピン、中国、マダガスカルがあげられる(図3–1)。

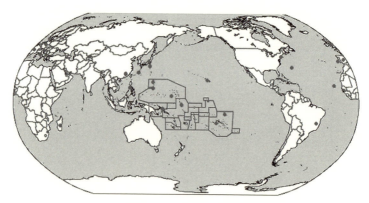

図 3–1　小笠原にやって来た入植者の出身地域

小笠原諸島の父島に人が最初に定住したのは 1830 年のことで、それまでは無人島であった。1830 年 6 月 26 日に住み着いたのは、5 人の西洋人と彼らがサンドウィッチ諸島(ハワイ)から連れてきた「カナカ人」(太平洋の諸民族の総称)の女性 5 人と男性 10 人であった。5 人の西洋人のうち英語を母語とするのは、アメリカ人(Nathaniel Savory, Aldin B. Chapin)とイギリス人(Richard J. Millinchamp)の 3 人で、他の 2 人はデンマーク語とイタリア語の話者であった。

最初に着いたこの「カナカ」の人たちが具体的に何の言語のどの方言を話していたかは明らかではないが、ハワイから来たからにはハワイ語を母語としていたと考えるのが自然である。カナカ人 15 人のうち、特定の人物に関する情報があるのは 2 人だけである。残りの人々のことは分からないが、女性たちは西洋人の妻となった場合があると思われ、またカナカの男性の中には定住せずに島を去った人もいると見られている。永住した 2 人は、Harry Otaheite Bolla と呼ばれていたタヒチ人と、John "Judge" Marquese と呼ばれていた北マルケサス諸島ヌクヒヴァ島の出身者である。彼はペリー提督訪問やそれ以降の記録にたびたび登場している(Head and Daws 1968: 63)。Cholmondeley(1915、前書きの "v" 頁及び 92 頁)はこの 2 人が 1830 年に島に着き、数十年暮らしていたと述べている。Harry はタヒチ語、Judge は北マルケサス語を母語としていたと推測される。これらの言語はハワイ語と同じポリネシア語族である。

図 3–2 で太平洋諸島のいくつかの言語がどのように関係しているかを示した。近い位置にあるものは枝別れした年代が数百年前と浅く、またそのために類似性が高い。左の方で枝別れしているのは数千年前に枝別れしたため、今ではすでに相互理解がない。網掛けされているものは小笠原で話されていた言語である。

図から分かるように、ポリネシア語族とミクロネシア語族はオーストロネシア語族という大分類に含まれる。しかしポリネシア語族の中の場合、何千キロと離れた民族でもその会話の相互理解度はかなり高く、しかも語彙だけに限れば相互理解度はさらに高まる。例えばヌクヒヴァで使われる北マルケ

サス語とタヒチ語との相互理解度は50%、語彙の類似度は45%から67%とされている。加えてハワイ語と北マルケサス語の基礎語彙の類似度は70%だと言われている(Grimes 1996)。これらの情報を考慮に入れると、島に住んでいた太平洋諸島の人たちの中に英語など第3の言語を介さずしてコミュニケーションができた人もいたことが分かる。

しかしミクロネシア語族の諸言語(キリバス語、モキル語、ポナペ語、カロリン語など)とポリネシア語族との言語的隔たりは相当に大きく、相互理解はまったくない。グアムやサイパンから来た島民が母語としていたチャモ

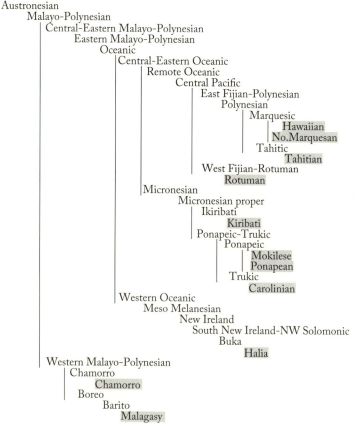

図3-2 小笠原諸島で話されていたオーストロネシア語族の諸言語

口語との言語的距離はさらに大きなもので、理論的には類似点が見られるものの相互理解があるわけではない（この状況は島にいた西洋系島民と同じである。例えば、英語とドイツ語、ポルトガル語は歴史的には同じ系統の言語であるとはいえ、相互理解があるわけではない）。これらの言語を母語とする人たち同士がコミュニケーションをとるために第3の言語（英語の一種）が使用されていたと思われる。もちろん一方が（あるいは両方が）相手の言語をマスターした可能性もあるが、こうした状況があったと思わせる情報は確認されていない。他方で英語をコミュニケーション手段として使っていたと思わせる情報は（後で見るように）確かに存在するのである。

　最初の入植者の来島から数年後には他の言語を話す入植者が集まってきていた。したがってこの島には入植当初から複数の言語を母語とする人が住んでいたことになるのである。しかし、ある1つの言語の話者が人数的に優勢であったわけではなかった（図3–3）。どの時代を考えるにしても英語を母語とする人はごく少数であったのである（Taylor 1855, Collinson 1889, King 1898，大熊1966；詳細は本書の§3.6）。しかし、それでも英語（あるいは英

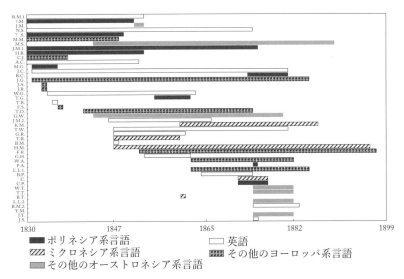

図 3–3　入植者の母語と在住（生存）期間

語をベースとする接触言語)が島の住民の共通言語となっていたようである。

実際に父島を訪れた横浜在住のイギリス人ラッセル・ロバートソンが1876年に島民の言語使用能力について次のように書いている。

> 私がこれまで特に触れてこなかったことだが、自分の母国語を話しているキングズミル群島から来た6人ほどを除けば、島民全員は英語を喋っているのである。　　　　　　　　　　　　　　(Robertson 1876)[1]

この時点では全ての島民が英語を話していると書かれている。つまりあれほどいろいろな言語を母語とする入植者が集まっていても、結局、島の共通語は英語になったのである。ロバートソンは、"all the settlers"という表現を使っているので、少数派であった英語圏入植者だけではなく島で圧倒的に多かった非英語圏の入植者やその子供も英語を話せたことを示唆している。ここには全員が英語を話せたと書いてあるが、それは英米で話されているネイティブ(母語話者並みの)英語であることを確認させるものではない。むしろ島の状況を考えれば、これは英語を基盤とした接触言語である可能性が極めて高い。その理由については本書§3.10で述べる。

西洋人の開拓者たちについては、イタリア語やデンマーク語など、話者が1人だけの言語がほとんどであった。2人以上話者がいた例としてポルトガル語圏の人があげられる(本書§2.2)。世界中でピジン英語などヨーロッパ系の接触言語の形成におけるポルトガル語の影響がよく研究なされている。その最も強力なモデルは、世界のピジンの多くは数世紀前のピジンポルトガル語から発展したという「同一起源説」(monogenesis theory、Sebba 1997: 72–76)にあるのだが、そこまで考えずともポルトガル語の影響の幅の広さは否定できない。これらのことを考えると、小笠原においてもポルトガル語圏の開拓者が果たした役割をより細かく検討する必要があると思われる。しかし結論から言えば彼らの言語的影響はほとんど見当たらない(影響の僅かな例を§3.7で紹介する)。

1837年に英国の船ラレー号がボニン諸島を訪れた。クイン船長(Michael

Quin)が残した報告には小笠原の住民についての記録がある。25人の「初期入植者」に加えて、11人の「後の入植者」がいたと彼は報告している。一時的居住者もかなりいたようであるが、こうした人たちに関する情報はほとんどない。例えば以下の表3–1はQuin(1856: 232–33)による1830年から1837に下船した人の集計である。合計すると70人になるが、訪れた1837年当時にいた36人以外の34人は島を去ったと思われる。一時的な居住者とはいえ、数年間滞在した人々もいるため、こうした人々の言語的影響(特に島の子どもへの影響)も否定できないが、その仮説が想像の域を出ることはないだろう。

表 3–1　小笠原諸島に住み着いた人々

到着年	乗船した船	到来した住民
1830	最初入植者のスクーナー船	20
1830	スクーナー船の脱艦者	3
1830	詳細不明	2
1831	英国船、*Partridge* 号	7
1832	英国バーク船、*Walmer* 号	1
1833	英国捕鯨船、*Amelia Wilson* 号	4
1833	英国捕鯨船、*Cadmus* 号	14
1834	英国バーク船、*Fawn* 号	2
1834	英国船、*Corsair* 号	2
1834	米国船、*Howard* 号	1
1834	英国バーク船、*Rochester* 号	1
1835	米国船、*Amazon* 号	4
1835	英国バーク船、*John Palmer* 号	2
1836	米国船、*Peacock* 号	2
1836	米国スクーナー船、*Enterprise* 号	1
1837	英国バーク船、*Rochester* 号	2
1837	英国バーク船、*Caroline* 号	1
1837	英国バーク船、*Admiral Cockburn* 号	1

出典 Quin 1856: 232–233

3.2. 家庭内で異なる言語

　日本人が小笠原に来るまでの半世紀足らずで、既に島は言語的に多様性に富んだ社会であったということを見てきた。次の問題は島に住み着いた人々が、お互いにコミュニケーションを図るためどんなことばを使っていたかということである。コミュニティ内で使われたことばも問題だが、特に重要なのはそれぞれの家庭内において島生まれの二世たちがどんなことばを耳にしながら育ったかということである。

　1850 年代に島を訪れたペリー一行の記録には、トーマス・ウエブが提督の部下の前では無口だったという記述がある [2]。

　　　その英国人はこの島にもう七年も住んでいると言った。彼の話しぶりにはどこかためらう様子が見られた。それは普通の知性を持った人間のようだったので、文明社会と交わりが無いためにあらわれたものと思われた。見たところ移住民たちの間でもあまり付き合いはないようだった。　　　　　　　　　　　　　　　　　　　　　　　　（テイラー 1982: 58）[3]

　このことからペリー一行は島民同士の会話が少ないと受け止めている。しかしウエブの口数の少なさはむしろ、外部者だった彼らに対する態度の表れだと考えるが自然であろう。もっともイギリス人であるウエブはアメリカ人のセーボレーに対して一種のライバル意識を抱いていたようである。そしてペリーの渡来まで、外国と島との関係はアメリカよりもイギリスとの方が強かった。アメリカ軍であったペリーたちに対してウエブが無口だった原因を島民同士の言語生活だけに求める必然性は無い。

　この時代には父島と母島の人口を合わせてもたったの数十人だった。島民がお互いにコミュニケーションをとらずに共同生活していたとは容易には考えられないのである。

　上述のようなコミュニケーションが希薄であったとする記述は他には見当たらない。他の文献に出てくる当時の小笠原社会像はむしろ、密接なイン

ターアクションを行っている小さな多言語(多民族)コミュニティである。島にやって来た男性の多くは西洋人であった。カナカ人(ハワイなどの太平洋諸島出身者の総称)の男性が初期の渡来者の中に含まれていたが、その多くは永住しなかったようである。重要な例外はハリー(Harry Otaheite Bolla)と呼ばれていたタヒチ人と、ジャッジ(John"Judge"Marquese)と呼ばれていた北マルケサス諸島の出身者である。彼はペリー提督訪問やそれ以降の記録にたびたび登場している(Head and Daws 1968: 63)。

　島へやって来た女性には英語を母語とする人は1人もいなかった。渡島した女性は例外なく太平洋諸島の人であった。したがって島育ちの二世全員はオーストロネシア語族を母語とする母によって育てられている。それにもかかわらず、彼女たちは何らかの形での英語が話せたと考えざるを得ない。なおそれぞれの住民が自らの母語の影響が現れる「外人なまり」の英語で話していたか、それともパターン化された(安定)ピジン英語が使われていたかは明らかではないが、女性たちは配偶者とコミュニケーションをとるために一種の英語を使わざるを得なかったと推測される。重要なのはその夫自身も英語を母語としないヨーロッパ人などがほとんどであったということである。

　後に述べるが島生まれの二世の子供ですら訪問者などの外部者とコミュニケーションを取るために使ったのは、それがピジンなのか主流英語なのかは不明だが、「英語」と呼ばれることばであったことはわかっている。すなわち家庭内の使用言語も一種の英語だったと推察できるのである。

　この時代の夫婦が異なった言語を母語としていたことは、20世紀に作成された家系図(Goldschmidt 1927 や Wagenseil 1962)から分かる。一方、19世紀前半の家庭の状況について語っている島への訪問者がいる。1836年に島を訪れた英国海軍医官のルシェンバーガー(Dr. William Samuel Waithman Ruschenberger)の報告である。彼は後にイギリス東インド艦艇外科医官を経て、軍最高医官まで進んだ。次に彼の報告書から3箇所を引用する。

　　白人男性は1人か2人のサンドウィッチ諸島の妻を持っている。島にいる女性は全員で19人いるが、彼女らは平気で行なっている幼児殺

害や不倫を主人から隠そうとしない。こんなことが 40 人弱の人口の所で起こるとは！[4]

　そこでマザロ氏が我々を迎えて、落葉樹が数本生えていた小さな集落へと導いてくれた。数人のサンドウッチ諸島民の男女は、その木陰で、粗削りの丸木の上で寝転がっていた。我々がそこで一度立ち止まると、チェピン氏とイギリス人の男が我々を歓迎しに出てきた[5]。
　今度は 6 軒ほどの居心地のよさそうな掘っ立て小屋からなる集落の中へ我々は案内された。それぞれはキャベツ椰子を立てて作った柵に囲まれ、その内側に小さな庭があった。チェピン氏の住居へと案内され…ベッドの間にあったドアの向こうには、これの半分の広さの住居がまた 2 つあって、そこで女性たちが家事に従事していた。これが新しくできたクラークソンと呼ばれるこの開拓地の掘っ立て小屋の典型的なあり方であった[6]。

　この目撃記録からも、当時のピール島（父島）において西洋人と太平洋諸島の民が別々に暮らしていなかったこと、そしてほとんどの家庭は異なった言語を話す人からなっていた実態を窺い知ることができる。
　一方、子供を生まなかった入植者もいた。あるいは娘がいてもその姓がのちに途絶えたために子孫がいるか否かが不明な場合もある。またはその子孫が成人前に死んでしまう場合や生涯独身でいる場合も考えられる。いずれにせよ、こうした家系のことばかりにとらわれてはならない。というのも言語の場合はコミュニティ全員が言語形成期の子供たちに影響を与えるからである。人の言語は両親のものというよりは、育てられた場所で使われていたことばに似ているのである。
　19 世紀初頭から半ばにかけての各家庭の言語使用状況を把握するため、表 3-2 を見てみよう。この表は筆者が把握している男性住民の島滞在期間および母語を示している。本来なら女性も住民として 1 行ずつ取り上げるべきかもしれないが、次の 2 つの理由によってそれを行なっていない。1 つ

は夫婦を示すことで各家庭内の言語使用状況について考えたいという積極的な理由。もう1つの理由はむしろ消極的な理由で、女性住民に関する情報が非常に少ないため個人ごとに女性の別項目を作るだけのデータがないためである。

表3–2の最右欄を見ると、多くの住民に関して子孫を残したという記録がない。もしかすると、子供(や孫)は女性ばかりで苗字が現代まで受け継がれなかっただけかもしれない。もう1つの可能性は男性の子孫が独身だったか、成人する前に死んだかもしれないということが考えられる。いずれにせよ、直接子孫を残さなかった島民も言語社会の一員と活動していたのだから、近所の子供が耳にして育った言語環境を彼らも作り上げていたのである(小規模なコミュニティにおける個人話者の影響について§5.3.4を参照されたい)。

この時代、小笠原で圧倒的に多くの家庭が共通の母語を持たず、非母語話者の使うピジン化された英語を使っていたと思われる。すなわち言語接触論で狭義のピジンが成立するための条件とされている「3次的ハイブリッド化」(本書§1.1.1参照)の条件が整っていたことが分る(Holm 1988: 5, Sebba 1997: 103)。

56　第1部　日本語到来以前

表 3-2　19 世紀の入植者とその母語

世帯主名	来島	離島死亡	母語(出身地)	配偶者の言語	子孫
Nathaniel Savory	1830	1874	米語(Massachusetts)	①ハワイ語 ②チャモロ語(名：Maria delos Santos, Mazarro 未亡人)	有
Richard J. Millinchamp	1830	1853 以前	英語(グアムに移住)	①ハワイ語 ②チャモロ語(名：Joacquina de la Cruz)	島外
Mateo Mazarro	1830	1848	イタリア語(Genoa)	チャモロ語(名：Maria delos Santos)	有
Aldin B. Chapin	1830	1852	米語(Boston)	独身	無
Charles Johnson	1830	1838 以降	デンマーク語	不詳	無
Harry Bolla (Harry Otaheite)	1830	1853 以降	タヒチ語	不詳	不詳
John"Judge" Marquese	1830	1875 以前	北マルケサス語(Nuku hiva)	カロリン語(名：Pidear；北マリアナ諸島 Agrihan 島出身) 少なくとも 1831〜1836 島に滞在	不詳
Joachim Gonzales (John Bravo)	1831	1885	ポルトガル語(Brava Island, Cape Verde)	ハワイ語(名：Mary)	有
Joe Cullins (Joseph Freeman)	1831	1874	英語	カナカ(名：Betty) ?–1881	
William Penn Gilley	1832	1863	英語？西語？葡語？(北極海で殺害)	ハワイ語(名：Tineree) 1855–1862	有
Joseph Antonio	1833		ブラジル葡語		
John Roberts	1833		葡語(Lisbon)		
Francis Silva (Silver)	1836		葡語(Azores, Faial Island)		

Thomas Bailey	1835	?	英語(Hawaii)		
Thomas Davis	1841	1874	ハワイ語？	(Webb の母)	
George Augustine Washington	1843？	1880	マダガスカル語(兄島で射殺)	小笠原出身(名：Esther Savory, Nathaniel の娘)	有
James Motley	1846	1866	英語(London)(母島在住)	カナカ(名：Kitty) 1860–1887	
Thomas H. Webb	1847	1881	英　語(Surrey)(カナカ人によって殺害)	小笠原出身(名：Caroline Robinson。母島育ちのポナペ人ハーフで少なくとも1847–1880年の間島に滞在)	有
Bill Mann	1847			ポナペ語(名：Hypa)	無
George Robinson	1847	1861	英語(ハワイへ移住)	ポナペ語(名：Teapa)少なくても1847–1860年島に滞在	有
Frederick Rohlfs(Rose)	1852	1898	独語(Bremen)	①カナカ(名：Kitty, Motleyの未亡人)少なくても1860～1887年島に滞在 ②日本語	有
George Horton	1853	1862	英語(横浜牢屋で死亡)		無
Louis Leseur	1862	1885	仏語(Brittany)	カロリン語(名：Pidear；北マリアナ諸島の Agrihan 島出身；Marquese の未亡人)	有
William Allen	1862	1882	独語(Bremen)	ハワイ語(名：Poconoi) ?–1875	
Benjamin Pease	1864	1874	英語(スペンサーによって殺害)	小笠原出身(名：Susan Robinson、ポナペのハーフ)	有
Robert S. Morris(Myers?)	1874	1883	バミューダ英語(黒人)	日本語(横浜出身のヨシ) 1875–1879	

J. Spencer	?	1875	バミューダ英語(黒人?北米インディアン?カナカ?)(殺された)	小笠原出身のボナペ人ハーフ(名：Susan Robinson, Pease の未亡人)	有
John Tewcrab	1874	1882	キリバス語?(東京で就学)	日本語	有
W. Tewcrab	1874	1882	キリバス語?		
Thomas Tewcrab	1874	1882	キリバス語?	Wellington 島(Mokil；Boasin か Bosan)1860–?	
Sino(Lerao Lucino)	1877以前		タガログ語?Manila, Philippines)	日本語(名：Ishii Katsu)	
John Ackerman	?	?	タヒチ語		有
Charlie Papaya	1877以前	1877	ハワイ語		
Bill Boles			Bougainville 島	カナカ(名：Sabess)	有
Copepe	1877以前	?	キリバス語?(Nonouti Is. Kiribati)	①日本語②?(名：Depes)	有

3.3. 学校教育の欠如

　小笠原諸島でどのような英語が使われていたかを探るときに、識字率や学校教育などの社会言語学な要因も考慮しなければならない。一般的に識字率が高い社会において、「普通な言い方」や「正しい言い方」とは何かという規範意識(標準語意識)は強まる。だが小笠原の場合では事情が異なる。様々な史料を総合すると、一世の島民のほとんどが、そして二世以降の島民の全員が文字を読めなかったことがわかる。結論から言えば話しことばに対する書きことばの影響はほとんどなかったと見てよいだろう。

　フォーマルな英語教育(先生に従って教科書を使用し、教室で学ぶ場合)がなかったので、英語を母語としない一世の島民たちは日常的なやりとりの中

で「自然習得」によって英語を身につけたと思われる。こうした状況は英語のピジン化につながる。島内における権力関係を考えると、英語を母語としないヨーロッパ系および太平洋系島民の両方は英語を習得する動機は充分にあった。この島で最初にできたコミュニティは、大英帝国の名の元で築き上げられた上、リーダーは英国籍を持った人(Mateo Mazzaro)および英語を母語とする 3 人だった。

　入植してきたポリネシアの人々が英語の学校教育を受けた可能性は低い。サンドウィッチ諸島(ハワイ)に西洋風の学校が設置されたのは 1820 年代であり、最初の数十年間の読み書き教育は英語ではなくハワイ語が対象であった(Carr 1972: 4)。その当時改まった場面で使われる言語もハワイ語であり(Reinecke 1969)、またハワイピジン英語が言語変種として確立したのは、アジア各国の労働移民が入ってきた 1870 年代(Sebba 1997: 171)であった(つまり、英語ネイティブとハワイ語話者以外の第三者の入植後に確立した)。とはいえ初期の太平洋ピジン英語の個別単語はわずかな数ではあるが、1791 年という早い時期の記録にも現れている(Carr 1972: 4)。

　さて島に来たハワイ人は英語の読み書きができた可能性が低いという結論であるが、他の人々(西洋人など)の識字能力はどうだったのであろうか。ここで記録が残っている 3 人(セーボレー、チェピン、ウエブ)の識字能力について、さらに彼らが自分の子供たちにも字を教えたかどうかを検討してみたい。

　ナサニエル・セーボレーが読み書きができたことは、彼がマサチューセッツにいる親戚宛てに書いた手紙から分かる(数通は Cholmondeley 1915: 43–88 で複写されている)。彼は来島してから毎日日記をつけていたとされているが、その日記は 1872 年の津波で流されてしまった(Cholmondeley 1915: 126)。

　最初に入って来た 5 人の西洋人の 1 人であるアメリカ人のチェピン(Aldin Chapin)は読書好きだったようである。1836 年に島を訪れた§3.2 で紹介したルッシェンバーガーがチェピンの家の詳細を記述している。

テーブルの上に新聞や筆記道具がいっぱいあった。その上の壁に、大きな望遠鏡および「ボニン諸島の法」と題された薄い原稿が掛けられていた。船乗りの所持品箱が部屋の両側に置かれており、サラサ模様のカーテンに囲まれたベッドが隅にあった。数枚のフランス版画および50冊か60冊の本が並んだ棚が壁を、飾っていたというよりは、それを覆っていた[7]。

1851年に来島したエンタープライズ号(HMS Enterprise)のコリンソン船長(Richard Collinson)もチェピンが集めていた本に触れている。

私は幸いにもチェピン氏の書籍を増やすことに貢献できました。彼の本はきっと長老自身を満足させるでしょうし、これから育つ世代にも役立つ可能性があります。　　　　　　　　　　　　(Collinson 1889: 118)[8]

残念ながら、コリンソンが言うようにこれらの本が島の若者に役立ったことはなかったようである。さて返還当時の論文によると初期の入植者のうち、セーボレーとチェピン以外にもう1人いたがこれは誰のことを指しているかは不明である。

チェピンはロイド港［二見湾］で最高の有識者で、掟を維持し、それを伝えるにはうってつけの人物であった。入植者の法典は、自分の名字が書ける人が3人しかいない(セーボレーとチェピンはこれに入るが、マザロは入っていない)社会にふさわしく簡素なものであった。
　　　　　　　　　　　　　　　　　　　　　(Head and Daws 1968: 63)[9]

ナサニエル・セーボレーの死後、唯一文字の読める人となったウエブは島の社会では特別な役割を担ったと伝えられている。

文字を解するものはただ一人トーマス・ウエブという人物だけで、文

字どおり孤島のロビンソンたちの集りである。［中略］もっとも土着語
（カナカ人の土語など）のほかに、住民の間には英語がかなり普及してい
たことは事実であったろうが、バイブルというより、簡単な祈祷書を
もっていたのはウエブ一人だけで、かれが結婚式や葬式や埋葬の仕事を
一人でひき受けていたということだ。　　　　　　　（大熊 1966: 195–96）

　また、ロバートソンが 1875 年 11 月に父島を訪れたとき、識字能力があっ
たのはイギリス人のトーマス・ウエブだけだったと述べている。

　　　本に関しては、ウエブの家で見かけた数冊以外はまったくありませ
　　ん。ウエブを除いて、島々で読み書きできる人はいません[10]。

　日本の領土となった後でも、1882 年の『小笠原島誌』を参考にした加茂
元善の報告では、識字率について次のようにある。

　　　帰化人は天保初度に土着したる者の子孫であれども、更に捕鯨船等に
　　搭し来たり留まりたる者も亦少なからず。元来此徒、多くは下等の雇い
　　夫ならば志望なく、学識なく、一般に英語を用ゆれども、文書を作り得
　　る者僅か一、二のみ。　　　　　　　　　（加茂 1889；辻 1995: 173 掲載）

　1894 年から 1897 年に英国人のチャムリー（Lionel Berners Cholmondeley）
が何回か島を訪れたときには日本国によるバイリンガル教育が二十年も続い
ていたが（§4.5 参照）、彼が描くセーボレーの没後（1874）の島社会の様子を
読むと、そこにウエブ以外に字が読めたという記述はない。

　　　ナサニエル・セーボレーの後、トーマス・ウエブは島で最も影響力を
　　及ぼした人物でした。彼は学のある人で、聖書を所持していて、おそら
　　く英国祈祷書も所有しているであろうし、洗礼式やお葬式を行なうとき
　　は大抵彼が頼まれるのです。　　　　　　　　（チャムリー 1987: 13）[11]

62　第1部　日本語到来以前

　当時の島において学校教育がなかったため、1870年代に日本の領土となるまで、島生まれの世代は読み書きができなかった。ロバートソンの記述から推測すると、ウエブは自分の子供にも文字を教えようとしなかった。Cholmondeleyを読めば、セーボレーも子孫に読み書きを教えなかったことが分る。

　　　われわれがこれから考えねばならない問題はナサニエルが子供に対して父としてどういう役割を果たしたかである。教育の問題に関して―子供たちの読み書きに関する限り―彼をすっかり困惑させた問題に彼はすぐ直面したと言えよう。彼はとても学校の先生のような人とはいえなかった。子供たちの母親も何も教えることは出来なかった。他に彼が頼めるような人も居なかった。　　　　　　　　　（チャムリー 1988: 13）[12]

3.4.　日本人漂着者の記録

　小笠原が日本の領土になる以前にも、日本側に島のことを記した記録があった。そして人が定住してから10年経った1840年頃に書かれた記録を見れば、言語コミュニティが形成された初期の頃の言語使用について考えることができる。この年に小笠原に漂着した日本人水夫たちが作った単語リストを分析すると、当時の島で言語接触が進んでいたと推察できる。このリストにはハワイ語の単語と英単語以外にも、原語が分からないものがあり（これらの存在は第三の言語の影響を示唆しているかもしれない）、さらに太平洋の色々なピジン変種に見られるような二重化による造語も記載されている。

　この貴重な記録は、1840年に数ヶ月間小笠原諸島で暮らした日本人が残したものである。彼らは陸奥気仙郡小友浦（現在の岩手県陸前高田市）を出た6人の水夫で、乗っていた船が遭難して島に漂着し島民に助けられた。彼らは63日間島に滞在した後、船を修理して自力で日本本土に戻った。

　当時、彼らが辿り着いた島の位置や正体については議論があった。漂着し

たのはハワイだったのではないかという憶測もあった。しかし 19 世紀末か
らこの人たちがいたのは小笠原諸島だったというのが定説になっている。

　日本では事情聴取が行われのちに『小友船漂着記』として記録された。記
録では島の人口は 38 人（子供 8 人を含めて、男性 25 人、女 13 人）となって
いる。上述の Quin が 1837 年に島を訪れたとき、人口は 38 人となっている
ためほとんど一致している。日本人の水夫が全員と接触することがあったか
どうかは分からないが、少なくとも全員の存在を把握していたようである。

　『小友船漂着記』には彼らが島で耳にしていた 56 の単語や語句が記録さ
れている。これまでこれらの単語は英語やハワイ語であろうと言われていた
が、1997 年の論文で延島冬生が初めてそれらの原形について分析した（表
3–3）。彼の分析によると 56 語のうち英語と思われるものは 18 で、ハワイ
語は 39 である（残りの 1 つはピジン英語）。延島は「無人島に入植してから
10 年、英語を中心とする欧米語、ハワイ語を中心とする太平洋諸語が使わ
れていたと思われる」と述べている（延島 1997: 77）。延島が提唱している
56 の語源説の中には議論を呼びそうなものもあるが、全体的にはこの分析
は言語学的な音対立の規則に基づいた非常に科学的なもので、説得力のある
ものとなっている。

　単語のリストにはハワイ語と英語の両方の単語が出てくるが、これだけで
接触言語が存在したという判断は難しい。リストに載っているハワイ語の単
語を水夫たちに教えたのはハワイ人で、リストの英単語を教えたのが英語圏
人であるという可能性が否定できないからだ。しかしこれはかなり不自然な
解釈でもあるし、漂着者の記録に島民は 2 つのグループに分かれていたな
どという証言はない。むしろ島に住んでいた人たちは両言語の単語を日常的
に混ぜていたと解釈するのが自然である。

　接触言語が使用されていたと思わせた証拠もあるのでそれを検討しよう。
リストにはハワイ語とも英語とも異なる、ピジン的なものも含まれている。
例えば「バツバツ」（傳馬船）、「コウコウ」（料理する）、「ハヤハヤ」（火）のよ
うな二重化（reduplication）が見られる語である。太平洋の様々なピジンにも
二重化によって語が形成される。もし延島が指摘するようにこれらは英語の

boat, cook, fire に由来するのであれば、当時の小笠原にはピジンがすでに形成されつつあった可能性が出て来る。

　また「食べる」という意味で使われる「カウカウ」は元々「中国海岸ピジン英語」に由来する単語だが、1791年や1820年にピジンハワイ語(これはハワイ語でもないし、ハワイのピジン英語とも異なる)で「カウカウ」が使われていたという記録もある(Carr 1972: 98)。「カウカウ」は太平洋各地のピジン英語で「食べる」を意味する kaikai とも関係しているかもしれない(§3.9 参照)。

　「水」を意味するヲワカという語形も言語接触が起きていたことを示唆している。これはピジン英語とは言えないにせよ、少なくとも中間言語(いわば「ハワイ人なまりの英語」)の例と言える。なぜ water がヲワカに聞こえたのだろうか。もし日本人である彼らが島で英語の water の発音を聞き、「日本語なまりの英語」の形で覚えて帰ったならば、それは現在の外来語表記の習慣からすればむしろワラーやワターと表記されたはずである。

　ではこの表記は日本人水夫が漂着した島に滞在していたハワイ人の「ハワイ語なまり」の英語であろうか。ヲワカのように k → t の置き換え(混同)が起こりやすいのはむしろ、ハワイ語話者である[13]。ハワイ語においては［k］と［t］が同一音素の異音である。ハワイ語の中で［k］しか持たない方言も［t］しか持たない方言もあるが、両方の発音を「自由変異」として持っている人もいる[14]。

　表3–3 を見ると、19世紀半ばの島ではハワイ語と英語の両方の要素が使われていたと考えられる。

第3章　日本語が入ってくる以前の英語　65

表 3–3　日本人水夫が漂着した島で使われていたことば

	漂着者が記録したことば	漂着者が記録した日本語訳	推測：由来の言語	推測：起源語	言語的対応
1.	のうし	鼻	英語	nose	
2.	まあふ		英語	mouth	
3.	ばれ	手	ハワイ語	pale「追い払う、投げ捨てる」手は "lima"	物→動作；b → p
4.	ねいえ	足	ハワイ語	ne'e「足を運ぶ、歩く、忍ぶ」	物→動作
5.	ねほ	歯	ハワイ語	niho	e → i
6.	へいへいやお	耳	ハワイ語	pepeiao	h → p
7.	ぽう	頭	ハワイ語	po'o	b → p
8.	わよう	乳	ハワイ語	waiū	o → u
9.	らほ	陰嚢（いんのう）	ハワイ語	laho	
10.	をぼを	腹	ハワイ語	'ōpū	wo → o；b → p
11.	をうれ	男根	ハワイ語	ule	wo → ø
12.	をこれ	尻	ハワイ語	'ōkole	wo → o
13.	とをへ	玉門	ハワイ語	kohe	t → k
14.	てうは	背	ハワイ語	kua	t → k
15.	をわら	白芋	ハワイ語	'uala	wo → o
16.	ろしう	赤芋	英語	radish	
17.	ゐやま	黒芋	英語	yam	
18.	ばけけ	鰹節	ハワイ語	pākeke「芋」	b → p
19.	てい	茶	英語	tea	e → i
20.	あいぼばか	煙草	ハワイ語	ipu paka(baka)「キセル」	b → p
21.	いばか	煙草	ハワイ語	paka(baka)	i → ø；b → p
22.	いかは	衣裳	ハワイ語	kapa	i → ø；h → p

23.	ばばれ	笠	ハワイ語	pāpale	b → p
24.	がま	草履	ハワイ語	kāma'a	g → k
25.	ぼろめ	箒	ハワイ語	pūlumi(burumi)	b → p ; e → i
26.	ぼう	鐵砲	ハワイ語	pū	b → p ; o → ū
27.	ばあへい	包丁	ハワイ語	pahi	b → p ; e → i
28.	ばあへ	小刀	ハワイ語	pahi	b → p
29.	はへよろ	鋸	ハワイ語	pahi olo	h → p ; e → i
30.	ぽら	茶碗	ハワイ語	pola(bola)	b → p
31.	ばば	膳	ハワイ語	papa	b → p
32.	あいぽはを	茶釜	ハワイ語	ipu hao	a → ø ; b → p
33.	はを	鼎	ハワイ語	hao「金属道具」	wo → o
34.	ばけて	桶	ハワイ語	pakete(bakete)	b → p
35.	けいて	小桶	ハワイ語	pakete(bakete)	b → p
36.	ふは	豕	ハワイ語	pua'a	h → p
37.	もつこう	親船	ハワイ語	moku	
38.	ばつばつ	傳馬	英語	boat	b → p ; t → k ; 二重化
39.	をしゆぶ	乗船	英語	ship	wo → ø ; b → p
40.	かんばし	磁石	英語	compass	
41.	かいとん	船頭	英語	captain	
42.	まいてん	をやぢ(船中萬用を司とる者也、舟人をやちと通称す)	英語	master	
43.	こうこう	炊夫	英語	cook	o → u ; 二重化

44.	をわか	水	英語	water	wo → ø； t → k
45.	はやはや	火	英語	fire	二重化
46.	よう	男	英語	you	ou → u
47.	めい	女	英語	me	ei → i
48.	かうかう	喰事	ピジン英語	kaukau	
49.	いもやい	寐	ハワイ語	hiamoe	i → e
50.	ばねばね	色事	ハワイ語	panipani	b → p； e → i
51.	なをなお	物を進るに固辞することと見えたり	英語	no, no	
52.	あろうは	外のもの来るときは，門口にて右の手を目より高くあげ「あろうは」と云う歸る時も如此	ハワイ語	aloha	
53.	あいな	此島の名を島人「アイナ」と呼といへり	ハワイ語	āina「土地」	
54.	あらんぼあんはらん	子供を叱ること也	ハワイ語	alawa hala	
55.	じょうはいはい	手を拍て犬をけしかける此如云ふ	英語	Joe hi, hi	
56.	ほうろきぼうほう	此島後にアイナの島人は問へは「ほうろきぼうほう」と云といへり	ハワイ語	holokēʻoukou	

3.5. 太平洋諸島の影響

　ここまででハワイ人が話していた英語の特徴を見たことによって、西洋人が太平洋諸島の人たちに影響を与えたことが分かった。しかし西洋と太平洋諸島の言語を含めて互いの文化は様々な側面で相互に影響し合っていた。図3–4は、上述した1840年の日本人漂流者が描いた光景である。この絵にはカヌーに乗って漁をしている男性が描かれている。男達はひげを生やし、ズボンをはき、ボタンのついた長袖のシャツを着ていることからして西洋人であることが推察できる。しかし興味深いことに、彼らが乗っているのは舷外浮材の付いたカヌー（アウトリガー）であり、当時の小笠原諸島では西洋と太平洋地域の文化が深く入り組んでいたことを浮き彫りにしている絵である。十数年後に小笠原諸島を訪れたペリー総督の部下が記した石版画や文書からも、太平洋文化と西洋文化が入り混ざった様子を窺い知ることができる（Long 1999）。図3–4の絵と同じようなカヌーは欧米系島民の間で今日でも使われている。

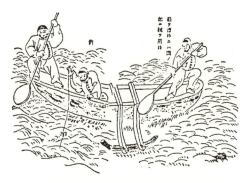

図3–4　ポリネシア風のカヌーに乗る西洋人（倉田1983: 15）

　小笠原の言語や文化は〈西洋（英語）と日本のミックス〉というふうに紹介されることが多いが太平洋諸島の言語的な影響は大きかった。具体的な言語事象を§3.7で取り上げるが、重要なのはこの影響が初期の頃だけではない

ということだ。小笠原の初期の入植者は外の世界からはある程度孤立していたが、ポリネシア諸島やミクロネシア諸島とのつながりは維持しつづけていた。当時の様子を記した資料からヨーロッパ系移住者が移住してきた 1830 年から日本人が到着する 1870 年代までの約半世紀間、ハワイとグアムの間を行き来していたことが分かる (Cholmondeley 1915)。本書の §4.7 と §8.5 で、日本の領土になった初期の時代および戦後時代における太平洋諸島の影響を見る。

3.6. 島民の外部との接触

西洋人のクルーを乗せた船がたびたびボニン諸島を訪れて、その訪問に関する記録を残している。記録には太平洋系島民と英語を話す訪問者との間にコミュニケーションが成立したという記述が多く残っている。しかしすべての記録において、訪問者が太平洋系島民との意思疎通はできたものの、島民の英語は下手だったと記されている。これらの接触場面に見られるコミュニケーション手段は一種の接触言語、すなわちジャーゴンやピジンであったと思われる。

3.6.1. 入植者一世の来島前の経験

19 世紀に、太平洋を行き来した船上では様々な言語を母語とする水夫の共通言語として「太平洋の船上英語」(Pacific Ship English) と呼ばれるジャーゴン (jargon) が使われていた。このジャーゴンが、クルー同士だけではなく、入港する土地に住む人々との意志疎通の際にも役立った。これは太平洋各地に広がった「太平洋ピジン英語」(Pacific Pidgin English) の原形であると考えられている。

状況的証拠を検証すれば、一世の入植者は島に来る前からも太平洋で使われていた接触言語(ピジンなど)に遭遇することがあったと思われる。分っている限りにおいて小笠原に来たすべての太平洋諸島民は西洋の船に乗って来ている。このことによって西洋の言語(おそらくピジン英語)の何らかの能力

70 第 1 部 日本語到来以前

を持っていたと推測される。それに加えセーボレーやウエブを含む西洋人男性の多くは水夫だったので、彼らも仕事柄、太平洋地域の海上英語(maritime English)を耳にすることがあったと考えられる。

　職業が水夫でない人の場合でも、西洋諸国から小笠原に辿り着くまではかなり長い年月、船上での生活を余儀なくされたはずである。また数人は小笠原に来る前に太平洋の他の島で暮らしていたことが分っている。この中に含まれるのは、セーボレーと一緒に、ハワイからやってきた最初の入植団である。そしてゲレー家の先祖に当てるジョージ(George Gilley)も少年期をハワイで過ごしたようである。またジョージ・ロビンソン(George Robinson)はカロリン諸島から小笠原にやって来たとされている(Shepardson 1998, 1 章と11 章)。

　さらに複数の入植者が大西洋の接触言語が使われていたと思われる地域から来ている。ジョアキム・ゴンザレス(Joachim Gonzales)の出身地であった Cape Verde 島は世界の様々な(ヨーロッパ系統の)接触言語に影響を与えたとされている。複数の記録に登場する Francis Silva はアゾレス諸島の Faial 島の出身だった。記録によると後にやってきた J. Spencer も Robert Morris (または Myers)もバミューダ島の出身の黒人だった。これらの人物たちは大西洋の接触言語を耳にしていた可能性が高い[15]。

3.6.2.　入植者一世が外の世界と接触する機会

　ボニン諸島の住民は非常に孤立していたというイメージがあるが、入植当初からこの島を訪れた船は一年間に数隻はあった。セーボレーによると1833 年 1 月 1 日から 1835 年 7 月 1 日までの 31 ヶ月間にポート・ロイド(現在の父島の二見湾)を訪れた船は 22 の捕鯨船を含む 24 隻であった(Clement 1905: 190)。その後も航海船は父島に住んでいたセーボレーがマサチューセッツにいた親戚と文通するのが可能だったくらいに頻繁に来島した。(Cholmondeley 1915: 43–88)。

　1838 年までに島の訪問者が徐々に増えていった。その年にラーン号(*H. M. S. Larne*)が島を訪れたときに、ブレイク船長(Captain P. I. Blake)は次の

ような報告をイギリス本国に提出している。

　　前回の捕獲シーズンのときには、イギリス人やアメリカ人の船のうち
　12隻から14隻が、ポート・ロイドに休憩に立ち寄り、それぞれの船が
　大体500ドルから600ドルのお金と引き換えに、生産物や貯蓄物を滞
　在中に消費したり、持ち帰ったりした。その一部は物々交換で取引がな
　され、太平洋地域で需要の多かったタバコと酒類と主に交換された。私
　が知らせを受けた捕鯨船は、60から70頭の豚を、同等の量のヤム芋、
　さつまいも、トウモロコシなどとともに持っていった。入港して来た船
　もあったが(中略)、クルーが港に着けば逃亡する恐れがあるために、何
　隻かは沖合いに留まったまま、供給を得るために信頼できるクルーだけ
　をボートで行き来させた。　　　　　　　　　　　　　　(Blake 1838: 115)[16]

　ブレイク船長が付録として作成したのは、「1838年4月から9月にかけて
食料補給等のためにボニン諸島ロイド港［現在の父島二見湾］を訪問した英
米国籍の捕鯨船一覧」である。そこにイギリスの船7隻の名前が挙がってい
る。これ以外にも「湾内に入らず沖に停泊し物資を手に入れた船がこのほ
か3、4隻あったが、その名前は記憶されていない」と記しており、またア
メリカ国籍の船の名前が4隻挙がっているほか、それらの船以外にも2隻
が訪れているとしている(Blake 1838: 124–125)。半年でロイド港を訪れた船
舶の総計は16隻あるいは17隻に上ったのである。小笠原は太平洋を横断
する船の重要な中継基地となりつつあったのである。
　この報告から小笠原に住んでいた人々は頻繁に訪問者を迎え、交易を行
なっていたことが分かる。さらに脱船者がしばしば現われ、中には島に永住
した者もいた。
　小笠原への訪問者や脱船者が島に滞在した期間はまちまちだった。
Michael Quin船長の1837年の記録(表3–1)の「島に住み着いた」人数か
ら、当時の島人口を引くと、短期滞在者が多かったことが分る。これは小笠
原だけの特徴ではない。ビーチコーマー(海岸から漂着物を拾い集めながら

生活している流れ者）と呼ばれる西洋人が太平洋のほかの島々の歴史にもたびたび登場する。「ミクロネシアセミナー」というネット上のアーカイブのデータベースによると、19世紀のトラックやコソラエ、パラオ、ポナペ、ヤップ、マーシャル諸島には542人もの西洋人ビーチコーマーが記録されている（Hezel 2006）。小笠原の多言語コミュニティにこうした人々が入ってくることで、言語状況がさらに複雑化していったのであろう。

　19世紀の太平洋を行き来した船の船員も複数の言語を母語としていたと思われる。正確な数字かどうかは別として、ネルソン卿の旗艦 HMS *Victory* 号には14カ国の船員が乗っていたという話は、この時代の船の事情を象徴しているかもしれない。こうした多民族（多言語）の乗組員はお互いに話すときにも、港町に入るときにも南洋ジャーゴン（South Seas Jargon）や太平洋英語（Pacific Jargon English）と呼ばれた海上英語を共通のコミュニケーション手段として使用していた。

　父島に船が入港することによって、島に住む人々がピジン化された英語に触れる機会が増えていった。こうした言語接触は「短期」のものであったが、短いもので数日間、物資の補給だけではなく船の修理が必要な場合には数週間にわたっていた。さらに目撃者の記録によるとこうしたときにことばを交わしたのは船長と首長だけではなく、一般の船員と一般の島民との接触もあったことが分っている。

　これらの船がロイド港（現在の父島の二見湾）に入港することをきっかけに、父島の島民は太平洋全域で通用するこの接触言語を耳にする機会を得ていた。このように「太平洋船英語」と接触する時間は短かったかもしれないが、仮にも年に数回はある船の入港時にはそのたびごとに数多くの水夫との接触があったであろうことが推測されるのである。

3.6.3.　太平洋人入植者の言語使用

　船が島に入港した際、島民とコミュニケーションをとったことを船長がしばしば航海日誌に書き残している。表3-4で筆者が把握している全ての日誌を集めた。

第3章　日本語が入ってくる以前の英語　73

表 3–4　小笠原が訪問者の航海日誌に登場する例

訪問年	訪問者	船名	文献
1823	コフィン船長（James J. Coffin）	米国捕鯨船 Transit 号	Cholmondeley 1915
1827	ビーチー船長（Frederick William Beechey）	英国 H. M. S. Blossom	Beechey 1831
1827	ペアド大尉（George Peard）	英国 H. M. S. Blossom	Peard 1973
1828	フェドール・ペトロヴィッチ・リュトケ提督（Frédéric Lütke, Fyodor Petrovich Litke）	ロシア Corvette Senëiiavin（Seniavine）	Lütke 1835
1836	ラッシェンバーガー船医（William Samuel Waithman Ruschenberger）	米国のバーク船 Volunteer 号	Ruschenberger 1838
1837	クイン船長（Michael Quin）	英国 H. M. S. Raleigh	Quin 1837, 1856
1838	ブレイク船長（P. I. Blake）	英国 H. M. S. Larne	Blake 1838
1840	ウィルソン船医（John Wilson）	Gipsy	Forster 1991
1851	コリンソン船長（Richard Collinson）	英国 H. M. S. Enterprise	Collinson 1852, 1889
1853	テイラー、ペリー一行（Bayard Taylor）	米国 USS Susquehanna	Taylor 1855
1853	ウィリアムズ通訳、ペリー一行（Samuel Williams）	米国 USS Saratoga	Williams 1910
1853	ホークス、ペリー一行（Francis L. Hawks）	米国 USS Powhatan	Hawks 1856
1853	スウェル書記、ペリー一行（John S. Sewall）	米国 USS Powhatan	Sewall 1905
1854	スプロストン少尉候補生、ペリー一行（John Sproston）	米国 USS Macedonian	Sakanishi 1940

　多くの場合コミュニケーションは取れたものの、島民の英語は上手ではなかったと書き記している。こうした記録は小笠原で話されていた英語が接触変種だったという仮説を裏付けている。1836 年にピール島（Peel Island、父島の古称）を訪れた Ruschenberger は太平洋系島民とのコミュニケーション

74　第 1 部　日本語到来以前

を次のように語っている。

　　メロンやかぼちゃを載せたカヌーが小川の水面に浮いていた。そのす
　　ぐ近くの岩影で眠っていたサンドウィッチ諸島民は、その小川が居住地
　　や耕作地へつづいていると言った。　　　　　（Ruschenberger 1838: 309）[17]

　1851 年の春に父島を訪れた英国船エンタープライズ号（H. M. S. Enter-
prise）のコリンソン船長（Captain Richard Collinson）が太平洋人の島民との出
会いについて次のように語っている。

　　我々が入港して来たら、帆を立てた 1 人乗りのカヌーが船首を横切
　　るように通った。彼が身につけている服はわずかばかりのもので、身に
　　着けている英語はさらにわずかなものであった。それにもかかわらず、
　　何とかして、我々に伝えることができたのは、自分の名前はハリーであ
　　るということ、自分は水先案内人であるということ、売るための豚、
　　亀、芋とねぎを持っているということであった[18]。

　英国人はこのハリーの英語能力を「わずかなもの」と低く評価している
が、彼は自分の名前を伝えている以外、水先案内人であることや様々な食料
を売っていることをうまく伝達する能力を持っていることは注目に値する。
　1853 年に父島を訪れたペリー一行の記録にも太平洋人島民とのコミュニ
ケーションがあったという記述がある。その記録も太平洋人島民はある程度
の英語、または英語を基盤としたピジンを話す能力を有していたことを裏付
けている。少なくとも彼らが来島したアメリカ人海軍と話していたことは事
実である。

　　やがて 1 人の南海の島民が粗い木綿のシャツとズボン姿で、顔の一
　　部をうす青色で入墨した男があらわれた。彼はマルケサス諸島
　　（Maruquesas）のスカヘバ（Nukaheva）の生まれであるといった。そして

彼の名前は「判事」であった。彼はわれわれを山の端を回って、谷が西方の海に通じている所へ案内した。…私は彼に南端まで同行してくれるように願んだ。彼が言うのには地点は大よそ 3、4 マイル位あるとのことであった。怪しいものはなかった。彼は行きたくないような様子であった。しかし、彼は息子を同行させてくれた。彼の話では、その息子は山を案内できるとのことであった。息子はオタハイテ(Otaheite)出身の黄褐色をした島民であった。そして英語はあまり話せなかった。彼はイノシシが林の行き来するのと同じ位、道を知っているといった。しかし「判事」と一共でなければ行かないといった。案内なしに行くことはほとんど不可能に近かったので、わたしは両人をつれて行くことで問題を解決した。　　　　　　　　　　　　　　（テイラー 1982: 61–62、国吉訳）[19]

　また、この文献(Taylor 1855: 403–5)には、テイラーが父島に住む 2 人の太平洋人を島の案内役として雇った時の話がある。その 1 人がマルケサス人のジャッジであり、彼がアメリカ人とコミュニケーションができたことが分かる。

　　そのオタハイテ人は私たちがイノシシの群れの近くにいることを伝え…[20]

　　そのオタハイテ人は自分がその道を知っていると明言し…[21]

　　ガイドたちは、そこを「南東湾」と呼んだ。食料と水を求めた捕鯨船が頻繁に訪れるのだと言う。…原住民は私たちが来た渓谷の道のり以外に帰り道は無いと言った[22]。
　　彼(判事)はそれがいつもの道だと明確に言った…[23]。

　もう 1 人の登場人物はタヒチ人男性であるが、彼の伝達能力に関してはさほど明確ではないものの、やはり彼もまたアメリカ人訪問者に情報を伝え

76　第1部　日本語到来以前

ている。しかしこの新しく登場したタヒチ人男性が直接訪問者と話していた
か、それともジャッジの通訳を介していたかは明らかではない。もし後者の
説明をとるなら、タヒチとマルケサス諸島の言語は相互理解が妨げられない
ほど近いものであるので共通言語を持っていなくともコミュニケーションが
できたと考えられる。いずれにせよ片方の太平洋人が英語を話す訪問者とコ
ミュニケーションをしていたということには変わりはない。Taylor(1855)に
丹念に描かれている会話を整理して、どの内容の情報が伝達されたか検討し
てみよう。

　まず、ジャッジがアメリカ人に伝えたことは次の内容である。(1)自分は
マルケサス諸島のヌクヒヴァ(Nuku Hiva)の出身である、(2)自分の名前は
ジャッジである、(3)島の最南端までの距離は3〜4マイルある、(4)彼らを
案内することのできる仲間を呼びに息子を行かせた。

　次はタヒチ人による情報である。(1)島の最南端への道を知っている、(2)
猪の居所を知っている、(3)ジャッジが同行しなければアメリカ人をそこま
で案内しない、(4)彼らは猪の近くに来ている、(5)聞かれた場所への道を
知っている。

　最後に、その出所がどちらであるかはわからないが、次のような情報であ
る。(1)海は現時点より2分の1マイル先、(2)そこは「南東港」と呼ばれ
ている、(3)その場所には水や食料を求めに捕鯨士がたびたび訪れる、(4)
唯一の帰り道は来たときに通った峡谷である。

　以上の情報は目の前にある「ここ」や「今」と関係するような単純で説明
しやすい内容ではなく、かなり抽象性の高い内容であることが分かる。つま
り彼らには初対面の英語圏の人に対してかなり抽象的なことを説明するだけ
の(英語)伝達能力があったと言える。一方、アメリカ人は彼らがあまり英語
は話せなかったと記述している。彼らは一体英語が話せたのか、それとも話
せなかったのか、そしてアメリカ人訪問者はなぜこのような矛盾する記述を
したのであろうか。この原因はおそらくこの2人が一種の接触言語を話し
ていたことにある。すなわち意志疎通をするだけの伝達能力を持っていた
が、その伝達の媒体は英語ベースの接触言語だったため、このアメリカ人に

は彼らのことばが「ブロークン・イングリッシュ」にしか聞こえなかった。そのことが「彼らはあまり英語ができなかった」という記述を招いたと推測される。

3.6.4. 島生まれ二世の外部者とのコミュニケーション

サラトガ号(USS Saratoga)に乗ってペリーの中国語通訳を務めたサミュエル・ウィリアムズという人物がいる。彼はその航海の出来事を日記に書き残している。そこにはウィリアムズ一行が父島に着いた初日(1853 年 6 月 14 日)の朝 9: 00 ごろに島の青年がやって来てガイドをかってでるという場面がある。この日記からはそこで登場する「島生まれのハワイ人青年」がゴンザレスの息子であることも分かる(Williams 1910: 29)。そしてその晩にウィリアムズはゴンザレス家を含むいくつかの民家を訪問している。

> 島に生まれた若者の 1 人であるハワイ人が、必要であれば我々を案内しに来て、9 時ごろに碇を下ろし…［中略］…それら［家々］の一軒は、ここに 21 年住んで、10 人の子供がいる(その内、私達の案内人である 1 人だけが彼と住んでいる)ポルトガル人に占領されていた[24]。

ゴンザレスの息子はウィリアムズたちの案内役を務めたという事実がある。彼の父親はポルトガル語話者で母親はハワイ語話者であったが、島で生まれ育ち親元を離れ船での生活経験などがなかったにもかかわらず、彼は英語圏の人のガイドをするだけの英語(あるいはピジン英語)のコミュニケーション能力があったことが分かる。

3.6.5. 島を離れて生活した入植者一世

小笠原に人が定住してからの数十年間、島はかなり外の世界から孤立していた。それでも島民はポリネシア諸島やミクロネシア諸島との関係を保っていた。史料によれば1830 年から日本人が入ってくる半世紀足らずの間、一世の西洋人がグアム(そして時にはハワイ)を行き来した(Cholmondeley

1915: 18, 19, 33, 115, 121 など)。そこで彼らは太平洋諸島の諸言語(ハワイ
語、チャモロ語、カロリン語など)以外にも、太平洋で話されていた様々な
「英語基盤の接触変種」(ピジン化された英語や第二言語としての英語など)に
遭遇したであろうと推測される。

　ペリー提督一行と来島したマカダニア号(USS Macedonian)のジョン・ス
プロストン(John Sproston)士官候補生は 1854 年 4 月 20 日付けの日誌で次
のように書いている。

　　　他の 3 人の旧開拓民の名前はコリンズ、ウエブ、ブラボである。ウ
　　　エブはアメリカ捕鯨船ボーディッチ号の一等航海士[副船長]である
　　　めに現在不在だが、いずれは戻って来るとのこと[25]。

　トーマス・ウエブは、ナサニエル・セーボレーやジョアキム・ゴンザレス
と並ぶ、子孫を残した影響力の大きい入植者である。彼のように長期間島を
離れて船で働く人々が海上ピジンに出くわした可能性は低くない(Clark
1979)。このときから数十年後、日本人の役人が島を訪れた際、ウエブが島
民との間に入って仲介役を務めていたということが分かっている。とはいえ
ウエブが日本語を話せたわけではない。日本語⇔英語の通訳は日本側が用意
していた。そう考えるとウエブが仲介役をしていた意味は何であったか。こ
れまでの情報から考えると、ウエブは「接触変種の英語」(つまり、一世はピ
ジン英語、島生まれはクレオール英語)しか話せなかった島民と標準的な英
語しか理解できなかった日本人通訳との間に入って、「日英通訳」ならぬ
「ボニン英語⇔標準英語」の通訳を務めたという推測ができる。

3.6.6.　勉学や勤労で島を離れた二世
　父島を訪れる外部者が多かったという事実を考えれば、島民にとって外部
の人間との接触はけっして珍しくなかったことが分かる。つまり最初の入植
から日本人がやってくるまでの数十年間、島民は「完全に」孤立していたわ
けではないのである。

前述のとおり小笠原島民の島外者とのコミュニケーションは、入港してきた船乗りとだけではなかった。島民自身が数ヶ月単位で島を離れて生活することもあった。このようにして彼らが接触言語など様々な言語と出会う機会が増えた。こうした事実が1851年コリンソン船長父島を訪れた際に残した記録からも分かる。

> 　その島で定住が始まってから（約21年間）、島では21人の男の子、5人の女の子、計26人の子供が生まれた。その内、10人の男の子、2人の女の子、計12人の子供が死に、また大人も8人の男と6人の女が死んだ。何人かの男は病気で船から島に取り残された。男の子の大部分、四人を残した全員が違う船に乗って去っていき、女の子の2人は教育のためにオアフに行ってしまった。　　　　　　　（Collinson 1889: 114）[26]

　すなわち、コリンソンが訪問した当時はまだ健在だった島に生まれた男子の11人のうち、何と三分の二に当たる7人もが島を離れ船上の暮らしをしていたのである。また少女3人のうち、2人は教育を受けるためハワイに行っていた。もし彼女たちが卒業後に島に戻ったとすればハワイ英語を小笠原に持ち帰った可能性がある。となれば少年たちは「太平洋船英語」に囲まれて暮らしていたことになる上、少女たちはハワイピジン英語を含む、さまざまな英語の変種が使われる生活環境にいたことがうかがえるのである。

　しかし少女2人がオアフの学校に入っていたという1851年の記録は、ロバートソンが1875年に島で字が読めたのはウエブ1人だけと語った話（§3.3）と一致しないように思われる。この2つの記録で生じているこの見かけ上の矛盾を解決するためには複数の可能性を検証しなければならない。それは(1)少女2人はなんらかの理由（結婚など）で小笠原に戻らなかった。そのためハワイ英語を持ち帰っていない。(2)卒業後に(1850年代)一旦小笠原に戻ったものの、ロバートソンが20年後に島を訪れたときは再び島を離れていたか、すでに亡くなっていた。(3)少女たちは「教育のため」ハワイに行っているがこの「教育」は読み書きではなく裁縫や礼儀作法などを教わ

80　第1部　日本語到来以前

るためであり、島に戻っても識字率に影響を与えなかったといった可能性が
考えられるであろう。

　こうした事実を考えてもやはり、19世紀の半ばの小笠原は外の世界から
断絶されていないことがわかる。むしろ言語接触は絶えず見られたと言って
よい。島内での島民同士の接触も外部者との接触も頻繁にあったと言える。
つまり島の若年層は太平洋の様々な言語や太平洋の接触言語、さらに英語の
様々な変種を聞く機会があったということである。

　なおハワイ英語を専門としているエリザベス・カーによると、ハワイのピ
ジン英語が発達したのはアジア諸国およびポルトガルやプエルトリコの話者
がハワイに着いた後の1870年代以降だった。狭義のピジン英語が発達した
のはそうであろうが、カー（Carr 1972: 5）は次のように述べている。

　　　島での主な言語接触がハワイ語と英語の二種類に限定されてきた十年
　　の間でさえ、言語の習得に大きな問題があり、固有の言語が英語の話し
　　ことばに大きな影響があったのは事実である[27]。

　つまり狭義のピジンが発達したのは、ハワイ語と英語の2つの言語以外
のアジア諸語が入った後の19世紀後半であるが、実はそれ以前の数十年
間、ハワイ語の影響を受けた英語が使われていたのである。

　以上のことから小笠原は言語的に孤立していたどころか、島で生まれた若
い島民の多くは外へ出て様々な人間との言語接触を経験する機会があったこ
とということがわかる。

3.7.　ハワイ語などに由来する単語

　以下、20世紀半ばごろを中心に島で使われていた言語（英語、日本語の両
方）に見られる太平洋諸島の影響を検証したいと思う。なお、以下で紹介す
る言語的特徴に関して2つの点を強調したい。1つは現在の小笠原諸島欧米
系島民だれもが以下の単語をすべて使っているというわけではないという点

である。紹介する例の中には現在の島民がまったく聞いたこともないといったものも含まれている。2つ目は現在の欧米系島民の使っていることばはバラエティーに富んでいるという点である。日本国籍を持ちながらも非日常的な「難しい」日本語がうまく話せないと嘆く人もいれば、内地（東京）の日本語と変わらないことばを使っている人もいる。またアメリカ人と変わらない英語を話す人もいれば、島で接触言語として発達した「間に合わせ」の英語しか話せない人もいる。しかもこうしたバラエティーに富んだ状況は現代だけの独特な現象ではなく、この島の歴史を通して観察されるものである。それゆえ以下の分析は「代表的な欧米系話者の話し方を概説する」ことを目的としていない。（そもそも典型的な話者は存在しないと考えている。）むしろこの島の多面的な言語社会のあらゆる特徴を古いデータから発掘し、それを総合的に捉えることに目的がある。

　まず20世紀後半の欧米系島民達が使っているオセアニア起源の単語をいくつか取り上げその特徴を考察することにする。表3–5で取り上げる例は主に延島(1998)が行った語源調査によるもので、随所、筆者によるコメントを加えた。

　小笠原にはオセアニア諸語起源と思われる地名がある。中には島民自身がそうだとかなり意識しているものもある。今日まで残されたオセアニア起源の地名としてプクヌイ *Pukunui*(ハワイ語の *puka nui*「大きい穴」の意)、プヒアイランド *Puhi Island*(ハワイ語 *puhi*「ウツボ」の意)、ホーレーポイント *Holey Point*(ハワイ語の *hōlei*「染色用の黄色い木」の意)などが挙げられる。*Aki*(現在の扇浦を指すアキ、またアキー)は島民の間ではハワイ語起源だと伝えられているが、その詳細の起源は不明である。

　ハワイ語が起源とされる他の語彙を挙げると以下のとおりになる。植物ではタマナ(テリハボク)はトマナ、トリマナとも記されておりハワイ語の *tamani*(同意味)に由来する。ラハイナ(さとうきび)は *lahaina*(同意味)に由来する。

　魚類名では、ウーフー(ブダイ)は *uhu*(アオブダイの仲間)に、そしてヌクモメ(シマアジ)は *nuku mone'u*(カスミアジ)に由来する。モエモエ(セック

82　第 1 部　日本語到来以前

表 3–5　19 世紀半ばの小笠原に入ってきたオセアニア語族起源の単語

小笠原ことば（変異形を含む）[28]	小笠原での意味	起源説（小笠原と異なっている場合は原語の意味）
アキー、ハーキー、Aki, Arki	扇浦	ハワイ語だと伝えられているが詳細不明
アラヒー、アリヒー、alahi	ノコギリダイ *Gnathodentex aureolineatus*	ハワイ語でイットウダイ科の魚を指す *ala'ihi*
ウーフー、uhu	ブダイ科	ハワイ語でブダイ（*Scarus perspicillatus*）を指す *uhu*
タニ	1 人の島民のニックネーム	ハワイ語で「男」を意味する *tane(kane)*
タハラ、tahala	ハマフキフエ *Lethrinus nebulosus*	？ハワイ語でカンパチを指す *kahala*, *tahala*
タマナ、タメナ、トレマナ、tamana	テリハボク *Calophyllum inophyllum*	ハワイ語で同じ木を指す *kamani*, *tamani*
ヌクモメ	シマアジの稚魚 *Pseudocaranx dentex*	ハワイ語でカスミアジ（*Caranx melampygus*）を指す *nuku mone'u*
ビーデビーデ、バリバリ、ウデウデ、ウリウリノキ	ムニンデイコ *Erythrina boninensis*	ハワイ語で同じ木を指す wiliwili
ピーマカ、pimaka	魚の酢漬け料理	ハワイ語で「酢」を意味する *pinika*
プクヌイ、Puku Nui	小港海岸	ハワイ語で「大きい穴」を意味する *puka nui*
プヒ、puhi	ウツボ *Gymnothorax kidako* など	ハワイ語でウナギ科を指す *puhi*
プヒアイランド、Puhi Island	人丸島	〃
ホーレー、ホーレス	黄色いミナミイスズミ *Kyphosus bigibbus*	ハワイ語で染め物に使われる黄色い木（*Ochrosia compta*）を指す *hōlei'*
ホーレーポイント、Holey Point	父島北部、釣浜とワシントンビーチとの間の岬	〃
モエモエ、モイモイ	性行為	ハワイ語で「寝る」を意味する *moe*
ラハイナ、Lahaina	サトウキビ	ハワイ語で砂糖きびの種類を指す *lahaina*
ルーワラ、ラワラ、ラワラワ、ラウハラ、ロワラ、ロハラ、ラハロ、ロハヲ、ロハロ	タコノキ *Pandanus odoratissimus*	ハワイ語でタコノキを指す *lau hala*

ス、性交)は *moe*(眠る)から来ている。ピーマカ *piimaka*(酢を使った魚料理)はハワイ語の *pinika*(酢)に由来するが、興味深いことにこのハワイ語は英語の vinegar に起源がある。

タハラ(ハマフエフキ)は *tāhala*(カンパチ)に、そしてアリヒー(ノコギリダイ)は *alaʻihi*(イットウダイ科の魚)にそれぞれ由来するとされているが(延島 1998)、かなり見た目の違う魚であるので、更なる研究が必要であろう。

ビーデビーデと呼ばれる木は小笠原の象徴として広く受け入れられており、そのことは 1929 年、北原白秋の散文の題として使われていることからもわかる。また小笠原高校の学園祭の名前(図 3–5, 3–6)や高校の紀要の題目としても登場する。

図3–5　小笠原高校学園祭「ビーデ祭」

図3–6　「びいで祭」Tシャツ

その一方、言語学者として興味をそそられるのは、この「ビーデビーデ」(ウリウリやウデウデとも表記されるが)がその起源とされているハワイ語の *wili-wili* からどのように派生したのかということである。日本人の入植者が初めて来島した時にそこでハワイ語が島民の間で使われていたとしても、おそらく「ウィリウィリ」としか聞こえないだろう。この形がどのようにして「ビーデビーデ」に変化したのであろうか。明治初期に日本人が *wili-wili* をビーデビーデとウリウリのように全く違う発音として認識しているのは、当時の欧米系島民が *vilivili* と *wiliwili* の両方の発音をしていたためであると判断するのが妥当であろう。日本の方言の多くで /d/ と /r/、/e/ と /i/ はよ

く混同されるためウリウリとウデウデは密接な関係にあるといえる。

　ウリウリの /u/ がハワイ語の *wiliwili* の /wi/ から変化しているという可能性も十分考えられる。/wi/ が日本語の音韻体系に存在しないために /ui/ となるか、単純に /u/ へと置き換えられたと考えられるからである。同様にハワイ語の ［l］が日本語のはじき音［ɾ］として発音されることも分かる。島民達のことばには 20 世紀になってもなお［w］と［v］との間で揺れが起きているが、この変異はハワイ語にも存在している。図 3–7 に以上の語源説を示した。

図 3–7　「ビーデビーデ」の語源

　小笠原にはタコノキという植物がある。幹から気根とよばれる変形した枝が地元に付いて強風が吹く熱帯の島で木を支える役割を果たしている。その形はタコの足に似ていることからこうよばれている。小笠原村の木として公式に指定されている。学名が *Pandanus boninensis* になっていることから分かるように、小笠原の固有種だが、沖縄にはアダンとよばれる近縁種がある。小笠原のお年寄りに聞けばこの木の名称は「ラワラワ」だと言うが、文献によってはさまざまなバリエーションが見られる。小笠原村教育委員会には坂田諸遠 (1874) が編集した『小笠原島真景図』という報告書が保管されているが、そのなかにタコノキの素晴らしいカラーの絵が載っている。絵の横に「ラハローと唱、日本人よびて蛸の足といふ」と書かれている (図 3–8)。この絵が気に入ってかつて研究仲間と一緒に作った『小笠原学ことはじめ』の表紙に使った。

　小笠原のハワイ語起源の単語のルーツを調べた延島冬生 (1998) の研究によるとこの木のよび名はハワイ語で「タコノキの葉」を意味する lau hala が変形したものだと分かっている。この lau hala が起源語ならば、なぜ日本人

第 3 章　日本語が入ってくる以前の英語　85

は「ラウハラ」ではなく「ラハロー」に聞こえたか分からないし、なぜ現在の欧米系のあいだでラワラワとして伝わっているか不思議である。しかし、変異形はこの他にもたくさん見られる。

　タコの木が他の木を巻きつくつる植物にも進化している。標準和名がタコヅルだが、島ではツルダコともよばれている。学名が *Freycinetia boninensis* になっていることから固有種だと分かる。1862 年に島を訪れた医師阿部擽斎が手記にその絵を残しているが、横に「ツルロワラ」と記している（図 3-9）。小笠原の文献に見られるこの植物のよび名を全部並べるとラウハラ、ラハロー、ラワラ、ラワラワ、ルーワラ、ロハラ、ロハロ、ロハヲ、ロワラなど少なくて九種類の変異形が見られる。

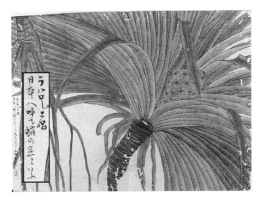

図 3-8　ラハロー（タコノキ）の絵

図 3-9　ツルロワラ(タコヅル、ツルダコ)の絵

　クレオール言語学者の Mufwene は「創始者の原理」(Founder's Principle)という概念を提唱している。これは複数の言語が接触した場合、後から加わったものよりも初期段階に関係していた言語のほうがより大きい影響力を持つという考え方である(Mufwene 1996)。小笠原諸島において、ミクロネシアよりもポリネシアとのつながりが古いことを考えればこうした語彙のギャップは説明できる。

　なお上述の通り、小笠原で使われている日本語・英語以外の単語の多くは太平洋の諸言語に由来するものである一方、ポルトガル語話者が持って来た例の1つとして「ボラス」(borras)があげられる。1872年にチャムリーが島を訪れた際、彼はこの単語を欧米系の島民から聞いた(Cholmondeley 1915: 125)。

　　　小笠原諸島の移民たちは津波をボーラス(borras)と言っているが…
　　　　　　　　　　　　　　　　　　　　　　　　(チャムリー 1987: 14)[29]

　この borras はおそらくヨーロッパの単語に由来する。ギリシャ神話の神ボレアス Boreas は北風の神で、ヨーロッパ諸語には「ボレアス」やそれに起因する単語が「海の嵐」を意味している。例えばポルトガル語のボラスカ

(*borrasca*)は「嵐」の意味で用いられており、19世紀に東南アジアでの港町で使われた英語基盤の海上ピジンではボラ(bora)は「北風」を意味していた。

　小笠原におけるポルトガル語を話したゴンザレス家の影響、そしてこれに加えて彼ら以外の複数のポルトガル語話者の存在、さらに訪問する船の影響や多数の島民が長期間に渡り島を離れて船で暮らしていたなどの多数の要因を考えると、この単語が小笠原に伝播するルートが多く考えられることが分かる。

　以上の例はいずれも個別単語であるので19世紀にどのような文法構造を持っていたかのヒントにはならないが、太平洋諸島から来た島民が小笠原の言語(語彙レベル)に影響を与えていたことは明らかである。すなわち語彙レベルの影響があれば、言語の構造的な影響もあったのではないかという想像がしやすくなるはずである。

3.8.　人名に由来する単語

　小笠原には人名と太平洋諸島の単語が関係する興味深いケースが多くある。太平洋系の人の名前が一般名詞や地名になったケースもあれば、太平洋系の単語が島民の通称やあだ名になったケースもある。

　例として20世紀初頭に生まれたタニ(Tani)というニックネームの男性について考えよう。彼に関する情報は複数の論文に部分的にではあるが記述されている。Arima(1990: 217)の聞き取り調査によれば、Tani という名は「大きい」や「丈夫」を意味するカナカ語を意味する単語となっている。津田(1988: 282)は「祖父から与えられた名前」と記録している。これはハワイ語で「男性」を意味する *tāne*(または *kāne*)に由来すると思われる(延島1998)。

　太平洋諸島から小笠原にやってきた人の名前が地名や魚名に使われる例もある。小笠原が日本の領土になる前にコペペ(Kopepe)という人物が島に住んでいた[30]。現在も彼の名はコペペ海岸、これ以外にもコペペ浜(向島南西にある入り江の奥の海岸)、コペペ屋敷(コペペ浜に流れる沢の上流にある小

さな平地)という地名もある。さらにコペペカサゴ(カンモンハタ)と呼ばれるカサゴまでいる。

太平洋諸言語に由来する単語は全て物の名前のような具体名詞だけではなく抽象的な概念を表す単語もある。戦前、欧米系島民の間で「そんなコペペみたいなことをしてぇ!」のように、「野蛮人」の代名詞として批判的に使われることもあった。実在したコペペ氏は小笠原で魚を釣って自給自足の生活を送り、槍を持ち歩き、周囲から「野蛮人」と見なされる人物であったようだ。彼の出身地には諸説がある。1つはキリバス諸島のノノウス(Nonouti, Kiribati)、もう1つはニューギニアのブカ島(Buka, Papua New Guinea)、そして現在のミクロネシア連邦カロリン諸島にあるナティック島(Ngatik, Caroline Islands)という説もある。最近ではポナペ島近くのモキル環礁と思わせる情報や証言が出てきている。複数の場所に彼にちなむ地名が付いていることから推察されるように、彼は小笠原諸島内でも転々と住居を移していた。そして彼の娘はインタビューの中で、父を流れ者であったと証言している。

> 私らのおやじさんはちょっと変わった人で、子どもが9人もあるのに、ポッポと別な所へゆく人でしたので、土地も何もみんなとられてしまいました。
>
> (瀬川 1931: 281)

モキル語で、「コアーペーペ」(koahpehpe)は「流木」を意味する。もしこれが「コペペ」の本当の由来ならば、小笠原ことばに貢献した言語にモキル語を加えなければならない。なお、コペペ氏が島に住み着いたのは日本による統治が開始される前だが、これにちなんだ地名や魚名などが広まったのはその後(日本時代になってから)のことであるため、これらの例については次章の表 4–1 で取り上げる。

もう1つの抽象名詞は「ラウカウ」(狂っている)である。「ラウカウになる」のような使用のされ方をする。これは、ロトゥマ(Rotuma)島出身の父を持つ女性島民の名前に由来する(この島の詳細は不明だが、フィジー諸島に Rotuma という島がある)。

この他にも太平洋諸島とは関係ないが、英語や日本語の人名に由来する単語がある。ポンチャンまたはポンスケは「とろい」を意味する言葉だが、起源は20世紀初頭に島にあった少年院に入った男性の名前だったと言われている。ちなみに上のコペペ(野蛮な)やラウカウ(狂っている)と同様、否定的な意味合いの単語となっている。

　Mühlhäusler(1998)によると孤立した小島嶼コミュニティにおいて、人名が普通名詞のような一般的な単語になる現象はよく見られる。地名や動植物の名前に人名が使われている例もあり、ヨーロッパの移住者の名前(例：*Savory palm, Savory Rock, Washington Beach, Brava Point*)が使われている場合が多い。

　上述のコペペカサゴは太平洋諸島の名前に由来する動物の例であるが、同様に動植物の呼称が日本語または英語の名前に由来する場合もある。例としてセボリヤシ(学名：*Clinostigma savoryana*、標準和名：ノヤシで)が挙げられる。バリエーションとしてセボレーヤシ(図3–10)やセーボレーヤシもある。

図3–10　セボレーヤシ

　魚のホーレイ(ミナミイスズミ)は別名ホーレスと呼ばれているが、これはホーレス・セーボレーにちなむとされている。またエイゾーという魚がいる。これはヤマブキベラを指すと言う人とナンヨウブダイ(図3–11)を指すと言う人の両方がいるが、いずれにしても「ゑいぞうという人物がいつも

釣っていたことから名前がついた」と伝えられている。興味深いことに、この「エイゾー」から類推を働かせてつくられた「ビーゾー」という魚名もある。両方の単語を知っている人によると「エイゾー」はナンヨウブダイのオス、「ビーゾー」を同じ魚のメスとして使っている（ブダイという魚の場合、雌雄によって別種だと見間違えるほど見かけが違っている、図3–11、3–12。）欧米系島民が「栄三」や「英蔵」ではなく、「Aゾウ」を想像したから、それへの類推で「Bゾウ」という名称が生まれたのであろう。これは勘違いによる命名なのか意図的な言葉遊びかは不明だが、欧米系島民の豊かな言語的感性を象徴していると言えよう。一般の人が単語の語源をこのように推測することを「民間語源説」と言う。「エイゾー」の起源を「Aゾウ」と解釈するこのような「民間語源説」は小笠原に多く伝えられている。

図3–11　エイゾー（ナンヨウブダイのオス）

図3–12　ビーゾー（ナンヨウブダイのメス）

西洋系の島民にちなんだ地名には *Savory Rock* がある。一方、*Washington*

Beach や *Brava Point, John Beach, Bill Beach* などは英語の名前になっているが、いずれも非英語圏の人にちなんでいる。それはすなわち小笠原で英語圏以外の島民に、英語圏人にとって覚えやすい英語名が本名とは別に与えられているためである。例えば *Washington Beach* の Washington 氏はマダガスカル出身者であったが、記録によると彼のマラガシー語の名前が（英語圏人）にとって覚えにくかったため、George Augustine Washington という通称になっていた。これらの地名は言語的に言えば英語の影響を示しているが、英語圏以外の人物の影響力を語っている。

　ここで取り上げたのは島滞在者にちなむことばの一部だけであった。これ以外にも日本人の名前をとった地名（キュウキチバラバラ）や、島を訪れた船長名（*Perry Hole, Captain Pease Island, Coffin Bay*）、または本国にいた有力者の名前がつけられたケース（*Port Lloyd, Bailey Group Islands, Peel Island*）も多くある。

3.9.　類似する言語接触状況

　小笠原と同じように西洋人が少人数の太平洋諸島の女性を連れて無人島に住み着いたケースが複数ある。中にはピトケアン島のように英語基盤 [31] のピジンが共通のコミュニケーション手段として発展した所もある（Ross and Moverley 1964, Mühlhäusler 1998）。これらのピジンは島生まれの二世が出てくるとクレオール化する。パーマストン（Palmerston）島がそうである（Ehrhart-Kneher 1996）。Laycock（1989）の主張によると、現在のピトケアン島のことばは初代の入植者の間で話されていたピジン英語の伝統を受け継いでおり、クレオールに準ずる特徴を持っているが狭義のクレオールには当たらない。

　19 世紀の太平洋地域で多くの接触言語が形成されたが、小笠原はこれらの影響をほとんど受けずに独自に発展した。小笠原の入植が始まった 1830 年には、太平洋一帯で話された「南洋ジャーゴン」(South Seas Jargon) はまだ発展・普及の初期にあった。このジャーゴンを起点とする様々な太平洋ピ

92 第1部 日本語到来以前

ジンやクレオールもその数十年後に広がったものである。

　Clark(1979)は太平洋地域の接触言語の多くに共通して見られる文法や語彙の30項目の使用をピトケアン島で確認しているが、共通しているのは7項目のみである。しかもこの7項目は太平洋のみではなく、世界中のピジンに共通して見られるものである。この共通性の低さからピトケアンのことばは18世紀末期から19世紀初頭にかけて他の地域の接触言語から独自に発展したと結論付けている。

　小笠原で話されていたピジンも他の太平洋ピジンから孤立していた。Clark(1979)のリストにある「環太平洋のピジン・クレオールの特徴」や、「世界中のピジン・クレオールの特徴」(*been, fellow, kaikai, piccaninny, savvy* など)について考えてみても、小笠原ではそのほとんどが現在では使われおらずかつての小笠原で使われていたと考える根拠もない。なお19世紀半ばの小笠原で *kaukau*「食べる」(*kaikai*＝食べ物ではなく)が使われていたことは本書の§3.4で示した。

　そして接触言語だと考えられる言語形式はこの他にもある。たとえば副詞の *by and by*(やがて)や過去形(現在完了形ではなく)を現す *been*、量副詞の *plenty* などがあるがこれらについては§5.7で取り上げる。しかしこれらの言語形式はいずれも数が少なく、しかも接触言語の形式とも主流英語の方言とも捉えられるものである。

　結論から言えば小笠原には環太平洋の接触言語の特徴はほとんど見られない。少なくとも19世紀の小笠原には接触言語が発達したが、それは典型的な太平洋地域のピジンではなかったと言える。典型的ではなかった理由は(1)他の太平洋接触言語との接触が少なかったこと、(2)これによって他の接触言語との共通性が低かったこと、(3)他のピジンに比べて、主流英語との接触が絶えず起こっていたためそれらに比べて極端な文法崩壊・文法再構築が見られなかったことにある。

3.10. 一世の間で使われたピジン化された英語

　本章で検証する証拠は個別に見ると断片的な情報に過ぎないが、それらをつなぎ合わせて総合的に考察すると、英語基盤の接触言語が島社会の中で発生し発展した様相を窺い知ることができる。19世紀の父島で英語基盤のピジンができたという仮説を裏付ける状況的証拠、資料上の証拠、および理論的根拠が充分に存在する。図3-13の上部を見てみよう。これは様々な言語と初期のピジン化された英語の関係を図式化したもので、英語を上層言語、そして太平洋やヨーロッパの様々な言語が基層言語となったことを表している。

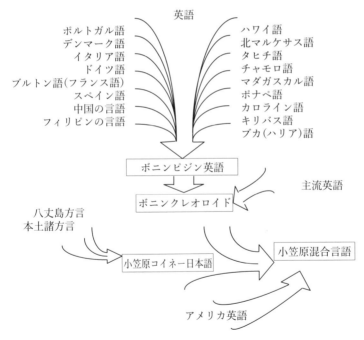

図3-13　19〜20世紀の小笠原で形成された様々な接触言語

　19世紀の小笠原において非母語話者による英語変種が使われていたこと

を示す証拠が存在する。筆者がデータとして持っていないのは、これが均一的な「安定ピジン」だったことを示す証拠である。つまり安定ピジンのように、ある具体的な文法事象を取り上げて「こういうふうには表現することはできたけど、こういうふうに言うことはない」という意識は当時の島民は持っていなかったかもしれない。このコミュニティの構成員自身も固定化していたわけではなく、常に新しい人が島訪れており彼らが持ってきた非母語話者の英語はまちまちであったため、それが小笠原の言語的異質化をさらに促進したのである。

しかしその一方で、状況的な要因を考えるとこのような「初期ピジン」はある程度均一化の方向に動いていったものと思われる。島に来た初期の入植者には19世紀後半まで生きていた者もおり(表3-2参照)、数十年の間彼らが使用していた様々な英語が似てきたのも当然であると考えられるからである。これまで見てきた外の世界からの(ある程度の)断絶によって島内の接触はなおさら頻繁になり、より重要でそしてより深刻なものになったに違いない。

証拠が乏しいゆえに仮説を立てることしかできないが、結論としては数種類の非母語話者英語と母語話者英語が融合して、「ボニンピジン英語」と呼ぶにふさわしい非安定型のピジン変種が誕生したと推測される。

3.11.　二世以降に使われたクレオロイド英語

一世の人が使っていた言語変種に関するデータは少なく、島生まれの二世が使っていた英語に関してもほとんど同様である。三世の話者の録音資料に関しては第5章で分析する。

ここであらためて島生まれの話者が使っていた言語変種について考えてみる。ハワイ語、ポルトガル語、キリバス語などを母語とする一世の言語は子供に伝わっていなかったと考えられるため、島生まれの話者の話す言語変種は英語の一種であったと考えられる。ここでの「英語の一種」とは「英語を母語とする環境で育った人と同じネイティブの英語」という意味ではない。

英語を母語とする島民の数は常に一桁代であり、これは全人口の一割に過ぎず、当時の状況（§3.2参照）を考えるとネイティブの英語を島生まれの二世が習得していた可能性は低いのである。

　後世（三世、四世以降）の話者が話す英語にはネイティブにはない特徴があるのだが、ここから日本語の影響であると考えられるものを取り除くと、日本語が入ってくる以前に話されていた言語による影響を明らかにすることができる。それらの特徴を挙げると th 音の閉鎖音化、冠詞、主語と動詞の文法的「一致」、命令・依頼表現、動詞の過去形、比較対照の表現のような表現の非標準的使用（誤用、欠落）などがある（§4.5, 5.7, 5.9 参照）。

　これらの特徴は昔の非母語話者の影響が見られるという意味ではクレオールに準ずるものだが、クレオールの決め手である極端な文法構造の再構築は見られない。こうした言語はクレオロイドと呼ばれる。このように島生まれの話者はクレオールのような非母語話者的な特徴を用いながらも、主流英語に近い構造を持つ英語を使っている。原因はおそらく主流英語（母語話者の英語）が絶えず島に持ち込まれて、島特有の接触変種と共存してきたことにあるだろう。

　ここで一世の話者の来島の時期と二世の出産が多くなる時期とのギャップが短かったことを考えなければならない。子供たちが生まれ始めるまでに、一世の話すピジン化された英語が安定化する時間はない。これは Thomason & Kaufmann（1988）が言う「急速クレオール化」（abrupt creolization）が起きたことを示唆している。

　ではどうして本格的なクレオールではなくクレオロイドが生まれたかというと、理由はいくつか考えられる。1つは上で触れたようにミリンチャンプやチェピンのような初期入植者の英語母語話者がいなくなったとしても、また新しい英語母語話者が島に住みつくという繰り返しによってどの時代においても英語ネイティブは（少数ながらも）いたということがある（表3-2）。他の理由として英語ネイティブの訪問者が挙げられる。英語ネイティブの訪問者の数は少なかったもののゼロではなかったのである（表3-4や§3.6.4）。さらに島生まれの人が小笠原を離れて生活していたことも挙げられる

96　第1部　日本語到来以前

(§3.6.6)。そして最後にナサニエル・セーボレーやトーマス・ウエブのような英語を母語とする話者が個人として及ぼしていた影響力が大きかったことも原因の1つと考えられる。

3.12.　接触言語を示唆する記録

　島生まれ(二世)の話者が英語の接触変種を話していたという目撃証言(第一資料)は僅かながらある。これらの証言は、日本の領土になったあとの19世紀後半に記録されたものである。

　次の文書は1895年と1898年に島を訪れたイギリス人宣教師が書き残したものである。話題になっているのは母島のロビンソン家の乳母を勤めたミクロネシア人(1785年にImofek島生まれ)のハイパである。彼女が島生まれの二世にどういう言語的影響を与えたかをここで読み取ることができる。

　　　ハイパは相当な歳をとっていただけではなく、最も簡単な文を除いては全く、英語を理解するための知識を習得することがなかった。そして彼女に育てられた子供か、同じ家に住んでいた者しか、彼女の半分英語、半分カナカ語の不完全なことばが理解できなかった[32]。

　この記述から読み取れることはハイパが単純化された英語でコミュニケーションを取っていたこと、それはロビンソン家の大人だけではなく彼女が育てたロビンソン家の子供も彼女の「ブロークン・イングリッシュ」(崩れた英語)を理解することができた、などといったことである。

　現在の言語学では乳母などの保護者は幼児に対する言語的影響が大きいとされている(Dillard 1972の第5章やRoberts 1997を参照)。ハイパに関する情報と合わせてロビンソン家には太平洋系の雇い人が数人いたことを考えると、ロビンソンの子供は接触変種が理解できただけではなく話すこともできた可能性も出てくる。

　また1870年代の生徒たちも接触言語を使っていたという記録がある。こ

第 3 章　日本語が入ってくる以前の英語　97

れらの事実を総合して考えると、島生まれの子供たちの母語はクレオロイド
だった可能性が高いと言える。次の文章は日本の領土となった父島でどのよ
うな言語教育が行われたかに関するもので、小笠原に関する研究論文を 17
本執筆した歴史研究家大熊良一からの引用である。

　　小笠原島における教育事業、それも初等教育事業は、この群島に内務
　省の出張所ができてから二年後の明治十年(1877 年)3 月に、はじめ父
　島(ピール島)の扇ヶ浦(アキ)に仮校舎を設けたのがはじめてである。こ
　の初期のころは、出張所の官吏戸田謹吾が教員を兼ねたが、翌年の明治
　十一年(1878 年)四月に小学校舎が新設されている。このささやかな校
　舎で島の住民の子女のうち、六歳から十九歳の少年少女を教育するので
　あるからなかなか苦心があったようだ。そのころからの生徒の多くは英
　語と土着語のカナカ語の混合したのを用語としていたが、政府ははじめ
　書籍、学用品なども支給することとして、日本語と英語の両方を教授す
　ることとしていた。そして、明治十七年(1884 年)、東京出張所が大村
　に移転するにしたがい小学校もうつっているが、その開校式には全島民
　が集まり、内務省出張所長は日本語と英語で教育の本旨をつたえてい
　る。このとき牧師のジョセフ・ゴンザレスなど三人の帰化人を教員のう
　ちに委託していることが興味深く回想される [33]。　　　（大熊 1966: 238）

　残念ながら大熊はこれを裏付ける文献を挙げておらず、筆者はそうした第
一資料を探しているのだが未だに見つかっていない。ただ興味深いことに、
大熊は英語と「カナカ語」(太平洋諸言語の総称)の両方の使用について言及
しているだけでなくわざわざそれらの「混合した」したものについて言及し
ている。本書では小笠原で形成された接触言語の具体例を第 4 章、6 章、7
章、11 章で取り上げる。

3.13. 19世紀後半のボニン英語に関する記述

二世話者の話し方に関する珍しい資料は次の話である。ナサニエルの長男だったホーレス・セーボレー(1855–1930)が語り伝えたという形でチャムリーが書き留めている。中身よりも作者が伝えようとしているホーレスの話し方が重要だが、ひとまずは内容を訳しておきたい。なお原文は俗っぽい非標準的な英語で書かれているため翻訳にも俗語や方言の日本語を交えたが、これは小笠原の日本語にもこうした表現が使われていたという意味ではなく原文の雰囲気を伝えるために用いているということに留意していただきたい。

オイラは隠さずに悪いことを自白したら、オヤジは大抵許してくれた。ジェーンが子供だったときのことを覚えてる。オイラは飲み水を、外側が篭みたいになっているデミジョン(水瓶)というビンで取ってた。でっかくて重たいよ、あれは。で、ある日ジェーンが川に水汲みに行ったら、手が滑って、デミジョンが落ちてバラバラに割れた。「しゃべんなよ」って言ってさ、「誰がやったか言わねぇから」って言って、それを家に持って帰って、テーブルの真ん中にいつものように置いた。外が篭に覆われているから中のビンが割れているのが見えなかったよね。そんで、寝る部屋へ行って、持っているドレスを全部着た。一枚一枚重ねて着てね。最後はボールのように太って見えた。それから、オヤジに尻叩かれるのを分かってたから、隠れた。

ホンデ、オヤジが入って来た。まっさぐにデミジョンに向かって水を注ごうとした。「誰がこのことを！」って。「俺、ケツぶっ叩くぞ！出て来い！」って。ジェーンは隠れるのを無駄だと見て、出て来た、その服全部着て。ムチはそれであまり感じねぇと思ってた。ホンデ、オヤジその格好を見て笑ってるでねぇか！

「おめぇがやったんか？」と聞いて、「うそついたら、気をつけろよ。でも、正直に言ったら俺これ以上言わねぇ。

その時ジェーンは逃げれたけど、オヤジが言った。「二度と隠し事す

んなよ」と。「まっさぐ言いに来たら許すべぇ。」でも、あの丸々太った
ジェーンの姿は忘れねぇ。

　原文で使っている「方言っぽい」言語形式は関心の的なので、以下で原文
のままで示す。

　The ole man mos'allus let us off if we spoke up and didn't try to hide
what we done. I remember once when Jane was a youngster. We used to get
our drinking-water in a demi-john, them bottles what have got like a basket
outside o''m. Big heavy things, they was. Well, one day Jane, she goes to get
water from the river and somehow lets the demi-john slip out of her hands
so that, of course, it got all broke up. "Never yer say noding," ses she, "I shan't
say who done it," she ses, and she tooken it home, and put it in the middle
of the table same as allers. Yer see being it had the basket outside, yer couldn't
tell as the bottle inside were all broke. Then she goes to the sleeping room
and puts on every dress she had, one over de oder, till she looked round as a
ball-everything she had. Then she went to hide for she know'd the ole man'd
spank her when he found out what she'd done.

　By-'n-bye he com'd in; straight he goes to the demi-john to get some
water. "Who done this?" he ses. "I'll give you such a whipping," he ses.
"Come on!" Jane see'd it wasn't no sort of good to hide so she com'd out
with all those clothes on. She know'd she couldn't feel the stick much. By
jingo, I wonder the ole man didn't laugh!

　"Did you done it?" he ses. "If yer tell me a lie about it," he ses, "yer'd bet-
ter be keerful," he ses, "but if yer owns up I won't say no more about it."
Jane got off that time, but my father, he ses "Don't yer never try to hide any-
thing," he ses. "Come and tell me at once and I forgie ye." But I shan't never
furget how Jane looked she were that round!"

(Cholmondeley 1915: 159–160)

出典となっているチャムリーの 1915 年の本では、この思い出話の起源や伝わった経緯に関する情報は少ない。彼は「この物語は、長男のホーレス・ペリーの口から語られたものを、本書の前書きで紹介したブラック嬢が書き留めました」と書いている[34]。

ここで記されている女性はポーリン・ブラック（Pauline, 1869–?）のことで、母はエリザベス・ブラック（Mrs. Elizabeth Black, 1829–1922）である。この家族は当時の日本在住西洋人社会の上流階級に属していた。夫であり父であったジョン・レディ・ブラック（John Reddie Black, 1827–1880）は東京で英字新聞を発行していた人である。息子（Henry James Black, 1858–1923）は快楽亭ブラックという芸名で明治時代に活躍した白人の落語家であった（Morioka & Sasaki 1983, McArthur 2002）。

島の年表では彼女らのことについて、「ブラック婦人およびブラック嬢が 1894 年 12 月に諸島を訪れ、1895 年 4 月までそこで様々なキリスト教的な活動を行なっていた」[35] という記述も見られる。

しかしチャムリーの本ではこのブラック嬢は紹介しているものの、その詳細については説明していない。前書きの謝辞で著者がこう記している。「東京のブラック嬢へ。彼女は未亡人になった母親と共に島を訪問しており、第十章で彼女の生き生きとした旅行記から引用する。お手伝いに対して深く感謝しています。」[36] という記述などが確認できるのみである。

ポーリンがホーレスの発話をどこまで忠実に書き取ったかは分からない。分かりやすくするために、より「標準語っぽく」直した可能性もある。あるいは雰囲気を出すために意図的に非標準語的表現やつづりに変えたかもしれない。確実に言えることは、一世であったナサニエル・セーボレーの話し方を模写した唯一のものであるということであって、そういう意味では無視するわけにいかないデータである（念押しではあるが、これはブラック嬢がナサニエルから話を直接聞いたのではなく、息子のホーレスが父親の真似をしたのをブラックが書き留めたものである。従って「二重の伝聞」になっているのであるから、その点には留意しなければいけない）。

残念なことに、ホーレスが標準的ではない英語を話していたことを、彼女

の記述が伝えようとしているということしか、このデータから見出すことはできない。確かにクレオールらしくない文法構造が多数見られ、"if" を用いた条件文や "didn't" という補助動詞しかも短縮形、"used to" のような高度な時制・アスペクト表現(過去における習慣動作)、などを確認することができる。だが、その一方で非標準的な形式も多数使われている。例えば過去形と過去分詞を混同している "what we done" や "she tooken"、非標準的過去形の "he com'd in", "Jane see'd", "she knowed"、補助動詞を使った表現の時制誤用 "did you done it?"；指示代名詞の誤用 "them bottles" や主語・動詞の「一致」の間違い "they was"。これらの誤用は、ピジン・クレオールが生じる非母語話者環境に見られないどころかむしろ英語ネイティブの「方言」に見られる。実にこの物語にはピジン・クレオール的だと言える表現(例えば Clark 1979 が典型的な接触言語の特徴として挙げている表現)は 1 つもないのである。

　さて、さきほどの思い出話が「どこまで忠実に書き残されているか」という問題に戻る。ブラック嬢による記述を見る限りでは、彼の話し方がクレオール英語であったとは言えない。むしろ単なる「くだけた英語」や「方言」といった程度のものである。それには可能性がいくつか考えられる。まず、1 つはホーレスが実際にそのような話し方をしていたということだ。つまり、彼の英語はクレオールではなかったということである。一方、彼はクレオールを話していたが、ブラック嬢がホーレスに恥をかかせないようにと、その英語を修正しながら書き残したという可能性もある。当時の世の中では、「くだけた英語」や「方言」を使っている人が「素朴」な感じを与えることはあっても、「クレオール」を使うということは、頭が悪い人であると思われることが多々あったからである。しかし、もし修正されていたとしても、ただ単純に読者が読みやすいようにという配慮であったとも考えられ、これらの可能性は憶測の域を出ない。

　第 5 章では、三世の話者の英語に着目するが、その前に次の第 4 章で 19 世紀後半の言語状況を概説する。

注

1 "I have not before noted that English is spoken by all the settlers, unless I except some half dozen from the Kingsmill group, who speak their own language."(Robertson 1876: 138)日本語訳がロバートソン 1998 に出ているが、本章にあるのは筆者による日本語訳である。

2 [Webb] was civil and respectful, though silent, rarely speaking unless in answer to our questions.(Taylor 1855: 392)

3 The Englishman [Webb] stated that he had been seven years on the island. There was a kind of hesitation in his manner of speaking, which I fancied arose from an absence of intercourse with civilized society, as he seemed to be a man of average intelligence. There was, apparently, little association among the settlers.(同上: 393)

4 Most of the white men have one or two wives, natives of the Sandwich Islands. In all, there are nineteen women on the island, among whom infanticide and infidelity, which they are at no pains to conceal from their husbands, are common; and this is in a population not exceeding forty souls!(Ruschenberger 1838: 302)

5 Here Mr. Mazarra [ママ] met us, and led us towards the little village, at the entrance of which are several broad-leafed trees. Several Sandwich islanders, men and women, were lounging on some rough hewn logs, beneath their shade. We halted here for a moment, and Mr. Chapin and an Englishman came forward to welcome us...(同上: 305)

6 We were now led through the village, consisting of half a dozen comfortable huts, each fenced in with vertical posts of cabbage-tree, including a small garden in front. We were conducted to the dwelling of Mr. Chapin,...A door between the beds communicated with two inner apartments, half the size of the first, in which women were engaged in affairs of the household...Such is the general style of the huts of this new settlement, which is called Clarkston [Blossom Village or Susaki].(同上: 306–307)

7 A table, covered with newspapers and writing materials, and over it, upon the wall, hung a spy glass, and a thin manuscript, headed 'Laws of the Bonin Isles.' A sea chest stood on each side of the room, and a bed, with calico curtains, filled each corner. A few French prints, and a shelf of fifty or sixty miscellaneous volumes, occupied rather than adorned the walls. (同上: 306)

8 I also had the gratification of increasing Mr. Chapin's library, which I have little doubt affords the old patriarch some gratification, and may possibly be useful to the rising generation.(Collinson 1889: 118)

9 Chapin was the most literate man at Port Lloyd, a natural keeper of the 'laws.' The settlers' code was simple enough, suitable to a colony where only three men (including

第 3 章　日本語が入ってくる以前の英語　103

Savory and Chapin but not Mazarro)could write their names.(Head and Daws 1968: 63)

10　Of books, with the exception of a few I saw in Webb's house, there are none, and, Webb excepted, no one on the Islands can either read or write.(Robertson 1876: 133)

11　"Cholmondeley" の発音は［tʃɔm li:］であるので、日本語の通常の仮名表記の慣習に従えば「チョムリー」となるが、本書では国吉(1985–1989)に従って「チャムリー」にする。原文は以下の通りである。Thomas Webb, after Nathaniel Savory, was the man of greatest consequence on the island. He had the advantage of being a scholar; and, being the possessor of a Bible and perhaps of an English Prayer Book, was generally called on to perform rites of baptism and burial. ［Cholmondeley 1915, 122］

12　The question we may now turn to consider is, how Nathaniel played the part of a father to his children. In the matter of education—so far as teaching them to read and write—it may be said at once that he faced a problem that fairly baffled him. He was no schoolmaster; their mother could do nothing; there was nobody else to whom he could turn, and he gave the problem up.(Cholmondeley 1915: 158)

13　本書で使う矢印の意味を説明すると、ハワイ母語話者が英語を話すときに「k → t」と表記する場合、これが意味しているところは「ネイティブの英語の t を間違えて k と発音している」ということなので、「t が k になってしまう」という発想で「t → k」の順番が自然に思われるかもしれない。しかし言語習得の慣習として、「この人が使っている k を正しいものに直せたら t に変わる」という発想で「k → t」という順番にしている。本書ではこの言語習得論の慣習に従う。

14　例えば、ハワイ語で「男」を意味する単語を tāne と発音する方言と kāne と発音する方言の両方がある。また 3 番目のケースとして tāne と言ったり kāne と言ったりする個人もいる。3 番目のケースが「自由変異」に当たる。

15　太平洋に位置する小笠原にも、アフリカ系の人がいたことは実はそれほど珍しいことでなかったようだ。捕鯨史の研修者によると 19 世紀半ばに捕鯨船乗りの 2 割がアフリカ系だった。Walker(2002)は "By mid-[19th] century, about 20 percent of the entire whaling force was African-American" と述べている。

16　During the last season, about twelve or fourteen of these ships, English and American, called at Port Lloyd for refreshments on an average each of them consumed there and took away produce and Stock to the amount of from five to six hundred dollars, part of which is generally settled for by barter, especially in tobacco and spirits, which are apparently both of them much in demand throughout the Pacific. One Whaler I was informed, took away between sixty and seventy hogs, with a proportionate quantity of yams, sweet potatoes, maize, etc. In addition to those that have entered the harbour(a list of which is noted in the annexed paper no. 2)several have called off, and sent in their boats with trusty crews for supplies (which have been frequently done at great hazard) from the fear of their crews deserting should they enter the Port and this it appears is the greatest evil complained of. (Blake 1838: 115)

17 A canoe loaded with melons and pumpkins floated on its [the stream's] surface; and a Sandwich Islander, asleep in the shade of a rock hard by, declared it to lead to some habitation or cultivated ground. (Ruschenberger 1838: 309)

18 As we drew in, a canoe under sail crossed our bows, the sole occupant of which was soon on board. He had but small clothing, and less English, but managed, however, to let us know that his name was Harry, that he was a pilot, and that he had pigs, turtles, yams and onions for sale. (Collinson 1889: 112; Cholmondeley 1915: 24–26)

19 Presently a South-Sea Islander, in a coarse cotton shirt and pantaloons, and with one half of his face tattooed a light blue, made his appearance. He said he was a native of Nukaheva, in the Marquesas, and his name was "Judge". He conducted us around the corner of the mountain, where the valley opened westward to the sea...I asked him to accompany us to the southern extremity of the island, which he said was about three or four miles distant. There was no path, and he did not seem inclined to go, but he sent his boy after a companion, who, he said, could pilot us over the hills. The latter was a tawny native of Otaheite [Tahiti], and spoke very little English. He confessed that he knew the way, as well as the wild-boar haunts in the woods, but refused to go without the Judge. As it was next to impossible to find our way without a guide, I settled the matter by taking both. (Taylor 1855 p.401–02)

20 the Otaheitan informed us we were in the neighborhood of wild boars,... (Taylor1855 p.403)

21 The Otaheitan professed to know the way,... (p.404)

22 The guides called the place "Southeast Bay". They stated that it was frequently visited by whalers for food and water,...The natives said that there was no other way of returning except the ravine by which we came. (p.406)

23 He [the Judge] declared that this was the usual road,... (p.407)

24 A Hawaiian-a youth born on the island came off to pilot us if needed, and about nine o'clock [in the morning] we anchored... (Williams 1910: 29)...one of them was occupied by a Portuguese who had lived here twenty-one years and has had ten children, only one (our pilot erewhile) of whom now lives with him. (Williams 1910: 29)

25 Collins [Joseph Cullens], Webb and Bravo are the names of three other old settlers. Webb has gone in the Am [erican] whale-ship, Bowditch, as first mate, but will return again. (Sakanishi 1968: 27)

26 Since the isle has been settled (about twenty-one years), there have been born on the

isle twenty-six children, of which twenty-one were boys and five girls; twelve children have died, ten boys and two girls; and also eight male adults and six females. Some of the men have been left here sick from the ships; the greater part of the boys, all but four are gone away on board different ships; and two of the girls are gone to Oahu for their education.(Collinson 1889: 114)

27　The fact is that even during the decades when the major linguistic contact in the Island was confined to two languages, Hawaiian and English, the learning problems were formidable, and the indigenous language had a marked effect upon the spoken English. (Carr 1972: 5)

28　小笠原で日本語として使われるものは片仮名、英語として使われるものはアルファベット文字で表記する。

29　I must here give brief account of a tidal wave, or "borras" as the Bonin settlers term it...(Cholmondeley 1915: 125)

30　孤立した島のコミュニティにおいて、名祖名(eponym)が頻繁に使われる傾向があるようである(Mühlhäusler 1998)。

31　「英語基盤」は誤解を招く表現だが、一般に使われているので本書でも用いることにする。誤解を招く理由は、言語接触論の「基層言語」とは似ていながらも、その反対の意味になっているからである。少し補足しておくと、典型的なピジン化過程において、「上層言語」と「基層言語」の役割は区別されるが、英語は基層言語ではなく、上層言語の方に当たる。上層言語が提供しているのは語彙であるため、その影響は目にみえやすい形で現れているが、構造的な面にまで及ばず、表面的な影響にとどまっている。

32　We must remember that Hypa was not only now far advanced in extreme old age, but had never acquired sufficient knowledge of English to understand any except the simplest sentences, and only those who had been brought up by her or had lived in the same house with her could understand her broken language, half English, half Kanaka. (King 1898: 420)

33　小学校の教師として 3 人の帰化人が選ばれたことは他の資料からも確認できるが、その中にジョセフ・ゴンザレスが最初から含まれていたかどうかは明確ではない。彼は 1870(あるいは 1871 年)に生まれたので、そうなると当時彼はまだ 13–14 歳だったということになる。

34　It［this tale］was taken down, as he told it, from the lips of his［Nathaniel's］eldest son Horace Perry by Miss Black to whom reference has been made in the introduction. (Cholmondeley 1915: 159)

35　Mrs. and Miss Black visited the Islands in December 1894, and stayed on till April 1895, doing all kinds of useful Christian work.(Cholmondeley 1915: page vii)

36 To Miss Black of Tokyo, who has also been a visitor to the islands with her widowed mother, and from whose graphic story of her visit(not published), I have given a short extract in Chapter X, I am also greatly indebted for much kindly help.(Cholmondeley 1915: 5)

第2部　日本語到来後

母島沖港において夷女舞躍の図
（小笠原村教育委員会蔵）

第4章　社会歴史学的概要：
　　　　日本語時代の初期

　第3章で見たように、様々な資料から英語を語彙供給言語とする「初期ピジン」(非安定型)が入植者の諸言語(ヨーロッパ系、太平洋系)から発生したことは明らかである。本章では日本語が小笠原にもたらされた1870年代から、英語が再び優勢言語の座に戻る終戦までの間、小笠原の英語がどのような影響を受けたかについて考察する。

4.1.　日本語の領域拡張の歴史で捉える小笠原

　小笠原諸島へ日本語が入ってきた過程を正確に把握するためには、日本語が歴史的にどのようにその使用地域を拡大していったかを把握する必要がある。まずボニン英語とその話者がどのような社会言語学的環境におかれていたかを確認するため、19世から20世紀にかけて日本語が太平洋地域にどのように広がっていったのかを考える。小笠原への日本語の広がりは、大規模な使用地域拡大の一環として起こった。今日においても小笠原のことばと旧日本領であるサイパンやパラオ、ミクロネシア連邦のことばには共通点が見られる。この原因の1つには、小笠原がこれら「南洋庁」の島々への入り口という役割を果たしていたことが挙げられる。さらに南洋との間で貿易を行っていた人にも小笠原出身の者がいた。1887年に小笠原を出発した牧場経営者だった水谷新六はポナペ、モキル、ピンゲラプ、トラック、グアムを回って、2年後に小笠原へと戻った(Peattie 1988: 16)。また彼の後にもこのルートを辿る日本人がいた。第一次世界大戦後、西はパラオから東のマー

110 第2部 日本語到来後

シャル諸島までの赤道より北にある(グアムを除く)地域は日本領になった
が、これで小笠原諸島と太平洋諸島との接触がさらに緊密になっていったの
である。

本書の§1.3で小笠原諸島は英語の歴史や変異の研究において重要である
ということを述べたが、同様に小笠原の言語は日本語の歴史においても重要
な位置にある。日本語の拡散は1000年以上前から続いており(井上2000:
56)、8世紀には西日本一帯(近畿から九州まで)で日本語が使われていた。
本州北部の蝦夷がアイヌ語以外の言語を話していたかどうかに関しては議論
があるが、少なくとも日本語とは異なる言語が使われていたようである。一
方、琉球語(日本語と同系統の姉妹言語)の日本語化も薩摩侵略から現在まで
続いている。

近代に入って、日本の領土の拡張が始まったと言われるが、図4–1でわ
かるように、1000年以上継続的に日本語は徐々に拡散していった(図
4–1)。日本が植民地を作る歴史は1895年の台湾併合に始まったとされるこ
とが多い。しかし、北のアイヌ語話者と南の琉球語話者のそれぞれの地域に
次いで、日本の最初の植民地はむしろ小笠原諸島だったと言えるのではない
か。そういう意味で20世紀から本格化した日本語の普及への第一歩は小笠
原で行なわれたものだったと言える。そして戦前に日本語教育が行なわれた
多くの言語社会の中で、小笠原は英語(の一種)が母語だった唯一のコミュニ
ティでもあった。また見方によっては、戦前の日本の数々の植民地の中で、
現在も日本の一部であり続けているのは小笠原のみである。

19世紀後半から北海道や琉球語地域に日本語は広まった。それまでは北
海道ではアイヌ語の複数の変種(方言)が話されていた。琉球も琉球語(日本
語の姉妹言語とでも呼ぶべき)の諸変種(方言)が使われていた。アイヌ語と
違って、琉球語は日本語(本土諸方言)と同系統とはいえそこに相互理解はな
い。

北海道や琉球語地域以外にも日本語があとから入っていった地域(台湾、
朝鮮半島、ミクロネシアなど、満州国と呼ばれた中国北東部)では、戦後次
第に日本語の勢力は衰退の一途を辿っており、小笠原とは状況が異なってい

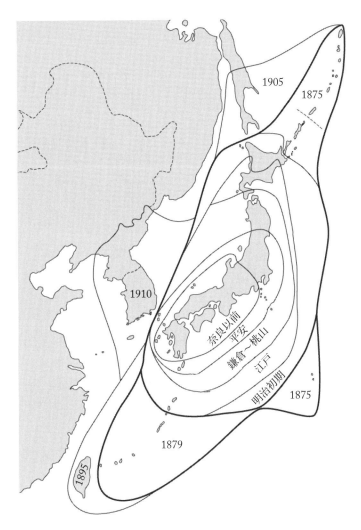

図 4-1　日本語の拡散—4 世紀から 1910 まで—（井上 2000: 56）

る。日本語が入っていった他の地域(ブラジル、米国のハワイや西海岸、カナダなど)においても、小笠原とは対照的に日本語の勢力は弱まっていっている。

4.2. 小笠原島民の日本語との出会い

1860〜70年代にそれまで英語(の一種)が話されていた小笠原諸島へ日本語が広がっていった。しかし接触が開始された当初は、英語を話すことのできる日本人を通してコミュニケーションが行われていたようである。1861年の咸臨丸一行の通訳は、中浜万次郎(ジョン万次郎)が務めており(水野1861, 辻1995: 71, 82)、1868年には戸田謹吾が通訳として上陸している(辻1995: 130)。

領土の狭い小笠原諸島に日本語はあっという間に広がった。有人の島は父島と母島だけで、日本語が使われる役所と日本語・英語のバイリンガル教育が行なわれる学校は日本人による入植直後から設置された。

一方で日本語が使用されるドメインの広がりには、より多くの歳月を要している。もちろん日本人入植者は最初から全てのドメインで日本語を使っていたのであるが、在来島民は少なくとも一部のドメインに日本語を使うようになるものの、日常生活すべてのドメインで日本語を使用するわけではなかった。それは今日においても同様で、「全ての島民が全てのドメインにおいて日本語を使用する」わけではない。このことこそが小笠原諸島とその他、日本の地域を区別する最も重要な要因である。

日本国における他の地域(本土だけではなく、琉球諸島も含めて)では、ドメインによっては全国共通語(標準語)が使われたり、地域語(方言)が使われたりすることがある。しかしこれらの言語変種は言語地理学的に連続体をなしている。コードスイッチングをとってみても言語使用的な連続体が見られるのである。つまり(少なくとも本土において)「方言」や「標準語」という変種だけではなく、「方言交じりの標準語」や「標準語交じりの方言」というような変種の使用も可能なのである。一方で小笠原のボニン英語と小笠原日本語との間にはもちろん言語地理学的な連続体は存在しないものの、言語使用における連続体があるという見方は可能である。すなわち言語的な座標軸を仮定すれば、左を「英語のみ」、右を「日本語のみ」の使用と仮定すると、その間に「混合言語」の使用を位置づけすることができるのだ。一般的

な言語使用連続体においてフォーマル場面で使われる言語は 1 つだけだが、小笠原の場合は「標準的言語」(標準英語と標準日本語)が 2 つある。

　日本人が小笠原へと入って来た後、教育の場では日本語と英語が使われた。つまり在来島民(日本の血を引かない西洋系、太平洋系の島民)にとって「日本語が使われる」最初のドメインは「学校教育」であった。しかし文字言語が標準日本語であったとしても、周りの日系島民の多くが話していたことばは八丈島の日本語であった。

4.3.　ジョセフ・ゴンザレスと 19 世紀後期の英語教育

　これまでに小笠原に関する誤解や誤った情報が多く伝えられてきた。その 1 つは日本人の入植後、英語が姿を消したという誤解である。最も極端なものでは、欧米系島民の存在さえ否定されるようなものまである。例えば『太平洋百科事典』という参考書には以下のような事実無根の記述が見られる。

　　1823 年に米国が、1825 年に英国がその諸島の所有権を主張した。しかし両方の主張は消極的なもので、それに伴う入植はなかった。1830 年にハワイ人が入植を試みたが、これは失敗に終わった[1]。

　1872 年以降アメリカや英国が領土の主張を行なわなくなったのは事実だが、1830 年の入植は失敗どころかこのときに住み着いた人の子孫が現在でも島で暮らしている。この百科事典の小笠原に関する記述はたった一項目であるが、第二次世界大戦中に米国で小笠原に関するある一冊の本が出版された。その中には次のような記述がある。

　　白人やポリネシア人の外観をしている男女がいる。しかし、彼らのことばは日本語以外にはなく、彼らの忠誠心も日本以外にはない[2]。
　　学校では日本語以外の言語は使われておらず、英語は失われてしまった[3]。

確かに複数の欧米系島民が日本帝国軍に入っていた。少なくとも戦争によって2名死亡している。(図4-2)。このように考えると彼らの「忠誠心」に関する上記の判断はやむを得ないものだと思われる。しかし(明治から戦前にかけて)学校では日本語しか用いられなかったという記述も、英語が姿を消したという記述もでたらめで無責任なものである。そもそもある言語が「学校で使われなくなったから姿を消した」という理屈は、一般論としても社会言語学的にもおかしな説である(むしろ、世界中で使用禁止になった言語が「隠れた威信」(covert prestige)によって維持される例が数多くある)。

日本人の入植によって英語が姿を消したというGast(1944)などの報告が誤りである理由は複数ある。(1)Gastを信用すれば「小笠原諸島では標準英語が使われていたが、日本語の流入により消滅してしまった」という解釈もできる。しかしそもそも島で日常的に使われていた言語はクレオロイド英語であり、「英語」と呼ぶこと自体が誤解を招く。(2)日本の領土となってからも島では「英語を教える授業」が行なわれただけではなく、「英語を媒介とした授業」が行なわれていたということが分かっている。これは日本語が島に入ってからも数年間は英語が使用されていたことを意味する。(3)皮肉にも英語の読み書き教育が始めて島で実施されたのは、日本時代になってからである。それまでは学校教育そのものが島に存在せず、識字率はゼロに近かったと報告されている。すなわち小笠原諸島において英語は話しことばだけであった。

図4-2　日本帝国軍の軍服姿のセーボレー・スェーニー

第4章　社会歴史学的概要：日本語時代の初期　115

　これまで述べてきたように小笠原に関する文献に多くの誤謬にあふれているため、正しい歴史的経緯をおさえる必要がある。歴史家の大熊良一(1966: 238)は教育現場における媒介言語および言語教育について言及している（§3.12参照）。そこで見たように1884年にゴンザレス家の人々と教育との長い関係が始まったのである。小笠原の語学教育の歴史はゴンザレス家の人々抜きでは語れないため、ここでジョセフ・ゴンザレスの経歴を小笠原の歴史と同時進行で概要する。ジョセフ(1871–1943)は父島の有力者ジョアキム・ゴンザレス（§2.2参照）の孫である。1881年から3年間神戸の英語学校で学んだ後、小笠原に戻り、まだ13歳だったにもかかわらず学校で英語を教えた[4]。1889〜1891年には勉学のためもう一度神戸に滞在している。ジョセフら帰化人たちが公立学校の補助教員として雇う制度は何年まで続いたかは定かではないが、次のチャムリーによる小笠原における英語教育についての抜粋を考えると、それは数年間だけだったという風に思われる。

　　　日本側が、移住民に対する彼らの任務の遂行に当たって最初から失敗した点は、私が思うに、住民の子弟に英語の初歩を教える何らの準備もしていなかったということである。これは彼らがやろうと思えば子供たちに与えることが出来たであろうものであった。後になってこの欠陥はジョージ・ゴンザレス［が牧師を務める］の牧会するミッション・スクールの開校によって補われたのである。そして日本人の多くがこのように彼らの子弟のために提供された機会をいち早く利用したのであった。今日ではわが英国の移民の子弟たちは当然のことながら日本の小学校に通学している。しかし成人男子の多くは、ゴンザレスを含めて日本女性を妻に迎えており、このような結婚で出生した子供たちは日本人とほとんど区別がつかない。　　　　　　　　　　　　（チャムリー1985: 19)[5]

　チャムリーの英語教育が欠如している状況への批判は、彼が島を訪れた1894年と1896年、1897年の時代にジョセフが公立学校の教員活動をしていなかったことを示唆している。しかしこれは島における英語教育が終わっ

たことを意味しているわけではない。チャムリーが言及しているミッション・スクールは1895年に開校されている（小笠原1987）。またジョセフの島の教育への貢献については、大熊が次のように述べている。

> ジョセフ・ゴンザレス（Gonzales, Joseph）は一八七一（明治四）年四月一五日父島ピール島の大村（イエロービーチ）に生まれ、日本にわたり、神戸の日本聖公会の神学校を卒へてから、当時東京にあった日本聖公会東京南部地方基督牧師のウィリアム・オードのすすめで再び小笠原に渡来する。[中略] 彼は早くより小学校児童や村の青年に英語を教えたりしているが、その篤実な性質のため村民から多大の尊敬を受け、選ばれて大村村民総代として村の自治のために働き、島の社会教化事業に大いに貢献している。　　　　　　　　　　　　　（大熊 1966: 240）

> この外国人移住者やその子孫はいずれも日本に帰化することとなるが（明治十五年＝1882年までに全員）この無宗教であったこれらの移住民の間にはじめて福音を伝導するのが、日本公聖会の神戸伝導学校を卒えたジョセフ・ゴンザレスである。[中略] 1895年8月のことであり、ここに初めて小笠原教会所（のちの聖ジョージ教会）がかれの手で開設されるのである。かれは日本婦人を妻としてむかえ、日本に帰化し協力してミッション・スクールを開き、あるいは義務教育小学校の補足的な活動をしている。　　　　　　　　　　　　　　　　　　　（大熊 1966: 237）

図4-3　帰化人経営英語塾（宮内庁書陵部蔵の『小笠原嶋附八丈島寫真帖』より）

19世紀末当時の写真（図4–3）などからも分かるように、ジョセフの英語塾に通っていたのは帰化人の子供たちだけではなく、「日系」島民もそこに子供を通わせていた。行政も英語教育に前向きで、記録によれば1899年に「大村に夜学会を起こし、島民に英語の知識を普及する」事業が島庁によって開始された（辻 1995: 201）。そして1902年には小笠原の各小学校に英語科が併設された（辻 1995: 207）。ジョセフが教会で行なっていた英語教室は太平洋戦争勃発まで続いた（清水 1994: 6）[6]。『日本キリスト教歴史大事典』にも彼の項目が掲載されていることから、その貢献の大きさが推測できる（小笠原 1987）。

日系島民の英語習得に対する意識については次の記録がある。

　　　　本島へ外国船舶の出入りが多く、且つ住民には帰化人が少なくなく、彼等は日常英語を操るため、島民一般に英語の必要があり、開拓当時の小学校においては、児童は勿論成年の男女にもまた努めて英語を教授した。
　　　　　　　　　　　　　　　　　　　　　　　　　　　　（山方 1906: 298）

父島の小学校で実際にゴンザレスの英語の授業を受けた経験者の回想録がある。著者は1900年生まれなので、これは1910年頃の話である。

　　　　われわれは小学校で、この先生［ジョセフ・ゴンザレス］から英語を教えられた。五年生から「神田リーダー」ではじまる。別に教会の英語学校で、毎土曜イギリス式の教室で、斜めの大きな机に三人ずつならび、読み方、書き方を習った。月謝はいくらであったか覚えていないが、小学校よりだいぶ高かったと思う。欧米系青少年もみないっしょであったが、ジョセ先生［ママ］はムチを手に生徒を見回っていた。
　　　　　　　　　　　　　　　　　　　　　　　　　　　　（青野 1978: 144）

以上の文献から、公立学校でも教会でも英語の授業が行われていたことが分かる。そして受講者は欧米系島民だけではなかったこと、日本人の子供も

教会の教室に通っていたことが分かる。回想録にあるように学費は小学校よりは高かったが、中流階級家庭が払える程度であった。教室に通って英語を熱心に勉強していた八丈系島民の菊池スエカ(1913–2001)は筆者による1999年2月の調査で、自身が通っていた際の月謝が50銭であったと記憶していると語っている。

4.4. 19世紀後半のバイリンガリズムとダイグロシア

1870年代から日本人開拓者の運営する学校が開校され、それに伴い日本語が島にもたらされた。在来島民(特に若い人)は徐々に日本語を習得していくこととなる。日本の一部になるまで島では学校教育はなく、ほとんどの島民は読み書きができず本もなかった。日本政府は学校を設立し島民の子の全ての親に(日系開拓者及び在来島民)就学を促した。ただ学校での授業は日本語と英語の両方で行なわれていたようである。またその学校の教員としては2人の帰化人が採用された。19世紀末までに複数の子供が日本本土へ渡り、横浜や神戸のミッション・スクールで英語による教育を受けた。

日本統治時代が長くなればなるほど、若い在来島民の日本語力は上昇し、やがて日本語と英語のバイリンガルになった。しかし2つの言語はでたらめに使われたわけではない。またそれは社会言語学で「自由変異」と呼ばれている状況でもなく、2つの言語がドメインによって使い分けられていたのである。日本語は学校教育や現金収入労働の言語であって、英語は家庭や教会の言語であった。すなわち、英語は私的またはくだけた場面(スタイルの低い＝L場面)で、日本語は公的(スタイルの高い＝H場面)な場面でというようにそれぞれ使い分けられていた。これは典型的なダイグロシアと呼ばれる状況であり、2つの言語が社会的ドメインによって使い分けられていたのである(図4–4)。英語は身内同士が話すインフォーマルな場面で使う言語であったが、身内から離れてフォーマルな場面になればなるほど日本語が選択される割合が高くなるのである。

やや矛盾しているように聞こえるかもしれないが、身内から最も離れた

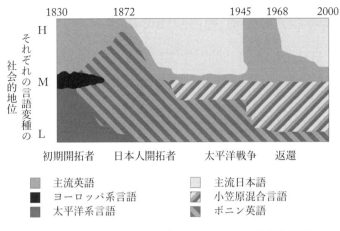

図 4-4　小笠原におけるダイグロシアとその時代的変遷

「超フォーマル」な場面では再び英語が選択されることがあった。その場面とは島を訪れた外国船の船員と話す際である。こういう時に役割を買って出たのは英語のできる在来島民であった。彼らに外部の人間に通じる主流英語の言語能力があった理由は、すなわち、就学経験があったことと、多くの在来島民が長期間、多国籍のクルーのいる船に乗っていたことにある。

　アザラシ船は函館に入港し物資を積んでから、アリューシャン諸島やカナダ西海岸のビクトリアでアザラシを捕獲する。そしてサンフランシスコでアザラシの皮を卸し、太平洋を横断してホノルル経由で小笠原に戻り小笠原島民を島に帰した。船上でも入港先でも在来島民の英語は役立った。またこのことは島で通じ合っているボニン英語を出発点として、主流英語を身につける機会があったということを意味している。

　言語使用ドメインを同心円で考えると、在来欧米系島民は最も近い存在であった他の欧米系島民と話すときには英語の一種(ボニン・クレオロイド)を使った。この輪の外には一回り大きな輪がある。そこには島で一緒に暮らす日系島民がおり、用いられる言語は日本語であった。更に外側には国際的なコミュニケーション手段としての英語(主流英語やそれぞれの言語を母語とする船乗りたちが話す英語の諸変種)があったのである。

4.5. 日本語と英語が混ざり始めた状況

19世紀に二世（島で生まれた最初の世代）が話していた言語に関するネイビー世代の人の回想の話はいくつかあるが、これらをデータとして扱い推察を行うことには様々な問題がある。しかし§4.3で見たように、小笠原の場合はこれまで正確な情報にまったく基づいていない憶測が成されてきた。本書では「情報の無い推測」より「情報の少ない推測」のほうが得られるものが多いと考え以下で分析を試みる。

1999年6月11日に筆者は東京で元島民の Irene Savory Lambert の聞き取り調査を行なった。彼女の曽祖父にあたるベンジャミン・セーボレー（1866–1942 初代ナサニエルの息子）は彼女が生まれる前に亡くなっているものの、彼が使っていた「ブロークンな英語」に関する話を彼女は覚えていた。日本の肉体労働者や漁師など褌を締めた人が家に入るときはいつも、ベンジャミンは「ふんどし臭い。No sit down!」と言っていたらしい。

これは Irene 自身が体験したことでなく伝聞情報ではあるが、興味深い言語事象が含まれている。この話でベンジャミンが使ったとされる表現 *no sit down*（主流英語で言えば、*don't sit down*）は、彼の世代が使ったと予想されるクレオロイド英語の文法に合っている。（19世紀半ばのポリネシアやミクロネシアなど、小笠原と同じ太平洋諸島で使われていた接触変種における〈no＋動詞〉の打ち消し表現については Clark 1979 を参照されたい。）

一方、日本語と英語が混ざっているベンジャミンの文の日本語の部分もネイティブの日本語とは言い難い。「お前のふんどしは臭い」なら自然だが、「ふんどしくさい」は「外人臭い」話し方と言わざるを得ない。これは第二言語学習者が話す中間言語に当たる。ベンジャミンは生涯日本語をマスターすることはなかったとその子孫が伝えている。島に学校ができた時、彼はすでに11歳に達しており、授業が英語と日本語の両方で行なわれる状況はその後少なくとも7年間続いた。また筆者の聞き取り調査（2002年3月、被調査者：池田実）で、20世紀半ばに入っても日本語の話せない欧米系（具体的に言えば、George Webb, 1870–1956）がいたことが分かっている。

ベンジャミンが使った英語はクレオロイドであり、彼の日本語は中間言語であるうえ、その2つの言語の混ぜ方も興味深いものである。

他の島民からもベンジャミンの話を聞いたことがある。彼は日本語が話せなかったにもかかわらず、「こけこっこうバタバタ ten cents」と言う掛け声で日本人に鶏を売りさばいたと言う。この発言は上述の「ふんどしくさい」と違って、文脈なしでは意味の不透明な発言になっている。狭義のピジンとはいえないかもしれないが、「鶏」を言い表すために長い表現を用いるのは世界のほかの接触言語にも見られるパターンである。パプアニューギニアのトクピシン語では「ピアノ」のことをかつて *this fella box you fight 'im he sing out-out* と表現していた(Mühlhäusler 1986: 26)。逐語訳をすると、「叩くと歌う箱」になる。この長い表現を習うよりも「ピアノ」という一語を習った方が効率的であると思われるかもしれない。また上例の「こけこっこうバタバタ ten cents」よりも、「ニワトリ」と覚えた方が簡単であるだろうが、ピジン化ではこうした説明的表現がよく見られるのである。

ten cents という言い方が出てきたところで少し言語学から離れ、当時の社会的背景に関する情報としての通貨のことを考察してみたい。小笠原がどの国にも属さなかった時代であっても、「ドル」と呼ばれる通貨が使われていた。これは入港した船と交易を行ったときなどに用いられていたようである。文献でこの通貨に関して「ドル」より詳しい記述があるときは、「メキシコドル」と呼ばれている。メキシコドル(略して墨ドル)は、メキシコ政府が鋳造していた銀の硬貨であり、19世紀の間、太平洋諸島や中国沿岸の港町などで広く使われていた貿易専用の外貨だった。

アメリカ人のヴァン・バスカーク(Philip Clayton Van Buskirk, 1833–1903)が1881年夏に小笠原を訪れた際にも、その前の横浜滞在中にも、自分の日記で支出を記録するときにドルマーク($)を使っている。ほとんどの場合において、これが実際に彼の使った通貨なのか、それとも自分が慣れている通貨(米ドル)に換算して記しているかは判断できない。しかし、とある箇所でヴァン・バスカークは「6月14日見積もり、20メキシコドル」と明記しており、他の記述に関しても米ドルではなく当時の太平洋船貿易で広く使われ

ていた墨ドルではないかと思われる（Van Buskirk 1881）。

　チャムリーによると、ナサニエル・セーボレーが1830年5月20日最初に小笠原に向けてホノルルを出る前に、＄69.99分の物資を買い貯めて、「メキシコドルで支払った」ようである。

　島を訪れたイギリス人やアメリカ人の船員も「ドル」という単位について言及している。これが米ドルか墨ドルであるかは不明である。そして日本の領土になってからこの「ドル」を島でそのまま使ったのか、それとも他の通貨に交換して使ったのか関しても不明である。1893年にジョン・グリフィス・チェイニー（John Griffith Chaney, 1876–1916）という若き船乗りが小笠原に上陸したとき、夜にドンちゃん騒ぎをし翌日目を覚ますと、持っていたお金がなくなっていたことに気づいたということがあった。彼は2年後にジャック・ロンドンというペンネームでこの体験談を出版した。現在、日本ジャック・ロンドン協会があるほど世界的に有名な冒険小説家である彼の、小笠原での不運に関する部分をここで引用しよう。

　　陽が昇り始め夜が明けるころ、目を開けると1人の日本人の女が心配そうな面持ちで俺の体の上にかがみこんでいた。女はあの水先案内人の妻で、俺は女の家の戸口で横になっていた。ぞっと寒気がして体が震える。それにたらふく飲んだせいで気分が悪い。あまり服を着ていない感じがする。あの逃げた見習い野郎たちだ、盗人狸どもめ！あいつらは逃げるクセを覚えたな。俺のものを全部もっていっちまった。時計もない。わずかばかりのドルもなくなっちまってる。コートもない。ベルトもだ。まったく、靴もないじゃないか[7]。

　そしてペリー提督と一緒に島を訪れたスプロストン（John Glendy Sproston）は1854年4月20日の日記で、ナサニエル・セーボレーについて次のように書き記している。

　　9年前、彼が島に不在の時に中国人の海賊が港に来て、彼の奥さんと

娘を奪い、4000ドルとすべての家財を持って行った。この話は彼の今の妻であるグアムの女性から聞かされた[8]。

ここで言及している「ドル」は、入港する船に物資を売った見返りに得たお金なので、船貿易で使われていたメキシコドルだと思われる。

4.6.　日本本土で教育を受けた欧米系島民

第3章で見たように、19世紀前半に島生まれの若者の何人かは教育を受けるためにハワイに送られた。小笠原が日本の領土になった後、日本本土に渡った欧米系若者が多数いた。例えばジョセフ・ゴンザレス牧師は神戸のミッション系学校で教育された[9]。

他にも日本本土で教育を受けた人がいた。その1つの例として1853年にペリー提督一行と一緒に島を訪れたジョン・シワル(John S. Sewall)は、半世紀後に書き残した回想録で次のように述べている。

> それから半世紀の間に、人里離れたこの集団を訪れた人に私が出会ったのは1人だけであった。その人は以前横浜で教師をしていて、今はアメリカの銀行員の妻である人であった。日本へ向かう航海時には、一度彼女が乗っていた船が台風に流されて、ポート・ロイドに避難しなければならないときがあった。そこにいる間、彼女はそこに定住していた人々と、特にセーボレー家の人と知り合いになった。その後には、そこの白人首長の孫娘が何年間か横浜の学校の生徒となった。彼女の訪問の間に日本政府は島の支配を引き受け、植民地を形成した。当時そこにはすでに500人余りの日本人が居住していた[10]。

日本統治時代以前にも一回、娘達をハワイの学校に留学させていたという話(§3.6.6参照)があり、これも島を離れて教育を受けた例であろう。行き先は時代とともに変わるものの、島を離れて教育を受ける話はどの時代にも

見られるのである。

この話の少女たちがいつ島を訪れたかは明確ではないが、日本人人口が500人ほどであるならば、1885年か1886年頃だと推測される（1885年に父島の全人口は461人で、翌年に598人であった。19世紀末には5500人に跳ね上がっていた）。

日本側の記録によると、何人かの島民は就学のために横浜や神戸に渡った（加茂1889: 324）。これらは港町で明治初期から外国人が多く暮らしており、英語など外国語を媒介にする学校も多かった。近隣の東京や大阪に比べ人口は少ないものの国際色豊かな町であり、小笠原の若者が通ったのは英語が使われる学校であった可能性が高い。

チャムリーによると、イギリス人宣教師によってチュークラブ（Twocrab）家の男2人が教育のために日本本土に連れて行かれている。彼らが受けた教育は英語によるものだったと思われる。英語による教育を日本本土で受けるこうした傾向は20世紀に入っても続いた。ジェリー・セーボレー（Jesse Savory, 1914–1993）は横浜の聖ジョセフカレッジという高等学校（後に聖ジョセフ・インターナショナル・スクール St. Joseph International School に改名、2000年に閉鎖）を卒業している。日本本土で英語による教育を受ける傾向は戦後も続いており（§8.1）、現在も東京の国際高校に在学している若い島民がいる。

4.7.　日本時代初期における英語と太平洋諸語の接触

1870年代に日本語が小笠原に入って来た時点では、島民は共通言語を持っていた。実際に父島を訪れた横浜在住のイギリス人ラッセル・ロバートソンが島民の言語使用能力について「キングズミル群島から来た6人ほどを除けば、島民全員は英語を喋っている」と述べている（原文については§3.1参照）。

キングズミル群島はキリバス諸島（特にノノウスなどの諸島の南部にある島々）の古称である。ここで言及している小笠原在住のキリバス諸島出身者

は具体的にだれのことを指しているかは不明であるが、コペペ氏はキリバス出身という記録がある(辻 1995: 133；§3.8 参照)。またチャムリーによると、1850 年代後半に母島に住んでいたロビンソンの下でキングズミル出身者が働いていたようだ(Cholmondeley 1915: 115)。さらにチュークラブ一家(図 4-5)はキリバス出身という情報もある[11]。

図 4-5　1875 年松崎晋二(松田 2002)が撮影した大村のチュークラブ一家

この時点では全ての島民が英語を話していたとする文献も存在する。日本側の文献でも英語が使われていたことが確認されている(加茂 1889: 324；大蔵省印刷局 1888: 121)。

> もっとも土着語(カナカ人の土語など)のほかに、住民の間には英語がかなり普及していたことは事実であったろうが…
> 　　　　　　　　　　　　　　　　　　　　　　　　(大熊 1966: 195-96)

つまり、あれほどいろいろな言語を母語とする入植者が集まっても結局島の共通語が英語になったわけである。ロバートソンは、"all the settlers"という表現を使っており、少数派であった英語圏入植者だけではなく、島で圧倒的に多かった非英語圏の入植者やその子供も英語が話せたことを示唆している。ここでは全員が英語を話せたと書いているが、これは英米で話されてい

126 第2部 日本語到来後

る英語であることを確認させるものではない。むしろ、島の状況を考えれ
ば、これは英語を基盤とした接触言語(ボニン・クレオロイド英語)である可
能性が極めて高い。歴史学者の大熊(1966: 238,§3.12参照)も言語の「混
合」があったと書いている。

　1870年代に小笠原が日本の領土となり日本人開拓者が入ってきたが、そ
の後でも太平洋諸島との言語的交流が続いた。この後もミクロネシアのノノ
ウス(キリバス諸島の Nonouti)やメラネシア(ブーゲンビル島)から入植者が
入ってきた。1887年には小笠原の日系開拓者がカロリン諸島のポナペとモ
キル、ピンゲラブにまで行き、二年後にはグアムやトラックにも行っている
(Peattie 1988: 16)。

　国際連盟が日本帝国にミクロネシアやパラオの統治を委任した1919年の
時点では、「帝国の南の領域(南洋諸島)への入り口」という小笠原の地位は
すでに確立しつつあった(Peattie 1988: 27–28, Peattie 1984: 177)。欧米系島民
も日系島民も、貿易や移住のために南洋庁の島々まで足を伸ばしていた。

　現在の小笠原でも演奏されている歌(ウワドロ、ギダイ、ウラメ、アフタ
イワン)やそれに伴う南洋踊りは、この時代にカロリン諸島やパラオで仕事
をしていた欧米形島民が持ち帰ったものである(Konishi 2001)。この時代に
グアムやサイパンで暮らしていた欧米系島民で、チャモロ語がしゃべれるよ
うなった人もいた。

　以下の表4–1にあるのは、20世紀の小笠原で使われる太平洋起源の単語
である。しかしこれらは表3–5に出てくる単語と違って、19世紀の記録に
は出てこないので、むしろ日本時代になってから小笠原に伝わったのではな
いかと思われる(表8–1との比較も興味深い)。また表3–5で見た19世紀半
ばに使われていた太平洋起源の単語は全てハワイ語を起源とするものであっ
た。しかしオカヤドカリを表わすフンパはポナペ語の *mpwa*(同じくヤドカ
リの意)に由来する可能性が延島(1997)で指摘されているように、19世紀末
に入った単語はむしろミクロネシアから入って来ていたことが考えられる。
コペペ氏や彼にちなんだ地名や魚名などについては§3.8で解説している。

　カボボは島唄の1つである「レモン林」の歌詞に出てくる単語で、その

起源に関しては諸説ある（北国 2002: 146–149）。例えば、カボボの「カ」は
「車」だと説明する人がいる。欧米系島民の母音の長短は曖昧なので、
「カー」が「カ」になったという説明は不可能ではない。そして「ボボ」は
「性行為」を表しているから「カボボ」はいわゆる「カーセックス」を意味
していると解釈している人もいる。しかしこれはおそらく民間語源説であろ
う。この歌はパラオ人が歌っていたとされることから、むしろパラオ語の
「結婚する」を意味する *kaubúch*［kaubuʔ］や「（踊りなどのときに）ペアを組
む」を意味する *kakúb*［kagub］に由来する可能性が高い。

表 4-1　19 世紀末〜20 世紀初頭に小笠原に伝わった太平洋起源の単語

小笠原の単語	小笠原での意味	言語・意味
フンパ	オカヤドカリ	ボナペ語でヤドカリを意味する *mpwa*
カボボ	婚約する、約束する、セックスする	パラオ語 *kaubúch*（結婚する）または *kakúb*（カップルを組む）
キム	女性器	?モキル語でシャコガイを指す kim
コペペ海岸	父島西側にある海岸	?モキル語で「流木」を意味する koahpehpe（§ 3.8 参照）
コペペ	島民の名前だったが、「野蛮人」という意味で使う人もいた	〃
コペペカサゴ	カンモンハタ Epinephelus merra	〃
コペペ浜	向島南西にある入り江の奥の海岸	〃
コペペ屋敷	コペペ浜に流れる沢の上流にある小さな平地	〃

128 第 2 部 日本語到来後

注

1 In 1823 the islands were claimed by the United States, and in 1825 by Great Britain, but both claims were weak and not followed by any settlements. In 1830 some Hawaiians attempted colonization but this effort failed. (Lal & Fortune 2000: 597–98)

2 …will be surprised to find men and women having the physical characteristics of the Caucasian and Polynesian races, yet with no speech or loyalty other than Japanese. (Gast 1944: 5)

3 Nothing but Japanese was taught in the schools and the English language was lost. (Gast 1944: 24)

4 辻(1995: 115)によるとジョセフ・ゴンザレスは1870年4月14日生まれだが、ジョセフの孫に当たる小笠原愛作(1987)が執筆した事典に記載されている1871年を正確と見なす。

5 Where I think the Japanese certainly failed from the first in their duty towards the settlers was in making no provision for teaching their children the elements of English. This was a boon they might easily have conferred upon them. Latterly this defect was supplied by the opening of a mission school, presided over by Joseph Gonzales, and many of the Japanese were not slow to avail themselves of the opportunity thus offered for their own children. To-day the children of our settlers go as a matter of course to the Japanese elementary school, but we must bear in mind that many of the men, Mr. Gonzales included, have married Japanese wives, and the children of such marriages are hardly distinguished from Japanese. (Cholmondeley 1915: 176)

6 Pesce(1958: 33)は、1938年から島で英語の使用が禁止されるようになったと述べており、筆者のこれまでの聞き取り調査でもこの頃から英語使用に対して厳しい規制が布かれるようになったと聞いている。

7 And next, after the blackness, I open my eyes in the early dawn to see a Japanese woman, solicitously anxious, bending over me. She is the port pilot's wife and I am lying in her doorway. I am chilled and shivering, sick with the after-sickness of debauch. And I feel lightly clad. Those rascals of runaway apprentices! They have acquired the habit of running away. They have run away with my possessions. My watch is gone. My few dollars are gone. My coat is gone. So is my belt. And yes, my shoes. (London 1895)

8 The last time he was absent from the Island, nine years ago, a Chinese pirate came into the harbour, seized his wife and a daughter, also four thousand dollars and all his movables. This was told me by his present wife, a [Guamese] woman." (Sakanishi 1940).

9 神戸の北野町にあった United Society for the Propagation of the Gospel が運営していた学校。

10　In all this half century since I have met but one person who has visited this out-of-the-way group. That was a former teacher in Yokohama, now the wife of a banker in America. On one of her voyages to Japan the ship in which she was a passenger was driven by a typhoon to take refuge in Port Lloyd. While there she made the acquaintance of the settlers, especially the house of Savory, and later a little granddaughter of the white chief was for some years a pupil in her school at Yokohama. At the time of her visit the Japanese government had assumed control and formed a colony; and there were then already some five hundred Japanese in residence. (Sewall 1905: 137)

11　チャーリー・ワシントンによると、Twocrab 氏は Muggle 島か Raven 島の出身であった(Shepardson 1998)。モキルはモギールとも発音されるので、この Muggle のことだと思われる。また Raven はナティック島の古称である。2 つの島は 300 キロ離れているが、両方は現在のミクロネシア連邦ポナペ州に属するので当時、混同されるのは驚かない。

第5章　19世紀後半のボニン英語

　19世紀後半のボニン英語(§2.6参照)がどのようなものだったかを考える
ため、ここで島に生まれ育った男性の言語体系に注目する[1]。チャールズ・
ワシントン(Charles Washington, 1881–1972、以下「チャーリー爺」)はその
世代の男性としては決して特殊な話者ではないので、インフォーマントとし
て適切であろう。しかし小笠原の典型的な話者を求めること自体は無理のあ
る話である。小笠原の短い歴史では、英語話者の人口はどの時代にも少な
い。また英語話者であっても、1つの言語変種しか話せない「モノリンガ
ル」話者はおらず、このこともあって話者間の相違が以前から見られてい
た。通常「特殊ではない」の対義語として「典型的」という言い方ができる
であろうが、小笠原の場合はそういうわけにはいかないのである。チャー
リー爺は特殊な話者ではないが、典型的とも言えない。小笠原では「どの話
者も典型的と呼べない」という言い方はチャーリー爺を含めすべての島民に
当てはまるのである。チャーリー爺の話す言葉は、小笠原を離れた際に外部
の人から影響を受けて生まれたものであるが、小笠原の多くの島民も同様で
ある。であるから他の話者と同様、かなりのバリエーションの幅を見せてい
るという意味において、チャーリー爺は一般的な小笠原欧米系話者と言える
だろう。

　ここで分析する資料は1971年7月下旬に録音されたインタビューを文字
化したものである。聞き手はカリフォルニア大学教授のメアリー・シェパー
ドソン博士(Mary Shepardson 1906–1997)で、話し手はチャーリー爺である
(図5–1)。博士の調査に同行していたブロッドウェン・ハモンド(Blodwen

Hammond)も同席し発言している。この2人は5人の島民の録音資料を残している。チャーリー爺、マーサー・セーボレー、ジェッセ・ウエブ、オステ・ウエブ、ジェリー・セーボレーの録音は短いもので1分間、長いものでは1時間53分と幅がある。これは最も古い小笠原欧米系島民の録音と思われる。

　こうしたインタビューのデータを公開する場合、人名を伏せる場合が多いが、本書では実名を記すことにした。その理由はいくつかある。まずチャーリー爺はすでにいくつかの論文や記事に実名で登場しているので、この資料でその正体を隠すことは困難であり、あまり意味のないことのように思われるからである。なおチャーリー爺は調査されることも、録音されることも承諾していた。またなによりも、彼は自分のBonin Islanderとしての歴史を誇りに思っていたのである。インタビューは話者の承諾を得て行われた。テープの主な内容の文字起こしをしたものを、シェパードソン教授の姪にあたるベレット・ストロング博士に提供していただいた。これを基に朝日祥之と筆者が聞き直しを行い、より詳細（言語学的に忠実）な文字化資料を作成した。この文字化資料に脚注を付け、分析を加えたものがLong(2001a)として刊行されている。この報告書にはCDを付けることができなかったので、音源そのものは別の報告書（ロング2002b）に付録として公開している。その分析ではプライバシーに配慮して、チャーリー爺を匿名で呼んでいる。しかし

図5-1　シェパードソン博士とチャールズの娘イーデス

その後、チャーリー爺の複数の子孫と相談した結果、実名を公開した上で、島で慕われている「チャーリー爺」という名前を使用することにした。

5.1. 話者について

　チャーリー爺は父島に生まれた（図5-2）。彼がどういう言語的影響を受けたかについて推測するために、彼の経歴を考えてみる。彼を育てたのは母のエスター・セーボレー・ワシントン・ゲレー（Esther Savory Washington Gilley）とその再婚の相手ジョージ・ゲレー（George Gilley）。父のジョージ・オーグスティン・ワシントン（George Augustine Washington）はチャーリー爺がまだエスターのお腹の中にいたときに事故で死んでいる。エスターの父、ナサニエルはマサチューセッツ方言の英語話者であった。また彼女の母はおそらくチャモロ語話者であったと考えられ、エスター本人はボニンクレオロイドを母語としていたようである。チャーリー爺の継父ジョージ・ゲレーは島生まれの三世で、父方の祖父母はそれぞれ英語とハワイ語の話者だった。母はモキル礁出身だったのでカロリン語話者だったと思われる。

図5-2　チャールズ・ワシントン

　チャーリー爺の父ジョージ・オーグスティン・ワシントンの母語と出身地に関する様々な情報があるが、誤りと思われるものが多いので、ここで少し整理しておきたい。確実に分かっていることからすれば、彼はキャビンボー

イ、すなわち船長の身の回りの世話をする少年として小笠原に来た。そして彼は肌の色黒い人だった。このことから複数の文献で"negro"（黒人）と書かれている。英語圏でこの単語はアフリカ系の人のことを指すことが多いが、彼はアフリカ系ではなかったようである。

　ドイツの形質人類学者ゴールドシュミットは「バミューダ島から来た黒人」と書いている（Goldschmidt 1927: 452）が、これはおそらく別の島民であるロバート・マイヤーズ（Robert Myers；このほかに「モリス」や"Morris"など様々な片仮名表記やスペルがある）と混同しているのであろうと考えられる。この誤りはそのまま 1968 年のナショナル・ジオグラフィック誌の記事などにも出ている（Sampson 1968）。

　しかし、第一資料であるキングの手記（King 1898）によると、オーグスティンの出身地は異なっている。それは次の通りである。

原文	日本語訳
Washington, George Negro. Born in Mauritius Island, Seychelles. Came to the islands and ran away from his ship (in which Horace Savory was one of the shipmates) about 1872. Married Esther 3rd daughter of Nathaniel Savory, and by her had issue: 1. Rufus (b. 1879), 2. Henry (b. 1880), 3. Charles (b. 1883) This Geo. Washington saw the only snake ever seen in Bonin Island, and killed it: it was floating ashore on a piece of wood. A man of good character. Accidentally shot himself, and was found dead Dec. 15, 1880? George Washington had issue by Esther: 1. Rufus 18 Mar. 1877 2. Henry 16 Feb. 1879 3. Charles 11 May 1881	ワシントン、ジョージ 黒人。セーシェル諸島のモーリシャス島生まれ。1872 年ごろ来島、（ホーレス・セーボレーと一緒に乗組員をやっていた）船から逃げた。 ナサニエル・セーボレーの三女であるエスターと結婚して子供を儲けた。 1. ルーファス（1879 年生まれ）、2. ヘンリー（1880 年生まれ）、3. チャールズ（1883 生まれ）[2] ジョージ・ワシントンは、流木と一緒に流れてきたボニン島で目撃された唯一のヘビを見つけ、殺している。優れた人格の持ち主。1880 年 12 月 15 日（？）に、自分を誤射して死んでいるところを発見された。 エスターとの間に儲けた子供： 1. ルーファス（1877 年 3 月 18 日生） 2. ヘンリー（1879 年 2 月 16 日生） 3. チャールズ（1881 年 5 月 11 日生）

この資料で述べている「セーシェル諸島のモーリシャス島」だが、2つの島は1500キロ以上離れている。一方、チャーリー爺自身は1971年のインタビューの中で父はマダガスカル出身だと語っている(Shepardson 1977: 102)。マダガスカルと上記の2つの島は三角形を成しており、それぞれまでの距離は800–1000キロ以上ある。しかし、歴史的(行政的)には関係を持っている島であり、同じ西インド洋地域にある。チャーリー爺が父のことを知らなかったのは事実だが、彼のインタビューの中で出てくる多くの話の事実関係の正確さは確認できているので、彼の話の信憑性を疑う理由はない。また短期間だけ調査したGoldschmidt(1927)に比べて島民との深い関わりを持ち、Goldschmidtより30年近く早い時代に書かれたキングの方が、信頼性は高いと言える。

　結論から言うと初代ワシントンはマダガスカルや西インド洋の出身の可能性が高い。これは小笠原の歴史やその人々にとって重要な話であるためここで取り上げたのだが、結局オーグスティンのチャーリーに対する言語的な影響は特に大きくなったようだ。

　後述の通りチャーリー爺の話す英語には、マサチューセッツ訛りであると考えられる複数の特徴が存在している。これは母を通じて祖父のナサニエル・セーボレーから受け継いだのではないかと考えられる。

5.2.　検証すべき課題

5.2.1.　データから得られること

　シェパードソン博士の録音資料によって様々な価値のある情報を得ることができる。第一に挙げられるのが島民の歴史、及び島民の日常生活についてである。この録音資料からチャーリー爺の学校時代における言語教育の状況や当時のYankeesの生活様式、及び太平洋系島民の様子を窺い知ることができる。また戦時下に彼らが内地へ疎開した時の生活や経験についても知ることができる。第二に挙げられるのが、彼の英語での話し方、その独特な発音、語彙、表現である。

136　第2部　日本語到来後

　この資料は「単なる一個人の話」以上のものを我々に示している。子供が
自分の母語を周囲の影響の無い「真空状態」で獲得することは決してない。
子供のことばは周りを取り囲む大人の会話を聞くことによって形成されるの
である。であるから、1971年における90歳のチャーリー爺の談話資料を通
して、19世紀末の島民がどのような言語を使っていたかということについ
ての経験的な仮説を立てるということは可能なのである。この資料の元とな
る録音物は現存しており、さらにそれは非常に高音質なものである。それゆ
え、そこから当時(19世紀末)の小笠原島民の語彙や表現だけでなく、発音
に関する情報を得ることもできる。

5.2.2.　島を離れた船上生活による言語的影響

　チャーリー爺が島を離れて生活した際に、言語的に影響を受けた面と、受
けていない面の両方があると考えられる。彼は生涯を通じて、数ヶ月に渡り
島を離れて生活していたため、言語への影響があったと想像することは容易
である。彼は生まれ故郷である小笠原で使われた英語以外にも、より広い範
囲で通じた英語も使うことができた。例えば録音テープでは、太平洋系の島
民(アグネス)と喋っていたことを語っている際、彼はピジン的な英語を使っ
ている。別の島民から英語を話せるかと聞かれると、彼は「彼女の喋ってい
る英語はブロークンだ。私のように」と語っている。これは謙遜で彼がこの
テープで話しているのは標準的な英語である。船上で、そしてテープで話し
ているサンフランシスコなどの訪問先では多様な種類の英語が話されていた
と思われる。彼はノルウェー人船長のなまりもテープで真似ているので、そ
の生涯を船で旅していたことにより、さまざまな英語に遭遇していたのだろ
うと考えられる。

　ここでポイントが2つある。1つは人が第二の方言を習得しても、母方言
を忘れるわけではないということだ。例えばアメリカ人がイギリスに住んで
いれば、知らず知らずにイギリス英語になるかもしれないが、アメリカに帰
ればアメリカ英語に戻る。もう1つは自分の話し方をどこまで変えられる
かには限界があるということだ。単語は一番習得しやすいが、子供の頃から

使い慣れている文法事項はもっと変わりにくい。そして自分の発音を変えるのはさらに難しいことである。

5.2.3.　チャーリー爺の英語と「ピジン」

　チャーリー爺の英語と「ピジン」の関係を論ずるに当たり、まず彼の英語はピジンではないということを肝に銘じておかなければならない。彼の英語を複数の英語学者に聞かせたところ、全員がアメリカ英語との類似性に驚いたのである。チャーリーのような状況に置かれた人は当然ピジン（あるいはクレオール）のような英語を話すと彼らは思い込んでいたのだ。実際、小笠原のように太平洋諸島の女性と西洋人の男性が子供を育てた孤島は世界にいくつも存在している。有名な例としてバウンティ号の反乱者が住み着いたピトケアン島がある（1793 年に起きたこの事件は 3 回も映画化されている）。またあまり知られてはいないが、パーマストンという島もある。これらの島々では英語とポリネシア語が混ざり合い、独特な新しい言語が出来上がった。小笠原でも 19 世紀半ばに同じようなピジン言語が生じたと思わせる証拠がある（Long 1999）。もしそうであるなら、チャーリー爺は小笠原ピジン英語を理解でき、自分で話せたに違いないが、このテープで話しているのはこうした独特な英語ではなくアメリカ英語に近いものである。

5.2.4.　チャーリー爺の英語と一般アメリカ英語

　では、チャーリー爺の英語がピジンではなければ、それは「標準英語」あるいは「一般アメリカ英語」(General American English) と呼べるようなものであったのか。実のところ、彼の英語を「標準英語」であったと言い切ることはできない。アメリカ英語に近いが、故郷小笠原の特徴と思われる独特なところもあるのである。例えば彼は生まれた時から日本国籍を有しており、日本語と英語の完全なバイリンガルであった。インタビューの相手は日本語が分からないので、彼は日本語の使用を大幅に控えており、日本の地名や人名でさえ英語式に発音に直してあげている。しかしそれでも、彼は時折アメリカ人インタビュアーの質問に対して、日本語で「そう、そう」と答える。

138　第2部　日本語到来後

このように、英語での会話に無意識に日本語の表現が混入する現象はボニン英語の特徴である。

　そして、先ほども触れたことだが、チャーリー爺は生涯漁師として生計を立ててきた。この事実は彼の *nor'east* 'northeast', *sou'west* 'southwest' という発音に表れている。この発音は船乗りや漁師に観察される発音であり、一般の英語にはないものである。また、彼が使う語彙にも船乗り英語の影響が見られる(§5.5参照)。

　一般論として、人の母方言の発音が完全に変わるということは考え難く、実にチャーリー爺の発音は1世紀前の小笠原で使用されていた発音を反映していると考えられる。以下、その発音の特徴をいくつか示していく。

　確かにテープでのチャーリー爺の発音は、ニューイングランド地方の英語に近い響きをもっている。従来、小笠原島民の英語はニューイングランドなまりだと伝えられており、筆者はこの説に疑いを抱いていたのであるが、今回このテープを聞いて実際にそうであると確信した。しかし、この発音が開拓当初のマサチューセッツ出身の島民のなまりをそのまま反映しているかどうかを断言することはできない。というのも、初期島民によって用いられていた複数の言語(ポルトガル語、チャモロ語、多種のポリネシア系統やミクロネシア系統の言語)が混合することによって、偶然、ニューイングランド方言に似通ったこのなまりが生まれたという可能性は否定し切れないからである。現在のところどちらの説が有力であるかを断定する有力な証拠は見つかっていない。

　チャーリー爺は *this, think* の "th" を英米人のように [ð] と [θ] とは発音せずに、一貫して、[dis]、[tink] のように、それぞれを [d] と [t] と発音している。彼は日本語がまわりで使われている環境で育ったが、これは日本語の影響ではなさそうである。もし日本語の影響だとすれば、むしろ [zatto] や [ʃinku] というように、[z] と [ʃ] を用いるはずである。しかし、環太平洋地域をはじめ世界中の接触言語を調べてみると、英語の "th" の発音が [t]、[d] に変化している例が多いことが分かる。これらの事実を考え合わせると、これは19世紀半ばに初代開拓民の間で発達した英語の接

触変種(ピジンやクレオール英語)の痕跡であると考えられる。

　さらに、チャーリー爺は英語の /v/ の発音を音韻環境によって［β］と［v］を使い分けている。これは非常に興味深いことである。彼の発音では *village* は［βɪlɪdʒ］、すなわち "willage" に近く聞こえるのである。

5.3.　分節音素

5.3.1.　母音

　ボニン標準英語(§2.6 参照)は主流英語のほとんどの母音音素を保っている(図 5–3)。これは世界のピジンやクレオール英語と異なる。ほとんどの場合、英語の接触変種は 5 つの基本母音(日本語にある a, e, i, o, u)に減らされる。これは太平洋各地の非ネイティブの英語に関しても、日本語訛りの英語に関しても言えることである。

　チャーリー爺の母音についてどんなことが言えるであろうか。彼の英語はアメリカ英語の特徴が多い、とりわけ保守的な米語である。彼は 1881 年に生まれ、その時代としては既に古くなりつつあった言語的特徴をいくつか持ち合わせている。以下の分析で特定の母音について言及するとき、Wells (1982)が提唱して以来慣習的に使われる代表的な単語を使う。

1. 「長い中母音の二重母音」(long mid diphthong)は見られない。チャーリー爺が持っている FACE や GOAT といった中母音は長い単母音

図 5–3　ボニン英語の母音体系

140 第2部 日本語到来後

［e:］や［o:］になっており、米国などのように［ei］、［ou］の二重母音にならない。

2. 「二重母音シフト」(diphthong shift) は見られない。FLEECE や GOOSE の母音は純粋な単母音であり、それぞれ［fliːs］と［guːs］となる。同じように、PRICE の最初は前舌母音で［aɪ］、MOUTH の最初は後舌母音で［ɑʊ］になる。

3. FOOT の非円唇化は見られない。

4. STRUT の母音は後舌母音で、IPA の［ʌ］に近い。

5. HAPPY の緊張母音化は見られない。例えば *happy, money, city* などの最後の母音は現代の一般米語の［iː］ではなく、［ɪ］が使われる(Kenyon 1958 によると、HAPPY の緊張母音化は、20世紀初頭の米国で起きた変化である)。

6. 話者は基本的に /oi/ を持っていなく *hoist, join, joint, point* などの単語は /aɪ/ で発音される(例外として *boy* は［boi］と発音されている)。

チャーリー爺にはこれらの音韻法則以外にも「方言的」と言える発音が見られる。これは接触変種に見られるものというよりも、アメリカやイギリス各地のネイティブが話す非標準的変種に見られる伝統的発音である。音素全体の対応の話は上述の通りであるが、これらは個別単語における話である。例えば、小笠原を含め、*catch* を［kɛtʃ］と発音している地域でも、*match* のような単語を［mɛtʃ］と発音しているわけではない。

表 5-1　チャーリー爺の方言的発音特徴

単語	標準英語	小笠原
sit	［sɪt］	［sɛt］
just	［dʒʊst］	［dʒɛst］
catch	［kætʃ］	［kɛtʃ］
further	［fəðɚ］や［fɜːðɜː］	［fʌðə］

こうした個別単語の方言的発音は重要である。外国語として英語を覚えた人は音韻法則を覚えることは簡単であるが、個別な例外を覚えるには、ネイティブからネイティブへの言語伝承を考えなければならない。ボニン英語をクレオールではなく、よりネイティブに近い「クレオロイド」と呼ぶべき理由の1つがここにある。

チャーリー爺が話す英語の音韻構造の由来をかなり正確に地理的に特定することができる。次の点は全て米国北東部の東ニューイングランド地方の方言を示唆している。

① *foreign* のような単語は LOT の母音ではなく、NORTH の母音を持つ。そして、LOT の母音は円唇音の〔ɒ〕である。

② 発音は「非ロティック」(non-rhotic)、つまり母音後の /r/ は発音されない。従って次のような発音が見られる。

NEAR の音素を持つ単語(*clear, nearly, years, ear, spear*)は〔ɪə〕で発音される。

SQUARE の音素を持つ単語(*fare, square*)は〔ɛə〕で発音される。

CURE の音素を持つ単語(*sure, pure*)は〔ʊə〕で発音される。

NURSE の音素を持つ単語(*first, bird, heard, return*)は〔ɜː ~ ɚ〕で発音される。

③ 母音の /aː/ はかなり前舌よりとなっている。この母音は START のみならず、PALM の単語にも現れるし、BATH 類のいくつかの単語に現れる。例えば、

BATH 類 *can't*〔kɒnt〕, *half*〔hɒːf〕, *chance*〔tʃɒns〕, *plant*〔plɒnt〕, *commander*〔kəmɒndɜː〕

PALM 類 *father*〔fɒðɜː〕, *Guam*〔gwɒm〕

興味深いことに、*after, mast, ask* のように無声摩擦音の前の音環境ではほとんどが /æ/ となっている(ボストン方言におけるこれらの変異に関しては Wells 1982: 522–524 を参照)。

④ COMMA 類の母音がストレスの置かれていない音節に来る場合、

/ə/ ではなく、[ɪ] が使われる、例：*hoses* [ho: zɪz]. Wells によるとこの発音は、ニューイングランド地方で伝統的に使う傾向が見られる[3]。

⑤ ニューイングランドの 'short o' の発音そのものは見られないが、その形跡は *broke* や *whole* が変異的に /brʊk, hʊl/ として発音されることや、*boat* が変異的に [bɒt] になるところに見られる。

⑥ 世界英語の主な「非ロティック方言」（母音後の /r/ を発音しないオーストラリア、ニュージーランド、南アフリカ、英国英語など）において、THOUGHT の語彙は NORTH/FORCE の語彙と合流し /ɔː/ となる。よって次の対は全て同音語になる、*court: caught, tort: taught, sort: sought, torque: talk, lord: laud, lore, law, more: maw, Thor: thaw* など。

　いくつかのロティックなまり（スコットランド英語、カナダ英語は元より、そして最近はアメリカのいくつかの方言）において LOT: THOUGHT が融合し、次の対が同音語になっている。*cot: caught, tot: taught, knotty: naughty, rot: wrought, not: nought, Don: Dawn, hock: hawk, chock: chalk, stock: stalk* などである。ニューイングランド東部の英語（ENE）はこれらの特徴を両方持ち合わせていることで知られている。ENE は非ロティックであるから *stork* と *stalk* は同音語である。また LOT: THOUGHT の融合も見られ、*stalk* と *stock* も同音語である。筆者の知る限り、世界の英語変種の中で *stork* と *stock* と *stalk* が 3 つとも同音になっている唯一の変種である。しかし事態はさらに複雑である。すなわち、ロティックな変種にしても非ロティックな変種にしても、現代英語のほとんどの変種において、NORTH 類の母音（中英語の短母音 /ɔ/ + /r/ に由来する音素）と FORCE 類の母音（中英語の長母音 /ɔː/ + /r/ の音素）は融合して同じ母音になっている。すなわち、保守的な方言ならば *horse: hoarse, warn: worn, for: four* のような最小対立語が区別されているが、現在英語のほとんどの変種においてはこれらが、いわゆる同音異義語となっているのである。しかし ENE でこれらの単語は、/ɒ/ と /ɔə/ に発音しわけられており、音韻論的な対立が保たれているのである（表5-2）。

　チャーリー爺が保っているのは、この ENE の音韻体系である。彼は

north, short, top, lot, caught, saw, といった単語で /ɒ/ を使っている。一方、*poor, door, four, course,* (*a*)*board,* (*a*)*shore* では /oə/ を使っている。なお、彼の音韻体系は ENE と同様なものであるが、音声学的にはチャーリー爺の英語は ENE と異なる。チャーリー爺の /ʃoə/ と発音される *shore* は、*show* が GOAT 類の単語であるため、純粋の長母音 /ʃoː/ として発音される。

表 5–2　ボニン英語と他の英語変種の母音体系比較

母音音素の類	保守的一般米語	現在一般米語	カナダ英語	スコットランド英語	保守的容認発音（RP）	現在容認発音（RP）	ニューイングランド東部（ENE）	十九世紀ボニン英語	単語例
LOT 類	ɑ	ɑ	ɒ			ɒ	ɒ		*stock*
THOUGHT 類	ɔ	ɔ		ɔ	ɔː		ɒ	ɒ	*stalk*
NORTH 類	ɔr	ɔr	or	ɔr			ɔː		*stork*
FORCE 類	or		or	or	oə		oə	oə	*store*

複数の記事で欧米島民は「ニューイングランドなまり」だと言われている。1968 年のナショナル・ジオグラフィックの記事は次のように述べている。

　　チャーリー爺は…マサチューセッツなまり風の英語を流暢に話していた。彼は「凪」(calm)を cam と発音したり、下の米海軍の「司令官」(commander)のことを commahnder と発音したりした。

(Sampson 1968: 128)[4]

144　第 2 部　日本語到来後

このコメントを始めて読んだとき、筆者はまだ本章で分析しているチャーリー爺の肉声の入った録音テープに出会っておらず、この記述については半信半疑だった。おそらくチャーリー爺は母音後の /r/ を発音していなかったため、記事を執筆したサンプソン（Paul Sampson）にはニューイングランド訛に聞こえたのではないか、と筆者は考えたのである。1997 年の 12 月 23 日に筆者とサンプソンが電話で話す機会があり、この記述について尋ねた時に氏が答えたのは次のことであった。

　　私は行く前から、島民はニューイングランド地方の捕鯨船員の子孫だったことを聞かされていたが、私は彼らのことばにニューイングランドなまりを感じなかった。私はニューイングランドなまりをよく聞いたものだが、彼らはそれを持っていなかった。まあ、ほんの少しあったかもしれないが、そんないうほどではなかったよ。

（Paul Sampson 1997 年 12 月 23 日私信）

　これを電話で聞いた当時、氏はかつての発言から距離を置こうとしているように感じた。しかし、テープが出てきて、上述の通りの詳細な分析ができている現在、むしろサンプソンが正解だったと考えるようになった。

5.3.2.　子音

　上述のように、チャーリー爺の英語は概ねアメリカ英語に属する。母音間 /t/（better, daughter, little, pretty など）はほとんど（全部ではないが）はじき音の ［ɾ］である。歯音の /t, d, n/ の後、いわゆる yod-dropping（y 音を落とす）現象が見られ、tune, during, new はそれぞれ ［tun］、［dʊɹiŋ］、［nu:］であり、［tjun］、［djʊɹiŋ］、［nju:］ではない。全ての音環境において /l/ は比較的「明るい」（clear l）音であり、「暗い l」（dark l）［ɫ］ではない。そして h-dropping（hat など語頭の /h/ 脱落）現象が見られない。

　彼の子音体系は、日本語母語話者が話す英語とは明らかに異なる。表 5–3 で分るように、日本語にない子音 ［ʔ, f, v, θ, ð, ʒ, ŋ, ɹ, l］を音素としてちゃん

と持っているのである。

　一方、チャーリー爺の "th" の発音には変異が見られる。標準英語のように摩擦音の [ð]（例：*this* [ðɪs]）と [θ]（例：*think* [θiŋk]）を持っているが、閉鎖音（破裂音）の [t] と [d] も持っており、[dis] や [tiŋk] の発音も聞かれる。

表 5–3　ボニン英語の子音体系

調音方法＼調音位置	両唇音	唇歯音	歯音	歯茎音	後部歯茎音	硬口蓋音	軟口蓋音	声門音
破裂音	p　b			t　d			k　g	ʔ
摩擦音	(φ)　β	f　v	θ　ð	s　z	ʃ　ʒ	(ç)		h
破擦音				(ts)	tʃ　dʒ			
鼻音	m			n			ŋ	
はじき音				(r)				
接近音	β			ɹ				
側面音				l				
振るえ音				r				

　これは日本語の影響ではない。日本語の影響ならばむしろ、摩擦音の [s] や [z] を使い、*thank you* や *that* を [sankju:][zatto] のように発音する。もちろん、母音 /i/ の前は、無声音・有声音のそれぞれの子音が [ʃ] と [dʒ] となる。（なお、彼は語末の /ð/ を [s] と発音することもある。）このような "th-stopping"（th の閉鎖音化）は太平洋地域をはじめとして世界の接触変種に見られる。

　似たような音韻対応はピトケアン島（Pitcairn, Källgård 1993）、やナティックピジン（Ngatikese, Tryon 2000）、パーマストン語（Ehrhart-Kneher 1996）などにも見られる。原因として考えられるのは、入植者一世の間で発達した接触変種の英語（最初はピジン英語あるいはそれに準ずる pre-pidgin、後に「ク

146　第2部　日本語到来後

レオロイド」に発展したもの)である。この特徴を考えても、ボニン英語は
「日本的な英語」(Japanese English)ではなく太平洋各地の英語変種にむしろ
近いということができる。

　チャーリー爺は流音をなんと4種類も使い分けている。以下の自然談話
からの用例(1)では、彼はブーゲンビル島出身の人とその子供の話をしてい
る。子供の名前を最初に発音するときに、「ふるえ音」の [r](日本語のべら
んめえ発音)を使っているが、アメリカ人が聞き手へ配慮か、2回目の発音
でアメリカ英語の "r" である歯茎接近音(alveolar approximant)[ɹ] を使って
いる。

（1）　Was four daughters all told, what I remember. Yes, and they had a son,
　　　name of Porrea [porea], Porrea [poɹea]. (4人の娘だった、皆で。私が
　　　覚えているのは。そう、ポッレア、ポレアって名前の息子もいた。)

　日本の地名、人名などの発音に日本語のはじき音 [ɾ] を使っているが、
英語を話すときは、正確にネイティブらしく、歯茎接近音 [ɹ] と歯茎側音
[l] を発音し分けている。これで彼の第一言語は(日本語ではなく)英語(あ
るいは英語のクレオロイド)であったという仮説が強められる。彼が音素と
して /l/ と /r/ を使い分けていることが以下の(2)でも明確になっている。こ
こで、アメリカ人の調査者が以前に、他の島民(おそらく日系の人)に地名を
教えてもらっていたが、教えた人の発音で /l/ と /r/ の違いがはっきりして
いなかったため、調査者が river(川)を liver(肝)と聞き違えていた。その間
違った地名を聞いたチャーリー爺がすぐに訂正する。つまり、ネイティブ同
様に、/l/ と /r/ を音素として使い分けているのである。

（2）　Shepardson: Now the place called Little Liver? (今はその場所は「リト
　　　ルレバー」って呼ばれているんですよね?)
　　　Uncle Charlie: Little River. Small River. (「リトルリバー」、小さい川)
　　　Shepardson: Oh really? (本当ですか?)

Uncle Charlie: Little River, Little River. Yeah, Little River, that's beyond
Pukunui. Little further on. (リトルリバー。プクヌイを越えたとこにあ
るよ。)

5.3.3. /v/ 音が［w］類になる現象

　ボニン英語において village(村)や reversion(返還)のような単語にある子音
/v/ が複数の音として現れる。すべては有声音である。1 つは標準英語の
［v］、つまり唇歯摩擦音である。2 つ目は日本語の影響を受けたと思われる
［b］、つまり両唇破裂音の発音である。3 つ目で最も興味深いのは両唇接近
音［β］やその変異形で［w］に類似する音である。この現象について詳し
く考えていく。

　最初の変異形は主流英語の［v］で、米海軍の学校に通ったネイビー世代
(1940 年代～1960 年代前半生まれ)の間で使われている(表 5–4)。日本人は
/v/ と /b/ を区別しないが、ネイビー世代の話者にとって /v/ は /b/ と区別さ
れる別音素である。20 世紀半ばに米国から入った兵士や教師の影響によっ
て、音素としての［v］は強化されただろうが、以下で考察する証拠からす
れば /v/ は 19 世紀から音素として存在していたと思われる。

　ネイビー世代の親世代は時折［v］を使うが、日本の影響を受けている人
ほど、［b］という発音を使う傾向が強い。この［b］の発音を使う人は日系
島民が多数を占めていた戦前に生まれ育った人々である。この時代に英語を
使用することは、私的な場面のみに限られていて、教育を含めて公的な場面
では日本語が使われた。/v/ が［b］として発音されるということは、/v/ と
/b/ が融合していることを意味する。

　3 つ目は［w］類としてまとめて考察する。厳密に言うと、この特徴に関
しては変異の幅が見られる。円唇接近音の［w］に聞こえる場合と、両唇接
近音の［β］、両唇摩擦音の［β］に聞こえる場合がある。［w］と［β］、［β］
は細かく言えば違う音声だが、本書ではこの 3 つを「非唇歯音」(つまり主
流英語の［v］と異なる)そして「非・破裂音」(つまり日本語なまりの英語に
おける［b］とも異なる)としてまとめて論じることにする。［w］、［β］、［β］

の３つは連続的な発音であり、しかも自由変異が見られるため"［w］類"としてまとめる。［w］類の代表的な発音は［β］である。

表5–4　小笠原で /v/ に当たる様々な発音

音声記号	調音位置・調音法	使用する人
［w］ ［β］　＞［w］類 ［β］	円唇接近音	チャーリー爺などの明治時代生まれ世代からネイビー世代まで幅広く
	両唇接近音	
	両唇摩擦音	
［b］	両唇破裂音	昭和の戦前生まれ世代
［v］	唇歯摩擦音	ネイビー世代

こうした音ははっきりとチャーリー爺のテープで聞くことができるため、この島において［w］類が使用されるようになったのは古い時代のことであると思われる。しかしこの［w］類が使われる背景が複雑で、どうやらその起源は１つだけではないようであるのだ。

　ではチャーリー爺が /v/ 音としてどのような発音を使っているか見てみよう。よく聞くと、彼の /v/ 音には変異（バリエーション）が見られる（表5–5）。

表5–5　チャーリー爺のことばにおける /v/ 音の分布

	母音前		母音前以外		
	語頭 ＃v母	形態素中 母v母	形態素末 母v＃　母	形態素末 母v＃　子	語末 母v＃
両唇音 ［β］	*visit* ［β］ *very* ［β］ *village* ［β］	*cover* ［β］ *never* ［β］ *provisions* ［β］ *evacuated* ［β］ *government* ［β］		*starved* ［β］	*believe* ［β］
歯唇音 ［v］		*over* ［v］	*living* ［v］ *having* ［v］ *leaving* ［v］	*graves* ［v］ *leaves* ［v］ *moved* ［v］ *yourselves* ［v］	*have* ［v］ *wave* ［v］ *leave* ［v］ *you've* ［v］

語頭（*visit* や *very, village* など）または母音間（*cover* や *government, never* など）で［β］を使っている。語末（*have* や *live, you've* など）では大抵［v］を用いている。より正確に言えば、語末だけではなく、形態素末（形態素の境界を♯で示す）の場合に［v］が出る（*having, living, your selves, leaves, moved*）。表5–5で分かるように、例外（網掛けのない部分）もあるが、おおむねの母音の前は［β］、それ以外の環境では［v］になっている相補分布が見られる。

5.3.4.　/v/ としての［β］の起源

　このように /v/ を［β］と発音する特徴はどこに由来するのであろうか。ここでは2つの可能性を探ってみたい。1つは、19世紀に島に多く住んでいたポリネシア語話者の英語の特徴である。もう1つの可能性は、一部の英語ネイティブが島に持って来た特徴である。

　まず、最初の入植者の多く（女性の全員、男性の一部）はポリネシア系言語（ハワイ語、タヒチ語）の話者であった。ハワイ語は /v/ と /w/ を音素として区別しておらず（Elbert and Pukui 1979: 12–13）、カワイ島やニイハウ島では［w］という発音が使われ、ハワイ島では［v］が使われ、そして中心のオアフなど他のところでは［v］と［w］は同じ音素の異音として現れているのである。

　ハワイ語などポリネシア系言語の話者が英語を話すときに /v/ と /w/ の混交を相互に行なうのであるが、小笠原ではこの相互の混交がまったく見られない。チャーリー爺のテープを聞いても、/w/ として［v］の発音を使っている例は1つもない。/w/ は全て［w］である。もし小笠原で、/v/ として唇歯音［v］以外にも両唇音が使われている原因が、昔の開拓者が話していた「ハワイ訛りの英語」にあれば、相互の混交が見られるはずである。それゆえ、1つ目の仮説をして2つ目を検証することにしよう。

　実は表5–5にある規則的な使い分け（相補分布）は英語圏の保守的ないくつかの方言（特にイングランド南部）に見られる（Trudgill et al. 2003）。そして初期の入植者で島社会に多大な影響を及ぼしたのはイングランド南東部のサリー郡（Surrey）出身のトーマス・ウエブとアメリカマサチューセッツ州出身

150　第2部　日本語到来後

のナサニエル・セーボレーである。

　ウエブの出身地サリー郡はこの相補分布を行なっていた。そして18世紀後半のアメリカ北東部(ニューイングランド地方)にも同じような相補分布があった(Forgue 1977)。これはまさに、初代のセーボレー(1794年マサチューセッツ州エセックス郡ブラッドフォード町生まれ)が言語形成期を迎えた場所と時代である。

　チャーリー爺が持っている特徴的な相補分布はイギリス人ウエブの影響であった可能性もあるが、生活状況的な要因と合わせて考えるとむしろ、チャーリー爺の祖父であり、そして、島社会全体に多大な影響を与えた初代セーボレーの影響ではないかと思われる。

　言語研究の場合、普通は一個人が次世代に広く影響を与え得るという可能性は考えないが小笠原ではこれ以外の説が見当たらないのである。孤立した少人数の多言語コミュニティについて、ミュールホイスラー(Mühlhäusler 1998: 43)は次のように述べている。「ここで取り上げている極小のコミュニティでは、言語構造や言語使用への一個人の影響を研究することが十分可能である。」またパーマストン島民全員の先祖にあたる人で、かつ唯一の英語母語話者であったウィリアム・マースターズ(William Marsters)について、エルハルトは次のように述べている。

　　　彼はこども、そして後に孫に、常に英語を使用することを強制した。
　　しかし、母親たちの言語(クック諸島マオリ語)は言語干渉を起こしているはずである。目撃者によると、敬虔なクリスチャンであるこの島において、マースターズの影響は聖書と同等な物だった。

　　　　　　　　　　　　　　　　　　　　　(Ehrhart-Kneher 1996: 530)

　エルハルトの分析によれば、この島の英語はクレオールではなく、英語の一方言である。そしてそうなった一因はマースターズ自身の計り知れない影響力にある。島生まれの最初の二世代目の人々にとって、ウィリアム・マースターズの言語規範とは、全員ができる限り従おうとした掟なのである。

5.4. 超分節音素

5.4.1. 単語アクセント

小笠原の英語はストレスアクセントであり、その構造はほとんどアメリカ英語と同様のものである。イギリス英語が米語と異なる単語(*aluminum*(アルミ)や *laboratory*(実験所)など)において、小笠原の英語は米語と同じである。

5.4.2. 文イントネーション

本書で触れているように、言語学者以外の人はよく「ボニン英語にはニューイングランド的な響きがある」とコメントしている。実際に、ボニン英語を話す人の音声はこの印象的なコメントをさらに裏付ける証拠なる。上述したように、その大きな理由の2つは(1)母音後 /r/ がないことと、(2)母音体系の実態である。しかし文イントネーションにもその一因があるかもしれない。確かにボニン英語に不思議な韻律を聞くことができる。これには太平洋諸島民の外国人なまりが関与している可能性は否定できないが、ニューイングランド出身の入植者の音素が残っているのだから、彼らの「超分節的特徴」(supersegmentals)である文イントネーションパターンも受け継がれている可能性があるだろう。この点に関しては更なるデータ収集、分析、検証が必要である。

5.5. 語彙

チャーリー爺が使っている英語には確かに言語接触の可能性を示唆する特徴が見られ、それを一種の接触言語だと考えることもできる。しかし一方で、彼が使用している英語の語彙は決して簡単なものではなく、むしろ難易度の高いものもある。この語彙面から考えても、「ピジン英語」や「クレオール英語」ではなく、彼が話しているのは「クレオロイド英語」と判断する方が妥当であろう。しかし彼は島で身につけたクレオロイドをそのまま

使っているのではなく、主流英語の影響と思われる部分もいくつか確認できる。換言すれば彼は他の欧米系島民よりも使用語彙が豊富である印象を受けるのである。これは島を離れて過ごした長い年月による影響と考えることもできる。クレオールが一旦形成され、後の世代の話者に主流英語の影響が再び見られる現象は「脱クレオール化」(decreolization)と呼ばれる。そのことを踏まえてチャーリー爺のクレオロイドが主流英語の影響を受けて、それに近づいた現象を「脱クレオロイド化」(de-creoloidization)とでも呼ぶべきかもしれない。

　チャーリー爺はいくつかの興味深い「個別単語発音」現象を持っている。つまり、標準英語との違いは、音素の音価ではなくいつかの単語で本来の発音と異なる発音を用いているのである。例えば、標準英語でRussia(ロシア)の発音は［ˈɹʌʃɒ］だが、彼は［ˈɹʊʃɒ］と発音している。これは標準英語とは異なるが、英語圏で聞かれる「方言的」発音である。また彼の英語には船舶用語が目立つ。例えば、*belaying-pin*［ˈbleːn pɪn］を他動詞(綱留め栓でぶん殴る)として使う。このほかに*forecastle*［ˈfoː səl］(船首楼)、*gudgeon*(舵の軸受け)、*kedge anchor*(小型錨)、*pitchpole*(縦に揺れてひっくり返る)、*ratlin*［ˈɹæt lɪn］(段索、横静索の間を横に連絡した縄梯子)、*scupper*(甲板排水口)、*demi-john*(篭入りの細口大瓶)などがある。また船乗りのスラングが*skew-whiffed*［ˈskiː wɪft］(ゆがんだ)や*stash*(放り投げる)、*Bible leaf*(超薄切りにする)、*greener*(青二才)、*nothing to stow away*(隠すことがない)などに見られる。「お酒を飲む」という意味で*tipping the elbow*(直訳すると「ひじを上げる」)や*hoisting it up*(直訳：荷を引き上げる)を使用する場面も確認することができる。

　なおチャーリー自身の録音資料には出てこないが、とりわけ現在も小笠原島民に頻用されている単語として*reefer*(「冷蔵庫」を意味し、日本語の会話でも「リーファ」という形で登場する)というものがある。これは従来、船乗りが船内の大型冷蔵貯蔵庫のことを指して使用してきたものである。船乗りの用語がそのまま台所用品を表す日常語に転用されている事実はボニン英語の特殊性を物語っている。

第 5 章　19 世紀後半のボニン英語　153

　チャーリー爺は yet を「まだ」、「依然として」(標準英語の still に当たる)
という意味で使っている((3))。

(3) a.　I was only a boy *yet*. He was only, had a half long shirt with no back on
　　　　 it. I'm telling you the truth! I was a boy *yet*.（私はまだ子供だったん
　　　　 だ。(相手は)後ろがない長いシャツしか着てなかったし。本当のこ
　　　　 と言ってんだよ！私はまだ子供だったんだから）

　　　 b.　He went aboard to the captain and said "This man is, belongs to the
　　　　 Emperor, *yet*."（彼は乗船して船長のもとに行って、こう言った。「こ
　　　　 の人はまだ天皇の民なんだ」って。）

　　　 c.　Well he was, he was teenage *yet* when he came from South Island,
　　　　 Hahajima came here... was sick.（うんと、彼が南の島、つまり母島か
　　　　 ら来た時はまだ 10 代で、病気だったんだ。）

　興味深いことに、*yet* を *still* と一緒に使う傾向も見られる((4))。

(4) a.　Three times I nearly lost my neck. Three times. But *still* I'm here *yet*.（首
　　　　 がもう少しで取れそうになったことが三回あるんだ。三回もだよ。
　　　　 でもいまだに生きてここにいるよ。）

　　　 b.　Well, anyhow, I've been kicking around this world, and I'm *still* kicking
　　　　 yet!（うん、どういうわけか、ずっとこの世でのらりくらりしてて、
　　　　 いまだに生きているよ！）

　　　 c.　She and others, they set fire to the island. It's *still* burning *yet*, I heard.
　　　　（彼女と他の人たちが、その島に火を放ったんだ。いまだに燃えて
　　　　 いるって話だよ。）

　カリブ海(パナマ)の島で使われる Bastimentos クレオール英語にもこうし
た特徴が見られる。例えば、*im stilyet hav a haas*（彼はまだ馬を乗っている）
という言い方がある（私信 Michael Aceto 1999 年 11 月 10 日）。しかし、

チャーリー爺はこの2語をこのように複合語として使うのではなく、(4)の3つの例のように、述語を挟むように前後に使う。

5.6. 日本語からの干渉

　言語干渉とは外国語を話そうとするとき、母語が「邪魔」になり、母語の発想で文を作ったりすることで、話そうとしている外国語で誤用を起こす現象である。

　チャーリー爺のテープを聞いていると、彼がネイティブ同様の流暢な英語を話しているために、彼は日本の領土になってから小笠原で生まれ育ち、日本人としての教育を受けたということを忘れがちである。しかし彼は完全にバイリンガルであった（ただし日本の読み書きが苦手で、漢字はそれほど多く知らないと言っている）。日本語の話しことばの能力は英語とほぼ同レベルである。同一の人間が2つの言語を同程度で持っている場合、両方が影響し合って、両方において微妙な誤用が見られることがある。しかしチャーリー爺はバイリンガルであるにもかかわらず、その英語は驚くほど日本語の影響を受けていない。

　だがそれは言語干渉がゼロだという意味ではない。ここでわずかながら見られる日本語からの干渉の例を見よう。本書の録音文字化資料では英語圏の聞き手と話しているため、日本語をほとんど使用していない。しかしそれでも、彼はたまに聞き手の発言に賛同するときに「そう、そう」と言っている。これが数少ない日本語干渉の例の1つである。英語では *That is so*（それはそうだ）のように言うために似た使い方があるが、賛同する表現としての「そう、そう」は英語ではない（仮に英語で *so-so* という言い方をしたとしてもそれは「（良くも悪くもなく）まあまあ」という意味になる）。

　もう1つの干渉例は以下の「リヤカー」という単語を含む発言に見られる。この和製英語は英語の *rear*（うしろ）と *car*（車）に由来するが、リヤカーという物は英語圏でさほど一般的な物でもないし、その単語はまったく通じない。例(5)で、チャーリー爺がこの単語で混乱する。

（5）　Poorest funeral I saw him last time in my life. Since I know myself.... You know these "ria kaas," "real ackers" they got here? That's what they put the coffin on.（あれは今までもっとも貧しい葬式だった。ここで言う「リヤカー」、「リールアカー」と言うのかな、に棺を乗せた。）

　この例から次のようなことが推測できる。すなわちチャーリー爺は「リヤカー」という日本語を知っている。彼はこれが土着語ではなく、外来語だと分かっているようである。彼はこのインタビューの中で、英語と日本語を混ぜていないが、ここで英語の文に日本語のリヤカーを取り入れているのは、もともと英語だと分かっているからであろう。英語の複数形の -s も付けている。しかし、自分でリヤカーと言ったとたんに、「これは英語としてはおかしい」と感じ、瞬間的に英語の由来を探しているが、間違っている上に実際に存在しない起源語である「リールアカー」を言ってしまうのである。

5.7.　19世紀クレオロイドの形跡

　チャーリー爺のことばにある非標準的な表現のいくつかに、基層のクレオロイドの痕跡が見られる。例えば複数形では主流英語の形式 "-s" と、ゼロ形式(何も付けない)の両方使っている(e.g., *four daughters, one of her grand-daughter, they were short of womans here on the island*)。
　以下の(6)のように、彼はよりクレオールに近い言い方に切り替える場面もある。文法や語彙の特徴なので、国際音声記号で表記せずに、読みやすい一般的なつづりにしてあることに留保されたい。

（6）　Yeah, she was living over there all alone at first and one of her grand-daughter came and they were living together and she pegged out.... I went over there to see her once or twice. I told her, "Agnes" I says, "You've gone right down to nothing but skin and bone." I says, "Why don't you eat plenty?" Oh, she says, " 食べています ". She say she eating bellyful, but she was telling me a lie because I heard it from, from Kitty, my daughter, used to take little bit over for her, you know. Next time she go the same thing which she takes over there is all moldy. She never eat it. She starved herself to death. (彼女はずっとそこで 1 人暮しをしていたんだけど、あるとき、孫娘が来てから一緒に生活していたんだ。そこでアグネスは死んだんだ。私はそこに一度か二度訪ねた時に、「アグネス、やせてしまったね。どうしてたくさん食べないのか。」と聞いたら、彼女は「お腹が一杯になるまで食べてるよ。」と言っていた。でも、それは嘘だったよ。だって、私の娘のキティの話では、アグネスがほとんど何も食べてなかったから、キティは食べ物を持っていったんだ。その次の時に行ってみると、その食べ物にはすべてカビが生えてたんだ。自分で餓死したんだよ。)

　場面による使い分けの話をするときに、19 世紀の小笠原で発展したピジンやクレオロイドの特徴をある程度残している前者を「低位変種」(basi-lect)、アメリカ英語の影響を受けた後者を「高位変種」(acrolect) と呼ぶ。ここに出てくる *she say she eating bellyful* という文法構造の背景にはクレオロイドの低位変種の存在を示唆しているようである。主流英語 (接触変種の言語変種) と異なる点は、(1) 三人称単数形動詞 *say* の *-s* の欠落、(2) 反復動詞 *eating* の *be* 動詞の欠落、(3) *bellyfull* という名詞の前の不定冠詞 *a* の欠落。これらは全部典型的なピジンに見られる特徴である。また *belly* (お腹) も世界のピジンで広く使われている。

　ここでチャーリー爺が (6) で使っている *plenty* も興味深い。主流英語では「充分」という意味だが、ここではむしろ「たくさん」という意味で使われている。実は世界のほとんどの英語接触変種において「たくさん」という意味で使われているのである (Clark 1979)。興味深いことに、チャーリー爺はこの *plenty* という単語を使っているのは、島民同士の会話を再現しているこの場面だけである。一方、シェパードソン博士の方は *plenty* を 2 回使っている。このインタビューは 2 時間にも及び、文字化は全体で 1 万 6 千語に達

する。話者はたまたま使う必要はなかっただけかもしれないが、しかしまる
で〈この単語はピジン英語であって、ここで使うべきではない〉という意識
をもっており、その単語の使用を避けているように感じる。

　一方、チャーリー爺がよく表現は *by'n'by*「やがて」「しばらくして」であ
る(7)。

（7）a.　By'n'by he came after us again saying that he was short of men and one
　　　　thing another, and wanted us to come along and help him out again.
　　　　(やがて、彼がまた私たちのあとからやって来て、人手が足りない
　　　　とかなんとか言って、もう一度付いて来て手伝ってほしいって。)

　　　b.　So, I waited. By'n'by he came. They brought the whale, they got the
　　　　whale and came 'longside. (それでね、私は待ったんだ。やがて、彼
　　　　がやってきた。彼が鯨を引っ張って船のそばに寄って来た。)

　　　c.　He'd served his time in the navy. And he fooled around here and by'n'
　　　　by, this last war, you know. We left him home to work, to work with the
　　　　government, or the navy boys here, you know? (彼は海軍の任期を果た
　　　　して。それでここでふらふらした。やがて、この前の戦後でね、
　　　　我々は彼を家に置いて、政府やここの海軍と仕事をするために出て
　　　　行ったんだ。)

　これらの使用例は主流英語であり、クレオロイドではない。しかし、この
表現自体は太平洋各地の英語接触変種で *baimbai* といった発音で使われてい
る(Clark 1979)。チャーリー爺がこの表現を頻繁に使っていることがその事
実と関係があるのではないかと思われる。

5.8.　伝聞にみられるクレオロイド

　チャーリー爺が標準英語(高位変種)以外にもクレオロイド英語(低位変種)
も使いこなせたかどうかという問題を検証するためには、ネイビー世代のア

158　第2部　日本語到来後

イリーン・ランバート（§4.5参照）が1999年のインタビュー調査で言ったことが参考になるだろう。彼女が、子供の頃に聞いたチャーリー爺の英語を真似するときに使ったのは、よりクレオール的な話し方であった。こう考えると、彼は他所からやって来た調査者のために標準英語に切り替えただけであり、彼が島で使っていた生活言語はよりクレオール的なものだったと判断した方が妥当である。

　アイリーンがはっきりと覚えているチャーリー爺の表現は、例えば、*bloody bastard* [bləｄɪ: bɑ:stɑ:d] や *dirty bugger* [dɜ: tɪ bɑgɑ:] があり、両方とも「このやろう！」に当たる表現である。彼女は母音後 /r/ が発音される一般アメリカ英語の一変種を話しているが、チャーリー爺の英語を真似するときに、/r/ を抜くなどの工夫を見せている。*Dete baga* で覚えていたので、筆者がこれは *dirty bugger* だと教えると彼女は驚いていた。それだけ自分自身の英語の発音と違っていたのである。このほかに彼女が覚えていた「昔の島の英語」と合わせて考えると、昔の小笠原で使われていたのは「本格的なクレオールではないが、クレオール的な特徴を持っていた」と言える。これがまさに言語接触論者マーク・セバのクレオロイドの定義[5]に当たるのである。

　彼女が覚えているのは、チャーリー爺がからかいながら褒めてくれることばだった（8a）。

（8）a. "Many a baby I see in my life but not one ugly like you. But now, look at you!"（これまでの人生でたくさんの赤ん坊を見てきたけど、お前ほどブサイクなやつは見たことがなかった。だがどうだ！いまのお前ときたら！）

　　 b. "Obake? You no have to worry. You worry about two-legged obake."（お化けか？心配ナシだよ。お前が心配すればいいのは足が2本付いているお化けだよ［＝兵隊達に気をつけろ］。）

　　 c. "You be good girl [gɛ:l]. I come back."（いい子にしてるんだよ。私は戻ってくるから。）

(8a)の *I see* は主流英語ならば *I have seen* でなければならない。ネイティブは（どの方言であろうと）こうした言い方を用いない。そして、アイリーンがチャーリー爺にお化けが怖いとおびえた時にはいつでも、彼は(8b)のように言い返したという。彼はおそらく、若くて綺麗な女の子がむしろ米軍兵士に気を付けなければならないと注意していただろうが、ここで注目したいのは、主流英語（のあらゆる方言）では言えない、接触変種に出てくる *You no have to worry* という文法である。主流英語ならばこれが *You don't have to worry* のように、補助動詞の *do* を使ったうえで、さらにそれを否定形にするという複雑な構文を使う必要がある。

また(8c)では、アイリーンは自分の祖父サミュエル・セーボレー（三世代目に当たる Samuel Savory, 1897–1951）が言っていたことも思い出してくれた。主流英語ならばこの *You be good girl* が *a good girl*、そして *I come back* は *I will come back* でなければならない。これらの言い方も方言ではなく、英語ネイティブなら使わない接触変種である。

なおここで取り上げているのは、本人の実際の言語行動ではなく、伝聞データである、しかも数年後に思い出されたもの、かつ極めて断片的な情報である。しかし、冠詞が脱落することや、未来形がマークされないことなどは典型的な接触変種の特徴である。その一方、接触変種では普通見られない一人称代名詞の主格 *I* や複合語動詞 *come back* の使用が見られる。太平洋地域の本格的なピジンやクレオールの実態から言えば(Clark 1979)、むしろ主語でも *me* や単独の *come* を使うことが予想される。すなわちこれらの例においても、本格的なクレオールではないが、クレオール的な特徴を持っている「クレオロイド」の姿が浮かび上がっている。

以上見てきたチャーリー爺からの断片的なデータや、アイリーンの伝聞的なデータだけでは説得力が弱いかもしれないが、総合的に見た場合、確かにそれぞれのデータは同じような傾向を示している。すなわち19世紀後半や20世紀半ばにかけて、小笠原ではクレオロイド英語と主流英語が併用されたという言語使用実態である。

5.9. 形態統語素

ここまで見てきた文法的特徴(形態素・統語素)は接触言語に由来すると思われるものであるが、チャーリー爺を始めとする多くの小笠原欧米系島民のことばにはイギリスやアメリカの伝統方言に由来する特徴も見られる。

20世紀のイギリス英語やアメリカ英語において死語となっていた語形をときどき、チャーリー爺の英語から聞くことがある。例えば、*drogge* は *drag*「引きずる」の過去形で、今は *dragged* や *drug* が主流である。このほかにディスコース・マーカーとしての *why* がある((9))。

(9)　When there's a storm, why, they'll put a bar across these rafters. (嵐があったときには、ほら、その垂木の横に棒を置くんだよ。)

チャーリー爺の文法は標準的なものと非標準的な方言との間で揺れている。例えば、*they were married* と言う表現では標準語的な「一致現象」が見られる(*they* は三人称複数形で、その人称と数に相応しい *were* が使用されている)。一方、*some of the old descendants was laying* [*in wait*] *for him*(古くからやつらは彼を待ち構えていた)では、主語が三人称複数形であるにもかかわらず、複数形の主語と使うべき *was* が使われている(このように、ヨーロッパの諸言語において主語の人称と「数」によって動詞の形が変わる現象を「一致」(concord)と呼ぶ)。

モーダル(法)は、テンス(時制)やアスペクト(態)と並ぶ動詞の意味を補う、「TAM」と省略される3大文法事項である。標準語英語では同一節の中で2つのモーダル表現が使えないので、「行けたかもしれない」ことは *might could have gone* ではなく、*might have been able to go* と言わなければならない。なお、こうした「二重モーダル」は非標準的方言ではそれが使える。

チャーリー爺は二重モーダルという非標準語的な文法事項を使っている。例えば、例(10)で *might could* を使用している。

(10) a.　Well, you've got many more days. I might could tell you more lies.（ま
あな、あなたはまだ先が長いから。私はもっと嘘を教えてあげられ
るかもしれないね。）

　　 b.　I thought if he run, came back he might couldn't make the harbor here
inside, toward where the pier here, but he may be over Aki Beach, you
know.（私はそのとき思ったんだ。もし彼が急いで戻ってきたら、
ここの港の中までたどり着けたかもしれない、ここの波止場あたり
まで。だけど、もしかすると彼はアキー浜にいるかもしれない、っ
てね。）

　二重モーダルは伝統方言によく見られるが、それは米国南部、イギリス北
部、スコットランドといった小笠原と縁のない地域で使われる（Montgomery
and Nagle 1993, Mishoe and Montgomery 1994）。現時点では、この表現がど
のようにチャーリー爺の言語の一部となったかは説明できない。こうした謎
の存在で強調されるのは、小笠原で起きたのは単にマサチューセッツ方言が
太平洋の島に移植されたのではなく、多数の言語変種が複雑に入り組んで新
たな言語変種が生まれたという事実である。
　チャーリー爺は、標準語の *we were* を一度だけ使っているが（*Oh, yes, we
were all evacuated*）、非標準的な *we was* を 14 回も使っている。三人称複数で
は、*they were* と *they was* を両方使っている。二人称における非標準的「い一
致」（agreement）現象は以下の一例のみである（(11)）。

(11)　We stayed there till it got so cold, why, you was painting and looked
somewheres else, the brush'd drop out of your hand.（かなり寒くなるま
で私たちはそこにいたんだ。もうね、ペンキ塗っていて、どっかでも
よそ見をしたすきには、ブラシが落ちちゃうぐらいだったよ。）

　インタビューではチャーリー爺が複数の非標準的な過去形動詞を使ってい
る。それらは標準語において不規則動詞（*know – knew; draw – drew; beat –*

beat) であるものだが、氏はこれらを規則動詞と同じ活用(*know – knowed*; *draw – drawed*; *beat – beated*)にしている((12))。

(12) a.   And that's all I knowed about him till the last year I was in Dutch Harbor. Yeah talking to a captain which I knowed, Captain MacEmborough, an old whaler too, you know. I knowed him down Ponape. (私は、そこまでの話しか知らなかった。そして、私はダッチ港を訪れた最後の年に、ポナペ(Ponape)から知っていたマックエンボロウ船長にそこで会って、彼らから聞いた。)。

   b.   I always drawed my advance before I left. はい。(島を離れる前私はいつも、給料を前払いでもらっていたんだ。)

   c.   Well anyhow, I beated the two Japs, I caught more than the two of them caught. And on our way coming home, you know, one of the boys said he'd been sealing here for four or five years he says he never was beated as badly as this, you know. (まあとにかく、日本人2人を負かしてやったんだよ。そいつら2人合わせても私のほうが[アザラシを]多く捕ったんだ。それから島に戻る途中に、「4、5年くらいその辺でアザラシ猟をしてるけど、こんなにひどくやられたのは初めてだ」と1人が言ってたよ。)

　チャーリー爺にとってこれらの語形が毎回使う「範疇的」な形式なのか、それとも標準語のものと使い分けている「変異的」なものなのかは分らないが、少なくともインタビューのデータに限って言えば、彼はこれらの動詞を標準的な過去形では用いていない。非標準的な文法事項はこのほかにも、(13)の形容詞の比較級がある。

(13)   I was more happier there, with all the boys, you know. (私はそこで他のやつらと一緒にいる方が幸せだったんだ。)

5.10. まとめ

このテープに登場するチャーリー爺こと、チャールズ・ワシントンのデータを通して19世紀後半の小笠原欧米系の日常的な言語生活や使用していた言語体系に関する貴重な事実が見えてくる。彼の英語には、英語を母語としない一世の自然習得者の影響も見られるが、その一方で、アメリカやイギリスの地域方言のなごりが見られることから、英語母語話者の言語的特徴も二世や三世にも受け継がれていることが分かった。ネイティブの地域方言と非ネイティブのピジン化された英語が融合した結果ボニン英語と呼ばれるユニークな言語変種が誕生したのである。

注

1 この章は Peter Trudgill との共著である。

2 ここでチャールズ(=チャーリー・ワシントン)を1883生まれと記しているのは誤り。1881年が正しい。

3 "New England is well-known for the traditional tendency to use [this pronunciation]" Wells(1982: 520)

4 Uncle Charlie ... breezed along in fluent, colloquial English salted with traces of Massachusetts. He spoke of "cam" water, and of the "commahnder" of the U. S. Navy base.

5 "... a 'creoloid', meaning that it has creole-like features but is not a full creole" (Mark Sebba 1997: 162)

第 3 部　20 世紀前半

聖ジョージ教会前の結婚式記念写真
（1910 年ごろと思われる）
写真提供　イーデス・ワシントン

第6章　社会歴史学的概要：
　　　20世紀初頭の英語

　これまで小笠原諸島の19世紀の言語状況について見て来た。19世紀の言語接触と言えば、英語を母語とする数少ない島民と、様々な言語を母語とする非母語話者が形成したコミュニティにおいて、英語を基盤とするがリンガ・フランカ（ピジン、のちにクレオロイド）が中心であった。それは八丈島や内地各地の日本語の到来と共にボニン英語のバイリンガル化が進んだ。20世紀になるとこれらの言語変種の切り替え（コードスイッチング）が文化内へと進み、島独特な「混合言語」が誕生し、ネイビー世代話者の母語へと発展する。

　本章では20世紀前半に島で使われた英語の社会的環境について考察する。19世紀末の話者個人に見られたボニン英語と日本語とのバイリンガリズムが20世紀になると「ダイグロシア」という社会的な使い分けへと発展していった。まずはその様子を振り返る。バイリンガルな日本国民であった欧米系島民は次第に重要な人材として見なされるようになり、活用されたり、利用されたりする時代が訪れた。しかし、多言語重視とは裏腹に民族的な同化を要求される機運が高まり、欧米系島民が日本的な名前に切り替えることが命じられた。一方でこの時代の島では英語の習得が日系島民にまで広がり始めていた。日本の領土がサイパンやパラオなどかつてはヨーロッパに支配された地域も含むようになると、二言語能力を持つ小笠原の欧米系島民や日系島民の活動範囲がまた広がった。

6.1. 20世紀初頭において増加する二言語使用とダイグロシア

　アメリカ人、ヴァン・バスカーク（§4.5 参照）は 1898 年 2 月 3 日から 5 月 4 日までの三ヶ月間、小笠原諸島に滞在していた。彼はこの以前にも小笠原を訪れた経験があり、まず 1853 年のペリー提督率いる USS プリマス号の乗船員として小笠原を訪れている（Burg 1994）。二度目となるのは 1880 年の 6 月後半で、その後も 1881 年 4 月 19 日から 7 月中旬まで小笠原に滞在していたことがわかっている。

　小笠原諸島への彼の関心は数十年前に訪れた時点から始まっており、彼が何十年にもわたってつけていた旅誌には小笠原の記述がある。この旅誌には一見すると重要な言語学的な新事実を見出すことはできないよう感じる。しかし実際にはいくつかの洞察を得ることが可能である。例えば英語を解さない人々や彼のために通訳を行っていた人々に関する記述から、彼は日本語が話せなかったという事実が窺える。また彼は欧米系の子どもたちと親密な付き合いをしていた。もし彼らが英語を理解できなければ、当然バスカークは彼らと会話ができなかったはずである。彼の訪問は小笠原が日本の統治下に置かれてから 20 年後のことであり、彼が会った当時の子どもたちや青年層は日本以外の統制を知ることなく育っていた。それにもかかわらず欧米系コミュニティのうちで最も年齢の低い子どもでさえ、依然母語として（少なくとも母国語の 1 つとして）英語を保持していたのである。

　大正時代を迎える頃には欧米系の子どもたちはバイリンガルであった。例えばバイリンガルだと知られている島民には、チャールズ・ワシントン（Charles Washington）、ジェッセ・ウエブ（Jesse Webb）、ジェリー・セーボレー（Jerry Savory, 1914–1993）、ジェフレー・ゲレー（1924–2009）、ネケ・セーボレー（1920 年生）がいる。§4.2 で言及したように、1860 年代及び 70 年代において通訳として活躍していたのは日本人であるが、昭和初期頃には欧米系の島民が通訳をするようになっていた。1929 年時点での文献によれば、ジョセフ・ゴンザレス（Joseph Gonzales）は東京都の職員として働き、外

国船が入港するときはいつでも通訳の役割を務めたという（東京府 1929:
103–105）。

第 4 章で紹介した第二世代の日系島民である青野正男の回顧録によれば、
島での欧米系のコミュニティは英語と日本語を内集団（身内、ingroup）と外
集団（身内ではない人々、outgroup）の場面によって使い分けるようになった
（ダイグロシア、§4.4 参照）。

> 学校で正式に日本語の教育をうけなかった年寄りは、日本語をほとん
> ど用いず、若者以外は上手ではなかった。こどもたちは学校や町では日
> 本語であるが、家へ帰れば英語が常用であったようだ。
>
> （青野 1978: 143）

これらの事実から欧米系の島民がバイリンガルとなっていたことに加え
て、公的な場面では日本語を使用しながら私的な場面では英語を使用する点
で、彼らの社会はダイグロシア的な状況にあったことが分かる。

日本語を高位変種とするダイグロシアの状態は第二次世界大戦まで半世紀
以上続いていた。子どもたちが 1870 年代に日本語を学びだすと、彼らは
様々な公的な場面において、また外集団に対しても日本語を使用し始めた。
高位変種（H 変種）のドメインには学校教育や職場や店舗で働く場面が含ま
れる。農業や漁業よりも報酬を得る仕事の方が外集団と話す機会が多いと思
われる。

一方 L 変種であるボニン英語は、教会での礼拝の場、あるいは欧米系コ
ミュニティ内での会話や家庭での会話など、私的な内集団場面において使用
されていた。なお英語は L 変種以外にも「超高位変種」（Super High）の機能
も果たしたという見方ができる。これは外国人が島を訪れた場合などであ
る。更にいえばきわめて皮肉なことだが、日本の天皇が諸島を訪れたことを
記念する本にはジョセフ・ゴンザレスが式辞の文章を英語で書いたのである
（東京府 1929: 103–5）。確かにこれらの場面では、上で述べた H 場面に比べ
改まりの度合いが高いと言える。しかし欧米系島民にとって上述の様々な

170　第 3 部　20 世紀前半

H 場面の相手は、外集団 (日系島民) とはいえ、島内の日常的な場面の相手であった。それに対して「島を訪れた人とのやり取り」といった場面や本の執筆というのは、非日常的な場面である。そのためにこれらを高位場面ではなく、「超高位変種」として分類した。日本語が島で使われ始めた明治時代から戦争時にかけての欧米島民のダイグロシア状況を表 6–1 のようにまとめることができる。

表 6–1　19 世紀後半〜20 世紀前半のダイグロシア

改まり度	場面	具体例	使用言語
SH	非日常的	入港する外国船	主流英語 (ボニン英語)
H	日常的	職場、学校、買い物	日本語
L	日常的	家庭内、近所	ボニン英語

6.2.　日英通訳を務めた島民

　初期のジョセフ・ゴンザレスにならい、多くの欧米系島民は異なる権力下におかれながら様々な仕事に従事し、通訳として働いていた。例えば最初の移住者にちなんだ名前をもつ 20 世紀のナサニエル・セーボレー (Nathaniel Savory, 1908–88) は、第二次世界大戦の間、日本軍のための通訳として働いていた。グローバー・ゲレー (Grover Gilley, 1885–1957) は、アメリカ海軍時代、仲間の島民たちのために英語の文書を翻訳する務めを果たしていた。またジェリー・セーボレー (Jerry Savory) は 1990 年に撮影されたテレビのドキュメンタリー番組の中で、第二次世界大戦の間日本陸軍で働いていた時に、どのようにして彼が英語の放送を日本語に通訳する命令を受けていたかを語っている (NHK 1990)。更にヘッドとドウズ (Head and Daws 1968) によると、大戦直後にアメリカ海軍の指揮官の通訳を欧米系のフレッド・セーボレー (1912 年生、図 6.1) が行ったようである。

　　海軍大佐プレスリー・M・リクシー率いるアメリカの軍隊が 10 月に

上陸し、日本の軍人を送還し始めた。特に何もないような退屈な日には、戦争の「勝利者」と「敗北者」がいっしょになって、車輪跡だらけの滑走路の上で野球をしたこともあった。リクシーと共に、ナサニエルのひ孫フレッド・セーボレーが通訳として来た[1]。

図 6-1　1940 年代後半のフレッド・セーボレー（父島にて）

6.3. 人名

本書では小笠原の欧米系島民の名前を取り上げる必要性があるが、時代ごとに彼らの名前を扱うとそれぞれの時代に関する章で話が断片的になる恐れがある。そこで時代を通して見られる歴史的変遷を 1 つのセクションでまとめた方が良いと判断し、また欧米系島民の日本名への強制的な改名が行なわれたのは 20 世紀初期のことであるので、あらゆる時代における人名に関連する問題は本章で扱うこととする。

日本ではいくらか誤った考えが普及しているように感じる。つまり小笠原の欧米系島民の名前は、明治時代初期に日本籍に帰化した当時から日本語の姓名に変わったという考えである。しかしこれは誤りである。初期の住民たちが 1877 年に帰化した時には、ごく少数の者のみが日本名を得ただけであった。この日本名を得た島民には、伝説的な人物に近いドイツ出身島民のフレデリック・ロルフス（Frederick Rohlfs, 1823–1898）が含まれている。ロ

172 第 3 部 20 世紀前半

ルフスは当時母島に居住していた。八丈島から移住してきたばかりの日本人
開拓者が餓死寸前のところを救った人物として知られている。ロルフスは一
般に「ロース」と呼ばれている。英語話者の発音が日本人にそう聞こえたた
めであろう。彼が帰化したときの戸籍上の名前となった「良志羅留晋」は名
前の発音に 5 つの漢字を当てたものである。実は当時、漢字のみの名前は
珍しく「帰化人」と呼ばれた欧系島民のうちのほとんどは、戸籍上の公式の
氏名として彼らの西洋名をカタカナに改めただけであった。これらのカタカ
ナ名は単に彼らの名前を日本語の音韻体系に当てはめ、日本語の文字表記で
表されたものに過ぎなかった。例えば、Gilley は「ゲレー」に、Savory は
「セーボレー」、Webb は「ウエブ」、Washington は「ワシントン」、Gonzales
は「ゴンザレス」になった。カタカナ名の使用は二、三世代ほど続いた。日
本の姓を持たない彼らが日本名に変更せざるを得なかったのは、日本政府が
実施した創氏改名令(1939 年)のときであった。高齢の島民たちは現在でも
これに対応するために慌てて恣意的に自分の名を決めた経緯を覚えており、
以下のシェパードソンが記録したチャーリー爺(Uncle Charlie Washington、
第 5 章参照)の談話では、彼が自分の名前を「適当に」決めたと証言してい
る(14)。

(14)　Uncle Charlie: I have a Japanese name now.

Shepardson: Yes, what is it?

Uncle Charlie: Kimura Saburo. Yeah Well, you see how I changed it
Kimura Saburo. My, my son, what I was living with not long ago, he was
in Japan and he took a wife up there you know, and I don't know how it
happened, but he change up his name up there, you see?Stashed his name
here, and so I was thinking now what the dickens to do. "Ah hell," I said,
"let it go." I changed, put mine to Kimura Saburo. But nobody calls me,
nobody holler at me "Kimura Saburo." They call me Charlie.

(今は日本名があるよ。木村三郎。どのように私の名前が木村三郎に
なったのかというと、私の息子は結婚して日本本土にいたんだ。どう

してかはわからないけど、息子は自分の名前を捨てて日本の名前に変えた。それで、私は「まあ良いか」と思って、自分の名前を木村三郎にしたんだ。でも、誰も私をそう呼ばない。みんなはチャーリーと呼んでるよ。)

　父系社会では普通、名前は父から息子に伝えられるものと考えられるが、チャーリー爺の名づけはその逆方向の稀なケースである。

　チャーリー爺の娘のイーデス(Edith)は、1999 年 2 月に筆者が日本語で行なったインタビューの中で、次の追加説明を語っている。イーデスの兄は (1940 年もしくは 1941 年に)本土から小笠原に向けて電報を打ち、家族に自身の姓を選ぶように要求した。ところが、家族が返事をする前に兄が「木村」の姓を選ぶことに決めてしまった。同じ家族であるがゆえに両親と兄弟姉妹たちも彼の範にならうことになったということである。

　英語の名字に漢字を当てた家族もいる。これまで欧米系島民本人がテレビで自分を紹介した例を取り上げると、セーボレー家(Savory)が「瀬堀」、アカーマン家(Ackerman)が「赤満」、そしてウエブ家(Webb)は「上部」となったのである。「上部」は「ウエブ」と読めるから選ばれたが、現在は「うわべ」と読まれている。また、何らか象徴的な意味合いをもつ漢字名を選んだ家系もある。ゲレー家(Gilley)は彼らのルーツに太平洋諸島民が含まれていることを誇りに思っていることから「南」という名前を選んだ。一方、漢字の音や意味に縛られない家族もいた。その際に分家と本家が異なる家族名を選んだケースもある。例えばゴンザレス家(Gonzales)は「小笠原」と「岸」に分かれている。

　家族名だけではなく、個人名の付け方も時代とともに変化している。戦前生まれの欧米系島民の個人名は男女ともに英語式の名前のみであった。戦争時になると彼らは戸籍上で日本名に変えさせられた。しかしチャーリー爺(14)の場合と同様、多くの欧米系は日常生活では日本名がほとんど用いられることなく、他の欧米系島民からも日系島民の友人や近所の人々からも従来の英語名で呼ばれていた。またチャーリー爺の娘であるイーデスは創氏改

名のときから「京子」という日本語名を採用しているが、彼女は同世代の人々からイーディー（Edie）と呼ばれてきたという（1999 年 2 月 12 日聞き取り調査）。

　戦争時に生まれた欧米系島民は日本名のみが付けられた。この世代の人はほとんど日本語名しかなく、通称と戸籍上の名前が不一致となることはない（例：ノブオなど）。しかし戦後（米海軍時代）に生まれた子どもたちは英語名のみを与えられ、今日でも彼らの戸籍上の名前はそのカタカナ名となっている（スタンリー、アイリーンなど）。

　強制的に改名された氏名を返還後にカタカナ名に戻した欧米系島民もいる。エーブル・セーボレーは NHK のドキュメンタリーで自分のケースについて話している。彼はカタカナで表記される「セーボレー・エーブル」として生まれたが、戦争の頃に「瀬堀栄一」と改名させられた。そして米海軍時代にはアルファベット表記の「Able Savory」を用いることとなる。1968 年の返還後、セーボレー一族の何人かは姓をカタカナの「セーボレー」に戻しているが、エーブルは姓を戦争期の漢字に、そして個人名を出生時に与えられたカタカナのものにした。そのために、彼は返還後に「瀬堀エーブル」となり、1 つの生涯に 4 つの名前を持つことになったのである（NHK 1990）。

　1968 年の返還後、生まれてきた子供には再び漢字名が与えられるようになった。しかし現在でも、欧米系の名前にその文化的ルーツが見られることがある。例えば 1980 年代に生まれた「那沙」という男性がいる。彼の名前は遠い祖先であるナサニエル・セーボレーにちなんで名づけられたものである。また小笠原に「○○三郎」という名の欧米系の青年がいる。彼は曾祖父（チャールズ・ワシントン）の日本名を受け継いでいる。祖先にちなむというのは西洋文化では典型的な名づけ方であるが、「三郎」の場合、その名前は日本社会において誤解を招く。チャーリー爺は三男であったためにみずから「三郎」という日本名を選んだが、現代の曾孫の「三郎」は長男である。若い三郎の父親は周囲の日本人の反対を押し切って自分の息子に祖父の名を与えたのである。このように祖先にちなんだ名づけの習慣は欧米的なものであるが、三郎という名前を付けるという点では日本的であって、小笠原での日

本と西洋の折衷案のような習慣がここに見られる。

6.4. 20世紀の日系島民が話していた英語

　前章で欧米系島民のチャーリー爺のデータを考察したが、同じ時代に録音された日系島民のデータがある。それはメアリー・シェパードソン博士が1971年に行った現地調査の録音資料（データの詳細については第5章冒頭参照）に含まれているオステ・ウエブとの短い英語によるインタビューである。これは小笠原日系島民の最古の録音資料であり、実に様々な種類の英語が小笠原で使われていたことを示している。話者は母島生まれの八丈系島民で、父島の欧米系の家に嫁いだときに始めて英語に触れたという。しかし彼女の英語にはボニン英語の影響以外にも他所で覚えたと思われる太平洋地域の接触言語的な言い方も見られる。

　ここで小笠原諸島における日系島民と欧米系島民の区別が、時に曖昧になることを認識する必要がある。実際のところその区別は20世紀の初め頃の国際結婚および緊密な社会的接触によってすでに曖昧なものとなり、単純な二分法で分けることはできなくなっていた。みずから欧米系と自認する多くの島民たちの親は片方が欧米系、もう一方が日系島民である家庭で育てられていた。こうした世帯では英語が家庭言語として用いられ続けていたが、しばしば日本語を伴うことがあった。欧米系島民の大半はバイリンガルになりつつあったのである。そして少数ではあるが日系島民の間にある程度の英語を使いこなせる人もいた。多くの日系島民は欧米系島民と隣人であり、また親しい友人関係を築いている者もいたようだ。財政的に余裕のある日系島民の親は子供を英語塾に通わせ、欧米系の子どもたちと一緒に英語を勉強させていた。

　オステ・ウエブ（旧姓菊池，Osute Kikuchi Webb, 1881–1976）はチャーリー爺と同じ年に生まれているが、20世紀を扱う本章で扱うこととする。というのもチャーリー爺は母語として英語を獲得したので、彼が話していた英語は19世紀後半のものと見なすことができる。一方、オステは成人してから

英語を身に付けたので、彼女が習得した英語は20世紀前半のものと見なした方が適切であろうと考えたためである。彼女は母島に住んでいたため、ジョセフ・ゴンザレスが父島で開講した英語の授業には参加していなかった。しかし、当時母島にはドイツ系や中国系といった非日系島民が居住しており、彼女はノンネイティブの英語を耳にする機会が多少あったと推測される。だがオステが英語で日常会話ができるようになったのは、おそらく彼女が母島に住んでいた時期より後になってであろう。彼女は結婚して欧米系島民の家族に入るが、1903年の海難事故による夫との死別しており、その後北マリアナ諸島のサイパンに移住した。その後しばらくサイパンで暮らし、島に戻ってきている。さらに彼女は再び1920年代前半から数十年の間、この頃は日本の統治下であるサイパンに戻り生活を送っている。このサイパン滞在期の経験が彼女の英語に影響を与えたと考えられる。例えば以下に挙げるオステの会話では、彼女の英語が小笠原島民にとって理解しづらいものであったことを示唆している。小笠原の人々にとって分かりにくいということは彼らの話していた英語とは違っていたということを意味している。

　ここでオステの英語の具体的な例(15)を見る。以下の記録においてオステは、子育てを手伝ってくれた勤勉な欧米系のお婆さんについて話をしている。これは「グラニー」という愛称で親しまれ、100歳以上まで生きたカロライン・ロビンソン・ウエブのことである[2]。オステの発話をまず標準的な綴りで記してから、発音が分かるように国際音声表記(IPA)で表している。

(15)　O: First time I been it, that Russian War time, Saipan, huh? My granny, that my husband mother, that Miriam, あのう, father sister, my ...you know?

S: Caroline?

O: Caroline...yes. Long life.

S: Yes, very long. One hundred and six years.

O: Yeah, Kind old woman, ね？ My husband die, my small young man live, and helpin' nursin', brought them up. Just like man. Work hard, catch stuff, go fishing too. **Stoppin'** at this -- behind this island. Stony Beach. Stony Beach, **been stop**.

(jea kain old woman ne mai hazban dai mai smo: l yaŋ mæn ɾiv æn halpɪn nasɪn, bo:t dem ap. dʒes ɾaik mæn, wo:k ha:d kɛtʃ stuf, go ɸɪʃɪn tu. stapɪn ætu: dɪs bahain dɪs aiɾen, stona bi:tʃ stona bi:tʃ bɪn stap.)

S: Stony beach?

O: Yes Stony, over there, just behind island. Ah, Stony Beach, Sandy Beach, Calef Beach. All American, our family **been stay** there before. Now, sealing time, sealin's gonna come, that's the way (??) All this island people, men go sealin', sealin'.

(jɛs stona, oba dea, dʒes bahaina ailen. stona bi:tʃ sana bi:tʃ kelef bi:tʃ o:ɾ əmeɾiken awa ɸamiɾi bɪn stei dea biɸoa. nau ʃiɾɪn taim, ʃiɾɪns gənə kəm æstəwei o:l dɪs alien mɛn go ʃiɾɪn ʃiɾɪn.)

S: Oh, sealing? Sealing.

O: All die, died. Lot capsize, uh?

(o:l dai daid, loto kæpsaid, ə?)

始めて行ったのは日露戦争の時、サイパンへ。ね？お婆さん、つまり主人のお母さん。ミリアムさんのお父さんのお姉さんで…ほら…(聞き手：カロラインさん？)ええ、カロラインね。長生きした。(聞き手：ええ、106歳まで)ええ、やさしいおばあさんだった、ね？夫が死んだけど、私の息子はまだ生きていて、彼を育てるのを助けてくれた。まるで男のように一生懸命働いて、魚を獲ったりもしたよ。ここ、この島の裏の方に住んでいた。ストーニー・ビーチに住んでいた。(聞き手：ストーニー・ビーチ？)そう。向こう、この裏側。そう、ストーニー・ビーチ、サンディ・ビーチ、ケレフ・ビーチがある。以前、アメリカ人、私の家族はみなあそこに住んでいた。今、アザラシ狩りの時期がやって来たら。だから(？)。この島の男たちはアザラシ狩りに行った。(聞き手：アザラシ狩？)みんな死んだ。たくさんの転覆で、ね？

彼女の発言には太平洋各地で使われる多くの英語の接触変種に見られる特徴と類似する興味深い言語形式が使われている。第一に、「ある場所に住む・滞在する」の意味に *stop* の語彙素が何度も使用されていることがある。これはパーマストン英語や太平洋各地の英語の接触変種にみられる特徴である（Clark 1979, Ehrhart-Kneher 1996）。現在もグアム英語で同じ「住む、滞在する」の意味で使われている *stay* ということばがあるが、オステはこれも使っている（Middlebrooke 2001）。

第二の興味深い形式として、彼女は、*been marry* や *been a die*、*been stop*、*been a stay* のように、過去（特に継続的な過去の行為や状態）の時制を指示するために「been＋動詞」を採用している。但し、彼女はすべての過去形にこれを使っているわけではなく、*my husband die* のように過去であることを明確にしない「ゼロ形」の過去や、*I forgot it* や *I met them* のように主流英語の過去時制を用いることもある。更には *been a married* のように複数のマーカー（been, -ed）が見られることもある。*been* を伴った過去時制の構成は、ピトケアンやパーマストンを含む太平洋地域の英語関連の接触言語に共通している特徴である（Clark 1979, Laycock 1989, Ehrhart-Kneher1996）。

三番目の特徴は *capsize*（～を転覆させる）という語彙素の使用である。この文脈においてオステは海の死亡事故について話しているため、*capsize* は主流英語の基準に照らし合わせても正しい語法で用いられている。しかしながら、太平洋地域の様々な接触言語において *capsize*（やその変形）は「船の転覆」よりかなり拡張した意味で使用されている。例えば、トクピシンでは *kapsaitim* が「傾ける、そそぐ」の意味で、ピトケアン語では *capsize* が「落ちる、ひっくり返す」の意味で使われている。ノーフォーク語では *capsaez* が「手に負えない」を意味する。ここでオステのように英語に関して限られた語彙しかもたない話者が、*sink* や *drown*, *die* といった基本的な語よりも、*capsize* という比較的難解な語を使用していることは、単なる偶然の一致だけでは済まされい問題であるように思える。

音韻論的にオステの発話は太平洋の接触言語と結びつけられるような特徴を有している。例えば彼女は、*this, there, them* を /ð/ の音で発音せず、日本

人英語に見られる［z］や［dʒ］でもなく、［d］の閉鎖音で発音している。しかし語末の子音の閉鎖音［p, b, f, v, t, d, tʃ, k］（例：*stop, Webb, stuff, live, bought, died, catch, like*）の発音は標準英語の発音に準じている。だがそれと対照的に、幾つかの他の語においては語末の子音が脱落する現象が見られる。それは単に *just, island, behind* のような子音群を単純化させているだけではなく、*five* には［ɸai］という発音を一貫して使用している。もし日本人英語を話していたならば、これらの特徴ではなくむしろ語末の子音の後の母音が挿入されることが予想される。しかし彼女の英語には日本人英語に見られる特徴も確認することができる。彼女は *live* や *stuff* の場合に唇歯音を発音しているが、彼女が *fishin'* や *family, before* などで使っている "f" は英語の唇歯音［f］ではなく、日本語の両唇音［ɸ］を使用しているもである。更に言えば、彼女は音節末や子音前の［l］(small/old/helping)においてちゃんとした［l］の発音をしているが、その一方2つの英語の［l］と［ɹ］の2つの流音を音素として区別しているわけではない。むしろ音節末や子音前以外の位置では彼女は、英語の［l］や［ɹ］の代わりに日本語のはじき音［ɾ］を用いている。オステの英語に関するチャーリー爺の次の発言(英語を日本語に訳したもの)は示唆に富むものである((16))。

(16)　S: 彼は、ウエブのお母さんと話した方がいいと教えてくれました。年は取っているけど、いろいろなことを覚えていると言っていました。

　　　C: そう。彼女は色んなことを知ってるよ。彼女の話は聞く価値があると思う。

　　　S: でも彼女は日本人ですよね。

　　　C: 純粋な日本人だね。

　　　S: でも、英語も話す？

　　　C: まあ、私のようにブロークンな英語だけどね。

　　　S: それだったら、

　　　C: いや、彼女は、おそらくあなただと何を言ってるか分らないだろ

うね。

S: なるほど。じゃあだれかに通訳をしてもらうしかないですね。

C: そう。その通り、彼女はたくさんのことを知ってるんだけど、ここで生まれてはない。彼女は母島で生まれたんだ。彼女はウエブおじさんの息子と結婚したんだ。たしか、モーゼスという名前だった[3]。

　チャーリー爺自身は日本語だけでなく様々な英語の変種が話せた多言語話者であったことが分かっている。また彼の娘（イーデス・ワシントン）とのインタビューからは、チャーリー爺が子どもたちとその日本人の母親に対して日本語を話していたことも分かっている。20世紀の小笠原における言語使用状況について把握しているすべての情報は、チャーリー爺がオステと話すときには日本語を話したということを示唆しているのである。つまりこの2人はコミュニケーションをするためには英語の接触変種を使用しなかったと考えるのが妥当であろうということである。しかしそうであるにもかかわらず、チャーリー爺は（オステに対する配慮があるにしても）自分自身の英語を「ブロークンな英語」と表現している。ここで主張したいことはチャーリー爺がオステと全く同一の英語の接触変種を話したということではなく、むしろ逆に20世紀初期の小笠原において多くの接触変種（クレオロイド英語、日本語話者の非ネイティブ英語、マリアナ諸島の英語など）が共存していたということである。すなわちオステが話していたのはマリアナ諸島（サイパン・グアムなど）でリンガ・フランカとして使われていた英語の接触変種であり、この変種をチャーリー爺は話せずとも理解はできたということである。欧米系島民の小笠原クレオロイド英語および日本人住民が話したいた非ネイティブ英語に加えて、オステが同じ日本領であった北マリアナ諸島から持って来た「ブロークンな英語」もこの島で使われていたといういうことである。

注

1 American troops under Marine Colonel Presley M. Rixey arrived in October to begin the repatriation of Japanese soldiers, and in the tedious days that followed, victors and vanquished played baseball on the scarred smallplane airstrip. With Rixey came Fred Savory, great grandson of Nathaniel, to work as an interpreter.(Head & Daws 1968: 73)

2 Caroline Robinson Webb, (c. 1842–1946)

3 Shepardson: [an islander] told us to talk with Jesse Webb's mother, he said that she was an old lady and remembered plenty.

Charlie: Yes. Well, she do. It's worthwhile listening to what she tell you.

S: But now she is Japanese, isn't she?

C: She's pure Jap.

S: But speaks English?

C: Well broken English, something like myself.

S: If it's something—

C: No, she, she can't—you wouldn't understand her.

S: I see, we'd have to have somebody interpret for us.

C: Yes, that's right. Oh, she knows a lot, but she wasn't born here. She was born on Hahajima, yes. She was married to one of the Webbs, old Webb's son. Fella name of Moses, eh?

第 7 章　20 世紀初頭のボニン英語と
　　　　　戦前の混合言語

　ここまでは小笠原諸島で使用された 19 世紀の英語の変種、そして 20 世紀までに連なる社会歴史的な背景をみてきた。本章では 20 世紀に使用されたボニン英語とそれを 1 つの構成要素としてもつ小笠原混合言語について考察する。

7.1.　20 世紀初頭生まれの男性の英語

　シェパードソン博士の調査記録のいくつかは島民とのインタビューであり、その島民のうちのほとんどは 19 世紀後半から 20 世紀初頭にかけて生まれた人々である。インタビューは数分しかないものもあるが、インタビューを受ける人々の言語習得期に島で使われていた英語に関する情報の貴重な片鱗をそこから窺うことができる。

　まず次のような断片的な会話を見てみよう。用例(17)における男性話者ジェッセ・ウエブ(Jesse Webb, 1903–77)は西洋人の父親と日本人の母親の間に生まれた。以下はシェパードソンとのインタビューを全て掲載したものである。内容が分かるように話者の発言をまず標準的な綴りで書き起こし、その後発音が分かるように国際音声記号(IPA)で表記している。

(17)　S: *...Jesse Webb, telling us about his fishing.*

　　　J: About fishing? Tomorrow, I intend to go out fishing, you see? If the
　　　　water fine, but I don't know yet. But I sure I be going out tomorrow,

184 第 3 部　20 世紀前半

you see? And try tow some wahoo. and 'bout, all day tomorrow, I be
back'bout three o'clock. That's all I have to talk, okay?

(əbɑut fiʃiŋ tumɑ.ɹə ai intɛnd tu go ɑut fiʃiŋ ju si? ɪf ðə wɑtə fɑin, bɑt
ai don no: yɛt, bɑt ai ʃʊə ai bi: go: n ɑut tumɑ.ɹə, ju si? æn tɹɑi to: sɑm
wɑhu: æn, bɑut ɔɫ de: tumɑ.ɹə ai bi: bæk bɑut tɹi: əklɑ ðæts ɔl ai hæv
tu tɔ:k, oŋe?)

S: *That's fine.* (*break in recording*) *Now what kind of a boat do you go fishing
in?*

J: My boat is canoe. Canoe.

(mɑi bo: dɪz kənu: kənu:)

S: *You fish all by yourself?*

J: Yes I go fishing all by myself. More...easier if—by yourself, you know.
Everybody go in a canoe fishing by theyself.

(jɛs ɑi go fiʃin ɔl bɑi mɑisɛlf. mo: iziɚ ɪf bɑi jʊsɛlf, ju no. ɛv.ɹi bɑdi go
ɪnə kənu: fiʃin bɑi desɛlf)

S: *And where do you go to fish?*

J: Go 'round the island 'ccording the wind, everything. Way the wind—
we go leeward to the wind, you know, and fishing. Up east coast, west,
south go around, many thing good for fishing.

(go .ɹɑun di ɑilən kɔdɪn tu di wɪn ɛv.ɹiθiŋ we ði wɪn. wi go lʊəd tu ðə
win ju no:, æn fiʃiŋ, ɑp ɪːsu co:s, wɛs, sɑus, go ɑ.ɹɑun mɛni θiŋ gʊd foɑ
fiʃiŋ)

S: *Do you go far out from land?*

J: No, about half a mile, or quarter mile or so. Just'round the island you
know.

(no əbɑut hɑ:f ə mɑil ɑ: kotɑ: mɑil ɑ: so: , dʒʊs .ɹɑun də ɑilən, ju no.)

S: *You used to go fishing during the war time also, didn't you?*

J: Yeah, I was fish'man from my small days, you know. And I don't do
nothing else but fishing, make my living fishing.

（jɛː ɑi wəz fɪʃəmən fɹʌm mɑi smɑl deːz, ju no, æn ɑi don du nəʔn ɛls
bat fɪʃiŋ. mek mɑi lɪviŋ fɪʃiŋ）

S: *Did you once live on another island where you fished?*

J: Before we used to go—when the navy time—we go Hahajima and'round
Mukojima in a canoe and leave early in the morning about three
o'clock, come back about two in the afternoon then we clean our fish
and everything and put it in a reefer [refrigerator].

（bifoɑ wi justu go—wɛn də neːvi tɑim wi go hɑhɑdʒimɑ æn ɹɑun
mukodʒimɑ ɪn jə kənuː æn liːv ɑːli ɪnnə moː niŋ bɑut tɹiː əklɑk kəm
bæk bɑut tu əklɑk ɪnnə ɑftɑnun, ðɛn wi klin ɑwɑː fɪʃ æn ɛvɹiθiŋ æn
pʊt ɪt ɪnnə ɹiː fɑ）

S: *Did you ever live on Mukojima?*

J: I been live there about three years
（ɑi bɪn lɪv ðeɑ əbɑut θɹiː jiɑs）

S: *When you were young?*

J: When I about eighteen
（wɛn ɑi əbɑut eː tiːn）

S: *About eighteen. Did you ever go to school here?*

J: School only I been to four grades, you know. And we was pretty hard
and my mother pretty hard to s-that thing, have the living and we used
to go work, get out the school and go work, you know.

（skul onli ɑi bɪn tu foː gɹeːdz ju noː æn, wi wɑz pɹiti hɑːd, mɑi məðɑː
pɹiti hɑː d tu s—ðæt θiŋ æn, wi justu go woːk, gɪt ɑut ðə skul æn go
woːk, ju no）

S: *This was after you father was lost at sea.*

J: We wasn't born when my father lost to the sea, and my mother was
carrying us yet. So my mother had hard time to brought—bring us up,
you know.

（wi wəsnt boːn wɛn mɑi fɑdə los tu də si æn mɑi məðə wɑz kɛːɹiɪn ʌs yɛt. so mɑi mɑðə hæd hɑːd tɑim tu bɹɑu—bɹiŋ ʌs ʌp, yu no)

S: *That's you and your twin brother?*

J: Yeah. So we had hard time, them days, you know.

（jɑː, so wi hæd hɑːd tɑim ðɛm deiz yu no?）

S: *Yes pretty hard. Okay that's fine.*

S：ではジェッセ・ウエブさん、漁について話して頂けませんか？

J：漁について？ほら明日漁に出るつもりなんだけどね。海の状態がよければいいけど、まだ分からない。でも出るつもりではいるよ。ワーフーを取ろうと思ってる。明日一日中やって、3時には帰ってくる。こんな話で大丈夫？

S：はい結構です。じゃあどのようなボートで漁に行かれるのですか？

J：私のボードはカヌーですよ。カヌー。

S：漁はすべて自分でやられるんですか？

J：うん、すべて自分ひとりで漁をする。簡単なんだよ、1人のほうが。そうでしょう？みんながカヌーで1人で漁をしますよ。

S：どこで漁をするんですか？

J：風の流れに沿って島を一周する。風の方向、風下に行ってね、漁をするのね。東の海岸まで行ったり、西に行ったり、南に行ったりぐるぐると、いろんな点で漁に良いんですよ。

S：島から遠くまで行きますか？

J：いや、半マイル、1/4マイルくらい。島の周りだけですよ。

S：戦争のときにも漁に出ていたんですよね？

J：ああ、私は小さい頃から漁師でしたよ。漁以外には何もしない、漁で生計たててきたから。

S：漁をしていた他の島に住んでいましたか？

J：私達は前に、ネイビー時代にね、カヌーで母島と智島の周りに行ったんですよ。朝早く、3時くらいに出て、午後2時くらいに帰ってくる。それで魚洗ったりして、リーファー（冷蔵庫）に入れ

るの。

S：聟島には住んだことはありますか？

J：3年くらいすんでいましたね。

S：若い頃に？

J：18歳くらいの時に。

S：18歳。ここの学校には行きました？

J：学校は4年生くらいまでしか行かなかったです。すごく辛かった、母も辛かったし、働いていて。僕たちも学校が終わったら働いた。

S：それはお父さんが海で亡くなった後の話ですよね。

J：父親が海でいなくなった時、私達は生まれてなくて、母のお腹の中にいたんだ。だから、母はすごく私達を育てるのに苦労したんですよ。

S：それはあなたと双子の兄弟ですよね。

J：そう。そのとき私達は苦労していたんですよ。

S：確かに辛いですね。はい、以上で結構です。

　ジェッセのことばはネイティブの英語の特徴を持ちながら、一方で英語の接触変種に見られる特徴も持つきわめて興味深い言語体系である。これまで19世紀後半から20世紀初頭にかけて小笠原で使われた英語は（状況から考えると）おそらくクレオロイドだったという推測を述べてきたが、ジェッセの話していることばの実態はまさにこの説から予測されるものに一致しているのである。

　初めにいくつかの音韻論的な観点ででその特色について見ていく。録音テープから受ける全体的な印象として、ジェッセが話す英語は「日本語の影響を受けた英語」ではない。彼はすらすらと流暢に英語を話し、聞き手の質問を問題なく理解している。また彼は「日本人訛りの英語」のように開音節（英語の語末子音の後に母音を付け加えた発音）を使わず、英語の閉音節構造に沿って発音している。そして彼は様々な子音（/m, f, v, t, d, s, z, ʃ, ŋ, k, l/）で

終る語(例　*time, self, live, but, hard, yes, days, fish, bring, work, mile*)をほぼ原音通りに発音している。さらに *small, clock, pretty, that's* にあるような子音群(/sm, kl, pr, ts/)を英語ネイティブらしく発音しているのである。

　語頭で英語の接近音［ɹ］の代わりに日本語のはじき音［ɾ］を代用している単語も少し見られるが、ジェッセはほとんどの場合に、チャーリー爺と同様［l］と［ɹ］を明確に区別している。この区別は日本語のネイティブ・スピーカーにとって難しいことであり、多くのピジン英語やクレオール英語でも区別はされていない。例えばパプアニューギニアのトクピシンやソロモン諸島ピジンにおける公式の正書法にでは "l" と "r" の2文字の区別はなされているが、実際に発音の区別を行っている人は少ないようである(Lynch 1998: 226; Jourdan and Maebiru 2002：前書き20頁)。

　ジェッセの有声音と無声音、両方の "th" には変異的な使用がみられる。すなわち、標準英語の［θ］と［ð］の発音を使う場合もあるが、英語の多くの非標準的方言や接触変種にあるような［t］と［d］の変異音も同様に有しているのである。一方、彼は日本人話者が英語を話すときに予想される［z］や［dʒ］のような、"th" の変異音を、少なくともこの短い断片的なデータの中では使用していない。

　またジェッセの英語には多くのネイティブ変種(方言)の話者と同様に、"ng" の発音に［n］と［ŋ］との両方の変異が見られる。その特徴は彼の *fishin'*［fɪʃɪn］と *fishing*［fɪʃɪŋ］という発音に表れている(日系カナダ人における同様な現象について日比谷(1995)を参照されたい)。

　しかしジェッセは母音後の r を発音していない、いわゆる非ロティック(nonrhotic)な話者である(筆者にはロティックに聞こえた母音が *easier if* という一箇所だけあった。その為上の音声記号においては［ɚ］の例がある。しかしこの語句のように語尾の "r" の後に母音が続く場合は、慎重に判断しなければならない)。

　ジェッセは /r/ の脱落に対して母音を長く発音することで埋め合わせを行っているようである。これまで私は印象的に長いと感じられるこれらの母音を示唆してきたが、この話者が遠い昔に亡くなっていることを考えると、

これが音素論的に重要であるかどうかは別のデータによる将来的な裏づけを待たねばならない。ジェッセの母音体系は（図7-1）は、英語の接触変種や日本語なまりの英語に見られる五母音だけということでもなくに、主流な英語変種の母音体系に酷似しており、10個もしくは11個の母音音素を有している。

図7-1　ジェッセ・ウエブの英語の母音体系

しかし残念ながらこの録音データの音質の悪さ、およびその量の少なさ、さらに英語音韻論に関する筆者の知識不足によって、ここで詳細な分析を試みることは困難である（上記のIPA表記文中一箇所で［ɔ］を使っているのは、音声としてそのように聞こえたからである。しかしジェッセの［ɔ］と［o］は音声学的にきわめて近く、音素として明確に区別しているわけではないように感じる。またジェッセは弱母音を［ə］として発音している。）いずれにせよ確信を持って強調できることは、ジェッセの母音体系は接触変種なら予想されるような五母音に止まらないものであるという点である。

まとめるとジェッセの音韻体系は、①閉音節構造である、②主流英語と同様の子音群がある、③流音を数種類使い分けている、④"ng"を［n］と［ŋ］で発音する、というものであり、これらの点においては主流英語に近い。一方、⑤歯音の"th"の多くが閉鎖音になる、⑥（母音の音価はイギリス英語ではなく、アメリカ英語のものであるにもかかわらず）母音後のrを発音しないという特徴もあり、主流英語との相違点も持ち合わせている。

語彙の面に関して、ジェッセの会話(17)にはハワイ語などからの借用語がない。こうした「語彙混入」(admixture)が小笠原英語の大きな特徴(§3.7)

という立場をとると、この点に関しては少々驚いた。これに関して理由はいくつか考えられる。1つは相手がアメリカ本土の人だということを意識して、ハワイ語を避けているというもの。もう1つは会話が短いためたまたま表れなかったというものである。小笠原英語ではハワイ語起源単語の借用が目立つが、語数がそれほど多いわけではなく、そのほとんどは動植物の名称であるため、日常会話に出てこないということも妥当であるだろう。

　音韻体系と同様、ジェッセのことばは文法面においてもクレオロイド的であり、主流英語の変異形を混ぜながらも、チャーリー爺以上に非標準的な特徴を有している。上の談話データにあったように、彼の発話には *be* というコピュラを変形させずに使用する場合と、コピュラそのものを完全に省略してしまう場合がある。前者は *I be going out* にみられるもので、これは標準英語なら 'I am going out' になる。後者は *if the water ø fine*(標準英語なら 'if the water is fine')に見られる。

　また、多くの接触言語に共通して見られるように空主語を用いている(*ø go'round the island,* ø → 'I')。冠詞についても一般に標準的な英語の慣用法に従っているが、時折脱落が見られることもある(*My boat is ø canoe,* ø → 'a'; *I was ø fisherman,* ø → 'a'; *have the living,* the → 'a'; *get out the school,* the → 'ø')。

　時制については、過去時制を表すために *been* を用いるが(*I been live there*)、これは小笠原だけでなく太平洋中のピジンやクレオールにも共通して見られる特徴である。非接触言語や標準的な変種では、'it has not rained yet' や 'it still has not rained' のように、*yet* と *still* は近接した意味をもっている。例えばチャーリー爺は 'still' の意味で *yet* を用いている(*my mother was carrying me yet*)。この特徴はバハマ諸島英語(John Holm 私信 1999 年 11 月 10 日)あるいはメラネシア・ピジンの三変種であるトクピシン(Sankoff 1993)、ビスラマ(Miriam Meyerhoff、私信 1999 年 11 月 11 日)、ソロモンピジン(Geoff Smith、私信 1999 年 11 月 10 日)のいずれにも共通する特徴である。ジェッセは「以前に」という意味で *before*(○○の前)を独立語の副詞として使用する(*Before, we used to go...*)。これに関しても類似した語法がハワイやメネラシアン・ピジンで見受けられる(Carr 1972: 123)。

7.2. 戦前における小笠原混合言語の発生

　小笠原諸島で日本の統治が開始され何十年という時間が経過した後でも、英語が欧米系島民の第一言語で有り続けた。このことに関してヴァン・バスカークの滞在日記（§6.1）および現在の老年層島民たちの記憶は一致している。ところがこうした状況は20世紀の初めには一変し、日本語が優勢言語として使用されるようになった。特に日本人の母親がいる家庭では顕著にその傾向にあったようである。このような変化が起こった年代をはっきり定めることはできない。そしてこの変化は多くの社会的変数と関わっていたので、家庭によって違いがある。しかし次の一般的傾向も見ることができる。それは19世紀には英語がまだ青年たちの第一言語であったが、1920年代に生まれた島民の第一言語は日本語に変わっていた。すなわち20世紀初期の20〜30年間に英語から日本語へのシフトが起こったということである。しかしこの世代の話者たちが全て日本語モノリンガルになったという訳ではない。数人を除きほとんどの島民が、習得のレベルに差はあるが英語を補助的な言語として使用していた。特に両親がともに欧米系である家庭ではこの傾向はなおさら高かったようである。しかしながら、この時期に単なるバイリンガリズムと呼ぶには奇妙な状況が始まった。それはすなわち、日本語と英語の2つの言語から来る文法、音韻、語彙の特徴が複雑に絡み合いながら1つの言語体系へと発展していくという現象である。この現象は、米海軍時代に最も「華々しい」成果を見せることとなった。これもまた両親がともに欧米系である家庭において顕著にあらわれていたようである。

　ここでエーブル・セーボレー（Able Savory, 1929–2003）のデータを検証したい。彼は欧米系の両親に育てられており、戦前期世代における典型的な欧米系の話者である。彼のデータは筆者が1997年から2003年にかけて行った録音インタビューの会話から成っており、これらのデータから20世紀前半の小笠原諸島で使われた言語を垣間見ることができる。これらのインタビューの音声録音と完全な再現記録は筆者の研究報告にCDと共に出版されている（Long 2003）。

エーブルのことばにおける幾つかの特徴を見てみよう。まず、彼にとって母語は日本語と英語の混合言語である。彼が妻や子供たち、親しい友人などに用いられるのはこの言語である。更に、彼の混ぜ方は行き当たりばったりのでたらめなものでは決してなく、2つの言語が混ざる場合にはある明確なパターンが存在している。このことはエーブルや共同体内における他の話者たちが単に2つの言語を混ぜているのではなく、いわば新たな言語である、第三の言語体系を構築するために2つの起点言語の構成要素を使用していることを示している。この新たな言語については第10章で論じるが、これはいわゆる他の混合言語と特徴を共有するような言語である。

エーブルは「日本語」を流暢に話すことができた(ここでの「日本語」は、英語とは混ざらない小笠原変種の標準的な日本語を意味している)。彼の小笠原標準日本語とでもいうべき日本語の発音は東京方言に類似している。また彼は日本語を混ぜずに英語だけで会話を長く続けることもできる。彼はインタビューの冒頭で次のような説明をしている((18))。

(18) I, little bit, forgot English, you know? I talk only Japanese everyday, see? I forgotten. (わたし、すこし、英語忘れたよ。ほら、毎日日本語しか話さないでしょ？　忘れてしまったよ。)

彼の英語は流暢ではない。英語を長らく使用していなかったために、ここには言語喪失(language attrition)の兆候が窺える。しかし同時に彼の英語は第二言語や外国語として英語を学んだ日本人話者に予想されるような英語でもない。彼は英語話者からみて「かたい言葉」と見なされるような言葉を数多く使用していて、海運業に携わる人々や、水夫や漁師など、特定の集団内で使用される専門用語も使用することができる。これはその専門的な語彙がエーブル固有の小笠原混合言語の英語の構成要素中に存在しているためであると考えられる。このタイプのいくつかの航海用語の例を挙げてみよう((19))。

(19) a. *rifa, riifaa.* 冷蔵庫

　　b. *strike.* 帆を降ろす

　　c. *tack.* 帆で走るときに、風に逆らって走れるように、斜めにジグザグして走ること

　なお、*rifa*（または *riifaa*）という単語は小笠原では家庭内の普通の冷蔵庫だが、これの由来となる英語の *reefer* は列車や船舶の冷蔵車・冷蔵室を指す専門用語である。この単語を音声面から考えると長母音と短母音との区別が曖昧であることが分かる。日本語は長母音を音素としてもつため、長母音の有無によってによって意味が変わってくるが、欧米系話者にとってこの区別はかなり曖昧である。しかもこの傾向は特に標準日本語にないリーファ・リファやピーマカ・ピマカ、カボボ・カーボボなどに強く見られる。

　今日のボニン英語や小笠原混合言語には、英語起源でもなければ日本語起源でもない語彙素が多く見出される。例えば *longusta*（伊勢えび）はスペイン語起源の言葉である。ついでではあるが小笠原の南方にあるサイパンやグアムで話されているチャモロ語はスペイン語から大きな影響を受けている。しかしチャモロ語ではこの *longusta* は使用されていないのである。こうした日本語起源でも英語起源でもない語彙素については、更に多くの例を§8.5で考察することとする。ただ、小笠原混合言語の語彙に見られる特徴は専門的な語彙や外来の語彙に関する者ではなく、*wind, fish, rope, miss* など英語で使用される日常的な言葉を日本語文の中に組みこむ点にある。皮肉なことではあるが、これらの語彙の使用が目を引くのは、これらの語彙は特別なものではなく日常にありふれているからである。

　基本語彙でも英語が使われることがある。例えば *wind* がその例にあたる。欧米系島民の誰もが日本語の「風」を知らないと考えるのは愚かであろう。しかし戦前の混合言語(21)にも戦後の混合言語(43)にも「風」の代わりに *wind* が使用されている会話例がある。1999年2月のエーブルとのインタビューを収録した再現記録ではロング(2003b)、ウィンドサーフィンや銛による魚釣り（突きん棒漁）の話になると、しばしば風のことが話題にのぼ

る。彼は7つの発話の中で *wind* の概念について語っている(このうち2つでは彼は日本語の「風」を用いている)。また、*wind* を含む2つの発話は完全に英語になっているが、それは私の質問の言語もまた英語だったからである(20)。

なお、エーブルが従属節で *when* を省略していることが日本語の干渉として説明できないということも特筆すべきことである。なぜなら、(英語の関係代名詞節の 'that' は省略可能な場合があるとはいえ)英語の 'when' の使用は義務的である。省略できないということは、日本語の「とき」と同じであるので、エーブルが *when* を省いていることの原因が日本語の言語干渉だと考えることは難しい。

(20) a.　ロング：Do you still do that [windsurfing] sometimes?
　　　　AS：　　Yeah, [when] it's a strong wind coming, eh, I go on the beach and… [jɛɑ ɪtsə strɔŋ wɪn kɑmiŋ, ɛ, ɑi go ɔn ðə bi: tʃ æn]
　　　(意訳：ロング：まだウィンドサーフィンは時々やりますか？
　　　　AS：ええ、強い風が来ている時は浜へ行って…)
　　b.　ロング：So it gets warmer in March?
　　　　AS：　　Just this month is a very cold, every year, you know. The wind

図7-2　1990年代にウィンドサーフィンをする瀬堀エーブル

is too cold, see? That north wind, eh? [dʒɛs dʒɪs mɑnsɪzə vɛɾPi koːl ɛvɹi jiɚ jəno. ðə wɪnz ɪz tuː koːl siː ?ðæt noːs wɪn ɛ?]

（意訳：ロング：じゃあ三月になると暖かくなるんですか？ AS：今月だけが本当に寒い。毎年そうなんですよ。風が冷たいでしょう。あの北風がね。）

　英語の *wind* を使用している残り 3 つの発話は、質問が日本語だったにもかかわらず、エーブルが答えた日本語の文構造に英語が組み込まれているのである。これらの発話はラジオ番組の取材中に得られたものである。その際筆者とラジオ番組のスタッフ（日本人）はエーブルに日本語で話して欲しいと伝えていた。しかし彼はこの *wind* のような英単語や、英語語句を多用したのである。そこがここで重要な点なのだ。文脈を示すために発話全体を例 (21a–21c) に示す。これは小笠原混合言語での英語の語彙の要素が複雑に絡み合う他の例（*fishing, tide, sit down, line, strike, rope, slip, swing, tack*）を示すためにも、好都合であろう。

(21) a.　ロング：それをお父さんに教えてもらったんですか？

　　　AS：　　そう。お父さんからずっと。昔の僕のお父さんとか gran (d) のパパがね。（ロング：Grandfather.）*Grandfather* がね、ずっとつながってきたわけね。で、今、もー、いない、島に。ぼくだけ残ったの。あのー、真似する人はいるけど、*but*、突きん棒の *fishing* は、その、けっこう大変なところがあるわけよ。*Wind* も見なくちゃいけないし。*tide* も見なくちゃいけない。そして、舟の流し方も経験しなければ分からない。

　　b.　日本人聞き手：漁やるのを見てみたかったですね、まあ NHK ではね、テレビで映像でやってましたけどね。

　　　AS：　　もう、こういうカヌーがないから、今ね、もうね。みんな *fiberglass* になってるから。昔、帆で走って時、ここに掛け

るのよ。このラインも。ここに。ここに *sit down* するで
しょ？座って。で、ここが、あそこにでっかい帆が立つか
ら。で、この *line* で *strike* したりね。引っ張ったりして、
で、ここで座って、*rope* は、その *rope* がこう来て、この下
でこう踏んでるわけ、*slip* しないように、ね。で、*wind* う
んと当たったときに少し *slip* して、こう緩めるかね。
Swing してはしるわけ。ここに引っ掛けるわけ。

c.　ロング：ボートでも 2 時間かかりますからね。あの母島まで。そ
こずっとウインドサーフィンで行って。

　　AS：　10 時間かかったっすよ。でも行ききらなかった。どうし
てと言うと *about, you know, eh, wind, eh*、ちょうど向かい風
が、*so I tack and tack, tack*。こうやったでしょ？それで *time*
がかかちゃった。*So*、ぼくの考えでは、*six hour* ね、*six
hour* で行くつもりでいたの。あそこまで五十キロ、あー？
母島まで。それで一時間で、あの、十キロね。そうする
と、五時間で五十キロでしょ？あと、*one hour* みて *about*
六十キロにして、六時間行くつもりで計算したけど、だめ
だった。

7.3.　音韻論

　戦後の混合言語において、英語起源のことばは通常、英語の音韻構造を
保っている。つまり、英語の部分の発音はいわゆる「カタカナ英語」の発音
ではなく、本来の英語の発音になっているのである(詳細は第 11 章)。一
方、エーブルなど戦前世代の混合言語において、英語の発音はさまざまな変
異を遂げている。同一話者の中でも、日本語にない英語のままの発音(*line,
rope* のように /l/ と /r/ を区別して発音すること、*strike* のような子音郡や語
末閉鎖音をきちんと発音すること)も見られれば、日本語の音韻構造に合う
ように変化させている英単語の発音も見られる。

英語でなされる母音の区別の多くは維持されているが、それも「必ず」というよりは変異的な状況にある。日本語の影響どの程度受けているかというのは話者によって違うのである。とはいえ、明確な母音音素の数が話者の間で異なりながらも、日本人の「片仮名発音」のように 5 母音のみに限られている発話ではないことを強調しておきたい。エーブルの発音には、*it* や *wind* の [ɪ]（[i] ではない）、*very* の [ɛ]（[e] ではない）、*tack* の [æ]（[a] ではない）、*strong* や *on* の [ɔ]（[o] ではない）、そして *the* の [ə] がある。エーブルは *church* を [tʃɛːtʃ] と発音するが、これはおそらくチャーリー爺のような話者の発音 [tʃɜːtʃ] に影響されたものと考えられる（5.3.1）。この発音はニューイングランドの英語に由来していると思われる（Wells 1982: 520–521）。またわずかながらではあるが、*coming*、*month*、*north* のなど、いくつかの単語が片仮名発音になっている場合もある。

　流音を伴った英語の歯茎接近音 [ɹ] と歯茎側音接近音 [l] は、英語で話すときでさえ区別される時とされない時がある。そのこともあり、彼らの中では日本語のはじき音 [ɾ] がこれらの音に代わって使用されている。例 (20b) の *very cold, every year* [vɛɾi koːl ɛvɹi jiɚ] というフレーズをの中では *very* が日本語のはじき音 [ɾ] で発音されているが、*cold* や *every* においては英語の音素を使用している。更に、*year* においてはアメリカ英語のようにロティックな発音が成されている。また彼は (20a) の *strong* のような語において子音群 [strɔŋ] をもっているのであり、日本語訛のように [sutoɾongu] と発音しているわけではない。

　例 (20b) の *wind* [wɪn] や *just* [dʒɛs]、例 (33) の *grand* [græn] にあるような語末の子音群の単純化（reduction）も見られる。しかしこれらは多くの英語の方言に共通するものであり、日本語の影響の結果ではなさそうである（もし、日本語訛ならば、音が減らされるどころか、むしろ子音群の間に母音が挿入されていたはずである）。つまりこの現象は起点言語であるボニン英語の音韻構造の反映であると解釈する方が妥当である。このことは以下の事実により、さらに強く裏付けることができるのではないかと考える。すなわち（流音における音素の区別のように）小笠原混合言語の英語要素に関する

音韻的な体系の多くの側面が、場合によって変動的ではあるが、日本語の影響に抵抗するということである。例えば "th" の音に注意を払う時、日本語に影響された変異音（variants）や標準的な英語の変異音、そして 19 世紀の小笠原クレオール英語の小笠原混合言語に対する影響を明らかにする変異音を見出すことができる。例えば(17b)では *north* と *month* は［noːs］と［mɑns］と、*this* は［dʒɪs］とそれぞれ発音されていて、ここには日本語の影響を伺うことができる。また(17)の例は *the* や *that* における英語の変異音の使用を示している。*Three*［θɹiː］をとしての［tɹiː］と発音((24a)参照)を使用している点にはクレオールの変異音が見受けられる。

7.4. 小笠原混合言語の日本語の要素

ここでエーブルによって使用される小笠原混合言語の日本語の要素を少しだけ見てみよう。§2.7 で既に触れたように、日本本土や八丈島からの移住者によってもたらされた様々な方言が混ざったことで小笠原コイネー日本語が形成された。そして今度はこの小笠原コイネー日本語が小笠原混合言語の日本語の要素を形成するのである。

エーブルとのインタビュー(全文はロング 2003b を参照)には、日本のほかの方言に見られる非標準的な日本語の語彙素が複数出てくる。以下でいくつかの例を取り上げて、その分布について触れる。

例えばゴツ(標準日本語「ごと」)は「鍋ゴツ捨てる」や「箱ゴツ運ぶ」などに使われる接尾辞で、八丈島やその子方言である南大東島にも分布している。(22)がエーブルの会話例である。

(22) ［筆者注：貴重な銛を海亀に持って行かれて失った時の話］だから僕もこれ、亀突く銛ね、あったんだ。亀突いて。三年ぐらい前かな、そして銛ごつに持って行ってあの line が、紐が岩に引っ掛かって。切れたんだ。で、銛もみんな無くしたんだ。

ブッコル(落ちる)は東日本諸方言によく見られる接頭辞「ブチ」＋「落る」から形成されたことばで、八丈島方言でも使われる。類型のブチオチルが岐阜、愛知、山梨、静岡、茨城などに分布する(図7–3)。ヒボ(紐)は、愛知、三重、伊豆大島、香川などに分布する(図7–4)。モロコシ(トウモロコシ)は、岩手、群馬、埼玉、千葉、東京、伊豆諸島、神奈川、山梨、長野、静岡などで報告されている(図7–5)。ムグル(潜る)の類型は青森、佐渡島、福島、茨城、千葉、神奈川、静岡などに分布する(図7–6)。なお、ムグル・モグルに見られる /u/ ⇔ /o/ の音韻交代については§11.5.4を参照されたい。ノモル(沈む)の原型ノメロワは八丈島や南大東島に分布する(図7–7)。小笠原では「この木は海に浮きもしない、ノモリもしない」のように使われる。「いかりをブンノメロ！」(錨を下ろせ、錨を沈ませろ)のように使われる他動詞ノメルもある。キルイ(着る物、衣類)は「着る物」と「衣類」との混交形と思われるが、伊豆諸島の青ヶ島で使われている(図7–8)。

図7-3 「ブッコル」の分布

図7-4 「ヒボ」の分布

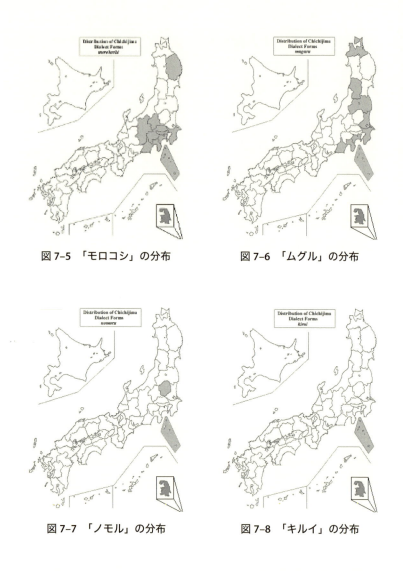

図7-5 「モロコシ」の分布　　　図7-6 「ムグル」の分布

図7-7 「ノモル」の分布　　　図7-8 「キルイ」の分布

　「島ドーナツ」は沖縄でサーターアンダギーと呼ばれる甘い揚げ団子であり、奄美大島などにもドーナツという言い方が使われる。小笠原の島ドーナツは干しぶどうなどの果物を入れることが多い。家庭料理であり、図7-9のように店で販売されていることは少ない。

図 7-9　小笠原の島ドーナツの販売店

7.5.　機能的語彙

　小笠原の混合言語は大まかに言えば日本語の文法体系とボニン英語の単語が言語として絡み合っているものと見ることができる。更に英語が提供している単語の多くは語彙形態素(機能形態素ではなく)に現れている。また現在までに収集されたデータを見る限りにおいて、英語の語彙形態素は非常にたくさんの意味分野からきている。あることを意味する単語が、英語であるか日本語であるかについて、その単語の機能的な、あるいは意味論的な側面から予測することは不可能である。すなわち、英語起源の名詞の意味は、専門用語に偏ったり、あるいは逆に日常用語に偏ったりしているのではなく、さまざまな領域からきている。例えば、*spear*(銛)、*line*(紐)、*hook*(鉤)、*paddle*(櫂)、*club*(棒)、*fish*(魚)、*wind*(風)、*weather*(天気)、*flood*(洪水)、*face*(顔)、*head*(頭)、*name*(名)、*grave*(墓)、*jail*(牢屋)、*orphan*(孤児)、*book*(本)、*school*(学校)、*language*(言語)、*facility*(施設)、*education*(教育)、*history*(歴史)、*passport*(旅券)、*alien*(外国人)のような英語が見られる(いくつかの動詞と形容詞については§7.6 を参照)。同様に英語からの機能形態素も存在する。副詞には *maybe* のようなモダリティ表現や、*sometime* のように時間を表す表現、*here* のような空間を表す表現も含まれている。英語の単語が支配的になっているカテゴリーは、代名詞や助数詞、接続詞といった機能的語彙である。

202 第3部 20世紀前半

　数あるデータの中で、(23)のように、一人称代名詞として "I" が使われて
いる例は稀である。ここに主流英語の影響が見てとれるかも知れない。この
一人称の "I" の使用はエーブルのような戦前の小笠原混合言語と彼の子供の
世代の話者によって使われる戦後の小笠原混合言語の主要な相違の1つで
ある。対照的なことに、後者においては英語から派生した me が文法的な格
を問わず使用されているからである（戦後の小笠原混合言語については第10
章を参照）。

(23)　*I go cemetery* ちょっと．（ちょっと墓場へ行ってくるよ。）

　日本語という言語は、意味論的にも音韻論的にも、また統語的にも複雑な
助数詞の体系をもっているため、この複雑さを避けるための英語の助数詞の
使用は小笠原混合言語においてよく見られる現象である。(24a)と(24b)に
見られるように、数字もそれらが修飾している名詞も英語によって現れてい
る。

(24) a.　そこで *about two week or three* [tɹiː] *week* いたね。

　　 b.　もー、あと、*almost about five kilo* ぐらい、五キロぐらい。で、*sun-
　　　　 down, eh*。

　なお、*five kilo* と「五キロ」のような例だけを考えると、日本語の英語の
複雑さの差を感じないが、*five students, five fish* のそれぞれが「五人の学生」、
「五匹の魚」になることを考えると日本語の「面倒くささ」を感じるであろ
う。すなわち、日本語の場合「にん」や「ひき」のような助数詞自体の習得
や使い分けの問題もあるが、名詞句の単語数そのものは日本語の方が多いこ
とが分かる。
　(24b)の *sundown* の使用法に見るように、時制の概念は英語起源の言葉で
ある。(25)で使用されている *tea time* のように、時制に関する表現のいくつ
かはまず間違いなく英語の形式で使用されているが、これは彼らの英語を基

盤とした文化との関係性のためである。

(25) いつも *tea time* にこれを食べる。

　しかし、文化と無関係な時間表現も多く見られる。エーブルが使用している次の *wintertime*（冬時）や *everyday*（毎日）はこれに当たる。

(26) 今、ちょうど、*winter time* でいつも、ほら、あの、海が荒れるからできないけど…
(27) 練馬にいて、*eh*？東京のね。そして今度は *everyday war, bombed, eh*？そして逃げたわけよ、工場から。

　英語の時間表現 *winter time* や *every day* は、表面的には助数詞の回避現象と関係ないように見えるが、実は助数詞の英語化に引きずられているかもしれない。と言うのは、日本語の場合、月の名称などは数字を含んでいる。「いっかげつ」を避けて *one month* が選択されるように、「いちがつ」も避けられ、その結果 *January* が採用される。同様に一日（*one day*）や一日（*the first day of*）が全部英語化されているうちに、本来数字と無関係な語形成である「ふゆどき」や「まいにち」も、同じ時間表現であるため英語化されたと考えられる。
　英語の接続詞もまたよく見られるが、接続語は双方の言語から派生しているようだ。これは混合言語固有の流動性を意味するのだろうか。あるいは、英語または日本語の標準変種の影響を長年に渡って受けた結果を意味しているのかもしれない。このことを決定するのは困難であるが、(28)と(29)においては英語の *or* と日本語の「か」のどちらの使用をも確認することができる。

(28) えーと、*about four time or three time*
(29) 俺ね、あれ、*how many year* だったかね、もー、そーね、*seven year* か

eight year になるかね、ボストン行ったのよ。

(29)の例では、英語の接続詞の *because* に相当する日本語の「から」を含んでいる。同様に(30)には英語の *but* が含まれている。(31)の例では「それで」の使用があらわれている。「それで」は英語の *and* に相当するが、名詞と結ばれるのではなく、動詞や節と結びついた時に使われている。

(30)　突くから *fish* が少し弱るよ。*Sometimes* すぐ死ぬ、*but spear* するとすぐ死ぬもいるし、…

(31)　先生に連れていかれて、その *emperor* のね、その *picture* があるよ。そこに連れていかれて *bucket* の中に *water* 入れて、それで *one hour*、一時間立たされるんだよ。

混合言語それ自体は常に複数の話者による独立したシステムとして現れる訳ではなく、単に英語と日本語が混ざったものとして認識されるため、日本語から派生した語彙素と英語から派生した語彙素の割合を測ることは困難である(§12.6.1 の「標準変種に対する態度」を参照)。混合言語であるゆえに、小笠原混合言語と標準日本語との調整を行なう連続体と、小笠原混合言語と標準英語を調整する連続体との両方を持っているのである(詳しくは§2.9 参照)。

7.6.　形態論

小笠原混合言語の単語は基本的に起点言語の活用規則に従う。ということはまず初めに、ボニン英語と小笠原日本語のいずれの言語においても形態素は複雑ではないことが指摘できるはずである。例えば、日本語にはヨーロッパ諸言語にあるような主語と動詞の「一致」現象や複雑な格変化は存在しない。人称や数(単数・複数)に応じて動詞の活用が変わる形態的な変化や名詞における単複の変化、名詞の性による変化は基本的には見られない。しかし

日本語には他の点で、さまざまな文法的機能を表現するために、形態的変化にきわめて依存的な面も存在する。そしてこれらの特徴は小笠原混合言語においても観察され、時制(29)、受身(31)、使役(31)、否定(32)が存在するのである。また(32)の *change* されている(has been changed)や走っていた(was running)に見るように、アスペクト(態)も日本語の形態的特徴が小笠原混合言語にそのままもちこまれるもう1つの領域である。

(32) 　今は、もー、*canoe* の *style* がね、*change* されているわけですよ。で、どーしてって言うと、昔は *sail* で、帆ではしっていた、*paddle* で漕いでいくでしょ。でも、今は *engine* が付いているから、もー、*sail* 使わないから。

　小笠原混合言語に借用された英語起源の単語は屈折形態素(動詞の過去形や名詞の複数形をなど)をとらない。但しこれはおそらく日本語の影響というよりは、もう一方の起点言語(小笠原クレオロイド英語)の影響であるかも知れない。というのもジェッセのデータで確認したように、小笠原クレオロイド英語は主流英語にあるいくつかの屈折形態素を、失っているからである。また(28)と(29)で確認できるように、単複の区別は形態的には示されていない。戦前の混合言語で使われた英語の動詞は頻繁な動作(*sit down, shine, miss, slip, spear, lock, swing, cut, change*)を記述するための単純なものであった。(30)の *spear* するや(32)の *change* されたのように、これらの動詞は常にと言ってよいほど複合的な形式をとらずに用いられている。これらの動詞は英語の基本系+「—する」という形のみで使用され、英語の活用形は見られない。

　さらに英語の形容詞は意味論の全域に渡り、*barefoot, wrong, tough, free* のような言葉を含む。しかし英語の動詞とは異なり、日本語の文法規則を遵守することはない。そして *big typhoon, big book, good head, small boat, new language, poor country* と、述語の位置以外では形容詞は英語の名詞の前に置かれる傾向がある。上で見た名詞に関して言えば、動詞や形容詞などで、特定の意味

領域にあるものの起点言語が日本語であるか英語であるかは定まっていない
ようである。数こそ少ないが、「special な木」のように、日本語の形容動詞
の構造を使用することによって、〈英語の修飾語＋日本語の非修飾語〉の名
詞句が生起する。(33)のように修飾語「の」が使用される場合も見られる
（文脈を知るためにために(21a)も参照されたい）。

(33)　*gran* の *papa* がね、…

7.7.　統語素

　類型論的には小笠原混合言語の起点言語となっている2つの言語はかな
り異なったものである。日本語は SOV（主語—目的語—動詞）の語順を持つ
のに対し、英語は SVO（主語—動詞—目的語）の語順をもつ。また日本語が
「てにをは」などの後置詞を活用するのに対し、英語は前置詞を活用する。
さらに混合言語に含まれる英語の構成要素主流英語と異なるという特性に関
しては、この相違が混合言語の形成期に生じたのか、異なる形式が既にボニ
ン英語の慣習にあったためかを決定するのは困難である。これは19世紀の
ボニン英語の正確な言語学的資料の不足に起因している。例えば小笠原混合
言語には名詞における単複の区別、定冠詞と不定冠詞の区別が欠けている。
日本語も同様に単数・複数の区別も冠詞もないのだが、混合言語のこの特徴
は日本語の言語干渉というよりは、ボニン英語の性質を反映しているようで
ある。英語の接触変種であることから、ボニン英語に数のマークや冠詞が欠
けていることはそれほど驚くに当たらない。
　実際、混合言語やボニン英語の両方のデータに、語尾 *-s* のついた複数形
や冠詞の使用が見られないわけではないが、これらの使用法はきわめて変異
的であり、一貫性はない（詳細については§9.2参照）。但し、だからと言っ
て欧米系島民のだれもが標準英語を話せないわけではない。むしろこうした
非標準語的な要素は19世紀の島に生まれたボニン英語（正確に言えば、そ
れから発達した20世紀版）の特徴である。標準英語を話なせる島民はボニ

ン英語に加えて、標準英語や標準日本語、混合言語のそれぞれの言語変種を使い分けて、コードスイッチングを行なっているのである。

混合言語においては助詞のような機能的形態素(つまり文法的な自由形態素)は基本的に日本語から取り入れたものである(但し先に見たように英語の接続詞がデータ中に含まれている)。英語の単語については一般に語彙形態素(内容形態素)に限られている。英語の代名詞と動詞は標準変種の中と同じようには(各変化や動詞の活用において)修飾的な影響を受けないという事実で明らかになったように、文法的なカテゴリーが混合言語に移行するさまを確認することはできない。

本当に「混合言語」と特定できるかどうかの問題(つまり、単なるコードスイッチングではなく、1つの混合型の言語体系であるという判断)には、統語論的特徴(特に語順に関する規則はどちらの起点言語から来ているかという問題)が重要である。小笠原混合言語は一般に日本語の文構造で構成されている。しかし、英語の語彙素が使われる時には英語の語順が見られる場合がある。短い文の(23)"I go cemetery ちょっと"で見たように、英語の語順〈主語　動詞　目的語　副詞〉が使われている事例もある。日本語の語順ならば、「(僕)ちょっと墓場行ってくるよ」のように〈(主語)副詞　目的語　動詞〉の語順になる。目的語が動詞に先行するだけでなく、副詞もまた述語部分に先行し、さらに明示的な主語が省略される。この点が英語と異なる。(22)は英語の語順が保たれている点において、確かに調査データ全体では目立つ。英語の形態素が英語の語順になっているのは当たり前だろうが、日本語の副詞「ちょっと」までが英語の語順になっている点は特筆すべきこであろう。しかしこの文を別に例外的な事例として捉える必要もなく、第10章で見るデータにも英語基盤の例が出てくることがある。

小笠原混合言語の構成要素は、2つの点において2つの起点言語に比べて簡素化されている。

第一に日本語の「下位システム」(文法構造の一部)のいくつかが失われている点である。すなわち混合言語では、(1)人称代名詞が場面のフォーマルさによって使い分けられていない(一人称代名詞の「ワタシ」、「ボク」、「オ

レ」を使い分けずに、「me」や「ボク」だけに統一して話したり、あるいは
さほどかしこまっていない場面で「ワタクシ」を使ったり、丁寧体でオレを
使用したりするという不適切な選択をする行為)。(2)動詞文末の丁寧語の
欠如、(3)動詞、形容詞、代名詞などの敬語の欠如などの点を指摘すること
ができる(なお、ここで言っている「簡素化」はスタイルの幅を狭めるもの
であり、ピジン化で起きているような文法事項の崩壊と言う意味の「単純
化」とは異なる)。日本語には敬語や丁寧語と結びついた人称代名詞の体系
がある。話者が一人称の代名詞を選ぶ時はいつでも、話者は聞き手との関係
性においてみずからを位置づけ、相手との距離や親しさ、尊大さや謙遜の気
持ちを明らかにする。ちょうど英語の名詞が単数か複数かのどちらかであっ
て、数を表現するために中立的な形式をもたないように、日本語において社
会的な位置づけを話者に避けさせるような「中立的な」代名詞は存在しな
い。同様のことが丁寧体(です・ます)/普通体と敬語/非敬語についても当
てはまる。これらの変動的な文法的構成要素が混合言語に接収された日本語
の特徴の中にはないということは、最初に住んでいた欧米系話者の平等主義
的な態度と関係があるのかも知れない。混合言語が長く使用されてきた狭い
社会において形式性や尊敬のマークはそれほど重要なことではないというこ
ともまた言えるだろう。すなわち混合言語における英語の代名詞の使用もこ
うした社会的位置づけを避けようとする欧米系話者の態度に由来しているの
かも知れない。

　第二に小笠原混合言語の英語の構成要素もまたその言語の標準変種と比べ
て簡素化されている点がやはり指摘できる。この簡素化の事例は(1)動詞の
時制と相の形式、(2)冠詞の欠如、(3)主語—動詞の呼応の欠如、(4)人称代
名詞における格の欠如、(5)単複の区別の欠如(例(75)参照)において現れて
いる。しかしながら混合言語を形成するために混ぜ合わされた二言語の構成
要素の結果としてこれらの簡素化が生じたようには思えず、英語の構成要素
の性質を反映したためであると考えられる。

　混合言語は、「標準日本語と標準英語とが」ではなく、小笠原コイネー日
本語と小笠原クレオロイド英語が相互に絡み合った結果であるということを

忘れてはならない。混合言語が英語の標準変種に影響されなかったということではなく、実際に影響は受けたのである。しかしそれはあくまでも標準的な英語(あるいは英語の標準変種)の影響が130年間の言語的な歴史において周期的に現れるということを意味しているのである。チャーリー爺が低位変種のボニン英語と高位変種の標準英語との間でコードスイッチングを行っている事例が第五章で確認できた。主流英語の影響(例文(59)の「ちょっと *pissed off* している」など)については、追って第10章(戦後の小笠原混合言語)で見ることとしよう。これらの変種に関する主流英語の影響は脱クレオール化のプロセスと比較して考察することが可能であろう。

第4部　米軍時代

米国独立記念日の綱引き(1964年)
写真提供　瀬堀ロッキ

第8章 社会歴史学的概要：
米海軍時代の英語

　第7章では、戦前の「言語的絡み合い」(language intertwining)の状況を見た。次の第9章で、この絡み合いが戦後の米海軍時代にどのような実りを見せたかを見る。そこで本章ではまず、米海軍統治時代において英語がおかれていた社会的および歴史的な状況を概説する。

　第二次世界大戦が終局を迎えようとしていたころ、島のほぼほぼ全ての文民は内地へと強制疎開させられた。そして終戦後、島は米海軍の統治下におかれることになる。疎開が開始される以前の欧米系島民の暮らしは明治初期から半世紀近くの間、日系島民と何1つ問題なく営まれていた。しかし疎開が始まり欧米系島民は、疎開先である内地でひどい人種差別にたびたび遭うこととなる。そのため米軍の統治が開始された終戦後に、どうしても帰島して暮らしたいと1946年4月に米軍に帰島する許可を訴えることになるのである。

　そして1946年10月に約130名の島民(欧米系とその日系の配偶者)だけが故郷の島に戻ることを許可された。これは戦前の島在住者のごく一部だけである。戦前島で暮らしていた欧米系島民の一部は内地に残ることを選択し、またグアムを含む米国に渡ったのも数人いた。日系島民数千人は、四半世紀の間、故郷に戻れず内地での生活を余儀なくされたのである。1946年から1968年までの間、小笠原諸島全域はアメリカ軍の秘密基地となり、欧米系島民と駐在する海軍およびその家族以外の人の出入りは厳しく制限され、管理されていた。

図8–1　強制疎開先の内地から島に帰る欧米系島民（1946年10月）

8.1. 戦後のダイグロシアのL言語としての日本語と混合言語

　小笠原は長い期間にわたる「ダイグロシア的言語使用」の歴史を持っている[1]。そのようなダイグロシア的状況にある中で、小笠原では2世紀弱の間にフォーマルな場面で使われるH言語が数回入れ替わっている。終戦後に米軍の統治が始まった際にも再びこのH言語が交代している。振り返ってみれば最初の入植から19世紀半ばに渡り、フォーマルな場面で使われるH言語は英語であったが、1870年代に日本の領土になると70年間にわたる日本語をH言語とする時代が始まった。そして戦後、英語が再びH言語の座に戻ったのである。

　島在住の人口は約130人の欧米系島民と数十人の米軍兵士とその家族、また米軍が島に連れてきた数人の文民（ハワイから連れて来た日系人教師、本土から来た宣教師など）である。島での唯一の現金収入源は米軍からの仕事であり、経済活動（士官の家政婦として働く、あるいは獲った魚を米軍にグアムまで出荷してもらうなど）に参加したい者はある程度英語が使いこなせなければならず、米兵にも日本語の話せる人はいなかった。内集団では混合言語または日本語が使われ、一方、米軍の医師の診断、兵隊も島民も参加する教会の礼拝、学校教育などのいわゆる外集団との関係では原則として英語が使われたのである。

8.2. 米海軍統治下における英語による教育

　米海軍時代にまとめられた海軍報告書（当時は秘密文書だったが、その後公開された）は島に関する重要な社会言語学的事実を伝えている（Pesce 1958, Findley 1958）。この情報の多くは筆者自身が1997年以来行なってきた面接調査（インタビュー）によっても裏付けられている、信頼できる情報なので以下で引用する。なお、報告書の誤りと思われる箇所は以下で訂正している。

1946年10月の「西洋人」の島への帰還の時、海軍軍人はこうしたアメリカ人、イギリス人、ポルトガル人、ポリネシア人、日本人の血が入っている人々のなかにアメリカ人の特性が残っていたこと、そして成人のうちには英語を話す能力があったことに驚いた。それは何世代にもわたる日本の支配の中で大切にされてきた能力であったのだ[2]。

図8-2　1950年代前半、ラッドフォードの前に使われていた米海軍の校舎

島の経済的復興と同様に、子供たちの教育の再スタートにも年月がかかった。島での教育復興の第一段階として、1947年に牧師兼英語教師だったジョセフ・ゴンザレスの弟[3]に当たるフランク・ゴンザレス(Frank Gonzales 1885–1987)が島の4～14歳の子供16人を教え始めた。Pesce(1958: 33)によれば「英語の使用が1938年以来禁じられていたため、まず子供たちにそれを教えるところから始めなければならなかったのだ」ということだが、その根拠は示されていない[4]。もう1人の島民グローバー・ゲレー(Grover Gilley 1885–1957)もこの時代にボランティア教師を務めている。子供は日本語を使わないように指示されたが、日本語を話したとしても罰されることはなかった。フランク・ゴンザレスは東京の地位の高い学校を卒業したのち、立教大学に進学し、数年間東京でイギリス系の商社に勤めていた。彼の詳細について報告書から引用する。

　　彼(フランク・ゴンザレス)は卓越した英語能力を持っており、日本語

しか話せない子供たちに英語を始めさせるのに、非常に助けになった。ゴンザレス氏の退職後、海軍軍人の妻や島に駐在していた牧師の妻は、報酬を受けることもなくその教育の重みを引き受けた。1955 年に、総計 13,000 ドルが、父島の教育需要としてサイパンの海軍統治部隊予算に上乗せされた。それにはホノルルから雇った 2 人の若者の給料と学校の資材の費用が含まれていた。ハシモト・ロバートとヨコタ・ジョージは 2 人ともハワイ大学の卒業生で 1956 年 3 月 29 日に到着した。2 人の若者は共に独身で日本語を話し、ハワイのヒロ生まれであった [5]。

　この報告書の中に駐留軍代表の半期報告書からの引用が含まれており、父島の教育状況に関する部分がある。その内容が次の通りである。

　　学校教育の体制は 2 人の有給の教師と幼稚園を運営している 1 人のボランティア(宣教師の妻であるケル夫人)のスタッフによって運営された。学校は 1 年生から 7 年生までのクラスで構成されており、アメリカの標準的な学校教育システムとカリキュラムに忠実に沿っていた。ことばの障壁(いくつかの家庭では日本語が話されている)は取り去られ、学校ではまったく問題がなかった。農業の授業もカリキュラムに組み込まれていた [6]。

　欧米系島民は密接なコミュニティを形成していたため、英語と日本語が混ざる話し方を日常的に使ったとしても、彼らの間でコミュニケーションに問題は生じなかった。だが日本語だけの使用、あるいは英語だけの使用になると、個人によってその能力には差があったようである。例えばチャーリー爺の談話の中に、終戦直後(帰島前の内地での出来事)にヘンドリック・セーボレーが取り調べのために米軍の呼び出しを受けたときに、チャーリー爺に自身の「弁護」を頼んだというエピソードがある。

(34)　C：そう、彼だった。彼［ヘンドリック・セーボレー］は天皇を護衛
　　　　　　したんだ。よく、その時のことについて教えてくれるよ。
　　　S：まだ、ヘンドリックさんとは話してません。
　　　C：アメリカ軍が横須賀に凱旋していたときに、日本軍の建物に入っ
　　　　　　ていったところ、ヘンドリック・セーボレーという名前が出てき
　　　　　　た。するとアメリカ軍は疑いを持った。外人の名前だったから
　　　　　　ね。私が横須賀の海軍で勤めていた間、アメリカ軍が私を呼び、
　　　　　　ヘンドリックのことをいろいろ聞いてきた。それで私は、ヘンド
　　　　　　リックは日本国民だから、軍隊に徴集された。だから、彼の名前
　　　　　　がそこに残っているんだと説明した。アメリカ軍の士官は納得し
　　　　　　たようだった。翌日、ヘンドリックは私に自分の弁護をしてほし
　　　　　　いと頼んできた。それで、「お前は何もいうことはない。すべて
　　　　　　話はまとまっているから」と言った。ヘンドリックはそこにいっ
　　　　　　て、いろいろと質問をされたが、無事に解決された。

（ロング 2002b: 42)[7]

　ここで話しているのは単なる「弁護」だけかもしれないが、同時に自分よ
り英語のうまいチャーリー爺に同行してほしいというヘンドリックの考えも
うかがえる。

　さて米海軍が父島に常時駐留するようになった 1952 年から、10 代の島民
は進学のために米軍が統治していた北太平洋ほかの島々に渡るようになっ
た。まず女性 2 人が勉学の為にサイパンへ渡っているが、人間関係がうま
くいかず後に父島に戻ることとなった。1955 年 4 月の書簡で、父島の最高
司令官であったフロスト少佐(Lt. Commander Clayton E. Frost)は、14 歳に
なれば、島の少女たちは家事手伝いに、少年たちは漁師や農家になると書い
ている[8]。しかし 1960 年までには、島の若者たちは男女ともにグアムに渡
り、中学校・高校(いわゆる 7 年生から 12 年生まで)に通うようになってい
た。1962 年には父島で 7 年生のクラス(日本での中学校教育課程にあたる)
が設けられ、その後も 8 年生や 9 年生のクラスが増設されていき、島の児

童たちはそこへ進学していった。島での9年間の教育を終えた後は(中学校卒業と同等)、海軍用の飛行機に乗り、硫黄島とサイパンを経由してグアムまで行き、そこで海軍が見つけた「スポンサー」家族の家庭で下宿しながら地元の高校(最初は George Washington High School、後の John F. Kennedy High School)に通った。時には、2人の父島の若者が同じ家庭に住むこともあった。学校には米軍の子供も現地のチャモロ人もいたが、授業はすべて英語で行なわれたようである。

　島の若者がすべてグアムへ行ったわけではない。日本本土にあった英語による教育を行なっている私立学校に入った人も数人いた。例えばチャールズ・セーボレーやハンク・コウキチ・ワシントンは横浜にあった聖ジョセフ・インターナショナル・スクールに通っていた。またノブオ・ウエブはバイリンガル教育を行なっている東京の国際基督教大学に進学した。

8.3.　米軍時代における戦前生まれ話者の英語使用

　戦前の欧米系島民の英語(主流英語)の能力にはかなりの個人差が見られた。戦後、行政などの使用言語が日本語から英語に切り替わったことに戸惑いを見せた島民もいた。1946年に米軍の指示によって、父島に五人島議会(five-member Island Council)が設置され、これは1968年の返還まで機能し続けることになる(図8–3、山口 2005)。返還直前に取材されたナショナル・ジオグラフィック誌の記事には次のような記述がある。

　　　我々(記者とカメラマン)は島議会に出席した。議会の五人はセーボレー家、ゲレー家、ロビンソン家、ウエブ家など父島のそれぞれの家系を代表していた。それは合衆国の小さな町の議会を思い出させるものだった[9]。

　このようにその会議はアメリカの町議会のようなものだったと書かれている。しかし次の記事ではそのメンバーの1人がその英語の審議についてい

けないと不満をこぼしている。

　五人委員会のメンバーを押し付けられてもミーティングのやりとりがさっぱりわからない。群馬から来た妻など、さらにひどい…

(田村 1968: 72)

図 8-3　父島五人委員会、1960 年代半ば

　ここで重要な点は、この話者が「五人委員会」のほかの4人と会話をすることではなく、「ミーティング」のやりとりについていくことが困難であるということにある。一般的にこのような会議では改まった言葉が使われると考えられる。そしてここでの改まった言葉とはいわゆる標準英語であったのだ。つまりこの話者は他の島民とのコミュニケーションではなく、標準英語での会話を行うということができなかったのである。
　約200人の米軍と欧米系島民からなるこの孤立した島社会で、島民が共通のコミュニケーション手段を持たないということは想像しにくい。むしろ考えられるのは島民全員が共通の言語体系を共有し、それを普段の場面で使用していたということである。そして改まった場面になると、標準日本語に切り替える人と標準英語に切り替える人との両方の島民(そしてもちろん、両方の方向で切り替えができる人)に分かれたのである。
　§5.3.1で述べたように、筆者は1997年12月23日に、ナショナル・ジオグラフィック誌の1968年の記事を書いたポール・サンプソンと電話で話し

た際に、島で行なったインタビューに関する記憶について次のように語っていた。

　　島民とコミュニケーションに問題はなかった。ただ英語がまったく話せない人もいて、私には通訳がいなかったので、彼らのインタビューを行なうことは無理でした[10]。

　これまでに見てきたように、言語能力には年代差が大きいが、個人差も見られる。米軍の統治時代に育った人は日本語よりも英語が得意であるが、戦前または返還後に育った者は日本語の方が得意なのである。また性差も見られる。島民自身によると米軍統治下のときにすでに成人に達していた人の場合は、全員は戦前の日本語(のみ)の教育を受けていたので、基本的には男女問わず日本語が優勢であった。しかし返還後の男女の生活に違いが生まれる。終戦直後に成人していた男性は現金収入を得るために米海軍と関わりを持たなければならなかった(直接米軍の労働者として働く人や、米軍の協力を得て獲った魚をグアムまで出荷してもらった漁師など)。その為多少ではあるが英語を身につける機会があったのである。一方、女性は家事に専念するなど米軍とことばを交わす機会が少なかった。この成人男女の性差は1986 年に島の現地調査を行った Arima の資料にも出てくる(本書の§11.1参照)。

8.4.　個人話者の言語レパートリー

　小笠原の言語社会(speech community)において、複数の言語変種が場面によって使い分けられている。小笠原混合言語が使われるのは、よりくだけた、あるいは私的な場面であるので、これは低位変種(basilect)に当たる。一方、改まった場面や公的な場面でよく使われる言語変種は高位変種(acrolect)と呼ばれる。その中間には中位変種(mesolect)がある。この構造は複数の言語変種の使い分けを示す、いわゆるポスト・クレオール連続体

(post-creole continuum)と似ている。

　ただし典型的なポスト・クレオール連続体と小笠原の場合との大きな違いは、前者には高位変種が1つしかないが、小笠原の混合言語の場合は高位変種が2つとなっている。場面がフォーマルになると、小笠原の話者は高位変種(ダイグロシアの用語で言えば「H変種」)に切り替える(あるいは切り替えようとする)が、小笠原の場合、聞き手の言語レパートリーによってその高位変種が日本語になったり英語になったりするのである。

　言語能力や言語使用の個人差が大きい。例えば§4.6で述べたように、ジェリー・セーボレーは戦前に横浜のミッション系学校で英語による教育を受けたが、その15歳年下のいとこに当たる瀬堀エーブルは父島の公立学校に通い日本語による普通の教育を受けた。エーブルはインタビューの中で(1997年9月24日)、ジェリーの方が流暢な英語を話せることに関して、この教育の違いが原因であるように思われると語っている。

　図8-4は、個々人の話者がどのような言語を使いこなすことができるかを示す言語レパートリーのモデルである(こうした現象を§2.9でも概説し、図2-3でそのイメージを図面化したが、ここまで見てきた実際の言語データを踏まえて、以下の図では少し立体的なイメージを目指している)。ここで話者の第一言語(母語)は小笠原混合言語である。これは日本語の文法構造にボニン・クレオール英語や主流英語の語彙を大量に取り入れた言語体系である。

　小笠原に見られる《1つの低位変種に対して、2つの高位変種》という状況は、ノーフォーク島など他の島コミュニティとはかなり異なる。ノーフォーク島でも多くの人は低位変種を母語とし、改まった場面では高位変種に切り替える。しかしノーフォーク島民の場合、高位変種は1つしかない(標準英語)。小笠原では2つの高位変種(英語と日本を両方使われて)から選択しなければならない。

　図8-4で見た言語を使用していた島民は、自分の言語使用能力についてどう思っていたのであろうか。以下(35)は、1979年に行われた座談会の文字化の抜粋である。参加者は返還当時に学生だった青年層の島民である[11]。

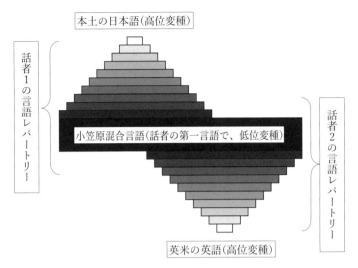

図 8-4　個人の第一言語と言語レパートリーモデル

(35) 司会：ところで家庭では日本語を使っていたのでしょう。
　　A：　家では日本語でしたよ。でも今話している日本語と違う。
　　B：　一番簡単な例をいうと、「お前」と「me」というような日本語を子どものときからしゃべっていた。
　　司会：みんなは英語も話せるし、日本語も話せていいですね。
　　A：　K先生から「お前らは英語も日本語もまともに話せなくて、一番かわいそうだ」と言われた。本当だよね。
　　C：　英語の文法ができていないので、正しく書くことができない。
　　D：　そういう意味で、僕たちが一番中途半端だよ。
　　E：　今、現在、僕たちの日本語と英語の理解量というのは半半。Fたちは多少英語の方が多い。僕たちより英語の教育を長く受けているのだから。
　　F：　私たちの年代からみると、Eたちのように、日本語の教育を多く受けた学年の人たちがうらやましいわ。
　　E：　Fのもっと上の人たちは完全に英語がわかっている。
　　F：　そのかわり日本語が弱い。

224 第4部 米軍時代

B： 僕たちは新聞を読める程度の日本の教育を受けてきた。しか
し、日常生活の中で書類、たとえば税金の申告書等をてきぱき
と処理できるか、会社に入って書類整理等を迅速に処理できる
か、ということは疑問だ。僕たちの世代では理解できないかも
しれないけれど、僕たちの子どもは日本語の社会の中で育つの
だから、このような中途半端な問題はない。僕たちはあらゆる
面で余裕がなかった。沖縄とは違っていた。

（小笠原小中学校編 1979: 42）

この座談会では、返還当時、学生だった青少年たちがその言語環境の激し
い変化に戸惑いを感じたことを語っているが、返還前の米軍統治下の四半世
紀の間を適応できずに過ごしていた中年層もおり、彼らのことについては次
章で述べる。

注

1 ダイグロシアという現象の定義については§4.4を参照されたい。

2 At the time of repatriation of the "Westerners" to the island in October 1946] Navy
personnel marveled at the preservation of American traits in these people of American,
British, Portuguese, Spanish, Polynesian and Japanese blood and the ability of the
adults to speak English—a facility which had been cherished through the generations
of Japanese rule.(Pesce 1958, 30)

3 報告書にはこのジョセフとフランクが親子だという誤報が載っている。

4 "The children first had to be taught English, as the use of that language had been for-
bidden since 1938"(Pesce 1958: 33)

5 He [Frank Gonzales] has an excellent command of the English language and was
invaluable in getting the younger children, who spoke only Japanese, started in English.
Following Mr. Gonzales' retirement, the wives of naval personnel and missionaries sta-
tioned on the island gallantly shouldered the educational load—without pay.... In 1955,
a sum of $13,000.00 was included in the budget of the Naval Administration Unit on
Saipan(SWON)for educational needs at Chichi Jima. This included the salaries of two

young men recruited from Honolulu and school supplies. Robert Hashimoto and George Yokota, both graduates of the University of Hawaii arrived on 29 March 1956. Both young men were single, spoke Japanese and were born at Hilo, Hawaii. (Findley 1958, 74–75)

6　The school system is staffed by two paid teachers and one volunteer(Mrs. Kell, wife of the Missionary)who conducts the kindergarten.

The school is organized into classes from grade 1 through grade 7 and closely follows the American school system curriculum and standards. The language barrier(Japanese spoken in some homes)has been completely broken down in school and is no longer a problem. Classes in agriculture are included in the curriculum. (Findley 1958, 75)

7　C: He [Hendrick Savory] was Emperor's guard....he can tell you lots of story about when he was serving his time there. (S: We haven't talked to him yet.)I don't know. You see, when they captured everything there in Yokosuka there in the barracks where they were you know. They found his name, Hendrick Savory. The American found it you know. They had suspicious on him, see? Yeah, with a foreign name. So while I working for Yokosuka with the navy, they called me up one day. Thought, "what the dickens they want from me?" They wanted to know this Hendrick Savory. Well I gave' em the whole dope. How it happened, how. He was the Japanese citizen, of course. That's why they took him and his name was left there.... See? The American officers, why, everything seems o. k. And so, that was settled. And the next day, Hendrick Savory he wanted me to go along with him, up there, to speak for him. I told' im, "You've got nothing to speak about, I've settled everything for you already." He went up there and they asked him all kinds of questions, and that's all, everything was settled. No more trouble about it. That's the way it happened. (英語の原文は Long2001a: 80 に、日本語訳はのちにロング 2002b として刊行した。)

8　(書簡の保管場所はワシントンの海軍歴史文書館の「ボニン・火山諸島に関する記録」の 97 番～102 番の箱にある。Records Regarding the Bonin-Volcano Islands, U. S. Naval Historical Center Operational Archive, Washington, D. C., boxes 97–102)

9　We attended a meeting of the island council, whose five members represent the Savorys, Gilleys, Robinsons, Webbs and other Chichi families. It reminded us of any small-town council in the States. (Sampson 1968: 130)

10　元の発言："I had no communication problems with the people there. Some people didn't speak English at all, and I didn't have an interpreter, so I wasn't able to interview them."

11　この座談会で実名を使っているが、本書では実名はふせることとした。

第 9 章　ネイビー世代のボニン英語

　欧米系島民の聞き取り調査から見えてきたことは、戦前に芽生えた混合言語が戦後になると母語(あるいはそれに近い形)へと進化していく様子である。しかしこれと同時に、20 世紀の島で衰退傾向にあった英語が、米軍の影響を受けてよみがえる。本章でそうしたネイビー世代の人が話す英語の実態を見る。もちろん本書の研究が行なわれた 21 世紀になってもネイビー世代の話者はまだ英語を使い続けているので、生きた言語としてのボニン英語を体験することもできる。これに加えて、半世紀前に書かれた島英語に関する興味深い報告もあるので、まずそれを見ていく。また、公開された島民の作文にも興味深い言語接触現象が見られる。この特徴として、島内で話されていた複数の言語の影響を受けながら発展した 19 世紀のボニン英語と違って、20 世紀後半のボニン英語はむしろ島外の影響(ハワイ英語、グアムやサイパンの英語など)を受けたことが言えよう。

9.1.　1960 年代に話されていた英語に関する報告

　米海軍の統治下の四半世紀の間、島は孤立しており、外の世界との言語的接触は限られていた。ワシントン DC にある海軍歴史文書館(Navy Historical Archives, Records regarding the Bonin-Volcano Islands)に保管されている記録によると、ジャーナリストとハワイ大学の研究者が訪問許可を申請したとされているが、これも拒否されている。理由はともあれ、この時代の言語的データはほとんど皆無である。

日本への返還を控えていた父島に最初に入ったのは、1968 年に父島を訪れた『ナショナル・ジオグラフィック』誌のサンプソン(Paul Sampson)とカメラマンとして付き添った *Life* 誌のモンロー(Joe Munroe)の 2 人の記者であった。第二次世界大戦終結後から返還までの間に、一般のジャーナリストが島での取材を許可された稀な例である。

サンプソンの記事には、島民の言語使用に関して気になる記述がいくつかある。例えば使用言語の選択についてセーボレー家の 1908 年生まれの男性は次のように語ったと記述している。

> 戦前の父島に育ったヤンキー［欧米系島民］たちは日本の学校に通ったが、家で英語を覚えた。初代ナサニエルの曾孫に当たるナット・セーボレー[1] は「父に向かっては英語を使わないとぶたれたものだった」と思い出している。
>
> (Sampson 1968: 130)[2]

ここに登場する「英語を強制する」父親は当然欧米系だったが、母親も欧米系だったので、ナットが育ったのは「純欧米系」の家庭と言える(図9–1)。怒る父もまた欧米系同士の家に育てられた。このナットの発言には 2 つの社会的な意味が含まれている。1 つは日本語主流社会になって半世紀近くが経った 1910 年代にも英語が根強く維持されていたということである。そしてこうした「純欧米系」の家の中ですら日本語が浸透してきており、英語が危機的な状況にあったということも、ナットの発言は示唆している。サンプソンの文書からダイグロシアが続いていたような印象を受けるかもしれない。しかし、ナットの発言をよく考えるとこの時代には、むしろ永く安定的に続いていたダイグロシア的な使用状況が崩壊寸前だったとも見受けられる。ダイグロシアの最後の砦であるはずの家庭内場面ですら、H 言語である日本語に侵され始めていたのである。

なお皮肉なことに、戦前にもダイグロシアが見られたし、米海軍統治時代にもダイグロシアが見られたが、H 言語と L 言語が逆転していた(図 4–4 参照)。

図 9-1　島製のアウトリガー型カヌーに乗るナット・セーボレー（1960 年代）

　ナットの証言では、家庭内などの L 場面の言語は英語だった。そして学校教育など「公の場」つまり H 場面では日本語が使用されていた。しかし、返還前は米軍が学校内での日本語の使用を厳しく禁止していた。米軍が日本語の使用を禁ずるということは当然それを使おうとした子供がいたことを意味する。すなわち日本（本土）の日本語から孤立されて 20 年以上経った時点でも、子供たちは禁止されるほどに日本語を使っていたのである。

　さてここで、返還当時の中年層の島民のことばに関するもうひとつの記述を見てみよう。これは日本人記者が書いた記事に載っているコメントで、島の漁業組合リーダーである男性が語ったとされることばである。

(36)　子供たちは英語に早くなじんだがぼくはそうはゆかなかった。パパの to は tu だ、などといわれる…　　　　　　　　（田村 1968: 72）

　「パパの to は tu だ」というコメントの真意は明らかではない。しかし、この談話で第二次世界大戦前に日本の学校で教育を受けたこの成人男性は、自分は英語ができないと語っている。だがその子供は米海軍の学校に行っているため英語が話せる。こうした状況、そして文脈から推測できることは、「パパの［発音する英語の］"to" は［日本語なまりになっているため、むしろ日本語の］"tu" だ」ということである。つまり、英語を話すときには "to" や "two" や "too" の発音が［tu］ではなく、［tsu］になってしまうということであろう。もし、この解釈が正しいならば、この欧米系話者の話す英語の音韻体系が日本語のそれに変わっているということになる。

9.2. 60年代後半の書記英語としての例

　ここで若い人の言語使用能力はどうなっていたかを見てみよう。返還当時の若年層島民の話しことばの録音はほとんど残っていない。もしそれが残っているとしても、その使用許可を得るのは困難である。したがってここでは、彼らの自筆の作文に見られる言語的特徴を分析してみよう。以下の文は返還直後に欧米系島民の小学生が書いたものである。

(37) a: "I think that I will ball/Im going to play witt."（私はボール遊びしようと思う。）

　　 b: "I am W my sisters name is X an my Brothers name is Y an my Father's name is Z."（私は W。私のお姉ちゃんの名前は X。お兄ちゃんの名前は Y。お父さんの名前は Z。）

　　 c: "I have 1 sister and 1 brother. and my sister name is X and my Brother names is Y."（私にはお姉ちゃんとお兄ちゃんがいる。私の姉の名前は X で、兄の名前は Y。）

　　 d: "I felt lonely when I came to this new Japanese school because the teachter was new. I felt lonely when my Navy friend were gone. One of my classmade are gone to state."（私の海軍の友達がいなくなったときすごく寂しかった。クラスメートの子も1人アメリカにいっちゃった。）

　　 e: "I felt lonely. When navy was gonE. When I came to the new Japanese school becuase the teacher was new. I felt lonely When my navy friend were gone. one day I felt very lonely."（私は寂しかった。海軍がいなくなったときに。海軍の友達がいなくなったとき寂しかった。）

　　 f: "I was play with toy one day houes with X."（その日は友達とおもちゃで遊んでいた。）

　　 g: "Read it quietly. Dear Teacher. I feel like I am alone Today So I am going fishing Today and If I caught 7 Fish I will bring It to Teacher.

you could fry the fish and eat It. All my family feels fine and Good. yesterday I went swimming with my sister." (今日は独りぼっちに感じるから釣りに行く。それで7匹釣ったらそれを先生に持っていく。そしたら揚げて魚を食べられるよ。)

　標準英語の使用能力に個人差が大きい。(37)の a から g の作文から次の事が分かる。

① 例えば(37b)の作文には所有格の -s がある(sisters name, Brothers name, Father's name)。もちろん、英語の標準的な正書法では、s の前にアポストロフィが必要だが、それは表記の問題だけで言語使用能力と関係ない。一方、(37c)はこの所有格の -s を使っていない(sister name, Brother name)。

② 複数形の s においても個人差があろうが、このデータでは複数がほとんど無視されている。(37f)

③ (37f)は "I was play with toy" と書いているが、標準英語でこれは、複数形になる。(37d)と(37e)の2人は "my navy friend were gone" と書き、複数形の意味を単数形で表わしている。また(37d)は "one of my classmade are gone to state" と書いている[3]。ここでアメリカ合衆国を意味する "state" は、標準英語では複数形の "states" でならなくていけない。この文で問題になるのは複数形に関してである。文の主語は単数形の "one" だから、標準英語なら動詞は "is" になり、そして、"classmate" は複数形になる。この生徒たちの母語はおそらく小笠原混合言語であろう。そのために言語干渉が見られ、作文にあるような中間言語的な特徴が現れたと思われる。

④ 定冠詞が抜けているところがある。(37e)の作文で、"When navy was gonE" とあるが、標準英語なら、これは "the navy" となる。他に、(37d)の作文では、"one of my classmade are gone to state" とあるが、標準英語なら "the States" のように定冠詞が必要である。しかし、定

冠詞が全て抜けているわけではない。(37d)と(37e)の作文では同一の文が使われているので片方が文を真似たのだと思われるが、"the teacher" は標準英語的な正しい言い方である。

⑤ 標準英語と異なる名詞・代名詞の使い方も見られる。(37g)の作文は "If I caught 7 Fish I will bring It to Teacher. you could fry the fish and eat it." となっている。ここでの "Teacher" は明らかに文章の読み手である教師を指しているので、標準英語では "you" となるのが自然である。ここで二人称の使用をさけて、名詞を使うのはむしろ日本語らしく聞こえる。

⑥ 標準英語に見られない動詞の時制の問題も見られる。(37g)作文の "If I caught 7 Fish I will bring It to Teacher." に見られる "caught" の時制は標準英語と異なる。この仮定節の動作はまだ完了していないこれから行う動作なので、標準的な言い方ならば "If I catch" になる。また、(37f)の "I was play with toy one day" で使われている "was play" は、標準英語であれば単純過去形の "played"、あるいは、過去の進行形 "was playing" になるであろう。

⑦ 前置詞の使い方も標準英語と異なる。(33f)の "I was play with toy one day on my house" に関して、より標準英語的な言い方は "in my house" である。

次にこれらの小学生の英作文と中学2年生の作文を比べてみよう。これらの作文はほぼ同じ時期(返還直後)に書かれたものだが、2つの作文に見られる英語は非常に異なる特徴が見られる。

(38) School Excursion, Eighth Grade
The ride on the monorail to Haneda Airport was exciting and The airport was very big and beautiful. I was very glad that I was able to go abord the huge ship at I. H. I. The N. H. K. Broadcasting Center was one of the most beautiful places I have seen. The Tokyo Metropolitan Children's

House was a very happy place. I had a good time playing with the children. The three schools we visited were the places I like the best during the excursion. The students were all nice and kind to us and I am very thankful.

Kodama was very fast and very comfortable. Atami and Hakone were both unforgettable places.

I felt like I was at home when I was at Ueno ZOO because everyone looked happy and the place was noisy.

Mitsukoshi was a very big store but I like shopping at smaller department stores and putting more time on my shopping. The place where we stayed during the excursion was a good place. The Kuroshio rocks too much and I don't like it. （染谷・有馬 1972: 164-5）

意訳：修学旅行、中学2年生

羽田空港へのモノレールはすごく興奮したし、空港はとても大きくてきれいでした。I. H. I. で巨大な船に乗れて本当にうれしかったです。NHK放送局は今まで見た建物の中で一番きれいなところの1つです。Tokyo Metropolitan Children's House は本当に幸せな場所でした。みんなと遊べて楽しかったです。みんなで行った3つの学校は遠足で行った中で一番好きな場所です。そこの生徒たちは本当に親切で、感謝しています。

新幹線こだまは本当に速くて快適でした。熱海も箱根も忘れられない場所です。上野動物園に行ったときは、みんなが幸せそうにしていて、うるさくて、自分の島にいるみたいでした。

三越は大きなデパートでしたけど、私はもっと小さいデパートで時間をかけて買い物をするほうが好きです。私達が遠足で泊まったところはとてもよかったです。くろしお丸は揺れ過ぎてあまり好きではありませんでした。

(37)にある小笠原に住む小学生の作文には、英語圏(アメリカやイギリス

など)に住む同年代の子どもの言語にはほとんど見られない言語的特徴がある。一方、(38)の中学生の英作文にはこうした特徴はまったく見られない。つまりこの中学生は、いわゆる標準英語を用いているのである。このような違いは何を意味しているであろうか。小学生の書いた英語を見れば、それは英語(少なくとも英米の英語)を母語とする子どもが書いたものとは思えない。これは、学生の英語使用能力が学習によるものであり、第一言語として英語を習得したわけではないことを示唆しているであろう。

　一般に言えば、若い島民が話している英語は、教育の進行と共に主流英語に近づいていっている。これは予測通りのことであるが、個人差を軽視してはならない。返還から一年後の1969年6月に小笠原高校の生徒が、卒業後の進路に関するアンケートに答えた。就職は日本本土で求めるか、島で働くかを聞かれ、さらにはその理由も聞かれた。興味深いことに、それまで非常に多くの欧米系若者がアメリカ本土やグアム、ハワイなど海外に行っていたにもかかわらず、アンケートを作成した側は「外国に行く」という選択を設けなかったのである。外国への流出を促進するような雰囲気を意図的に避けたのか、それともそうした選択は彼らの視野にまったく入っていなかったのかもしれない。以下の(39)でそのアンケートの回答を分析する。

(39) a. The reason is that I like by myself away from my parents so that I can stand on my two feet. And also I like to work among lots of people and make a living myself. (理由は、自立ができるように、親から離れて1人暮らしがしたいから。そして大勢の人がいるところで自分で生活費を稼ぎたい。)(日本本土での就職希望)

   b. It will be much easier for me, for I doesn't understand Japanese too well. (私にとってその方がずっとやりやすい。日本語がよく理解できないから。)(島での就職希望)

   c. I'll go to the mainland for room and board at the relative's, to work by night and to attend a night school by night for another try at an entrance exam. (親戚のところで下宿するために本土に行く。仕事を

しながら、夜間学校へ通い、もう一度入試を受けてみる。)（日本本土での就職希望）

d. Because of the language barrier. (ことばの壁があるから。)（島での就職希望）

e. Working on the Japanese mainland means working in a new environment, which means having difficulties and troubles. Nope, I rather work on this island. (日本本土で働くということは新しい環境で働くことを意味し、さまざまな困難や問題が起こることを意味している。いや、私はむしろここで働く方が良いよ。)（島での就職希望）

　こうしたデータは断片的ではあるが、この時代に若い欧米系島民が書いた文章はあまり現存していないために貴重なデータではある。そしてとても重要な点であるが、これらのデータはこれまで展開してきた仮説、またはその裏づけとして提示してきたデータと同じ方向性を示している。すなわち、若い欧米系島民は主流英語を第二言語として習得した。しかし、だからと言って彼らにとって主流英語は親しみのないまったくの外国語だったかというと、そうでもない。なぜなら彼らが学校に入る前に第一言語として獲得した小笠原混合言語には標準英語の単語のみならず、句や節といった大きな文法単位のものまで取り入れられていたからである。

　これほど自然な英語を同年代の日本人生徒（英語を外国語として学習した日本語ネイティブ）に期待することはできない。しかし、若い欧米系島民の英語には、アメリカ人の英語ネイティブに見られないミスも多く見られる。彼らの英語能力は、ネイティブと非ネイティブとの中間に位置づけられるのである。以下の(39)a′〜e′では(39)の文の文法的誤りを訂正した。間違いには、① “would” や “had” を用いる「仮定法」（非現実形）、② “to stand on one's own two feet” のような慣用句、③主語と動詞の人称と単数・複数の「一致」(concord)、④定冠詞・不定冠詞の使用、といった類が見られる。

(39′) a.　The reason is that I（→would）like（→to be）by myself away from my parents so that I can stand on my(→own) two feet. And also I (→would) like to work among lots of people and make a living myself.

b. It will be much easier for me, for I doesn't(doesn't→don't) understand Japanese too well.

c. I'll go to the mainland for room and board at the(the→a) relative's, to work by night and to attend a night school by night for another try at an entrance exam.

d. Because of the language barrier.

e. Working on the Japanese mainland means working in a new environment, which means having difficulties and troubles. Nope, I(→had) rather work on this island.

　これらの短い作文は言語(誤用)分析の面だけではなく、内容面からも分析できる。欧米系若者は本土で生活しながら仕事や勉強することに不安を覚えている様子が伺われるのである。(39e)の書き手は言語的問題と明示しているわけではないが、予想される「困難」に触れている。(39d)の書き手は「日本語がよく分らない」理由をはっきりと挙げているし、(39d)の書き手も島に残ることを選択した理由として「ことばの壁があるから」と明記しているのである。

図9-2　ラッドフォード・スクールの学生と小笠原愛作(1960年代後半)

9.3. ネイビー世代の英語に影響を与えた 様々な言語変種

　ネイビー世代が話している英語には様々な要素が混ざっている。その英語に影響を与えているのは次の言語変種である。

　19世紀のボニンクレオロイド英語(nineteenth-century Bonin Creoloid English)：これはネイビー世代の祖父祖母の時代の人々の第一言語であったので、彼らは少なくともこれを聞いて理解することができるだろう。

　小笠原混合言語の戦前の変種(prewar variety of the Mixed Language)：多くの場合、これがネイビー世代の親たちの第一言語である。彼ら自身がよく「子供の頃の家庭言語」として挙げている言語変種がこれにあたる。

　小笠原混合言語の戦後の変種(postwar variety of the Mixed Language)：ネイビー世代の多くの人の第一言語であった。もう一度強調したいのは、戦前の話者にしても戦後の話者にしても、本人たちの多くはそれを1つの混合言語として見ているのではなく、単なる「英語と日本語を混ぜた話し方」と認識しているのである(なお単に混ぜているだけではなく、1つの言語として捉える例外的な意見を§10.2.4の(40)や(41)で考察した)。

　ハワイ英語(Hawaiian English)：ネイビー世代の子供が通っていた学校の複数の教員はハワイ出身であった。最も長く着任していたのはMr.(George) Yokotaである。彼は標準英語をきちんと話すが、質問をせずとも自らの母語が「Pidgin」だと表現している(2004年5月4日、父島にて調査)。彼が言う「Pidgin」とはハワイに存在する接触言語のことで、言語学的な分類で言えばむしろクレオール英語に匹敵するが、ハワイではPidginという名称で親しまれている。毎日、複数の学年の全ての科目を担当する彼の言語的影響は計り知れないものであろう。

　アメリカ英語の様々な変種(varieties of U. S. English)：米兵およびその妻と子供たちが米国本土から父島に持って来た様々な方言(多数の地域方言や黒人英語)は、成人の島民が最もよく耳にする「生の英語」であった。

　グアム英語(Guamanian English)：ネイビー世代のほとんどの人は高校進

学のためにグアムやハワイに行っていた（僅かながらサイパンに行った人もいる）。彼らのクラスメートには米国本土から来た兵隊の子どもいたが、現地の高校生が多かったのである。

日本の様々な変種（varieties of Japanese）：ネイビー世代の話者の母親たちは、多くの場合島外から来ていた。そして数は少ないが、父親が島外の人間の場合もある。なお、欧米系と結婚した嫁や婿のすべては内地や沖縄から来たわけではなく、戦前の小笠原に生まれた八丈系（日系）島民もいた。内地に強制疎開したままでいた八丈系島民が欧米系島民と結婚するために帰島許可を得たケースもあった。米軍統治下の1946年から1968年の間、欧米系ではない日本人はこうした日系の配偶者のみであった。彼らは八丈島や新潟、栃木、沖縄など日本各地の地域語（方言）を持っていた。

9.4. 米軍時代における太平洋諸島の影響

小笠原に比較的近い太平洋諸島との接触は、終戦後に行われた「南洋庁」の解体でなくなったわけではなく、米軍統治下時代の間中続いていた。なぜなら、旧南洋庁の島々（サイパン、ポナペ、ヤップ、トラック、パラオ）は小笠原と同じように日本の統治からアメリカの統治へと移ったからである。大人数人は様々な職業訓練のために短期間グアムやサイパンへ渡り、高校生も就学のためグアムやサイパンに滞在していた。こうした機会にチャモロ語に触れることができたが、戦前に行ってチャモロ語の簡単な会話を覚えて帰った人と違い、戦後に渡った人々はほんの僅かの単語を覚えただけだという。そして、これが最も重要なのであるが、グアム・サイパンに滞在した小笠原島民はそこで、太平洋各地（パラオ、ミクロネシア連邦、フィリピンなど）から集まってきた人がそれぞれ話す英語に触れることができたのである。

他の章（§3.7 や §3.8）で触れたように、今日存在している単語で、日本語起源でも英語起源でもない小笠原ことばのほとんどはオーストロネシア語族（とりわけ、その中の一系統であるオセアニア系言語）に由来する[4]。『小笠原ことばしゃべる辞典』に掲載されているオーストロネシア語族と思われる

単語を表 3–5 に載せたので、それを参照されたい。

　入植が始まった 1830 年代から、ハワイ語母語やチャモロ語母語話者が小笠原に住んでいたが、19 世紀の英語や日本語の記録に出てくる太平洋系のことばはほとんどハワイ語起源のもので、チャモロ語起源のものは見当たらない。それゆえチャモロ語起源の単語が小笠原で使われるようになったのは 20 世紀に入ってからだと思われる（Hawks 1856, Robertson 1876, Van Buskirk 1898；延島 1998）。

　チャモロ語の単語が小笠原で使われるようになった時期がこれほど遅いことは驚くべきものである。初代セーボレーの妻だったマリア・デロスサントスをはじめ、影響力のある複数のチャモロ語話者が 19 世紀半ばからいた。そして、小笠原で暮らしていた西洋人も頻繁にグアム・サイパンを行き来していた。小笠原が日本の領土になるまで、島はずっとサイパンともグアムとも深い関係をもっていたのである。それにもかかわらず、小笠原にチャモロ語の単語がはじめて入ってきたのは、戦前と戦後の時代であった。戦前という時代は、サイパンが小笠原と同じように日本領土となり人間も物もその間を行き来していた時である。戦後には、サイパンと小笠原の両地域が米軍の統治下に置かれ、人々が教育や職業訓練のために行き来した。20 世紀に小笠原に入ったと思われるチャモロ語起源の単語を表 9–1 に挙げた。

表 9–1　20 世紀に小笠原ことばに入ったと思われる太平洋起源の言葉

小笠原ことば	小笠原での意味	起源語
グィリー、グリ	ミナミイスズミ、 *Kyphosus bigibbus*	チャモロ語でイスズミ科を指す guili
カンコン、kankon	ヨウサイ、エンツァイ、エンサイ、水アサガオ、パックブン、カンコン、*Ipomoea aquatica*	チャモロ語で同じ植物を指す kankong
シーカンバ、 sea cumber	クズイモ、 （別名ナシイモ）、*Pachyrhizus erosus*	チャモロ語で同じ植物を指す híkamas と英語の cucumber との混交形か
タガンタガン、 tagantagan	銀合歓 *Leucaeana leucocephala*	チャモロ語で同じ木を指す tagantagan

9.5. ネイビー世代が話す英語の特徴

　今日のネイビー世代話者のボニン英語に影響を与えた様々な要因を考えよう。ネイビー世代の話者たちは英語の /l/ と /r/ の音韻論的区別をきちんと持っている。しかし、彼の親世代に当たる戦前育ちの話者も、彼らの子供世代に当たる返還後育ちの話者もこの区別ができない。あるいは意識して区別をすることはあっても普段の使い分けが曖昧、または苦労して区別を覚えているように感じる。

　しかし、さらにもう一世代までさかのぼってみるとチャーリー爺のような英語優勢で /l/ と /r/ の音韻論的区別をきちんと持っていた話者がたくさん出てくるのである。そう考えると、1 つの重要な疑問がわいてくる。すなわち、ネイビー世代は、自分たちの祖父母が話していたクレオロイド英語を習得して、使われなくなろうとしていたその変種を復活させたのであろうか？この答えは "no" である。ネイビー世代の英語(ここで言っている「英語」とは、彼らが混合言語を話すときの英語の要素ではなく、彼らが英語のみを話そうとするときの変種を指している)はただ単に、小笠原混合言語で日本語と絡み合った英語の要素を解いただけのものではない。例えば、小笠原混合言語を話すときに "th" の発音が閉鎖音 [t] や [d] になるが、彼らが英語だけを話すときにはこうした傾向は特に見られない。さらにネイビー世代の話者が英語だけを話すときに、*park* や *over* にあるような母音後 /r/ は発音するが、チャーリー爺を始め、彼らの祖父祖母に当たる世代の発音は(初代のマサチューセッツやイギリス南部出身の入植者から受け継いだ)母音後 /r/ のない発音となっていた。

　また、ネイビー世代の話者は /v/ と /w/ の音韻論的区別を基本的には持っている。ほとんどの単語において 2 つの音を区別しているが、それでもたまに彼らが *reversion* を [riβɚʒən] あるは *Virginia* を [βɚdʒɪniə] と発音するときに 19 世紀のボニン英語のなごりが聞ける(§10.3.1)。

　ネイビー世代の話者は原則として、20 世紀の一般アメリカ英語(General American English ＝ GAE)に見られる母音区別を持っている。彼らは米国の

多数の地域でなくなりつつある caught/cot の区別も持っているのである。ただし GAE と違って、彼らは *say* や *boat* の発音に長母音［se:］や［bo:t］を用いる（一般米語は［sei］や［bout］のように二重母音を使う）。この点はチャーリー爺と似ている。なお彼らは *bike* を［baik］のように二重母音で発音する。

　語彙面から見れば、20 世紀のボニン英語は GAE と共通点を持っており、mad は GAE のように「怒っている」であり、イギリスのように「狂気」の意味ではない。また、自動車用語は米海軍から入ったため、GAE になっている。

　小笠原を訪れた英語圏の人が驚くのは、太平洋の孤島であるにもかかわらず、ネイビー世代の英語が音韻論的にも文法的にも、ピジンやクレオールではなく、GAE に近いことである。だからこそ、GAE にない聞き慣れない単語がボニン英語に出てくると訪問者が不思議さを感じる。例えば、モエモエ（性行為）、アラヒー（魚のノコギリダイ）、ビイデビイデ（植物のムニンデイコ）、ヌクモメ（シマアジ、特にその幼魚）、ピーマカ（酢漬けの魚料理）（表 3–5）、フンパ（オカヤドカリ）（表 4–1）、リーファ（冷蔵庫）、キーキー（イソヒヨドリ）、ウィロウィロ（シロハラミズナギドリ、またはセグロミズナギドリ）、ドンガラ（的外れ）などである。

　文法面を考えると、ネイビー世代の話者が小笠原混合言語を使うとき、定冠詞・不定冠詞の区別や単数形・複数形は曖昧になっている。しかし、彼らが英語のみのコードに切り替えると、これらの基礎的な文法事項は標準英語に近くなる（が、やはり母語である小笠原混合言語の干渉が多少見られる）。

　本章を要約すれば、1920–30 年代には英語が衰え始めていたが、戦後に米軍が島に駐留し、教育などの公な場面で使われることで、英語の勢力が復活した。ただ「復活した」とはいえ、戦後の英語は 19 世紀に存在していたクレオロイド英語に息を吹き込んだだけではない。戦後のボニン英語はむしろ多数の言語変種の影響を受けて形成されたのである。もちろんその 1 つはボニンクレオロイドであるが、それ以外にハワイ英語やグアム・サイパンの英語を始め、米軍兵士が島に持ってきた自分たちの方言の影響が見られるの

である。

注

1　Nathaniel "Nattie" Savory（1908–1988）

2　The Yankees who grew up on Chichi before the war attended Japanese schools, but learned English in their homes, "I had to speak English to my father or he would beat me," recalled Nat Savory, a great-grandson of the original Nathaniel. (Sampson 1968: 130)

3　ここで "classmate" の綴りを誤って "classmade" と書いているが、欧米系の島民が子音の無声有声を混同することはありそうにない。日本語にこの音素的な区別があるので、この誤りは単なる綴りのミスで、話者の音韻体系を反映しているものではないと判断した。

4　オーストロネシア語族の系統については§3.1を参照されたい。

第10章　戦後の小笠原混合言語

　戦前に日本語とボニン英語のコード切り替えに始まった言語行動が、戦後になると1つの融合した言語体系へと発展していった。これが筆者が言う「小笠原混合言語」であり、ネイビー世代の多くの欧米島民にとって母語となっている。

10.1.　混合言語という概念

　ここまで分析してきたのは、島に持ち込まれた一世たちの英語の方言、これらが他の入植者の言語とどのように「混ざった」か、この混ざり方がクレオロイド英語をどのように生み出したかという課題である。あらためて述べておけば、この「小笠原クレオロイド英語」(Ogasawara Creoloid English)とは、通常のピジン化やクレオール化に見られる急激な「文法的再構築」(grammatical restructuring)は見られないものの、非母語話者の自然習得による特徴が多少見られる言語変種である。

　第4章では、19世紀後期に日本語が島に入ってくることによって、在来島民の二言語話者への長い道のりが始まったことが分かった。本章ではその後に起きた「言語の絡み合い」(language intertwining)、そしてその絡み合いが生み出した新たな言語体系を、Bakkerの言う「混合言語」(Bakker & Mous 1994)という観点から分析する。同じ(ような)現象にたくさんの名称が与えられている(§10.5参照)が、本書では「混合言語」を使用する。

　次の過程で分析を進める。最初にこの「小笠原混合言語」(Ogasawara

Mixed Language, OML)を生み出した多層的な言語接触を、その歴史的な背景から再検討する。次にこの OML の構造を語彙、形態、統語、音韻の具体例から見る。そして、小笠原混合言語の誕生(形成)をめぐって、二言語使用、第一言語の獲得、子供たちの積極的な役割、コード混交(code mixing)、言語死のそれぞれの関与を検証する。さらに、社会言語学的や相互作用的な要因として、理解度、混合使用者の言語態度、まわりの人の言語態度、混合言語使用者のアイデンティティを分析する。最後に、OML の将来について考える。

10.2. 小笠原混合言語の発生

ここで、複数の要因が小笠原混合言語の発生に関与していたかどうかについて検討する。バッカーら(Bakker & Mous 1994)の研究によれば、混合言語が発生する背景にはいくつかの要因が考えられる。世界のほかの混合言語との比較に向けて、ここでそれらの要因に次の問題を設定し、個別に検証する。

① 言語死の過程で混合言語が形成されるのかどうか。
② 二言語使用や第二言語習得が果たした役割は何か。
③ 混合言語が発生した背景には(20 世紀初頭から半ばにかけての欧米系と日系が結婚した家庭において)日本語と英語が混ぜて使われたことがあるかどうか。
④ ③が違うならば、20 世紀半ばの子供たちが身内の言語(集団語や隠語)として混合言語を作り上げたのかどうか。
⑤ マイヤーズスコットン(Myers-Scotton)の「母体(マトリックス)言語交代仮説」(Matrix Language Turnover hypothesis)で、OML の発展を説明することができるのか [1]。
⑥ コードスイッチングの行動は OML の誕生にかかわった一因であるが、戦後の OML は単なるコードスイッチングやコード混交ではな

く、1つの言語体系と言えるかどうか。

10.2.1. 言語死

　世界中に存在する混合言語のいくつかのうちで、その発達において言語死という現象が関与していた例もある (Bakker & Mous 1994)。もちろん日本語も英語も世界レベルで言えばこれまで消滅の危機に瀬したことはない。しかし、欧米系島民のような小さな共同体のメンバーにとって、「自分たちの言語」である英語が攻撃の対象となったり、状況が一変して「自分たちの言語」である日本語が攻撃されたりすることがこれまで何度かあった。まず、最初に「自分たちの言語」が危機にさらされたのは、1870 年代に日本人入植者が小笠原諸島に大量に移住してきた際である。気が付いた時には多民族からなる「在来島民」(当時は「帰化人」と呼んでいた)たちは、自分たちの土地の中で少数派になったのである。なお政策レベルにおいて、日本政府は帰化人に対し英語による教育を日本語と並行して行うなど、驚くほどの譲歩ぶりを見せていた。そして、日本人移住者の多くはこのユニークな言語環境にチャンスを感じて、自分たちの子供達に英語を学ばせていたのである。ボニン英語は、欧米系島民の間で生活言語として維持され続けた。戦前に軍国主義が強まると英語の使用は非難の的になり、その使用は日常生活においても禁止されるまでに至った。戦後、欧米系島民のみの帰島が許可され米軍統治下時代が幕を開けると、日本語は米海軍によって軽蔑と不審の対象となった。日本本土との接触がほとんど断ち切られ、そして海軍が唯一の雇用主であったこともあり、アメリカ英語が公的な場面における使用言語となった。戦前、混合言語を聞いた日本の役人はそこに英語の要素が含まれていたために「英語」と見なしたが、戦後、それを聞いたアメリカ兵は逆に「日本語」と見なしたのである。この時代においては、子供たちが学校で日本語を使用しただけでも罰せられた。このように自分たちの言語使用がずっと島以外からの圧力によって決められた歴史から、自分達の間だけで通じることばに魅力を感じる心が芽生えたとも考えられる。

246 第 4 部 米軍時代

10.2.2. 第二言語習得

　OML が第二言語習得過程において発生した可能性を否定することはできない。実際 1870 年代に日本に帰化した欧米系島民たちは、日常生活に必要なレベルの日本語を身につけようと努めたのだ。しかしながらこれだけではOML がそれ以降の世代まで使用されつづけていることを説明したことにはならない。また理論的には可能だとしても、それを裏付ける証拠がないのが現状である。

　1870 年代に日本人が島に渡ってきてから数十年もの間、欧米系島民の家庭ではボニン英語が使用され続けた。一方で欧米系島民の子供たちのほとんどが、日本人が創設した学校で英語と日本語による教育を受けていた。当時、島で仕事をし、安定した生活を営むには、日本語の知識が必要不可欠であった。このような教育や社会における事情から、若い欧米系島民は日本語を第二言語として習得し、その能力は (少なくとも話しことばのレベルでは) 非常に高度なものであった。これらの話者はバイリンガルになりやすい環境で育っており、現在に伝わっている様々な個人に関する情報を参考にすれば、全員がバイリンガルであったと思われる。この世代の欧米系島民が 2 つの言語を混ぜた結果、OML が形成された可能性がある。

　しかしながらこの仮説には様々な問題が存在する。どうして島民達は 2 つの言語を単に交互に使用しないのか。2 つの言語を混ぜ合わせることの目的は何か。それにはどのような要因が関わっているのか。もし英語がそのコミュニティで重要性を失いつつあるならば、どうして英語は単に消滅の方向に向かわないのか。これらの質問に対する答えのいくつかは、欧米系島民達の自らのアイデンティティを保持したいという姿勢が関わっているに違いない。ここで挙げた問題点のほとんどは本書の範囲外であるが、アイデンティティについては §12.6.5 で述べる通りである。

　さらに不思議な問題がある。それは OML が日本人と欧米系島民との間のリンガ・フランカとして使われたことがないということである。それはあくまでも欧米系島民同士の間で使われた言語体系である。日本人は原則として OML を使用しておらず、その使用を試みた時期もなかった。

ここでパラドックスが生じる。OML の基層言語は日本語であるが、元々日本語以外の言語(ボニン英語)を使っていた話者の間で OML が使われている。混合言語の起源を考える際、欧米系島民がどのようにして、そしてなぜ、日本語の文法体系を「借用」したのかという問題に直面する。一般論として、接触言語が 1 つだけのグループの間で形成される場合、そのグループはよその言語の単語を個別に借用することが普通である。しかしながら通例とは異なり、欧米系島民が日本語の語順や統語規則、形態素などの文法的特徴を借用した点が OML の特徴なのである。この状況を説明するためには「統語論的収斂」(syntactic convergence)と Myers-Scotton (1993)の提唱する母体言語交代モデル、特に Fuller (1996)によって解釈されたモデルが最適であると思われる。

10.2.3. 第一言語習得

　混合言語の形成には、異なる言語を話す親を持つ幼児や思春期の子供が果たす役割が大きい。さらに興味深いことにいくつかの研究では、母親の言語が統語供給言語、父親の言語が語彙供給言語になるという共通点が見られる(Bakker & Mous 1994)。そして小笠原においても同様の傾向が見られるのだ。19 世紀後半に日本人移住者が島に渡ってきてから、欧米系島民の多くは日本人と結婚するようになった。これは男女ともに見られた傾向であるが、欧米系島民の女性は結婚すると島を離れることが多い一方、欧米系の男性は(結婚する相手が小笠原出身であろうが本土出身であろうが、あるいは外国出身であろうが)島に残る傾向にあった。このため、20 世紀始めごろには母親が日本人、父親が欧米系という家庭形態が多くなり、その傾向が 20 世紀半ばあるいは現在にまで続いているのである。戦後になっても島の男たちは(アメリカ海軍の許可を得て)本土に渡り、結婚をした後で帰島している。その結果、当時の子供達の多くは、欧米系島民の父親と日本人の母親に育てられたのである。

　OML は欧米系島民の家系に入った日本人妻が作ったと思われるかもしれない。すなわち日本人妻は欧米系の家庭で英語の単語を習得し、それを日本

語の文法に当てはめながら使用していたことがOMLの起源だというものである。しかしながらこの考え方は詳しく検討すれば説得力に欠けていることがすぐに分かる。というのはOMLには英語の音韻と句構造が保持されているからである。仮にOMLの発生が日本人妻にあるのであれば、カタカナ英語になったり、名詞句の中の語順が不自然になったりしているはずである。それよりはむしろ、子供達が複数の言語が使用されていた家庭で育つなかで様々なことばの要素を耳から習得し、それを1つの言語として作り上げたと解釈した方が賢明である。

なおここで子供達の言語発達に影響を与えたかもしれないもう1つの無視できない要因について触れておこう。上述した通り、OMLが欧米系島民と日本人(あるいは日系島民)との間でリンガ・フランカとして使われた歴史はない。欧米系島民は比較的短期間に(明治時代に)日本語を習得したからである。しかし、だからと言って日本人妻の使用していた不自然な英語が子供達に与えた影響がゼロだったとも言い切れない。なぜなら彼女達は家庭内ではバイリンガルの欧米系島民の夫とは日本語を使っていたにしても、アメリカ海軍が島を統治した四半世紀の間に、英語モノリンガル(米軍関係者)の人と話さなければならない場面も多かれ少なかれあったからである。

10.2.4. 小笠原混合言語の発生における子供たちの役割

上述した起源説とは別なものを検討しておこう。すなわちOMLは、米軍統治当時、バイリンガルな家庭で育った子供達自身によって形成されたものだという説である。これは、米軍世代に言語形成期を迎えた人たちの間でよく言われていることである。

米軍統治時代に生まれ育った2人の欧米系島民が1990年代に、子供の頃の言語使用についてアメリカ人インタビュアーに話した様子を録画したテープがある((40))。次に挙げる会話から、この混合言語を生み出したのは海軍の世代の子供達だったと考えている様子が窺える。なおインタビューは筆者(DL)が英語で行ったが、以下にはその意訳したものを載せる。

第 10 章　戦後の小笠原混合言語　249

(40)　DL：　　家では日本語と英語の両方を話していた？

　　　ISL：　　ううん。（否定的な反応）

　　　GSC：　　いいえ。日本語は家で、英語は学校で。でも遊んでいるとき
　　　　　　　は日本語だけ使っていたよ。でもいくつかの言葉はごちゃ混
　　　　　　　ぜ…

　　　ISL：　　日本語でごちゃ混ぜ。

　　　GSC：　　適当に作っちゃった。島民だけが知っていて、他の日本人は
　　　　　　　何話ているのか分からないように。すごく役に立ったよね！

　　　ISL：　　島ことばといって、混ざった作られたことばだった。日本語
　　　　　　　を文字通りに英語に訳してたけど、他のどこにもないことば
　　　　　　　だよね [2]。

　また、筆者自身が 1999 年に行った調査からも同様のコメントが得られた
（(41)）。こちらのインタビューは日本語で行なわれた。

(41)　SG：　　それとね。われわれ独特のことばがあったんです。作りかけて
　　　　　　　た、ちょうど、子供ん中で、返還ちょっと前ぐらい。

　　　DL：　　それ、例えばどういうことですか？

　　　SG：　　で忘れちゃったの。だから、今、アメリカに帰ってそのままア
　　　　　　　メリカ行った人はそのことばで帰ってくるわけ。それで喋るわ
　　　　　　　けよ。で…もう覚えてないよ、昔の小笠原の language。自分等
　　　　　　　でつくったことばがあるんですよ、子供が子供同士で。大人の
　　　　　　　ことばじゃないんですよ。日本語でもない、英語もない、われ
　　　　　　　われ独特のことば作ったんですよ、子供の時に。お互い喋って
　　　　　　　る時に。で、僕もそれね、話してたんですね。ところが、返還
　　　　　　　になったらそれ忘れちゃったわけ。で、返還前に出て行っ
　　　　　　　ちゃった人は…アメリカそのまま行った人はまだ覚えてるわけ
　　　　　　　で、向こうで自分等同士で喋ってるわけ。コミュニケーション
　　　　　　　とってるわけ。で、こっちから帰って来るとそのことばで喋ら

れても、分かんない。
DL： 忘れちゃったから。
SG： うん。アイヌ弁みたいな、分かんないですからね。まあ、何喋ってるか分からないよ。「馬鹿言うな！」って。で「子供の時に喋ってたことばじゃないか」ってよく言われますよ。
DL： でも二、三日するとそれは段々思い出したりはしません？
SG： いや、時々、だから場面を思い出すことがある。だけど、ほとんど brainwash されてね。きれい…あんまり…ちょっと…だって日本語じゃないんだよ。
DL： 日本語でも英語でもない。
SG： 英語でもない、アイヌみたいね。
DL： この島だけの。
SG： この島だけのっていうかね。それで、うち帰って親に言ったって、親も分からない。子供同士で作ったことばだから。で、返還されて、ぷつんって切れちゃったわけ。だから、新しい new language をどんどんどんどん作りかけてたので。返還のおかげでそれが切れちゃったわけなの。
DL： ああ、そうですか。

図 10-1　米海軍の制服から作った島の子供たち（1940 年代後半、検閲のために写真の背景が修正されている）

SG：　われわれは独特のことばを生み始めたんだね。

　自ら OML を生み出した世代と考える「米軍世代」の多くは、当時、戦前生まれの親も家庭で英語と日本語を混ぜていたと証言している。第二次世界大戦以前から、欧米系島民が 2 つの言語を混ぜていたのは明らかであり、現在においてもこの戦前世代の間でもこうした混ざった話し方が見られる。しかし、「米軍世代」の話者は、自分たちのことばと戦前世代の人のことばとがいくらか違っていたと認識している。なお、本章で取り扱ったデータには、戦前世代・米軍世代の両方の話者によるものが含まれている。戦前と戦後の 2 つのコードにおける範疇的(categorical)、または量的な違いを明らかにすることはこれからの研究課題である。

　さて、これまで考察した戦前世代の話者に見られる一種の「混ぜことば」現象の詳細な実態はともかくとして、OML は自分たちの世代が作り上げたという米軍世代の話者の意識は無視できない。一見、矛盾しているように見えるこの状況を説明するには、次のような考えが妥当ではないかと考えられる。

　第二次世界大戦前にはすでに長期にわたって日本語と英語が絡み合って一種の混合言語のようなものが使用されていたことは間違いない。しかし、1 つの独立した言語体系として結晶したのは米軍時代である可能性が高い。そしてそれが「1 つの言語」として認識されたのは返還後になってであるのだ。

　筆者はこれまで、言語学について専門知識を持たない人達の言語変異に対する自らの認知についての研究を行った。その研究で明らかになったのは、地域間、または世代による差異が、言語学者には些細なものに思われても、話者自身にとっては重要なものとして認識されることがあるということである。多くのコミュニティにおいて、それが言語学者にとってわずかな言語的な違いであっても、それを老年層、若年層とも、大きな差を認識しているのだ。小笠原の場合、20 世紀半ばの間に見られた言語変化も、両世代の話者にとっては世代差を示す標識となっている。このような差異を示す例として、英語起源の一人称詞の *me* が挙げられる。これは戦後のことばを代表す

る特徴であることは上述した通りである。そして、戦前生まれの話者には見られなかった特徴でもある。まとめると、現在、筆者は次のような作業仮説のもとでデータを収集し続けている。すなわち、戦前に（おそらく、19世紀末から）混合言語がすでに存在していたが、両親や祖父母から受け継いだコード混交（日本語とボニン英語の code mixing）が、戦後の話者の間でOML の言語体系へと発展し、その形式と構造が結晶になったということであろう。

10.2.5. Myers-Scotton が提唱した MLT モデル

　小笠原混合言語の最大の謎は、「収斂」（convergence）が起きた点にある。通常、言語接触が起きると、語彙が借用されるが、文法事項を借用することは、起こり得ないことだと思われている。それが実際に起きている言語が世界にいくつか見つかっている。小笠原混合言語もその１つである。すなわち、今日の欧米系が話している小笠原混合言語の実態を見れば、彼らの先祖が、日常的に話していた英語に日本語の文法構造を借用したとしか思えないのだ。「収斂」という現象は、他の言語から構造的要素を導入する現象である（Fuller 1996: 494）。この「有り得ない」現象がどのように生じたかを説明する理論として MLT 仮説を紹介する。

　MLT とは Matrix Language Turnover、つまり「母体言語交代」の仮説で、マイヤーズスコットン（Myers-Scotton）が提唱したものである。小笠原混合言語の形成過程を説明するのに最も適したモデルである。氏の理論は役立つが、非常に読みにくい。フラー（Fuller 1996）でその理論をいくつかの段階に分けている。以下ではフラーの段階分けにそって、小笠原への応用を考える。社会言語学状況やその時代的変遷を考えると、MLT が最も有効なモデルであるという結論に至る。

　MLT モデルで２つの重要な区別は、体系形態素（System Morphemes）と内容形態素（Content Morphemes）の区別、および母体言語（Matrix Language）と埋め込み言語（Embedded Language）のそれぞれの機能の区別である。MLT の「交代」（Turnover）とは、母体言語が「ひっくり返る」ことである。

小笠原のことばは最初、「英語の中に日本語が含まれている」ものだったが、いつの間にか、母体言語がひっくり返って、現在のように「日本語の文の中に英語の句や単語が含まれる」言語体系へと変わったのである。MLTモデルは言語体系における歴史的・時間的変化を説明するためのものなので、以下では時代にそって、MLTの一般的な現象(太文字の部分)を述べてから、小笠原で起きたそれに匹敵する具体的な現象を考察する。

MLT モデルを応用した小笠原混合言語の形成過程 1〜7

1. 収斂(convergence)が起こりやすくする社会環境が 3 つある。これらは 19 世紀後半から 20 世紀初頭にかけての小笠原で見られる。

1.a. ある言語(優勢言語)が支配的になっている環境の中でもう 1 つの言語(少数派言語)が使われている。小笠原では、日本語主流社会の中で英語が使われていた。1870 年代から日系島民が、帰化した在来島民の人数を遥かに上回っていた。ゴンザレス牧師が学校で英語を教えていたのは事実だが、英語教育がやがて公立学校から教会の中の民間授業へと姿を変えた。こうしたことからも英語が日本語に服従させられていたことが分かる。

1.b. 少数派言語の話者にとって、言語が社会的アイデンティティを表す主要な手段になっている。小笠原で英語を使う人にとって、その言語使用は「自分は欧米系である」という社会的アイデンティティを表示するための重要な手段であった。日本による統治が始まるまでは、「イギリス人」や「アメリカ人」、さらには非英語圏の「ポルトガル人」や「ハワイ人」、「ポナペ人」といったバラバラなアイデンティティを持っていた在来島民も英語を使うようになった。そして、「帰化人」や「異人」、「ヤンキー」という共通のアイデンティティを抱くようになった。日本人が入って来る以前に、島民は宗教に極めて無関心だという報告が複数見られる。しかし、日本人の入植後、帰化人コミュニティの中で、英語で行われた教会の役割が重要性を増したのである。

1.c. 少数派言語の話者は、その言語の標準語(あるいは少なくとも安定している変種)から地理的にも社会的にも離れている。小笠原にいた英語話者

は地理的にも社会的にも主流英語（安定した英語）から切り離されていた。もちろん、例外も少しあった。19世紀半ばにはハワイの英語コミュニティとコンタクトを取っていた。グアムは1898年までアメリカ領にならなかったが、その前から英語を媒体にしたコミュニケーションが小笠原との間に行われていた。そして、教育や宗教、貿易を通じて、神戸や横浜の英語コミュニティとの接触もあった（Cholomondeley 1915）。しかし、これらのコミュニケーションを行なうためには、数日間の船旅が条件だったので、日常的な言語接触とはいえない。

2. **二言語話者はコードスイッチングをする。**19世紀末の小笠原でのコードスイッチングに関する情報はないが、欧米系はバイリンガルだったことが分かっており、それは通訳や翻訳家を務めるほどであった。だから、少なくともモノリンガルな日本人としゃべるときには日本語への切り替えを行っていたのであろう。明治時代の島の学校では英語による授業もあったが、そうでない授業のときは日本語に切り替える必要があった。また、英語媒介の授業が廃止されたあとは、家庭内で使用した英語から日本語に切り替える必要はあった。強制的なコードスイッチングに関する報告もある。ナッティ・セーボレーは『ナショナル・ジオグラフィック』のインタビューで、英語を使わなければ父にぶたれたと言っている（§9.1）。

3. **単語の借用が見られる（つまり、モノリンガル話者の会話にも優勢言語の単語が見られる）。**小笠原では日本語の会話ができなかった帰化人も、自分の話す英語に日本語の単語を混ぜていた。この段階は常識的にも想像できるので、証拠となるデータは不要かもしれないが、§4.5で見たような「ベンジャミン爺は英語に日本語を混ぜるときがあった」という証言はまさにこの段階の状況を語っているであろう。

4. **少数派言語の話者は主流社会に同化せずに、優勢言語も話せるバイリンガルになる。**小笠原では、確かに帰化人は日本社会に文化的同化をせずに、日本語を習得しバイリンガルになった。日系島民と結婚する人もいたが、欧米系という別のアイデンティティを保っていたのである。太平洋戦争のときに、日本人名を名乗ることを強制されたあとでも、今日に至るまで西

洋名の方を日常的に使っている。多数の個人がバイリンガルであったことは、現存する本人の録音、文字化インタビュー、子孫からの情報、通訳を務めた事実などから分かっている。

5. コードスイッチング(コード切り替え)が「文中コード切り替え」(intrasentential codeswitching)まで進めば、片方の言語は「母体言語」となり、形態統語論枠組みを成す。もう1つの言語は「埋め込み言語」と呼ばれ、最初は単語、後に句単位を提供する。小笠原では、初期の言語的からみ合いとは英語の中に日本語の単語(→表現→句)を取り入れることを意味したので、最初の母体言語は英語だった。この後、三段階を経て母体言語が日本語へと代わっていく。

5.a. 文中コード切り替えがあるが、体系形態素はまだ母体言語のものとなっている。小笠原の場合、「混ざってくる日本語の部分が徐々に大きくなっていくが、体系形態素はまだ英語のものになっている」状態がこれに当たるが、現存するデータがない。

5.a.i. 初期の借用は、語彙的空白が動機となっている。小笠原の場合、日本人が持ってきた物の中には、英語の名称がなくて語彙的空白が生じていた場合があった。こうした物について言及するときは日本語の名称を使うことが自然だったのであろう。例えばヴァン・バスカークの日記(Van Buskirk 1880–1881, 1898)にも *geta*(下駄)、*tako no ki*(タコノキ)、*saki-shop*(飲み屋)、*sen*(銭)、*jinrikisha*(人力車)などが登場する。短期滞在者でもこれほど日本の単語を取り入れているならば、島民はなおさらであったはずだ。

5.a.ii. のちに、基本語彙も優勢言語から借用される。

5.b. 母体言語の交代が完了する前に、「複合母体言語」(composite matrix language)という中間段階がある。小笠原では、日本語と英語のどちらが母体言語になっているか、判断がしにくい場合がある。1920年代生まれの世代の欧米系(Able Savory, Jeffrey Gilley, Hendrick Savory など)同士の会話を聞いているとなおさらそのような印象を受ける。ここで本書§7.5で紹介した(筆者に向かってエーブルが使った文)(24a)をもう一度みよう。

(24a′) そこで about two week or three［tɹiː］week いたね。

　（24a′）で述語の「いた」が日本語であることから日本語が母体言語だと判断したいところであるが、形態素の量から言えばむしろ英語が主要になっている。違う観点から考えると、（24a′）は「孤児院に一緒に入れられたんですか」という日本語の問いに対する答えだから、英語の分からない人が聞けば得られる情報は「そこで…いたね」しかないのだ。

　5.b.i.　いくつかの体系形態素が優勢言語から取り入れられる。 歴史的にどの体系形態素（助詞、接続詞、文末詞、副詞など）が先に日本語から入ったかはまだ不明だが、確かに現在の OML において日本語の体系形態素は多い。前項で引用したエーブル・セーボレーの文字化資料から日本語の体系形態素と英語の内容形態素からなっている文(42)を見よう(Long 2003: 49)。

(42)　聞き手：How many pounds was that?（ポンドでどれぐらいの重さですか？）

　　　AS：　　Pounds だと forty-five fifty pound か forty pound。

　5.b.ii.　「相同制約」(congruence requirements) の違反が起こり、その結果、少数派言語と優勢言語の両方からなる語彙概念的や形態論的特徴が出現する。

　5.b.iii.　少数言語において、変異的になっている複数の形式(語順など)が存在する場合、優勢言語に近いものが好まれ使用される。 作例を考えると "I don't know what I should do" も "What I should do, I don't know" も日本語では「何をしたら良いか分からない」という意味になる。しかし、日本語の語順に似ていることから後者が好まれるようになる。

　5.c.　優勢言語の体系形態素と一緒に、少数派言語の内容形態素が使われる。これで母体言語がひっくり返ったと見なす。 戦後(現在に至るまで)の小笠原で見られる混合言語ではこれが起きている。

　6.　「収斂」のメカニズムは、コードスイッチングにおける母体言語の交

代したことにある（Fuller 1996: 494）。小笠原の混合言語の始まりは、今日の
欧米系島民の先祖が英語の中に日本語を取り入れることにあるが、現在の小
笠原混合言語は、逆に日本語の文構造の中に英語の「内容形態素」が取り入
れられている。現在でも、英語の体系形態素（接続詞、副詞、代名詞など）が
見られる。これらはもしかすると、交代以前の状態のなごりかもしれない。

7. MLT の結果は「収斂」(convergence) と同様の言語体系である。今日
の欧米系島民が使っている言語変種は結果的には、先祖が話していた言語
（英語）に日本語の文法構造が借用されたものに見える。MLT 仮説はこの不
思議な現象が起きた過程を説明してくれる。

OML が形成された時代も、形成された環境も必ずしも明らかではない。
多くのネイビー世代の話者に聞くと、家庭内で親や兄弟と話すときに日本語
を使ったと言う。複数のインタビューでこの人たちは、OML について、同
じ世代の子供たちと学校や遊びで使ったのであり、親とは使っていないと言
う。ただし、こう言っている人は、親のどちらかが日本人だった家庭に育っ
た欧米系である。こう考えると米海軍時代に、子供たちによって OML が
（戦前のコード混交の影響を受けながらも）結晶したという結論が妥当に思わ
れる。しかし、7 章で見たように戦前に育った話者の中には、通常の外来語
使用をはるかに超える程度の英単語を日本語の文に混ぜている人もいる。興
味深いことに、こうした傾向が見られる人は、両親ともが欧米系の家庭に
育ったか、あるいは自分の配偶者も欧米系である話者である。第 7 章の瀬
堀エーブルやジェフレー・ゲレーなどはこの例に当たる。

これを受けて、以下のようなシナリオを仮説として提唱することが可能で
ある。戦前、父母が欧米系同士の家庭に育った子供は、両親が言語を混ぜて
いるのを聞いて、母語として混合言語を習得した。一方、家庭言語は日本語
のみという欧米系もいたが、戦後、彼らが学校で英語使用の環境にどっぷり
浸かった（immersion）ため、2 つの言語を使用することにも、混用すること
に抵抗を感じなかった。さて、どうして 2 つの言語を混ぜたのであろうか？
二言語使用者になっても、2 つの言語を場面や相手、課題などによって使い

分ける行動も考えられる。それは、クラスメートの中に、すでに混ぜている人（上で言った欧米系同士の家庭に育った子）がいたからであろう。つまり、OML はネイビー世代の子供の手によって、より均一化された物、より形式化されたものへと発展していったが、2つの言語を絡み合わせながら（intertwine）使う前例がすでに戦前の話者の間に見られるのである。

10.2.6. 小笠原混合言語とコードスイッチングおよびコード混交

　上述の通り、OML の形成過程においてコードスイッチングが重要な役割を果たしたと思われる。しかし、20世紀後半に使用された OML は言語体系であり、単にコードスイッチングとみなされるべきではない。OML は英語と日本語によるコード混交やコードスイッチングとは性格が異なるものである。例えば、日本人がコードスイッチングをするときに、(1)敬語の回避、(2)丁寧語の回避、(3)英語の代名詞の使用、(4)英語の句構造の導入、(5)英語の音韻体系の使用、(6)英語の数詞の使用、といった特徴は特に見られないが、これらの要素がまさに OML の特徴に含まれているものである。

　また、本書で取り扱ったデータの多くは、英語を母語とするバイリンガル話者（筆者）と日本語母語のモノリンガル話者が一緒に島の人と話したときの会話である。こうした事実から、「データに見られる言葉の混ざり方は、単に両方の聞き手に対する島民の配慮ではないか」と考える人もいるかもしれない。しかしながら、実際はむしろ反対であり、日本人の聞き手がいるにもかかわらず、英語が混ざっているのである。言ってみれば〈混ぜてはいけないと分かりながらも、混ざってしまうほど混合言語の生命力が強い〉と言えるのではなかろうか。この主張を裏付ける次の3つの事実を考えよう。

　まず(24b′)のように、日本語の文の中で英語と同じ意味の日本語が併用される「自己翻訳行為」のときに、英語の方が先に出てくるのである。つまり、日本語を言ったあとに、〈欧米系的なアイデンティティを表示することを思い出し、英語を付け加えている〉わけではなく、むしろ逆である。日本語を話しているときでも、英語が自然と出てくる。その時に、相手が日本語

話者であることを意識して、日本語を訳として付け加えているのである。

(24b′) もー、あと、*almost, about five kilo* ぐらい、5 キロぐらい。で、*sundown, eh*。

　これまで集めた混合言語のデータで、「自己翻訳行為」のほとんどは(24b′)のように〈英語→日本語〉の順番であり、〈日本語→英語〉のケースはめったに見られない。しかも、日本語話者がいない場合は、むしろ 10.3.6 で述べる(58)のように「自己翻訳なし」が普通である。なお、チャーリー爺が話した(5)や(6)のような、日本語の後に英訳が挿入されるという使用例がある。しかし、これは混合言語ではなく英語談話であった。その中に出てきた日本語や日本語引用を、英語モノリンガルの聞き手のために、英訳しただけである。

　欧米系島民は外部者に対してけっして混合言語を使わないのが普通である。日本語話者には「純粋な」日本語を、英語話者には「純粋な」英語(必ずしも標準英語や標準日本語とは限らないが、どちらかがどちらかに混ざらないもの)を使用するのが一般的である。混合言語は主に欧米系島民同士で使用される。実際にすべてのインフォーマントは、最初の調査では日本語(のみ)で、あるいは英語(のみ)で話し、混合言語をインフォーマントから聞けるようにようになったのは何回かの面接調査を重ねたあと、しかも彼らとある程度親しくなってからのことである。

　そしてこれまでの調査では、話者が話に夢中になると、話者の言語が日本語(あるいは英語)から混合言語に切り替わる様子がしばしば観察された。つまりこれらの話者には社会言語学者ラボフの言う「日常語」(vernacular)の使用が見られる。彼らは「気を許した」場面で、混合言語を使用するのである(Labov 1972)。

　以下の混合言語の会話例を見よう((43))。話しているのは 3 人のネイビー世代の話者、I(1948 生まれの女性)、F(1947 生まれの女性)、R(1950 生まれの男性)、そして D(筆者)である。1960 年 5 月 23 日に父島を襲ったチリ

260 第4部 米軍時代

津波の話をしている。Iは、みんなが復興で忙しかったことは子供だった自分にとって辛かったと語っている。これを受けてFはグアム滞在中に起きた別の天災を思い出す。1962年11月12日に記録的な被害をもたらしたカレン台風である。以下の会話では、①日本語、②英語、③小笠原混合言語の3つの言語体系が使われている。

(43)　I：　そのとき *me sad* だったよ。遊べなくなっちゃったもの。みんな忙しいから。

　　　F：　んで *Guam* で *Typhoon Karen*.

　　　I：　Oh yeah, and then we got hit by Typhoon Karen.

　　　F：　いや、怖い！

　　　I：　That was nineteen sixty and we went to Guam sixty-two. The very first year. Was it? *We went in August* の終わり。

　　　F：　電気も何もない。

　　　I：　November に。Ah, typhoon Karen. It was the worst typhoon Guam had had up until that point.

　　　D：　And you were there during the time?

　　　F：　Yeah、そう。

　　　R：　Couple of years ago, Guam got hit by a big one.

　　　I：　Yeah, big one. But typhoon Karen was the typhoon of all typhoon だった。そのときには。

　　　R：　Mother of typhoons.

　　　F：　You know what? Mrs. xxx, my home stay の bathroom で。She had this portable tape recorder でこう、自分の mom にしゃべっていた。

　　　D：　だれが？

　　　F：　Homestay していたの、あのーね。She had four boys だったよ、小さいがね。子供なんか back bedroom にいる、全然気がつかない。1人なんか。French type、あのー louvers の type だったよ。Guam の house は、私たちがいたの。それ French door だからさ

あ、大きいのがあるんだよ。前とうしろなんか、そこ過ぎている。それでまた bathroom 一番安全。そこの homestay の奥さん。ああ、tape recorder いっしょだけど wind の音も取って、自分の Mom にしゃべって。うちの Mama に言っても、うちの Mama たち怖いだろう、typhoon。びっくりしちゃって。絶対忘れない…First thing のあの人の experience だろう。その、すごいもの。

I： Tape recorder はあのう、reel to reel のやつだろう？

F： だけど、小さやつだっただよ。それで。

I： うん。あったよ、小さいの。You know what I wish?

F： あの人どこだった？ Idaho? どっか、Iowa? そこらへんのあれだけど。うちの mama なんて怖いぞ、typhoon、よくそういうところいく、娘がいるそういう人。

I： You know what? They said there were people, American people walking around. そしたら decapitated んなるって。They were— because あのう、なんだ？あのう、tin roof。なんっつったって？ tin roof のこと。

F： トタンの。

I： トタンが飛んだら首って切られるからって。…Me の sponsor の、あのう、何と言うの？その French door，あのう glass door が割れて、water が up to the knee だった。そっしてさあ、初めて来たのに、あんな tragedy あって。

F： あそう？ water はあれだったな、わたしらの方は。

I： Water 入ってきた。knee まで入ってきた。そして、また今度 mess-hall に食べに行った。そしたら、恥ずかしいだろう。Back then I was very shy. And you had to stand in line with all the 兵隊.

F： Two weeks も学校あれだったから。父島に帰してほしかった。それはしなかったけどね。電気もなくて。

I： Yeah, no roof. 電気もないし。And so you, yeah, that's why you had to go eat at the mess hall. そして、cold. this is on the heel of that

tsunami, ね。津波の思い出して、また。So we've been veterans だ
じゃ。

R： Veterans of natural disasters?

　この会話ではコードスイッチングが見られる。小笠原混合言語はコードス
イッチングではなく、1つの言語体系である。この会話では、日英の2つの
言語が使われているのではなく、小笠原混合言語と日本語と英語の3つの
言語が見られる。短い文(Yeah、そう。)の場合のコードスイッチング分析は
有意義な作業とはいえないが、長い文は分析の対象となれる。なお、混合言
語という概念は研究を進めるために提唱したが、話者本人はこうした言語の
境界線を感じていない。彼らは、日本語をより多く混ぜたり、逆に英語の方
を増やしたりするという混ざり具合の調整を行なっているというふうに意識
している。

10.3.　戦後の混合言語の特徴

10.3.1.　戦後の小笠原混合言語に見られる2つの音韻体系

　戦後の OML は、英語と日本語のそれぞれの音韻体系をはっきり区別し
ている。原則として、小笠原混合言語の日本語起源の要素はその音韻体系・
音韻規則に則した発音になる。英語起源の要素も英語の音韻体系・規則に従
う。例えば、流音は3種類に区別され、英語の歯茎接近音 [ɹ] と歯茎側音
[l]、そして日本語のはじき音 [ɾ] が使い分けられている。太平洋諸島の諸
言語に由来する単語や地名、人名(§5.3.2. 参照)の発音は変異的になる。由
来不明の例にもこうした変異的な発音が見られる。Marane は「淫乱」を意
味する単語で発音は英語的な [maɹane] と日本語的な [maɾane] との間に
変異が見られる。

　Ufu「ブダイ」(魚)はハワイ語の uhu に由来するが、小笠原の発音は、ハ
ワイ語の [h] よりも日本語の両唇摩擦音の [ɸ] の発音になっている。オ
カヤドカリを指す fumpa(おそらくポナペ語の mpwa に由来する)には [h]

と［ɸ］の両方が聞かれる。これらの本書や『小笠原ことばしゃべる辞典』などで使っている OML 単語のつづりは、島で一般に使われるものを採用している。

　OML のいくつかの発音は、19 世紀のボニンクレオロイド英語の発音が保たれている。例えば、/θ/ が［t］になり、'three'（三）、'thatch (roof)'（葺いた屋根）、'thank you'（ありがとう）がそれぞれ［tri］,［tætʃ］、［te:nk yu:］と発音されているのは現在でもよく聞くのである。また、/v/ を唇歯音ではなく両唇音として発音するチャーリー爺の特徴（§5.3.4.）は、半世紀以上あとに生まれた話者にも残っている。現在 /v/ として［v］の発音が一般的であるが、録音資料にはフローラ・ウエブによる 'Virginia' の発音としての［βɚdʒɪniə］やジョンソン・ワシントン（1948 年生まれ）の 'reversion'（返還）としての［ɹɪβɚʒən］の発音がある。

　第 7 章（§7.1 と §7.3）で見たように、戦前の話者が行なっている母音区別は予想を超えている。簡単に言えば、一般のピジン・クレオール英語にしても、「日本人英語」にしても、英単語は 5 母音で発音されるが、小笠原の場合はそうならなかった。戦後の話者も母音区別がネイティブ並になっている。しかし、ニューイングランド訛の母音体系が（部分的に）見られた戦前の話者に比べて、ネイビー世代の話者は、実際の音価がアメリカ英語に近い。

　ただし、現在のアメリカ英語に広がっている、いわゆる "caught"/"cot" 融合現象がなく、［ɔ］と［a］の区別が保たれている。以下の OML の会話例では国際音声記号（IPA）の表記をつけないことにした。その理由の 1 つは、絡み合っている 2 つの言語だけでも複雑で IPA を付ければ読み難い。しかし、それよりも OML の音韻体系はさほど複雑ではなく、英語起源の部分は一般アメリカ英語の発音で変わらないところが多く、日本語起源の部分は東京の発音とさほど変わらないからである。

　ここで、これから見る会話例に出てくる単語を中心に母音体系を概説する。予想される 5 つの基本母音以外にも、(44)にある母音が聞かれる（うしろに例番号を記した）。

264 第 4 部 米軍時代

(44) [ɪ] *Christmas, simple*(52, 58)

[ɪ] 鼻音の前では /ɛ/ が [ɛ] ではなく [ɪ] になる, *remember, twentieth* (51)

[ɪ] ストレスのない音節では /ɪ/ が [ə] に変わるのではなく [ɪ] のまま, *twentieth* [twɪntiɪθ](51)、*luckily* [lʌkɪli](つまり [twɪntiəθ] や [lʌkəli] ではない)[3]

[ɛ] *pregnant, decorations*(51, 52)

[æ] *glass, spam*(43′, 50)

[ɔ] *long, brought*(65, 102)

[ʌ] *just, but*(56, 63)

[ɚ] *sponsor, water, worst*(43′)

[ʊ] *cookbook*(58), *good*(109)

[ɪə] *beer, here, years*(46, 51, 65)

[oɚ] *door, forty, board*(43′, 65, 58)

[ɛɚ] *there, air, square*(46, 58)

[eː]([ei] ではない)*day, taste*(53, 58)

[uː] *you*(48)

[oː]([ou] ではない)*no, clothes*(48)

[ɑ] *sponsor, lots*(43′, 48)

10.3.2. 人称代名詞

　戦前の OML にも、英語起源の人称代名詞が多少見られるが(§7.5 の 23)、戦後の OML では英語の人称代名詞(特に一人称の *me*)がむしろ主流となった。OML の最も目立った(salient)言語形式がまさにこの *me* と言えそうである。OML 話者以外の人(観光客、OML 話者の子供など)にとって最も印象に残る特徴で、戦前の話者もネイビー世代の話者も OML の特徴として挙げる言語形式である。上記の(43)にも「そのとき *me sad* だった」や「*me* の *sponsor*」の使用が見られた。主流英語に見られる格変化(*I, me, my, mine*)はなく、使われるのは *me* のみである。格の情報は日本語の格助詞で

補充されている。日本語で現れる文法形式には特に制約がなく、ゼロ形式の主格(43′, 45a, 46a)、「は」(67, 68, 73, 45b)および(106)の「me はちゃんとしないと」、「も」(45c)、「と」(45d)、「の」の所有格(43′, 46b, 71)の様々の形で現れる。島でこの *me* を使うのは女性に多いと言われるが、実はこれらの 6 人の話者は皆女性である。

(43′) そのとき me sad だったよ［中略］Me の sponsor の、あのう、何と言うの？ その French door, あのう glass door が割れて、water が up to the knee だった。(ISL)(意訳：「私のホストファミリーの、あのう、なんて言うの、そのフレンチドア、ガラスのドアが割れて、ひざまで水につかった。」)

(45) a. Me okay、ダイジョービ。(MWY)

b. Me はね、お前にむかつくんだよ。(MJW)

c. Me もセイレイ！(RBK)(意訳：仲間に入れてよ！)

d. You know what I did? I went for a walk ずっとあのー、ボービタイのほう。Me と Suki。(ESP)[4]

(46) a. ESP： I remember on Friday night we go to the EM club ね , Gingkokai Club, they called it. We go there and play bingo. Soda was ten cents, このぐらいの soda あの時は。

MKS： I don't remember that. Me あの時いなかったから。

ESP： And beer was maybe twenty five cents あの時 1 つね。Yeah.

b. ISL： うちの Pat が boy だじゃ。Boy。That's his name, "boy".

MKS： Me の husband もそうだろう。ひとり boy だから、"boy, boy"

主流英語に見られる複数形(*we, us, our, ours* など)がなく、日本語の「ら」が後続し、「me ら」という形で現している(47a, 47b, 69, 100)。そして稀に「me たち」が使われる(47c)。なお、「うち」という一人称も見られる(43, 46, 48, 51, 61)。

266 第4部 米軍時代

(47) a. ESP： Me ら「タバコ吸う」と言うじゃ。日本は違う。「タバコ飲
む」と言うだろう。

ISL：「飲む」？　No kidding?

b. あら、me らの船が入った(RB)

c. ISL：「薬トル」言う？

MKS：Me は「薬飲む」と言う。

ISL：お前「飲む」。Me たちは「薬とる」。

ESP：「とんないと！」

この内容も興味深いから少し解説しよう。ここで、ネイビー世代の2人の女性が話している。2人とも、返還の前に島を離れてアメリカで暮らしているから、日本の領土としての小笠原には暮らしたことがない。内地の生活も知らない。島民と話すときには例にあるような UML を使うか、標準日本語が苦手だと本人たちは言う。(47a)で問題となっているのは、話者の「何が標準語で、何が小笠原ことばか」という認識である。島で使う「タバコを吸う」という言い方に慣れているが、内地の人が「タバコを飲む」と言っているのを聞いたときに、「内地にノムとスウの2つの言い方がある」と解釈せずに、「内地はノムと言う→内地は標準語→島ではスウと言う→島は標準語ではない→だったらスウは標準語ではない」という誤った推測をしてしまったのである。

さて、戦後の混合言語において、二人称代名詞が英語起源の *you*(70, 48)、または日本語起源の *omae*(35, 45b, 47c)や *omai*。

(48) ウチの Mama は no leg man も見たっつったぞ。あの、兵隊の Clothes 着て。You のおじいさん too, he had lots of stories. (意訳：ウチのお母さんは足のない人見たっつったぞ、あの、兵隊の服来て。あんたのおじいさんも、色んな話持ってるよ。)

英語において、三人称代名詞はほんとんど義務的であるが、日本語で三人

称代名詞は使われることは少ない。日本語は「彼、彼女」よりも、「あの人」や「鈴木さん」のような表現を使うことが多い。OML において、英語の *he, she, it, they* の使用が一人称の *me* や二人称の *you* に比べて圧倒的に少ないことは、日本語のように代名詞以外の言い方を採用しているからである。興味深い共通点がトロントの日系カナダ人の日本語にも見られる。これは偶然の共通性か、両方の使用の根底に共通の原因があるかは分からない。日比谷(1995)によると、トロントでも一人称代名詞が *me* で、二人称も *you* であるが、三人称は *he* と *she* にならない。もう１つの共通点は、英語の複数形 *we, us, our* なども、日本語の複数形「私たち、僕ら、我々」などもどちらも使わずに、英語起源の *me* に日本語起源の「ら」をつけて、「me ら」(例(47)など参照)を使うところにある。

　ネイビー世代の人が「標準語が苦手だ」というときにそれが具体的に何を指しているかと聞くと次の答えが返ってくる。

① 混合言語：英語と日本語を混ぜて話すから、日本語だけで(英語が混ざらずに)話すのが難しい。

② 方言：小笠原の日本語には八丈島方言など内地で通じない言い方が含まれているが、どれが標準語でどれが方言か分からないから、標準語だけで話すのが難しい。

③ 敬語：小笠原では敬語、丁寧語をあまり使わないし、身内ばかりで暮らしているから使う必要も感じない。内地へ行くと困るのは敬語、丁寧語が使いこなせなくて、ことばが荒っぽく聞こえると言われて困る。

④ 文字：学校教育はずっと英語だけだったため、平仮名や片仮名すら教わっていない。島に居ても回ってくる書類や街の看板が読めないから、内地へ行ったらなおさら普通の生活ができない。

⑤ 高度なことば：いわゆる難しいことばは苦手である。(これは専門用語までいかなくても、非日常的な単語や慣用句は返還直後の欧米系の話者にとって難しかった。「だらしがない」の反対を「だらしがあ

る」と解釈したことや、「知能検査」を「血の検査」、「落花生」を
「オットセイ」と間違えた例、日本人の子供なら学校で習う「三角定
規」の意味や「メス」ということばが分からなかった。(§11.2 参照))

　現在でも、島を 40 年以上離れてアメリカで暮らしている欧米系の人がい
る。返還前はグアムの高校に通っていたが、返還後はアメリカ本土に移り住
んだため、「日本」になってからの父島で生活したことがない。英語による
大学教育を受け、アメリカでは小学校教員の資格を持っているから、能力も
教養もある人である。日本語会話は問題なく話せて、内地で不自由なく旅行
や買い物ができる。筆者と話すときに普段英語を使うが、問題なく linguis-
tics という専門分野の名称が理解できた。しかし、後に第三者のために
linguistics を日本語に直そうとしたら、その単語を持っていないことに気づ
き、筆者に向かって "How do you say linguistics in Japanese?" と尋ねた。「言
語学」と答えても、一回聞いただけでは聞き取りきれなかったので、「ゲン
…？」と聞き返すほど難しいことばのようであった。

10.3.3.　数字と数詞

　戦前の OML では、数字や助数詞に、日本語ではなく英語が使われる傾
向が見られる(24a, 24b)。しかし、戦後の OML になると、これは「傾向」
だけに止まらず、ほとんど「範疇的」(categorical)な特徴になっている。のち
に取り上げる例(58)の「Tree か four ぐらいの ingredients」(3 つか 4 つぐら
いの素材)にもこの現象が見られた上、以下の(49)にも現れているのである。

(49)　I：　あれはいつ食べる食べ物？ Corned beef.

　　　R：　It's Irish, isn't it?

　　　I：　Yeah, yeah. Oh, it's, it's あの、あれ.

　　　F：　Fifteenth.

　　　I：　Fourteenth と fifteen yeah, yeah.

　　　F：St. Patrick's Day.

意訳：I： あれはいつ食べる食べ物？コンビーフ。
　　　 R： アイルランドのやつだろう？
　　　 I： そうそう。それは、あの、あれ。
　　　 F： 15日。
　　　 I： 14日と15日。うん。
　　　 F： 聖パトリック祭。

　もう1つ興味深い点は、数字や助数詞の変わりに英語が使われるだけで
はなく、接続詞のような機能形態素(functional morphemes; cf. Myers-Scotton
が言う体系形態素は system morphemes)も英語になる傾向が見られることで
ある。これが例(58)の「Tree か four ぐらいの ingredients」、または(49)の
"fourteenth と fifteen" に見られる。英語の数詞が使われるのは「素材」や
「日」のように文化的に中立である物を数えるときだけに使われるわけでは
ない。(50)に見るように、日本との結びつきが強い単語(円)のときにすら
英語の数詞が使われるのである。とはいえ、この例に関しては、別の見方を
すべきかもしれない。すなわちこの話者が父島に住んでいたときに、現金を
使うときはドルだった。円が使われたのは返還後であり、この話者は返還後
の島で暮らした経験はない。こう考えると、この話者が「円」という単語を
用いるようになったのは、アメリカに移り住んでからのことである。そうな
らば、「英語の数詞＋yen」が使われるのはさほど驚かない。

(50)　高いじゃ、spam. Six-hundred yen とか何とかするじゃ。(意訳：スパ
　　　 ムは高いだろう。600円とかなんとかするだろう。)

10.3.4.　時間関係の表現

　戦前版・戦後版を問わず、OML に見られるもう1つ英語が主流になって
いる意味領域は時間関係の語や表現である。(51)を見てみよう。これは
1960年5月に島を襲ったチリ津波に関しての話である。

270　第4部　米軍時代

(51)　I：　I remember I was only about twelve だけど。Kinky たちさあ, Kinky
と彼たち, Guam から帰ってきたじゃ、すぐ。そうだろう？May,
May の twentieth だと思うんだよね。May twentieth か May twen-
ty-fourth ぐらいだと思う。(意訳：覚えているよ。私はまだ 12
ぐらいのとき。キンキーたちはグアムに帰ってきたじゃない。5
月の20日だと思うんだよね。5月の20日から24日ぐらいだと
思う。)

　　　F：　ああ、それぐらい。ウチの mama, Joann で pregnant だったから。
Joann was born in November だから、それぐらいだね。あ、それ
で graduation とぶつかって、外でやっただろう。xxxx と xxxx た
ちの graduation.(意訳：ああ、それぐらい。ウチのママが、ジョ
アンを妊娠中だったから。ジョアンは11月に生まれたから、そ
れぐらいだね。あ、それで卒業とぶつかって、外でやっただろ
う。xxxx と xxxx たちの卒業式。)

　　　I：　そうしたら、今度 June に来た、みんなその時に。Seabees, they
sent Seabees out here. そしてみんなかわいい Seabees で。(意訳：
そうしたら、今度6月に来た、みんなその時に。海兵隊、海兵
隊を送って来たの。そしてみんなかわいい、海兵隊で。)

　ここで、月の名前 May や November, June は全部英語で現れている。それ
は OML においてほとんど「範疇的」になっている特徴である。ほかの時
間関係の表現も英語になる傾向が見られる。中には Christmas や Fourth of
July のようにアメリカ文化との結びつきが強い物もあるが、その一方 every
year や all day のような一般的な物も(52)と(53)に現れている。

(52)　F：　あんまり Christmas 覚えてないよ、ウチでは。[あんまりクリス
マス覚えてないよ。]

　　　I：　Every year. まだあるよ、decorations, 少し。Twelve years old ぐら
いのとき、ちょっと Christmas tree 飾り始めて。[毎年まだある

よ、デコレーション、少し。12歳ぐらいのとき、ちょっとクリスマスツリー飾り始めて。]

(53)　Fourth of July は all day 遊べて──[7月の4日は一日中遊べて]

10.3.5.　ポートマントー文

(54)のようなポートマントー文(Portmanteau Structure)が現れることがしばしばある。これは、文の情報の一部が両方の言語に現れて重複している文(節、句)のことを言う。日本語と英語のような言語は語順が逆になっていることがあるから比較的現れやすい。例えば、英語では修飾する about は数詞の後に来るが、日本語ではその前に来るので、(54)のような構造が簡単に作れるのである。

(54)　It's about three times ぐらいやったね。

西村美和がカナダにおける日本語と英語のコードスイッチングの研究で、いくつかのポートマントー文の使用を指摘している。全体の517文の2.9%にあたる15文はそうであった。彼女のデータには例えば次の(55)の使用例があった。

(55)　We bought about two pounds ぐらい買ってきたの。

西村の解釈を引用しよう。なお、西村の原文は英語であったが、ここで筆者による日本語訳を提示する。

　　[(55)] の「We bought about two pounds ぐらい買って来たの」では、"two pounds" という句が同意味の2つの文である "We bought about two pounds" と「Two pounds ぐらい買って来たの」を結んでいる。機能的には [(55)] の文は、二種類の聞き手(二世 [カナダ人] と日本人ネイティブ)の両方に同時に手を差し伸べようとしている [話者の] ショー

ンの試みであるように思われる[5]。

　小笠原ではポートマントー文はさほど現れないようである。上のI、F、R
の三氏による会話では、たったの2文(全体の475発話の0.4%に当たる)は
ポートマントー文(あるいはそれに準ずるもの)と判断できる。両方の文にお
いて、情報のすべてではなく一部のみが両方の言語によるもので、ダブって
いると判断できる。上記の(54)もそうだが、以下の(56)では *just* と「だけ」
のみがダブっている情報であるが、それでも基本的にはポートマントー文だ
と判断できると考える。

(56)　その内、それで just the wife［妻たちだけ］だけで集まって、それも
　　　だんだんなくなった。もう男 invite しないもん。

　西村はカナダのデータが混合言語だと主張しているわけではなく、あくま
でもそれをコードスイッチングとして分析を進めている。その点は本書で取
り上げている小笠原混合言語の扱い方と異なる。この点がポートマントー文
の割合の違いの1つの要因となっているかもしれない。すなわち、ポート
マントー文は情報が重複しているので、構文的に言えば無駄のある構造であ
る。小笠原混合言語は、カナダの日系人のコードスイッチングに比べてポー
トマントー文を使用する頻度が少なく、1つの言語体系として熟成の度合い
が高いと言えるかもしれない。西村が指摘するように、ポートマントー文が
英語優勢と日本語優勢の2つの違う言語コミュニティとの間の架け橋の役
割を果たしているとすれば、小笠原においては不要であるかもしれない。と
いうのは、小笠原混合言語は、2つの言語コミュニティをつなげるものでは
なく、むしろ外部の人の前で使いたがらない、聞かれたくもない、欧米系話
者の間だけで使われる身内の言語だからである。それゆえ、「ポートマン
トー文を使うことによって聞き手の言語能力へ歩み寄らなければ意味が通じ
ない」という発想自体が起こらないのである。小笠原混合言語は最初から共
通のアイデンティティを持っている話者の間で使われるため、西村が示唆し

ているように、聞き手が疎外感を感じないように手を差し伸べる必要はないのである。

10.3.6.　基本語彙、文化固有の語彙、複雑な語彙

　小笠原混合言語は（戦前のものであろうと戦後のものであろうと）基本的には、日本語の文法構造に英語の単語、句、節レベルで英語を埋め込んだものであると言える。ここで、(1)基本語彙、(2)固有文化の語彙(culturally bound vocabulary)、(3)高度な語彙という3種類の語を取り上げて考察する。

　戦後OMLのデータの中には、(49)や(52)に見られたような英単語(*corned beef and cabbage, graduation, Christmas tree, decorations, pillow case, baseball team, Red Cross, church*)が日本語の文に中に（しかも英語の発音のままで）取り入れられている現象が見られた。これらの単語が英語で使用されている原因は、対象物自体が米海軍時代のアメリカナイズされた生活と深く結びついている点にあるかもしれない。

　一方、なんらかの意味で「難しい」高度な具体名詞や抽象名詞に対しても日本語ではなく英語が使用されやすい。これには *connotation*（含蓄）や *transformer*（変圧器）、*louvers*（よろい張り）などがある。このような高度な単語は、日常生活で覚えるというよりは学校教育で身に付ける可能性があると思われるので、ネイビー世代の話者が受けた英語による教育が有力な要因となっている

　OMLの場合は逆に基礎語彙が英語から取り入れられるということには驚きである。以下の(57)で話し手が英語の *face*（顔）と *name*（名前）を使って、しかも日本語の「と」で接続している。こうした「NOUN と NOUN」のパターンはOMLによく見られる。

(57)　だから face と name が違かった。(SG)

　「風」も極めて基礎的な日本語だが、OMLではむしろ *wind* が使われる。セーボレー・エーブルの戦前版のOML(21a, 21b, 21c)にも見られ、戦後版

274　第 4 部　米軍時代

の OML(43)にも *wind* が使われている。

　ここで英語起源の動詞の意味論的、文法的要素を見てみよう。戦後 OML において、英語起源の文法的扱いは戦前 OML と似ており、すなわち英語の動詞は基本形で導入され、日本語の「する」が後続し活用される。これは(58)の「mix して」や「boil している」、「steam して」あるいは(56)の「invite しない」などに見られる

(58)　I：　それでね、ingredients が simple だ。砂糖と flour と。
　　　F：　Raisins 入れて。
　　　I：　と evaporated milk 入れたのかね。
　　　F：　入れる人と入れない、あれでないの？
　　　I：　それは、あのあれ、mix して、モレ子ちゃんが Christmas に食べたんです。だから Washington DC にいる時、Gail のとこでは、それを pillow case に入れて、ひもを吊って、吊るして、下から pan が boil しているので、それで steam して、で、lemon sauce を作ったんだよ。
　　　D：　And what did you call this when you used to live on the island?
　　　I：　pudding?
　　　F：　そう pudding。
　　　I：　Christmas pudding、pudding だよね。Pudding. それで lemon sauce つけるっつったから。それ England から来た食べ物なんだね。だけど、モレ子ちゃんぐらいしか作ってない。そこから聞くといいよ。
　　　F：　あの人 fruit salad は本当上手だったというから。大きい drum can で水沸かして。何か、ギンコウカイの board あるだろうね。そこに吊るして、入れたという。
　　　R：　Steam している。
　　　F：　そう steam, uh-huh.
　　　I：　Raisins が入っているんだよ。

F： 私が Wirginia ［βɚdʒɪniə］ に行ったとき、あのー、cookbook 買っ
た時に、それに Tani さんが作った sauce と似たようなのは載っ
ていた。それは、あのほら、みんな British から来た、そういう
ふうに書いてあったよ、それね。また見てみるよ、私はそれ。
The recipe ね。

I： でもレモンがなかったからダイダイ juice で。

F： そう。ダイダイでやっていた。皮も少し入れて。ダイダイの
juice で。たぶん、コンスターチをよく、ほら。

I： コンスターチ。どして me が好きだった ［かというと］ のね。
Simple taste が好きで、あんまり甘くないし、tree か four ぐらい
の ingredients が ［しか］ 入ってなかった。

F： そう。玉子と。

I： あれ？玉子も入れなかったみたい。

F： うちの Mama 入れるかな。

I： 簡単だったよ。Yeah.

R： いいか、ここ？ No cigarette smoke. ね。Even if you're smoking,
you don't smell it, right?

I： Um-hum. あれ、air conditioned だからじゃないかい？

R： Even with all the doors closed, I have air conditioning in here. Two
thousand SCFMs flowing through here.

D： それは、ぜったいイギリスのもんだよね。

I： そう。だから、どうして、Washington がイギリスのものを。誰
かが教えたんだね。どうしてって、うちで憶えていないもの、そ
れは。

F： そう、Annie が言った。アメリカで今回来た時に、あのう、アメ
リカで食べれないもんがそれだっちゅうんで、私が Mama に作
らせるからと。あの、cheesecake が…私がもらった pan があるん
だよ。底が抜けるやつね。うちの Mama の steamer は square だ
から、ちょうど、あの cake のそういう、ふちだけがちょうど fit

したのがあった。だから、それで。これぐらいの size の、って
これぐらいの plate も作ったの。

I： こんどまた来たら maybe you, she, somebody make it for you.

F： そう。モレ子さんが一番知っているよね。

　例外もあり、それは動詞の過去分詞に見られる。例えば、(43)の「*decapi-tated* になる」(首を切り落とされた状態になる)や(59)の「*pissed off* してる」
(腹がたっている状態)、(60)の「*it's all catered*」(仕出し屋に任されている)な
ど、文法的な扱い方がまちまちである。過去分詞は本来、動詞の一活用であ
るが、*decapitated* はむしろ名詞として扱われている。*Pissed off* は英語の活用
形になっているにもかかわらず、さらに日本語の「する」が付けられ、それ
も活用されている。*Catered* は「なる」も「する」も付けず、英語のみで動
詞句を完成しているのである。(61)の *get together* も同様である。

(59)　そうそう 11 時、12 時ぐらいまで［足止めされた］。泊まってるホテ
　　　ルまで帰らないといけないでしょ？で、遠いじゃない、東京まで出る
　　　の。それでね、ちょっと pissed off してるの。(SG)

(60)　今、今はもう、あれだよ。Funeral なんかになると、みんなはもう、
　　　catered, it's all catered. (RW)

(61)　あ、食べる人いるよ。あの、ケンのうちはもう内地から来ると get
　　　together、ほら電気釜 2 つたばねて。うちも、ほんと混ぜご飯っぽく
　　　なっちゃう。昔のような作り方をしない。(FW)

　上で見た英語の名詞と同様、戦後 OML の英語起源の動詞には(戦前
OML でも確認されたような)意味論的に単純な物もある(*mix, boil, steam,
gather, fry, fix, invite*)。しかし、一方で戦前 OML ではあまり目立たなかっ
た複雑または抽象的な動作を表す動詞も、戦後 OML なら確認することが
できる(*survive, bomb, retire, revise, communicate, brainwash, beg*)。これは戦後の
教育が英語だったことが大きく関与しているのであろう。

10.3.7.　句単位の英語の導入

　戦前 OML と同様、戦後 OML には英語が単語単位だけではなく、句単位でも（日本語の文構造に）埋め込まれている。名詞句は単独の名詞と違って、文法的な情報を含んでいる。すなわち、句を構成するには正しい語順と間違っている語順というものがあるのである。

　ここで一度、小笠原混合言語の話題から離れ、ここで述べる「文法的情報」の意味について説明しよう。日本人が英単語を単独で借用するときは、その単語（辞書に載っているような定義）さえあれば使うことが可能である。外来語とはまさにこうした現象である。例えば *twelve* を「ツエルブ」のように片仮名っぽく発音し「十二」という意味で使うことが、普通の日本語でも可能である。同様に *wonderful* を「ワンダフル」と発音し、「すばらしい」という意味で使うことも可能である。現にこの両方の言い方は日本語で使われることがある。そして、「ワンダフルな暮らし」のような言い方をするためには、英語の単語の意味さえ理解していれば良いのであって、英語に関する文法的な知識はまったく必要ではない。必要ではないから、英語の文法的ミスを犯すことは有り得ないのである。

　一方、英語が得意ではない日本人が英語を（単独ではなく）複数の単語がつながった名詞句で使用しようとすると問題が生じる。単語を句（clause）にするときに、それらを恣意的に並べれば良いというものではなく、英語の文法規則に従って並べなければならないからである。これが統語論的規則（syntactic rules）の存在である。統語論的な規則が分かっていない非母語話者が英単語をつなげて句を作ろうとするときに図 10–2 のような誤用が生じる。

　図 10–2 の英語は非母語話者が書いたと思われる。「日本での素晴らしい10 年間を祝って」という意味だが、*celebrating wonderful ten years* は誤用である。正しい英語なら、*celebrating ten wonderful years* にしなければいけない。非母語話者は単語を借用しても、文法的（統語論的）知識がなければ、句や節（phrase）にすることはできない。逆に言えばたくさんの句が正しく作られているとすれば、それは作った人には英語の文法的知識があるという証拠にもなる。正しく作られている句には統語論的知識が含まれていると言えるので

図 10–2　統語論的な誤用の例

ある。

　小笠原混合言語の英語の要素は単語だけではなく、句や節単位でも導入されている。しかもその句や節は英語の文法に従って正しく作られている。これは一般の日本語に見られる外来語の使用とは根本的に異なるのである。
　小笠原混合言語には英語の語彙だけでなく、英語の文法も取り入れられているのだ。
　上で見た(43)に「water が up to the knee だった」というのが入っているが、これは前置詞句である。(62)の発話で英単語の割合が多いが、それでも、母体言語が日本語で英語は埋め込み言語だと判断できる。ここで英語は述語になっているから句(phrase)より大きい単位で「節」(clause)になっている。(63)も同様である。

(62)　I：　津波の時、F 何してた？
　　　F：　あー津波の時？ Me と mama は last one to get out of there、山に登って。（意訳：私と、お母さん、そこから逃げるのが最後で、山に登って。）
(63)　But typhoon Karen was the typhoon of all typhoon だった。そのときには。（意訳：だけど、台風カレン号は台風の極め付きだった。）

10.3.8. 言語転移による特徴

　OML の中に2つの起点言語の絡み合いだけでは説明できない特徴がある。次の(64)では単語がすべて日本語であるが、内地の日本語で使われてない表現となっている。

(64)　また見るよ！(また会おうね！)

　これは英語が日本語に直訳されたという「言語転移」に当たる(表10–1)。表10–1で分かるように英語の *see* はもちろん日本語の「見る」に当たるときもあるが、日本語の「会う」に当たることもある。日本語の「見る」と「会う」と英語の *meet* と *see* は対応しているが、それぞれの意味領域がずれている。表10–1で示したように、OMLは語形を日本語から取っているが、意味領域はむしろ英語のものを当てはめているのである。しかも、ここで転移されている情報は語彙レベルだけではない。日本語で言うならば、「また会おうね」という勧誘形になるが、OML は「また見るよ」という断定文になっている(図10–3、10–4)。それは英語の *see you again* も断定文になっているからである。

図 10–3　mata miru yo の手作り葉書き　　図 10–4　「またみるよ！」Tシャツ

表 10-1　日本語と英語の類義語の意味のずれと小笠原ことばの発生

意味	英語	日本語	小笠原ことば
I met an old friend for coffee. 昔の友達と会ってお茶をした。	Meet	会う	アウ
I saw an old teacher of mine at the grocery store today. 今日スーパーで昔の先生に会った。	See		ミル
I saw a rare bird. 珍しい鳥を見た。		見る	

例文(65)には「会う」と「見る」の両方の動詞が現れている。

(65)　But it's been so long. But, classmates? 会った！[Really?] Yeah, from Long Beach, forty years 見ないで。(意訳：でも、すごく久しぶりだよね。でも、クラスメート、会った！（本当に？）うん、ロングビーチから来た人、40年会っていなくて)

　こうした言語転移は OML においてけっして珍しい現象ではない。第11章の(73)のイミシナイは英語の it [learning Japanese] doesn't mean anything の影響を受けている。これは直訳ではないので、「言語転移」と言えないかもしれないが、英語の影響が間接に見られる「言語干渉」ではある。つまり、英語において it doesn't mean anything では mean が動詞になっている。これを日本語に訳すと、「（日本語を勉強することは）意味がない」となり、「意味」は動詞ではなく名詞になる（もちろん、「意味する」という動詞は日本語にあるが、ここで問題にしている使い方とは異なるので関係ない話である）。
　OML の言語転移の例は多くはこうした意味論的な特徴にある。「煙の匂いがする」という言い方は可能かどうかを日本語母語話者に尋ねると判断が割れるが、少なくとも筆者（もちろん非母語話者）は日本語を覚えた際に「『煙の匂いがする』は日本語で言えないよ、日本語の『煙』は見えるものであっ

て、匂いを感じるものではない、そういうときは『焦げ臭い』や『燃えている匂いがする』としか言えない」と日本語教師に注意されたことがあるし、言語学の授業でも、日本語母語話者の受講生に聞くと半分ぐらいは「言えない」と答える。「言えるか言えないか」という文法的判断を別として、いずれにしても実際にあまり使用されないようである。筆者が日本での30数年間の生活の中でこの言い方を聞いたことがあるのは小笠原の欧米系島民の会話のみである。これは英語の *I smell smoke* の転移ではないかと考えられる。小笠原の「薬をとる」や「シャワーをとる」もそれぞれの英語の *take medicine* や *take a shower* の転移による言い方だと思われる。

10.4. 混合言語の研究

ここで小笠原の話から脱線して、一般論として、混合言語研究の重要性について考える。数年前まで、「混合言語」という概念は存在しなかった。それどころか、現在混合言語と呼ばれている現象そのものは存在しないと考えられ、存在し得ないとさえ言われていた。しかし、フィールド研究によって、世界でいくつかの言語体系で、2つの異なった言語がかなりの割合で混ざり、1つの一貫性のある言語体系になっているものが見つかっている。しかもこれはピジンやクレオールとは異なる特徴を有しているのだ。ピジンやクレオールでは、起点言語の文法構造が破壊され、再構築される。一方、混合言語では、2つの言語は破壊されずに、絡み合うものである（Bakker & Mous 1994）。

「混合言語」という現象が最初に注目されたのは、北米先住民（カナダのマニトバとサスカチュワン州、合衆国のノースダコタとモンタナ州）の間で話されているミチフ語の研究である。アリューシャン列島で話されている Mednyj-Aleut 語も混合言語に当たると言われている。さらにインドネシアでは、Javindo 語や Petjo 語と呼ばれる混合言語も存在している（Bakker & Mous 1994）。

興味深いことに、これらの混合言語が誕生した背景には、それぞれの起点

言語の役割とコミュニティ構成員の性別との関係がありそうである。多くの場合、混合言語は〈母の文法と父の語彙〉の組み合わせから成っている。ミチフ語の場合、動詞（述語）はクリー語で、名詞はフランス語であるが、この言語が誕生した初期の背景にはアメリカ先住民（クリー族）の女性とフランス人男性の結婚があるからである。

　Mednyj-Aleut 語において、最初は女性がアリュート語を、男性がロシア語を話していたが、やはり動詞句の要素は前者、名詞句の要素は後者が提供しているのである。Javindo 語はジャワ語の女性とオランダ人の男性が子供を生んだときに誕生した言語で、ジャワ語の文法的枠組みにオランダ語の語彙が（大量に）取り入れられたものである。Petjo 語も同様な社会状況から誕生したマレー系の構文（統語、形態）にオランダ語の語彙が加わった混合言語である。

　小笠原混合言語にも同じような男女の役割を見出すことができよう。これは欧米系男性と日系女性との間に築かれた家庭で生まれた言語だが、やはり母たちの言語であった日本語が母体言語で、父たちの英語は語彙や句単位で取り入れられているのである。

　これら多くの混合言語に見られる共通点が偶然のものであるという可能性は否定できないが、むしろこれらのコミュニティの中における男女それぞれの役割と言語体系の形成が関わっていたという作業仮説のもとで、社会言語学的な観点からこの関係を追究した方が有意義であろう。

10.5.　「二起点接触言語」としての混合言語

　バッカーとムースが「混合言語」と名付けている現象は沢山の名称で呼ばれており、様々な観点から捉えられている。マイヤーズ・スコットン（Carol Myers-Scotton）は色々な言い方を検討した上で「分離言語」"split languages"という用語を提唱している。

　　「混合」の（特に体系性を強調している本書においての）否定的なニュ

アンスを避けるために、私はここで「分離言語」をこうした言語の新しい呼び方として提唱したい。ディメンダール氏がヒル氏に従い、大量の借用を見せる言語の名称として「融合言語」を提案している。しかし、私は「分離言語」がより透明性の高いものとして好ましいと思っており、この現象にはこれを積極的に使うべきだと考える。また「合併言語」という現象も存在している[6]。

　一方、トラッドギルはミチフ語のような混合言語をピジン・クレオールとは無関係なところで扱っているわけではない。むしろ広く普及しているピジン・クレオールのパラダイムと並行して作ったものを提案している。彼が従来の典型的なピジン・クレオールからの区別を明確するために提唱しているのは「二起点接触言語」"Dual Source Contact Languages" である (Trudgill 1996)。彼は従来のピジン・クレオールを「単一起点変種」"single-source varieties" と呼んでいるのにはおそらく、従来のピジン・クレオールの表面的な語彙レベルに現れるのは1つだけの「上層言語」だからであろう。多くの言語接触論者は、ピジンが誕生するには2つの言語ではなく3つ以上の言語の接触が必要であると主張しているので、私はむしろ従来のピジン・クレオールを「三起点言語」と呼んだ方が良いと考える(3つ以上の言語が必要だからこそ本書の§1.1.1で紹介した「三次的ハイブリッド化」という概念が生まれる)。トラッドギルの用語と似ているのはトマソン(Sarah Thomason 2001: 197)が提案する「バイリンガル混合言語」"Bilingual Mixed Languages" である。

　こうした平行パラダイムを提唱することで、トラッドギルが、言語変種の命名において試行錯誤を繰り返している研究者に、新たな世界を開放してくれた。これまで「混合言語」を1つの現象として捉えていたが、これで従来のピジン・クレオール研究で築き上げられてきた幅広いパラダイム(前ピジン、初期ピジン、安定ピジン、ピジン化、クレオール化、急速クレオール化、ポスト・クレオール連続体、脱クレオール化などの概念)を参考にすることができるからである[7]。従来の「単一起点変種」のパラダイムで、「二

起点接触言語」の場合に見られないのはクレオロイドである。ホームはクレオロイドを「軽度に再構築された言語変種」(partially restructured language varieties)と定義した上で、「軽度な絡み合いが見られる言語というのは、私の知っている限りは今まで報告されていない」[8]と述べている。

トラッドギルの平行パラダイム提案を利用すれば、次のような分類が試みられる。戦前の話者の中に小笠原コイネー日本語を母語とした人と、ボニンクレオロイド英語を母語とした人がいた。また両方において母語なみの能力を持ったバイリンガル話者もいた。このバイリンガル話者の間で2つの言語を混ぜる(絡み合わせる)人が出てきたが、これらの話者は思考言語として、小笠原コイネー日本語とボニンクレオロイド英語の2つの母語を持っていた。すなわち、彼らにとって混合言語はあくまでも第二言語であり、「補助的な意思疎通手段」(auxiliary form of communication)である。この点において、戦前の混合言語は従来のパラダイムに例えるなら、ピジン段階のものに当たる。

そして、ピジンが母語となるとクレオールへと発展するように、小笠原混合言語が戦後の子どもの母語へと発展すると同時に、単に「英語と日本語を混ぜる」話し方から、1つの統一化された言語体系へと発展したのである。戦後 OML はこの意味では、従来のパラダイムのクレオール段階の現象に当たる。しかも、小笠原においては、その誕生は「急速クレオール化」と並行する現象なのである。

しかし、従来のパラダイムと異なる点もある。従来のクレオール化では、言語習得期にある子供たちは上層言語を耳にすることがない。例えば、ピジン英語のクレオール化においては、クレオール化を引き起こしている世代の子どもたちは主流英語を耳にすることがなく、彼らが聞いて育つのはあくまでもピジン英語である。さまざまな社会状況によってこうしたパターンが一般的である。また主流英語を耳にする機会が十分にある場合、逆にクレオール化は起きないのである(Thomason & Kaufman 1988; Sebba 1997: 135)。しかし、小笠原の場合、ネイビー世代の子どもたちはある程度、一種の日本語(小笠原コイネー日本語)も一種の英語(ボニンクレオロイド英語)も周りで聞

く機会があったのだ。

戦後 OML をクレオールに照らし合わせて考えることでいくつかの論点が表面化してくる。(1)戦後 OML はネイビー世代の思考言語であり、彼らが物事を考える際の言語手段であったということ。(2)戦後 OML はその使用者にとって最も気楽に使える言語であり、考えていることを最も正確に、流暢に言い表せる表現手段である。もっとも、この世代は「英語のみ」や「日本語のみ」の使用に縛られるときに、自己表現力を不自由に感じると言う人もいる。そもそも、筆者が居合わせたネイビー世代同士の話し合いでは、会話が日本語(のみ)と英語(のみ)と OML の 3 つのコードの間を淀みなく行き来するが、肝心なのは、チリ津波や台風カレン号のように生死を分けた体験談になると、会話が OML になるということである。これはまさにラボフが母方言(vernacular)が最も出やすいと予想している場面であるのだ(Labov 1972)。(3)ネイビー世代の多くの話者は母語である OML 以外にも日本語のみのコードも英語のみのコードも使いこなせる。しかし、このコードスイッチングを見て、彼らは 2 つの言語が絡み合っている OML の使用ができるから 2 つの起点言語を分けて使うことが「自然に」できるという思い込みは危険である。それどころか、それができるか否かは学校教育の結果であり、「自然」ではない。英語の習得は父島のラッドフォード小中学校やグアムの学校で、日本語の習得は、場合によっては日本語を母語とする(当然戦前世代の)親や周りの大人から、大人のしきたり(敬語などの大人の言葉遣い)と一緒に教わったケースなどがある。しかし、親が両方とも欧米系である家庭の場合は家の中でも混合言語が使われ、日本語の習得はいだまに不完全のままになっている話者もいる。

10.6. 小笠原混合言語の将来

1968 年の返還と旧島民の帰島に伴う日系島民の増加以来(現在は欧米系島民の約 10 倍に昇る)、OML の使用者が次第に減少している。年配者(戦前育ち)および中年層(米海軍時代に育ち)の欧米系において、OML 使用の減

286 第4部 米軍時代

少傾向は、自分たちを日系島民と区別したがる気持ちの減少傾向と重なっているようである。欧米系島民は独自のアイデンティティを主張したい場合でも、それを言語以外の手段に託す場合が多い。そもそも欧米系は米海軍の兵士やその家族との共通点（人種的なルーツ、英語の使用など）を多く持っていながらも、OMLや日本語を使うことによって、距離を置いていたのである。

今日、日系島民との違いを強調したい場合、言語以外にも多くの手段を使うことができる。それは例えば、(1)西洋系の苗字、(2)西洋系の名、(3)キリスト教、(4)非極東アジア系の顔つき、肌や髪の色など、(5)共通のルーツ、(6)共通の経験などである。多くの欧米系島民は島を離れ、日本本土やアメリカ本土、グアムやハワイなどに移り住んでいる。また、上述の南スタンリーのことばを借りれば、日本社会の標準語思考に「洗脳されて」、OMLが使えなくなっていると訴える人が島に残る者にもいる((41))。そして、返還後の世代にとって、OMLが話せない理由は別のところにある。彼らは欧米系というアイデンティティにこだわりを持っておらず、一般の日本社会に吸い込まれることに抵抗を感じないようであるのだ。彼らにとっては、OMLの使用とアイデンティティが結びつかない、というよりは独自のアイデンティティを保持することじたいに必要性を感じていないのである。

注

1　これまでの筆者の研究ではMatrix Languageを「基盤言語」と訳してきた。しかし、一般に使う「英語を基盤としたピジン」(English-based pidgin)という言い方や、ピジン形成の時に使う「基層言語」(substrate language)と混乱する恐れがあるため、本書で「母体言語」という訳に変えることにした。関連する用語の問題に関して注3を参照されたい。

2　元の会話。

DL:　Did you speak both Japanese and English at home?

ISL:　Uh-uh. (negative response)

GSC:　Uh, no. Japanese was at home. English was at school. And when we played, it was all in Japanese, but some words were a mixture...

ISL: mixture of Japanese

GSC: It was made up. It was just the words that island people would know, so that other Japanese wouldn't know what we were talking about. It came in handy, didn't it?

ISL: Island lingo, which is a mixed, made-up word. We literally translated Japanese into English, but it's not found anywhere else.

3 この特徴は 5.3 節でチャーリー爺の英語にも現れていた。

4 ボービタイは製氷海岸一帯を表す通称で、戦前に「防備隊」がいたことに由来するが、戦後に育った話者は語源を知らずに使っている。

5 In [51] "We bought about two pounds gurai katte kita no," the phrase "two pounds" joins the two equivalent sentences: "We bought about two pounds" and "Two pounds gurai katte kita no." Functionally, the portmanteau sentences in [51] seem to be Sean's attempt to reach out to the two types of listeners at the same time—the Niseis [Canadian-born] and native Japanese. (Nishimura 1997: 140)

6 Because of the negative connotations of 'mixed', especially in a volume that emphasizes systematicity, I propose a new name for such languages and will refer to them as split languages. Dimmendaal(1998, 105), following the lead of Hill and Hill(1986) regarding languages showing much borrowing, suggests the term 'syncretic languages'. I prefer 'split languages' as more transparent and hope others will use it too. Another possible choice is 'merged languages'. (Myers-Scotton 2002: 246)

7 これらの用語は prepidgin, early pidgin, stable pidgin, extended pidgin, pidginization, creolization, abrupt creolization, post creole continuum, decreolization の訳である。

8 "Partially intertwined languages have never, to my knowledge, been reported" (Holm 2004: xiii)

第5部　返還後

1968年6月26日返還式で下ろされる星条旗(写真提供　セーボレー孝)、
掲げられる日の丸(写真提供　瀬堀アイリーン)

第 11 章　欧米系島民が使う日本語の実態

　これまで様々な時代に見られた言語接触の社会言語学的環境、形成された接触言語（ボニンクレオロイド英語、小笠原混合言語）の言語体系的性格を見てきた。§7.4 で小笠原の日本語について若干触れているものの、それは「混合言語の 1 つの要素としての日本語」であった。本章で欧米系島民が使用する日本語を一言語体系として見る。つまり、彼らが「日本語だけをしゃべる時」の日本語を概説する。

　まず、返還直後の欧米系島民の日本語能力を世代別で評価したデータを検討する。次にその時代に書かれたエッセイ類に伝わる若い欧米系島民の発話を見る。さらにこのネイビー世代が書いた日本語の作文も検討材料にする。最後に具体的な言語事象を取り上げながら八丈島や内地各地で使われる日本語からの影響やその共通点を考える。

11.1.　欧米系島民の日本語能力に見る世代差

　返還された当時の島民の日本語使用能力に関するデータが公式に収集された。表 11–1 は調査結果に基づいて作成された表、およびその報告の一部である。

　表 11–1 で、「会話が全くできない」人はほとんどいない。それより「やや困る」という人が目立つ。会話に「やや困る」人は、調査の際に「小笠原混合言語」をそのまま使っていたからこういう評価が与えられたのではなかろうか。

292　第5部　返還後

　表11-1で使っている「大人」とは、戦前の日本人としての学校教育を受けた人々で、彼らの家庭言語であると思われる「小笠原混合言語」以外に、学校で教わった標準日本語を話すことができた。しかし、米軍統治時代の子供はこの家庭言語に加えて、標準英語を教室で教わっているのであるが、標準日本語に接する機会はほとんどなかった。

表 11-1　日本語能力に関する 1968 年の調査結果

	話者 能力段階	大人	小中学生	大学・ 高校生	合計	パーセント
会話	不便なし	89	21	13	123	67
	やや困る	8	33	14	55	30
	全くできない	3	2	0	5	3
読み	不便なし	63	0	1	64	35
	やや困る	12	11	7	30	16
	全くできない	25	45	19	89	49
書き	不便なし	62	0	1	63	35
	やや困る	15	9	6	30	16
	全くできない	23	47	20	90	49
	計	100	56	27	183	100

注：幼児、婚姻女性、米国人等三十五名が除かれている。

（出典：小笠原小中学校編 1979:78）

　また、返還10周年を記念して刊行された雑誌には以下の記述があった。

〈四十三年当時の日本語能力〉

　児童・生徒の日本語は、会話は一応できるが語彙は少なく、又、使い方が不正確であった。読み書きについては、7年生以下の児童は全くできない。8年から日本語の教育が始まるので、9年を終了する時期には、平仮名、片仮名の読み書きは一応できるが、漢字についてはほとんどできない。

〈成人の日本語能力〉

　戦前、日本の学校で教育を受けた中、高年齢層については、だいたい、日本語の読み書きはできるが、20 才代および 30 才代の前半の者は読み書きはほとんどできない。　　　　　　　　（小笠原小中学校編 1979: 77）

　表 11–2 は 1986 年に行われた民族誌調査の結果の一部である。＋はその言語能力を持っていることを表し、−はその言語能力がないこと、±は個人差があるということを表している。ここで日本語能力には年齢層による差以外に、性差もあることが示されている。

表 11–2　Arima (1990: 213) による欧米系島民の言語能力の判定

1986年当時の年齢	10 歳台 1966 年以降生まれ		20 歳台 1956–1966 生まれ		30 歳台 1946–1956 生まれ		40 歳台 1936–1946 生まれ		50 歳台 1926–1936 生まれ		60 歳台 1916–1926 生まれ		70 歳台 1916 以前生まれ	
性	男	女	男	女	男	女	男	女	男	女	男	女	男	女
日	＋	＋	＋	＋	±	±	＋	＋	＋	＋	＋	＋	＋	＋
英	−	−	±	±	＋	＋	＋	±	±	±	±	−	±	−

　この評価は話しことばを重視している。しかし、この評価方法だけでは分からない重要な事実がいくつかある。すなわち戦前の教育を受けた人は英語が話せてもスペルや作文能力が低いという実態はこのデータからは分からない。また、ネイビー世代の人たちに日本語の読み書き能力がほとんどなかったということも見えてこない。加えてこの評価が行なわれたのは 1986 年であり、返還から 18 年も経ってのことであった。日本語能力が最も低かった人はすでに日本語の生活に耐え切れず、島を離れてアメリカ(本土、ハワイ、グアムなど)に移住しており、このデータには反映されていない。

　一方、得られる情報もいくつかある。まず、返還から 20 年近く経った Arima(1990)の調査時点で、若年層の日本語モノリンガル化が進行している実態が見えてくる。そして、唯一日本語がプラスではなくプラスマイナスと

評価されている世代は、逆に言えば最も混合言語化が進んでいる世代であろうと考えられるのである。

11.2. 会話例にみるネイビー世代話者の日本語能力

ここで、ネイビー世代欧米系島民の第一言語(母語)は日本語なのであろうかという疑問が浮かんでくる。先に見た 1968 年のアメリカ人記者が書いた記事はこれに触れている。

> 日本統制への返還の準備として、アイザック・ゴンザレスは子供たちに日本語を教えている。　　　　　　　　　　　　　　(Sampson 1968: 130)[1]

このアイザック・ゴンザレスは小笠原愛作、現在の小笠原聖ジョージ教会の牧師である。彼はここで述べられているように日本語を教えていたが、当時の生徒や本人とのインタビューで分かったことは、この「日本語」の授業は読み書きが中心でありながらも、話しことばの日本語の訓練もあったということである。以下でネイビー世代の人々の当時の話しことばおよび書きことばの実態を把握するために資料を見ていくが、結論から言うと彼らの日本語には非ネイティブの特徴が多数表れているのである。10章で見たように、ネイビー世代の話者は小笠原混合言語を第一言語(母語)として習得している。それから後になって第二言語、第三言語として標準的な日本語や英語を身に付けたのである。

返還直後の若年層が書いた日本語を §11.3 で見るが、その前に返還直後の子供たちが用いた話しことばに関するデータを見てみよう。返還当時の欧米系島民の話しことばを記録したデータは非常に少ないが、決して皆無ではない。以下の文の内容から若年層の話者たちは気楽に話していたと推測され、この文に彼らの日常的な言語の姿が表れていると考えられる。返還当時の若年層の話しことばは日本語の文に英語の単語が使われていたと説明する報告が多く、次の文にもそれが見られる。なお以下では、話し手と話し相手が分

図 11-1　返還直後のマスコミ撮影を嫌がる若い島民

かっている場合、それを(話者→聞き手)のように明示している。

(66)　ジャパン大きらい。ジャパンのティーチャー大きらい。
　　　　　　　　　　　　　　(小笠原小・中学校の生徒→教師、西野 1988: 9)
(67)　先生、そんな変なダンス、ミーはやらないぞ。　　　　　　(同上)

　英語の代名詞である「ミー」や「ユー」を使いながらも、日本語の複数形的な役割を果たす「ら」が使われたとされている。これは、学校教師の回想録による文であるが、このような二言語的複合語(hybrid)が実際に使われていたとすれば、非常に興味深い生産である。

(68)　ミーは七年生だよ。　　　　(小中学生→教師、有馬 1975: 36–37)
(69)　ミーらのティーチャー来るのかい。　　　　　　　　　　　(同上)
(70)　ユーは何のティーチャーかい。　　　　　　　　　　　　　(同上)
(71)　ミーのパパ、ラストサンディ、カヌーでフィッシング行ったど。
　　　　　　　　　　　　　　　　　　　　　　　　　　　　　(同上)

　日本語のいわゆる「代名詞」は、英語などの pronoun とは性質が異なっており、待遇表現(敬語)の1つである。初期近代英語にはインフォーマル

な thee とフォーマルな ye との区別があった。近代英語以降、こうした区別はなくなって you のみになった。それゆえ、欧米系島民にとって待遇的使い分けの面倒な日本語の代名詞よりも、英語のそれを使った方が、都合がいいのであろう。次の中学生による「ツチヤ、そこどけ」という例にも待遇表現の不使用が目立つ。

(72)　ツチヤ、そこどけ　　　　　　　　（中学生→先生、有馬 1975: 38）

　日本語の単語が使われる際に、英語からの直訳で英語の意味要素をそのまま引き継いでいる場合もある。

(73)　ミーハ　ニホンゴ　ヤラナイ。ヒツヨウナイ。　ニホンゴシテモ　アメリカ　イクカラ　イミシナイ。　ジャパン　キライネ。
　　　　　　　（グアムの高校から帰って来た学生→教師、橋本 1979: 54）

「ニホンゴシテモ」という表現は少しおかしいと感じる。しかし、この「する」を「日本語をやる」に変えると意味は通じるであろう（この場合は「日本語を勉強する」という感じになる）。つまり、「する」と「やる」はほとんど同義語として使われるが、「イミヤラナイ」には代えられないというような例外もある。「イミシナイ」は英語による影響と考えた方がよさそう

図11–2　返還直後の高校3年生と先生(右)

である。英語では、"it doesn't mean anything"のように、"mean"が動詞として使われるために、このような転移が起きたと考えられる。

ネイビー世代のことばには英語の単語が多く使われる一方、日本語の語彙数が少ないとされている。返還当時、小笠原小学校で五、六年生の複合クラスを担任していた先生は、エッセイの中で次のように語っている。

(74)　うれしかったのは、思ったより日本語を理解できる子が多いことだった。文法は日本語のままで、子どもたちの知らない単語(学校にあがってから覚えるような語彙)だけを英語に置きかえてやれば、充分会話ができた。例えば、東京都からのプレゼントを配布したら、三角定規が何だかわからない。見たことがないようすなので、「こうするんだよ」と、黒板にあてて周りをなぞって見せると、「わかった、トライアングルをかくルーラーだ」といった具合である。

(清水 1994: 13 で引用されている宇佐美幸二のエッセイ)

次も同様に、返還直後に島に派遣された学校教師の書いたものである。ここで非日常的な語彙の知識以外にも、母音の長短の区別が問題になっているのは興味深いことである。(81)のベントやイオ、(19)のリファ・リーファーなど、詳細は§11.4.1 の音韻面、§4.7 のカボボのそれぞれの分析を参照されたい。

(75)　日本語で授業ができるようになっていた時期とはいえ、帰島民の生徒と同じに日本語は理解できませんでした。一例を挙げると、「知能検査」を実施すると聞いた生徒が私に、「血の検査」をするのかと質問して私を驚かせたことがありました。　　　　　(宮本 1979: 62)

次の例でも、欧米系の子供が非日常的な日本語の単語や表現に戸惑っている様子がうかがえる。

(76) 先生、メスって男かい？　　　（小学生→教師、山本泰子 1968: 49–51）

(77) だらしがないって、なんだい？［中略］じゃあ、だらしがあるように
するんだね、先生は。　　　　　　　　　　　　　　　　　　（同上）

　ここで、メスということばに関する質問が出てきているが、興味深いこと
に「メスって何だい？」などと聞いていない。性別の意味だと分かったよう
である。これは以前に聞いたことがあったか、それとも文脈から推測したか
は不明だが、メスの意味ではなく、メスの雄雌の区別だけを聞いているのが
ポイントである。また学生が「だらしがない」の反対は「だらしがある」と
勘違いしている。彼女は日本語の否定形からその肯定形を作る文法能力を
持っているが、これが 1 つの慣用句であることを知らないようである。
　これらの例以外に、文書を執筆した赤間泰子(旧姓山本)が 1997 年 9 月 30
日の面接調査において、返還直後に担当していた授業で欧米系の子供が「落
花生」を聞いたときに「オットセイ」と間違えた体験談を語っている。
　以下は返還直後に島を訪れた日本人記者が記録した島民の発言である。

(78) 日本にもハイウェイがあるんだね。でもモビル小さいね。

（中学生の少年→記者、田村 1968: 73）

(79) うん。Twenty ぐらいゆくのだ。　　　　　　　　　　　　（同上）

モビルは automobile の省略形であるが、これは英語にもないし、日本語に
もない言い方ということになる。また、"twenty" のように、英語の数字を使
う人は多かったと伝えられているが、これは日本語の数詞の複雑さによる回
避の結果であろう。
　これ以外のデータを総合的に分析した結果、返還当時の若年層島民の話し
ことばから次の特徴を見出すことができた。

① 日本語の基本的な文法能力(動詞の肯定・否定など)はある。

② 日本語の文に英単語が多用される。

③ 日本語の理解語彙数(特に非日常的な語彙)が少ない「知能検査」を「血の検査」と間違えた例など。

④ 母音の長短の区別が曖昧である。

⑤ 彼らが知らない表現から類推して新しく作った表現がある。「だらしがない→だらしがある」

⑥ 人称代名詞に英語のものが使われる。この傾向は特に一人称に著しい。

⑦ 敬語の不使用が目立つ(学校の先生を呼び捨てにし、命令形を使う)。

⑧ 英語を直訳したような日本語の単語を用いる転移が見られる。イミシナイ(意味がない)

11.3. 作文にみるネイビー世代話者の日本語能力

次に小学生四年生の日本語の作文を取り上げる。これは島が日本に返還されてから一年経った 1969 年に書かれたものである。たった一年という短い間で、この小学生は日本語で作文が書けるようになっている。これはこの欧米系島民の学生が返還以前からかなり日本語(あるいは日本語を基盤にした接触言語)を話せたことを示唆している。もしそうでなければ、たった一年の間に、どのようにしてこれほどの日本語の表現能力が身につけられるのだろうか。

(80) <u>一年　たって</u>わたしは、アメリカの　ともだち<u>を　見たく</u>　なりました。けれど<u>みられません</u>。こんなことを　かいてたら　<u>一年　まい</u>のことを思いだすよ。ときどき　アメリカの　人から　手紙が　きます。わたしも　かいた　ことが　あります。わたしは　その<u>ごろ</u>　ひらがなも　かんじも　なにも　しらなかったよ。みる　うちに　<u>じえたい</u>も　とうきょうとの　人も　きしょうちょうの人も　きて　いました。そして　<u>アメリカは　クーラ</u>は　はいって　いませんでした。そして　アメリカは　ずがも　たいいくも　しゃかいも　りかもなかったよ。あそぶ　ボールが　なかったんです。ともだちの　<u>かおも</u>

クレヨンも もった ことがありません。十一月の五日の うんどう かい が ありました。つなひきでは、**白くみが** かち ました。たま いれ でも 白が かちました。かけっこで にばん とりました。 おにいさんは まらそんにでました。**だって** うちの ところ まで きたら とまっちゃったのよ。だから びりに なっちゃったよ。わ たしたちが うちへ かえって いったときは コーラを のんでい ました。そして にほんに なる まえに もらった バリケンが はらが へったと いって いました。わたしが えさを あげたら パクパクと はらが ふくれるまで **たべたみたい**。

この作文には日本本土の日本語、あるいは「全国共通語」と異なる言語的特 徴がいくつかあるのでここで分析する。これらの「間違い」の分析を通じて 書き手が持つ言語体系についての情報を得ることができる。単なる表記法に 過ぎない特徴もあり、それは書き手の持つ言語体系について何も明らかにし ないという理由でここでは無視することにした。例えば片仮名で書かれるべ き「マラソン」ということばが平仮名で書かれているといったような「間違 い」がこれに当たる。

　この作文の出だしのところにある「わたしは、アメリカのともだちを見た くなりました。けれどみられません。」はおそらく英語の影響であろう。英 語では、「人に会う」ことが "see" と表現されるので、ここで使っている「見 たくなりました」はそれを直訳した、いわゆる転移(transference)に当たる と思われる。

　また、「だって」は逆説の「しかし」として使われている。標準日本語で は「しかし」が「逆説」ではあるのに対して「だって」は「反論」であり、 それぞれの役割は異なる。ところが英語では「だって」も「しかし」も "but" となるので、この現象も英語による影響、つまり転移に当たる。

　次に、「一年まいのこと」に見られる「前」が「まい」になることはこの 島の日本語によく見られる現象で、二人称の「お前」が「オマイ」になる現 象と同じである。しかし、これはこの島で起きた言語接触によって発生した

特徴ではなく、むしろ本土の日本語からそのまま伝えられた要素である。父島にやって来た入植者のほとんどは八丈島出身であったが、この /ae/ が [ai] になるのはその八丈島方言の典型的な特徴である。

　最後に「そしてアメリカはクーラははいっていませんでした」という文に関して考える。この文が表そうとしていることは曖昧ではあるが、文脈と当時の島の状況を考えると、これはアメリカ海軍統治時代には島にクーラーがなかったという意味だろうと想像される。この「クーラ」という単語は標準語では「クーラー」になる。しかし、この長母音の短母音化は島の接触言語の影響によるものなのかという判断をすることは難しい。本土の日本語でもこのような語尾の母音の長短の「ゆれ」は外来語の表記や発音でよく見られる。それは「データ／データー」のような比較的新しい単語だけではなくて、「コーヒー／コーヒ」のように、かなり定着している単語にも表れる(郡 1997: 18)。また、これは「行こうか／行こか」のような和語にも「ベントウ／ベント」(弁当)のような漢語にも見られるので、島民の接触言語の影響による特徴とは断言できない。しかし、英語などの外国語を母語とする話者にとって日本語の母音の長短の区別は難しいのも事実である。この小学生の作文に見られる言語学的特徴をまとめれば次のようなことがあげられる。

① 　英語を直訳したような日本語の単語を用いられる転移が見られる。
② 　二重母音の /ai/ と /ae/ の混用が見られる。
③ 　母音の長短で混乱する傾向が見られる。

　次に上の小学生の日本語の作文と中学生の作文を比較してみよう。文章の書き手は日本の学校で学びはじめてから三ケ月の中学二年生である。表記が不正確なところもあるが、注目したいのはこのエッセイに表れる書き手の第一言語の特徴である。

(81) 「修学旅行中二」
　　　　十月九日はたのしみにしていた日でした。東京に修学旅行に行く日

でした。せいとたちはごご二時にはとばに集まりました。三時にくろ
しお丸が**しッこう**した。まだ島が見えるうちにせいとたちは一人ずつ
よいました。わたしは一ばんひどいほうでした。東京わんにはいって
からはじめて食事を食べた。十月十一日のごご十二時十分に船はたけ
しばさんばしにとうちゃくした。バスで**しくしゃ**にいって休すみまし
た。その**よろ**新宿にすいとうを買いに行きました。にぎやか**のところ**
でした。

　十月十二日土曜日から見学をはじめました。浜松町からモノレール
にのって東京国際空港までいった。モノレールにはじめてのったので
たのしかったです。はねだはさむかった。よこはまのきれいな公園で
べんとを食べた。石川島て大きい船を作くっているのを見た。1つの
船にのって見学をした。

　日曜日には、はじめにNHK放送センターを見学した。きれいな**と
こ**でした。アルバムをおみやげにもらいました。国立競技場には雨が
ふっていたから十分しかいなかった。児童会館で見学してからお昼の
べんとうを食べた。それから**あそこに**こどもたちとあそびました。**バ
スを**三十六かい霞ケ関ビルに**むけた**。あの早やいエレベーターで一ば
ん上までいったとき耳がつまった。くもっていてあまりけしきがよく
なかった。

　月曜日は学校を見学した。わたしは都立大山**高校をすき**でした。
もっとながくいてせいとたちとしゃべってみたかった。練馬工業高校
は男子だけの学校でした。見学してから豊島十中にいきました。**そこ
を**見せてもらってからせいとだいひょうたちといっしょにしょくじし
ました。せいとたちはとてもしんせつでいいこでした。かえるときに
バスの**とこ**までおくっていってとてもありがたかった。

　火曜日は新幹線こだまにのってあたみのえきに五十分くらいでつき
ました。すぐにバスにのってはこねにいきました。昼食がすんでから
足柄丸であしのこをはしった。ここであのきれいでうたがじょうずな
ガイドさんとわかれた。ケーブルカーで**いお**が出ている山の上をと

おった時にくさいにおいがした。小田急でロマンスカーにのって新宿
にきました。いいきもちだった。新宿えきからバスにのってうたいな
がら**しくしゃ**にかえった。

　見学の最後の日がきた。はじめに上野水族館にいってかわった魚を
見た。あるいて動物園を見た。あんまりいろいろの動物がいて見てあ
るくのが**や**になった。べんとうを食べてから国立はく物館にいってふ
るいむかしの物を見た。もうあんまりあるきすぎてたおれると思いま
した。ちかてつにのって日本橋のみつこしにいっておみやげを買いま
した。

　十月十七日の午前十時にせいとたちと先生たちがのっているくろし
お丸がたけしばさんばしをはなれた。雨がふっていたのでなげたテー
プもはやいうちにきれました。かえりはぜんぜんよわなかった。十八
日になぎだったからデッキの上にいって鳥島を見た。船がみなみにい
くほどあつくなるのがわかった。

　十九日の午前六時ころわたしのあったかいうちについた。うちでみ
んなとたのしかった修学旅行についておしゃべりしました。

（染谷・有馬 1972: 161–163）

以上の中学生の作文に見られる言語学的特徴は次のようにまとめられる。

① 拗音を直音に変える。「レッこう」（出港）、「しくしゃ」（宿舎）
② 形容動詞と名詞の修飾法の混用。「にぎやかの」（にぎやかな）
③ 短母音と長母音の混用。「べんと」（弁当）、「いお」（硫黄）。短母音化は
　本土のさまざまな言語変種にも見られるが、この現象は音韻的に無制
　限に起こるのではなく、語形が限られている。
④ 個別語彙の変異。「とこ」（ところ）。これは本土の言語変種にも多く見
　られる。
⑤ 指示詞の混用。「それからあそこにこどもたちとあそびました」（そ
　こ）。日本語の指示詞では「こ・そ・あ」の３つの領域が区別される

が、ここでは自分から離れたものに対して使う「そ」と「あ」の使い分けが曖昧になっている。話者の言語体系は日本語の語形を使いながらも、その使用法は英語のように、「こ」(this, here)に対して「そ・あ」(that, there)の二項対立的なものになっているのかもしれない。

⑥　助詞の混用。「…あそこにこどもたちとあそびました」(そこにいた、そこの)

⑦　自動詞・他動詞の混用。「バスを…ビルにむけて」は文法的に正しいが、「バスが向かった」の方が自然である。

⑧　英語的な構文使用。「高校をすき」(高校がすき)。英語では、"like"は目的語をとる動詞であるので、ここで目的格の助詞が使用されている。

⑨　語頭のイの脱落。「やになった」(いやになった)。東京などでも「いらっしゃい」が「らっしゃい」に聞こえるなど、関東の言語変種にも多い現象である[2]。

なお、「よろ」(夜)という書き間違いもあるが、これは発音の問題ではなく、単にひらがなの「る」を「ろ」と書き間違えただけであろう。

もちろん、島民の標準日本語能力と標準英語能力には個人差があるはずだが、重要なのはこの中学生の就学年数であろう。彼女は八年生(中学二年生)であるから、先の小学生に比べて4〜5年長く標準英語を学習していることになる。そのことを考慮して考えると、小学生の作文の方が若い欧米系の母語をより純粋に反映していると考えられる。つまり中学生の作文の方が教室で学んだ時間が長いため標準英語の影響を色濃く表しているのに対し、小学生は教室で学んだ時間が短く、家庭言語(home language)である小笠原特有の接触変種(contact variety)を反映していると思われるのである。

11.4.　ネイビー世代話者が話している日本語の特徴

11.4.1.　音韻面の特徴

彼ら、ネイビー世代の話す日本語は、小笠原コイネー日本語(§2.8参照)

に見られる音韻面での特徴も持ち合わせている。特に際立っているのは疑問文の独特なイントネーションである。東京の標準語をはじめ、内地各地の方言ではいわゆる「yes/no 疑問文」の場合はイントネーションが上がるが、「疑問詞疑問文」の場合は上がらない。ところが小笠原の欧米系が話す日本語では「yesterday、you はどこ行っていたのかい？」のような疑問詞を使った疑問文でも上昇イントネーションを伴う。英語はむしろ日本語と同様、疑問詞疑問文のイントネーションは上がらないので、その影響ではない。現時点では、この独特なイントネーションの起源は不明である。

　これ以外に東京の人が聞くと目立って聞こえる音韻面の特徴として、母音の長短の区別が曖昧であるということが挙げられる。欧米系話者が内地でも使われている単語（通らない・取らない、おばあさん・おばさん）を発音すると母音の長短を区別するが、小笠原だけで使われている単語（ピーマカ・ピマカ、カノー・カノ、ウーフー・ウフなど）になると、長母音・単音の区別は音韻論的に意味がない。英語において母音の長短が音韻論的に区別されないこと考えると、これは英語の影響だと思われる（ロング 1999）。また、/ai/ と /ae/ の二重母音の区別も曖昧で、一般的な二人称代名詞の「お前」は「オマイ」にもなることも挙げられる。

　4 つ目の音韻論的特徴は、単語のピッチアクセントの区別がないことである。八丈島方言も無型アクセントなのでその影響も大きいだろう。しかし、英語話者が日本語を習得するときにも、その中間言語ではアクセントによる単語の意味区別が見られない。つまり、英語の影響と八丈島方言の 2 つの要因が重なった結果、小笠原の欧米系話者は無型アクセントとなったと推測されるのである。なお、若年層の欧米系話者は東京アクセントになっている。その詳細やアクセント獲得の原因についてはロング・磯野・塚原（2008）を参照されたい。

11.4.2.　語彙面や表現面の特徴

　島を訪れた観光客がよく「島に方言がない」という印象を口にする。この印象を受けるのはもっともなことである。なぜならまず、島で仕事をしてい

るダイビングガイドや宿経営者、飲食店従業員などには、内地出身の人が多く含まれている。こうした観光業界の人は「島民」であっても、「島の人」ではない（これらの用語の違いの詳細についてはロング・橋本 2005b 参照）。そして、欧米系や旧島民と呼ばれる生粋の古い「島の人」が観光客と話すときに、彼らは標準変種にコードスイッチングをするのが普通である。しかし、島の人がこうして「標準語」にスイッチしても、それは「小笠原の標準日本語」である。少し会話しただけでは、その違いに気づかないが、語彙や表現に興味深い意味論的または語用論的な違いがある。さらに音声的な違いも（数は少ないものの）現れることがあるのである。

　ある専門分野の用語が小笠原で日常的なものへと移行した例もある。英語から入ったリーファ（冷蔵庫）は本来列車や船舶で使用される大型のものを指す専門用語だったが、小笠原では家庭用の冷蔵庫の意味になった。同じように日本語の船乗り用語に由来する小笠原ことばもある。例えば、「ドンガラ」は「的外れ」の意味で、以下のように使われる。

(82)　ドンガラって、you miss something だじゃ。I missed…魚なんか「今日
　　　ドンガラしたじゃ」と言うじゃ。　　　　　　　　　　　　　　（MKS）

(83)　Like when you shoot a bow, an arrow at a goat or something and you miss,
　　　and says,　アイヤイヤイドンガラした。　　　　　　　　　　（RW）

(84)　よくジュースの can とかゴミ箱に入れるじゃない？投げて。それ外れ
　　　ると、私「ああ、どんがらした」　　　　　　　　　　　　　　（RB）

　例文(82)は魚を銛で突こうとして外れた時、(83)は山羊を狙って矢を射たが外れた時、(84)は離れたところからごみ箱にごみを投げたが入らなかった時にそれぞれ使用しているようだが、本来の意味に近いのは(82)の文であり、魚に関して用いられる。この単語は元々捕鯨船で使われていた。捕鯨砲が発砲する際に「ドーン」という音をともなって鯨に向けてハープン（長い縄つきの銛）を打ち飛ばす。しかし、鯨に当たらずに海中に落ちた銛をウインチで「ガラガラ」と巻き揚げる際の擬音語に由来するようだ（森・ロン

グ 2007)。

　これらの語彙、意味、そして語用論的な特徴に加えて、上述の音韻やイントネーション的な特徴の多くは、島の人に意識されていないため、外部者と標準語で話す時にも無意識に現れる。あるいは、本人がそれらを意識していても、それを制御すること(言ってみれば「なおす」こと)ができないために、その人の「標準語」にも出てしまうのである。

11.4.3.　東京・関東方言との共通点

　関東方言や東京方言と共通している小笠原ことばがいくつかある。しかし、これらの方言の代表的な特徴でも、小笠原ことばでは使用されないものがあり大変興味深い。例えば、形容詞語尾における二重母音の短母音化(ネー「無い」、オセェ「遅い」など)も、文末詞の「ジャン」も、いずれも小笠原にはない(なお、小笠原に文末表現の「ジャ」、「ダジャ」はあるが、これは「ジャン」と異なる)。

　反対に、小笠原ことばの方がこれらの方言よりも進んでいる場合もある。すなわち、東京方言で若い人中心に使われる文法事項でも、小笠原では欧米系の中高年話者に普通に使われている場合があるのである。欧米系がその昔日本語を間違って覚えた特徴と同じものが、数十年後に日本人の日本語にも現れたようである(外国人の日本語の「誤り」が後にネイティブの日本語の「乱れ」として現れるこうした現象が最近注目されつつある。金澤 2008、簡 2009)。例えば、東京の若者ことばとしてあげられる「ミタク」は欧米系の中高年層話者の間でも(85)普通に用いられているのである。

(85)　ドーナツみたく丸くなっている。

　また、ら抜きことばが、語幹の短い一段動詞のみならず、存在動詞の「居る」や補助動詞の「～ている」の可能表現にまで現れている。

(86)　そんなことしたら、オマエ大学にイレナクなるよ。

308 第5部 返還後

これらの文法事項は現在の東京でも耳にすることはあるが、若者ことばというイメージがある。

次に、東京・関東方言と共通している言い方の具体例を見てみよう。東京の新しい文末詞「ジャン」はないと述べたが、東京など関東各地の方言に見られる断定の「ダイ」は小笠原で見られる。『小笠原ことばしゃべる辞典』には、中年層の自然会話例としてこの発話が掲載されている。同系統の疑問文詞「カイ」も使われる。

(87)　パパはどーだい？　　　　　　　　　　　　　　　　　　　（GSC）
(88)　（ブベって言います？）ブベ、yeah。あの、あれ、オサドリ。昔はオサドリっつったけど、ブベ、ブベってわたしら言ってたよ。今ね、何と言うのかね。カツオドリって言うのかい、今？　　　　　　（EW）
(89)　食べないかい？　グワワ。　　　　　　　　　　　　　　　（MI）
§11.5.3の(109)に見られる「そうかい？」

この2つの表現はただ使用されるだけではなく、欧米系の人に「小笠原の独特なことばは？」と聞くと、人称代名詞の「ミー」と並んで必ず出てくる[3]。「ダイ」や「カイ」は指定助動詞の「ダ」＋「イ」、「カイ」は疑問文の「カ」＋「イ」からなる複合的文末詞である。小笠原ことばには東京にはない「イ」のみの使用が見られる。それは「今晩何着るイ？」、「どこ行くイ？」という表現である。ここでの「イ」は東京の「何着るの？」の「ノ」などに当たる疑問詞である。これは八丈島方言から伝わったと考えられる。現在島の八丈系の中年層の人は使わないが、50代以上の欧米系島民には広く使用されている。

これ以外に動詞（活用形ではなく、動詞そのもの）にも関東方言と共通するものが見られる。「ズッコケル」（ずり落ちて、具合がおかしくなる）、「ブッカケル」（小笠原では「必要以上に、色々な物を混ぜてしまう」という、東京とは少し違う意味で用いられる）、「オッコチル」（落ちる）、「モス」（燃やす）などである。会話での使用例など詳しいことに関しては『小笠原ことばしゃ

第11章　欧米系島民が使う日本語の実態　309

べる辞典』を参照されたい。

11.4.4.　九州方言と共通するもの

　九州方言にも見られる小笠原ことばがある。これらが九州から伝わったか
どうかは不明である。偶然の一致の可能性、あるいは九州以外の地域から伝
わった可能性も否定できない。明治から昭和初期にかけての記録にも、小笠
原に九州から開拓者がやってきたとは書かれていないため、九州から直接伝
わったと考えることは無理があるかもしれない。ここでいくつかその特徴を
取り上げよう。

　まずは可能表現の助動詞キレルである。標準語には「完全に」という意味
で使うアスペクト表現の「～キレル」用法があるが、これとは異なるもので
ある。次の会話例は欧米系の男性話者が「ショギレル」という小笠原ことば
を説明している談話で、「息が取リキレナイ」という表現を使っている。ま
た次の会話例には「ブクブクスル」(溺れる)や「ムグル」(潜る)といった小笠
原ことばも出てくる。

(90)　「ショギレタ」っていうのは泳いでいてね。バカんなるよね。ダイビ
　　　ングして。ある人がね、結局、ぶくぶく、むぐっていて、分からなく
　　　なるの。深い所行っちゃうと。息がとりきれない。それ「ショギレ
　　　ル」と言うの。それ早く見れば助かるんだけど。分からないと死ん
　　　じゃう。ブクブクしちゃうから。　　　　　　　　　　　　　　(JG)

この例に可能のキレルが「息がとりきれない」という表現で見られる。しか
し、これが九州方言のものではないと思わせる要因が2つある。1つは、九
州のキレルが能力可能で、ここは状況可能で使われているということ。もう
1つは、九州方言なら、「トリキレン」という打ち消し表現が普通だが、こ
こでは標準語の「ナイ」が使われているということである。ただし『小笠原
ことばしゃべる辞典』の500以上の音声ファイルにおいて可能の「キル」
が出てくるのはこの一例だけなので、使用頻度が高いとは言えない。

310　第 5 部　返還後

　小笠原ことばでは、行く・来るという移動を表す動詞を使う場合、相手の
視点を中心にした使い分けが存在する。例えば電話などで、「明日の午後、
そっちに来ようか」という言い方が用いられる。一階にいる人が「ご飯だ
よ」と呼んだ際に、呼ばれた人が二階から「ん、今から来る」と返事すると
いうこともある（ロング・橋本 2005a: 78）。

　この「そっちに来る」という表現の背景には「視点」という概念がある
が、もう 1 つ視点と関係する表現が見られる。それは授受表現の「（私が）
クレル」というものである。標準日本語では「私があなたに渡す」と「あな
たが私に渡す」の際には視点は無関係であるが、授受動詞の場合、視点に
よってヤル・アゲルとクレルが使い分けられている。まず、『小笠原ことば
しゃべる辞典』の項目で、島での使い方を見よう。

(91) a.　今はこれ、今現在 4 台持ってるけどね。で、それで人にも 3 台く
　　　　れた。だから 7 台買ったんだね。　　　　　　　　　　　　（MI）
　　b.　スッパグサ、これも食べる。根っ子が食べれる。これはけっこうお
　　　　いしい。食べれる。で、葉っぱの方はみんな鳥に、こう刻んでね、
　　　　くれたもんだ。与えたもんだ。根っ子はみんな食べて。　　（MI）

日本本土でも「ヤル・アゲル」という意味でクレルを使う地域が多数ある。
九州もそうだが、東日本にもこうした用法が広く分布している。しかし、小
笠原にこのような地域からやってきた開拓者がいたという記録は特に見当た
らない。小笠原におけるこの「クレル」はむしろ、視点が関係していない英
語の言語干渉ではないかと思われる。この「（貴方に）クレル」は上述の
「（そっちに）クル」と同様、英語の影響で生まれた語で用法であり、九州と
の共通性は偶然のものであると考えている。

11.4.5.　沖縄と共通しているもの

　南の島であるから小笠原は当然沖縄の影響を受けていると多くの人が考え
るが、驚くべきことに小笠原には沖縄からの影響が見られない。明治時代か

ら現在に至るまで小笠原は行政的には東京都(東京府の時代から)に所属しているが、明治初期には琉球藩への所属案も持ち上がっていた。

> 1872(明治 5)年 9 月 24 日　福島外務卿は琉球藩が新設されることに伴い、又、尚泰藩主が、新政府を訪れたことを機に、小笠原諸島を琉球藩の管轄とする案を、太政官に伺い出たが藩の都合も有り認可されずに終わる。
> (辻 1995: 117)

　沖縄から小笠原に渡った開拓者は数えられるほどしかおらず、文化的影響や言語的影響は皆無に近い。沖縄と共通している言い方はいくつかあるが、沖縄から伝わったと思われるものは 1 つしかない。それは「お兄さん」を意味するアッピである。これと同じものを表すアッピ［ʔappi:］が沖縄本島南部に存在している。

　また、沖縄で使われるネリ(オクラ)も小笠原で見られる。このように両地域において同一の単語が同じ意味で使われる時、沖縄から小笠原に伝わった「借用語」説と、「偶然の一致」説の 2 つの語源に関する説が考えられる。しかし、ネリの場合これらと違う第三の理由がある。それは小笠原のネリも沖縄もネリも同じところから伝わったという「同一起源」であるというものである。沖縄のネリは近代にヤマト(日本本土)から入った借用語だと見られている(オクラはじゃが芋やトマト、タバコなどと同様、米大陸原産のもので、近代まではヨーロッパやアジアには存在しなかったため)。そして同様に、ネリはヤマトから八丈島へ、そして小笠原へと伝わったと思われる。

　「味見する」という意味の意志性他動詞「アジスル」というものもある。小笠原では「これアジシタ?」とか「アジシテみる?」という風に使われる動詞である。沖縄でも同じような表現が用いられるが、これも本土から両地域へ「伝播」してきたものだと考えられる。偶然の一致ではなさそうであるからだ。それぞれの地域で独自に発生したにもかかわらず、同一の原因、つまり「自動詞の他動詞化」が起きたのである。「変なアジがする」のような自動詞から「この汁をアジする」のような他動詞へと変わった。関西方言似

たような表現があり「これ腐っているかどうか匂ってみぃ」という言い方を
する。「それ腐ってるから匂うよ」という自動詞が標準語などにある本来の
使い方だが、「○○を匂う」という他動詞に変化しているのである。

　小笠原の欧米系島民のことばに「名詞＋する」という構造が生産的である
点も沖縄と同様である。例えば、「キズした」（軽く怪我した、傷がついた）と
いう表現が聞かれる。また§11.2 の(73)に見られる「日本語する」や「意
味しない」という言い方を使用する人もいる。そして沖縄でも「方言する」
や「不参加した」のように「名詞＋する」の生産性は高い。この現象も「伝
播」でも「偶然の一致」でもなく、「同一起源」として分類できるのではな
いかと考える。

11.4.6.　小笠原に取り残される古い単語

　小笠原にも旧植民地にも、古いことばがとり残されているという現象は言
語学的に興味深い。例としてはカツドー、カンザシ、ゴフジョ、サルマタ、
チチバンド、チャッポ、ハラメ、イジン、ナイチなどがある。

　カツドー(活動写真＝映画)は、戦後の内地ではほぼ死語と言えるが、小笠
原は米軍時代まで本土の「映画」と同様、日常用語として使われていた。カ
ンザシ(簪)は、一般の日本語では意味の特殊化によって一般の髪飾りではな
く、着物を着るときに挿す和風の物に限定して使われる。これに対し小笠原
では一般的で、日常的ないわゆるヘアピンのことを指して使用される。

　ゴフジョ(御不浄)は一般の日本語では死語とも言えるが、小笠原では高年
層からであれば聞くことができる。欧米系話者の母音における長短の区別は
曖昧であるが、この語に関しても母音が短音化している。明治や大正時代の
国語辞典に記載されていないため、チチバンド(ブラジャー)が標準語として
認識された時代があったかどうかは不明だが、日本各地に残存していること
ばでもある。「チャッポ」(シャッポ、帽子)に関しては [tʃ] の発音になった経
緯は不明だが、フランス語の綴り(chapeau)が関係しているのかもしれない。

　ハラメ(孕婦)はかつての国語辞典類に掲載されていた(大槻 1935: 938)が
現在の国語辞典には載っていない。なおハラメは八丈島方言の辞典にも掲載

されているので、小笠原に伝わったのはこのルートであるかもしれない。イジン(異人)ということばは残っているだけではなく、異人桃(グアバ)や異人ドーナツ(甘い揚げ団子、沖縄のサーターアンダギーと似ている)という造語にも現れている。

　なお、以上で取り上げた単語はどちらかと言えば中高年の欧米系話者を中心に用いられるが、ナイチという単語は性質が異なる。ナイチ(内地)は現在でも北海道や沖縄では使われるが、それ以外の地域では「戦前の響き」が強く感じられるようであまり使用されない。一方小笠原では、若い人や新新島民の間でも使われる(図11-3、11-4)。

図11-3　郵便局で使われる「内地」　　図11-4　「内地祭り」のポスター

　これは「中央語がどんどん進化しても周辺に古いことばが取り残される」周圏論(柳田國男)に似た現象に見えるが、以上で取り上げたことばは東京だけではなく、東北や九州でも使われない。むしろ小笠原が中央から地理学的に離れているだけではなく、米軍統治下によって日本社会から断絶されたことによる、一種の「浦島太郎現象」が起きたと見る方がよさそうである。

11.4.7. 旧南洋庁の日本語との共通点

　小笠原と日本の戦前の植民地だったサイパン、パラオ、ミクロネシアにはいくつか共通点がある。1つは、上で取り上げたような本土で使われなく

なっている古いことばが両方に残存している状況である。似たような現象が英語圏にあることを指摘したイギリスの社会言語学者トラッドギルがそれをコロニアル・ラグ（Colonial Lag＝植民地の時代遅れ）と名づけた（Trudgill 2004）。ハワイの日本語でカメラのことを「写真機」と言ったりするような現象がこれにあたる。沖縄本島の若年層どころか中年層も伝統方言が話せなくなっている。これに対し南米の沖縄系移民コミュニティで育った二世や三世の若者は、標準日本語を話すことができないにもかかわらず、沖縄の伝統方言を多少理解することができる。これは「消極的バイリンガル」と呼ばれる言語能力で、彼らがこの言語能力を持っている現象もコロニアル・ラグに相当する。サイパンの現地語の１つであるチャモロ語には、日本語起源の借用語 kachido（映画）が見られ、ヤップ語には同様の意味の kaechiidoo が、パラオ語にも katsudo がある。「猿股」はチャモロ語の saromata、パラオ語やトラック語の sarumata、ポナペ語の sarmada、コソラエ語の sarmuhta などに生きており、しかもいくつかの言語においては、男女両方の「下着」の意味へと拡大したり、女性のみの下着に変化したりしている。小笠原と同様、旧南洋庁地域にもコロニアル・ラグと言える現象が見られるのである。

　§9.4では、グィリー（ササヨ）やシーカンバ、タガンタガンといったサイパンなどから伝わったチャモロ語起源の単語を取り上げており、これらも両地域の共通点と言える。中には例（83）で見たアイヤイヤイのように、小笠原の使用に留まらず八丈島まで伝わった単語もある。逆に小笠原から旧南洋庁の島々に伝わった単語もある。小笠原にタマナ（標準和名：テリハボク）という木があるが、この言い方はパラオやミクロネシアにも伝わっている（図11–5、11–6）。その語源はハワイ語で同じ木を指す tamani（または kamani）である。

　この単語がハワイと旧南洋庁の両地域で使われる原因としていくつかの可能性が考えられる。まず同系統言語の同根語であるということだ。パラオ語やポナペ語などミクロネシアの諸言語はハワイ語と同じオーストロネシア語族であるので同根語だと考えられるが、旧南洋においてこの木の名前は新しく入ったものだと認識されており現地語ではないようである。次に偶然の一

致ということも考えられる。しかし、単語の発音が似ているだけではなく同じ木を指しているから、偶然だとは思えない。小笠原を経由せずにハワイから直接旧南洋地域に伝わったという可能性も考えられる。しかし、歴史的にはこれらの島々の関係は薄い。この説では *tamani* から *tamana* への変化を説明することもできない。あるいは、日本語から(小笠原を経由せずに)伝わった可能性もある。すなわちハワイ→日本→旧南洋庁のルートで伝播したという仮説である。遥か昔の19世紀前半から小笠原を訪れた人の記録には *tamana* や *temana*、*tremana* などのつづりでこの単語が出てきている。日本語自体にこの単語が入ったのは小笠原経由であることは間違いない。従ってハワイ→小笠原→旧南洋庁というルートを考えるのが妥当であろう。

図11-5　島名　タマナ　　　　図11-6　店名「たまな」

一方、地名にも共通点がある。父島、母島、兄島には、ミクロネシアにも見られる「テーマに沿った名づけ方法」がある。小笠原は無人島で島名がついていなかったので、こうした連想しやすい名前が付けられたのであろう（§1.5参照）。ミクロネシアには人が住んでいる島々に固有の呼び名があったが、日本人の覚えやすい名前が付けなおされている。例えば、トラック諸島の島々が日本時代に、春島、夏島、秋島、冬島や月曜島、水曜島、金曜島と名づけられている。

上述の通り、小笠原と旧南洋庁地域の日本語とに共通点をいくつか確認することができた。それをら分類すると(1)古い単語の残存、(2)小笠原から旧南洋庁に伝わった単語、(3)地名の「テーマに沿った名づけ方法」、のようになる。

11.5. 欧米系島民の日本語に見られる
八丈島方言の影響

11.5.1. 八丈島方言に由来する小笠原ことば

小笠原には、八丈島方言を起源とする単語が多くある。ここでいくつかの動詞や名詞、形容詞を挙げてから、文法的な要素として、形容詞の活用形や文末詞、さらに動詞の接頭辞を紹介する。

動詞には、ムグル(潜る)、ノモル(沈む)がある。『小笠原ことばしゃべる辞典』に次の使用例が載っている。

(92) 木で作った銛は肩へしょってこう泳いでもね、バランスがちょうどいいの。で、亀突くときに、こうむぐるでしょ、持って。で、ギューってノモッテいかないね。浮きもしない。ちょうどいいバランスね。で、亀をそこで突けるわけ。 (AS)

(93) その木で作ると、この spear がちょうどね、のもりもしなければ、浮きもしない、ちょうど真ん中へんでその銛が、目方がついてるわけ、で、これ持って泳ぐでしょ、重いからのもっちゃう、泳ぐの大変なの。 (AS)

(94) 泳いでいて子どもが、小さいのが。で、あの、もう水位が高くなっちゃって、で、のもっちゃった。で、こりゃ危ない、と。早く行って help しないと。 (JG)

自動詞ノモルの他動詞ノメル(沈ます)があり、「錨をノメロ」のように使う。強調の接頭辞を付けたブンノメルもある。

名詞には動物や植物を表す名称が目立つ。これはハワイ語起源の単語にも見られる傾向である。例えば「ササヨ」の標準和名はミナミイスズミである。島では頻繁に見られる魚で、小笠原の料理ピーマカの材料になっている。語源は「ササウオ」(笹魚)が音変化したものである。ちなみに英語名の呼び名 jacket(ジャケット)も小笠原でよく聞く。これ以外にアカバ(アカハ

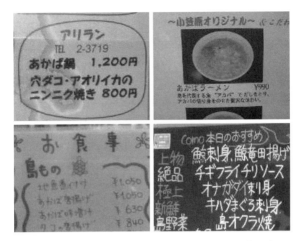

図11-7 メニューでよく使われる「アカバ」や「チギ」

タ)、チギ(バラハタ)、カサゴ(マハタ属の魚)、モロコ(ツチホゼリ)なども八丈島から伝わった魚名である(図11-7)。

　小笠原で「イチビ」と言えば、黄色い花を咲かす木である。具体的には2つの種を指し、島名「ヤマイチビ」(標準和名：テリハハマボウ)と、島名「カイガンイチビ」(標準和名：オオハマボウ)である。このイチビは八丈島方言に由来し、花が咲くのは「一日」だけであるということから名づけられた。この木の他の名称には、英語の島名 *mountain hao* に由来するマウンテンハーや短縮形マーハー、そしてマーハーとハマボウの混交形のマーボー、さらに英語の *mountain* ＋日本語の「木(ぼく)」からできたモンテンボクなどがある。

　形容詞には、「心地が悪い、違和感があること、落ち着きが悪い、道具などが使いにくいこと」を意味するエズイがある。特に服など着心地が悪いときによく使われる。

　また、感動を表す形容詞の形「さっ」があり、「憎(にく)さっ！」(95)「怖さっ！」(96)のように用いられる。最近では「クォー！この暑さっ！」ということばをデザインにした観光用のTシャツも作られている(図11-8)。

(95)　ニクイねえ！あの、――あの顔、ニクサッ！　　　　　　　　　　(ISL)

(96) And me and Edith ちゃん put her kids on top of the table ね、立たして and the water was up to here. コックジョの water like here, and we're holding the door(All the way up to your chest, huh?)Yeah. 怖っさっ！ Then we saw all these things floatin'around and the water 渦巻ってこう like this.
(ESP)

図 11-8 「クォー！この暑さっ」T シャツ

1つ目の会話例(95)では、「醜い人」を意味する「ニクイ」から「ニクサッ」という形を作っている。では、2つ目の会話例(96)の意味を少し説明しよう。昔津波が襲ったとき、語り手とイーデスという人が、イーデスの子供を食卓の上に立たせた。彼らはドアを抑えていたが、台所の中まで浸水し、水位が胸まで上がり恐怖を感じた。部屋の中の物が水に浮いて回っており、水が渦を巻いていた。ちなみに、ここでは「渦巻いて」ではなく「うずまって」と活用している。意味の違う動詞の「蹲る」または「埋まる」が存在するために、活用を混乱しているのかもしれない。欧米系話者が発音の近い動詞を混乱する傾向は他にも見られる[4]。

(96)の発話に「怖っさっ！」という表現が現れている。形容詞の「サ」感嘆法は九州が有名だが、八丈島にもあるため、入植者の出身地などの歴史的要因を考えると小笠原にある「サ」は八丈島方言から入ったと考えられる。

欧米系島民の日本語に聞かれる八丈島方言起源の表現で、最も頻繁に聞かれるのは文末詞「じゃ」であろう。「(ダ)ジャ」を多用しているのは主に現

在の中年層(ネイビー世代)である。八丈島方言のジャに関して、金田(2001)は共通語訳として「じゃないか？」や「んだよ」を当てている。小笠原のジャはこれに類似する用法であるが、八丈島方言のジャとの違いもいくつか見られる。以下はロング・橋本(2005b)の分析に基づいた概説である。まず機能面では、用言(動詞・形容詞)に付く場合、①確認、②同意要求、③念押しの3つの用法(共通語で「じゃない(か)？」や「だろう？」、あるいは東京新方言「じゃん」に当たる用法)が存在する。

(97) ［確認］［米軍時代の映画館について］カツドーつってたじゃ。カツドー行こうつって。movie 行こうって。映画館。　　　　　(MKS)

(98) ［確認］うちもアンマいたじゃ、アンパもいたし。(奥村に。)　(MJW)

(99) ［同意要求］It took me half hour to figure out what in the world is "commode". 恥ずかしいじゃ，you know, to go ask someone, "what in the world is commode?"(MKS)［意訳：「コモード」の意味を理解するのに半時間かかったよ。恥ずかしいだろう？ね。人に「コモードって何？」って聞くのは。］

(100) 違う、違う。ご飯をヨソルじゃ［念押し］、あのー、釜から。あれ「ヘラ」と言うじゃ［確認］、Me ら。でも「ヘラ」でないんだって。しゃもじだ。We call it ヘラ。知ってるだろ？ You know that?(桶だろ、桶?)違う違う、ヘラ、桶はあれだじゃ［念押し］。…すし拵える桶、あれ父島のことばでハンダイって言うんだ。　　　　　(MKS)

一方、名詞に付く場合は、上の3つの機能以外にも、「だよ」に置き換え可能な断定(強調)の用法がある。

(101) ［断定・強調］ISL: Santa Claus 分からないよ、みんな back side of the kids だけど、それ、父島の Santa Claus だじゃ。カノーで来て。ね、Esuru、Santa Claus カノーで来たよね、or boat. ESP: One of the 兵隊さん whoever was fat, got to be Santa Claus.(解説：［父島のクリスマス

320　第5部　返還後

の写真を見て]だれがサンタクロースを演じているか分からないよ。
子供はみんな後ろを向いているから写っているのはだれか分からない
けど、それは間違いなく父島のサンタクロースだよ。)

(102) ［断定・強調］You know, my papa was a fisherman ね. A lot of time, you
know, he brings fish and he brought -- he used to bring birds. カツウドリ
My mama used to fry that one. Greasy, greasy sea birds。Oh ヤイヤイ.
生意気ゆえないじゃ。［同意要求］You know, we have to eat whatsever
on plate ね。You get ビンタ.［笑い］You better eat.(They're greasy, huh?
Katsuodori are.)Greasy, greasy. あのー Young カツウドリ, the babies
(That's a black and white bird?)Yeah, kind of a black and white. He bring
the baby like a grey ダジャ.［断定・強調］You know?　　　　　(ESP)

(103) ［念押し］甕<rt>かめ</rt>だじゃ、それ、甕って言う。小笠原じゃそれ、甕。

(MKS)

また、形態面では、動詞に付く場合は八丈島方言と同じ「ジャ」だが、名詞
に付く場合、八丈島方言の「ドアジャ」と異なる「ダジャ」が使われる[5]。
標準語の「名詞+じゃない?」とも異なる。

11.5.2. 接頭辞

　小笠原ことばの特徴の1つは接頭辞にあるといえる。以下は、『小笠原こ
とばしゃべる辞典』のために橋本直幸が執筆したコラムに基づいた記述であ
る(ロング・橋本 2004 も参照)。

　小笠原には「オッ」「カン」「カッ」「シッ」「ズッ」「ツン」「ヒッ」「ヒン」
「ブッ」「ブン」など多くの接頭辞が見られる。これら接頭辞のうち、八丈で
も生産的に使われているのは、オッ、ヒッ、ヒン、ブンである。関東方言に
共通して見られるものもあるが、小笠原での使用頻度が高く、またこれらの
接頭辞は比較的生産性が高い。例えば、東京方言にも「ぶっ飛ばす」などい
くつかの決まった動詞に「ブッ」が付くことがあるが、「ぶっ切る」や「ぶっ
たらがる(たらがる＝横になる)」の造語からも分かるように小笠原ではこの

接頭辞は比較的自由に使われている。

　中でも面白いのは「ブッコトス」などに見られる接頭辞である。語幹は「オトス」であると考えると、接頭辞は厳密に言えば、「ブッ」ではなく「bukk-」なのである。母音で始まる本動詞と接頭辞との間にkという子音を挟んだ形で造語が行われている。これは形態論的な特徴である。

　意味論的な違いも見られる。接頭辞には、単に意味を強めているものもあれば、意味を特殊化しているものもある。例えば、「潜る」という意味の「ムグル」に接頭辞「ツン」がついた「ツンムグル」は「転ぶ」という意味になる。ただし、「転んで顔が水溜りや泥などに入ってしまう」という解説もあるので、おそらく徐々に意味が推移していったと思われる。

　『小笠原ことばしゃべる辞典』に載っている接頭辞のついた動詞は次の通りである。**オッ**(オッペショル、オッペス)、**カッ**(カッチャク)、**カン**(カングリカエル、カンマワス)、**シッ**(シッチバク、シッチバル、シッチメル、シッチャクル、シッチャブク)、**ヒッ**(ヒッカスル、ヒッカブル、ヒッチメル、ヒッチャク、ヒッチャケル)、**ヒン**(ヒンネジル、ヒンマガル、ヒンメクル)、**ブッ**(ブッカケル、ブッキル、ブッコチル、ブッコトス、ブッコメル、ブッコル、ブッコロブ、ブッタラガル、ブッチャカス、ブッチャル、ブッツク、ブットース、ブッパタク、ブッパル、ブッペショル)、**ブン**(ブンナグル、ブンナゲル、ブンノメル、ブンマワス、ブンムグル)。

11.5.3.　八丈島方言が変化した小笠原ことば

　八丈島方言が小笠原に渡り、そのまま使われ続ける場合もあるが、小笠原に入った後、意味や発音、あるいは動詞や形容詞の活用方法などの文法的特徴が変わった単語も数多くある。以下でいつくかの例を挙げる。

　「タラガル」〔自動詞・五段〕は小笠原ことばで「横になる、(特に)横になってだらんとすること」である。この意味合いは小笠原ことばの自然会話から採集の使用例「大の字になってたらがる」や「なんか今ちょっと辛くてたらがってた」に見られる。一方でもともとの八丈島方言の意味は「座る」である。特に「楽に座る」ことや「地べたなどにだらしなく座る」ことを意

味する。19世紀に小笠原に伝わったのは、八丈島方言のもともとの意味で
あったろうが、意味が徐々に変化したと思われる。すなわち「だらしなく座
る」から、姿勢がさらに一歩崩れた「横になってだらんとする」に変化した
のである。これは「すわる」という一般的な意味から、特別な座り方だけを
指すようになった語彙意味論的特殊化(lexico-semantic specification)、または
縮小(reduction)と呼べる変化である。

　「ナムラ」は本来「魚群」であるので、魚の群れを指す八丈島方言であ
る。しかし小笠原の欧米話者の間で、「ヤギのナムラ」のように陸の動物に
広がり、さらに「自衛隊のナムラ」のように人の集団を表すまでになってい
る。これは上述の特殊化とは反対に特別な意味(魚の群れ)だった単語の意味
範囲がより広くなったという語彙意味論的拡張(lexico-semantic expansion)と
言える。

　「マグレル」〔自動詞・下一段〕は小笠原ことばで「大笑いをして、笑い転
げる」という意味である。小笠原ことばの自然会話の使用例に「笑って、
笑って、まぐれた！」がある。しかし、八丈島方言の意味は「猛烈な痛みを
感じる」である。「痛みで苦しむ」という辛いことと、「笑う」という楽しい
ことは、一見正反対の意味のようである。しかし、「卒倒する」や「気絶す
る」という共通の意味要素を最初から持っている。そこから「(倒れるほど)
痛い」や「(倒れるほど)大笑いする」というように変化したと考えられてい
る。この変化の場合、意味領域が縮小したわけでも拡張したわけでもなく、
移り変わったので意味論的推移(semantic shift)や偏流(drift)が起きていると
言える。

　以上の意味変化の例以外に、小笠原で起きた文法的な変化にも興味深い例
がある。八丈島から小笠原に伝わったホゲルが自動詞から他動詞に変わると
いう「ヴォイス」の変化である。八丈島方言で、「ホゲル」は「散らかす」
を意味する他動詞で、「部屋をほげるな」という表現や「ほげちらす」とい
う複合動詞として現れる。戦前生まれの欧米系島民の間で現在でもこの意味
で使われている。ところが戦後生まれのネイビー世代の話者の間では、「ホ
ゲル」が自動詞に変わり、「部屋がほげているから大変だ」のように使われ

ている。そしてこの世代は「車の中をほがしたら怒られるよ」のように他動
詞の「ホガス」も使っている。ところが、この「ホガス」は戦前の話者は使
わず、また八丈島方言でも使用されない。さらには日本各地の方言辞典にも
（このような意味で）掲載されていない単語である。こう考えると、「ホガ
ス」は小笠原で生まれた新語だと考えるのが妥当である。変化の過程は次の
ようだったと推測される。まず、「ホゲル」が自動詞として認識され始め
る。「-eru」で終わる動詞の多くには「-asu」で終わる他動詞がある（燃え
る・燃やす、焦げる・焦がす、増える・増やす）。そして、それらへの類推
によってホガスが誕生したと考えられる。

　動詞や名詞だけではなく、機能的形態素である助詞の「ガラ」（〜のため
に）の用法も小笠原で変化している。この変化現象に気づいた橋本直幸は以
下のように分析している（ロング・橋本 2005a、ロング・橋本 2005b）。ま
ず、標準語の「ため」は、目的（カラオケ大会のために人が集まる）、原因
（津波のために家が流された）、利益（あなたのために料理を作ってあげた）と
いった用法である。一方、八丈島方言の「ガラ」のもともとの意味は「（だ
れそれの）分」というものである。ここで金田（2001）に載っている八丈島で
の使用例を見てみよう。

(104)　この島のも有らら。なべとこーだら、わざわざ子供のガラ、みんな盆
　　　　のガラ。（意訳：（［ニッケイの木は］この島のもあったよ。植えてお
　　　　いたんだよ。わざわざ子どもの分、みんなお盆の分）（金田 2001: 458）

上の「ガラ」は標準語の「〜の分」に当たる。次の(105)のような使用例は
「〜の分」と訳せない。これも八丈島方言の例だが、意味が「〜のために」
に拡大している。前述の分類で言えば「利益」の用法であるが、八丈島での
使用の拡大はこの用法までに止まっている。

(105)　ほいかー、そのトヨタぁて人ガラ、担ぎぃ来るて言わぁてよんて、逃
　　　　げて…（意訳：それから、その、トヨタといった人のに［のために、

嫁として私を]、担ぎに来るそうだというから、逃げて…)

(金田 2001: 498)

一方小笠原ではこの「～のために」という意味合いの方が主になっており、さらに「利益」という用法を越えて、「目的」の用法にまで拡張しているようだ。次の(106)は「～の分」の解釈も「～のために」の解釈も両方成り立つ。(107)は「これ」が入っているために、「～の分」の解釈は無理だが、「これ」がなければ両方の解釈が可能である。しかし、(108)の文になると、「～ガラ」は人と結びついているのではなく、物事(大会)と関連している。しかも、(104)の「お盆」の例と違って、両方の解釈をすることは不可能である。「大会を目的に」という意味の「～のために」としか解釈できないのである。

(106) ユーのガラ作ったのに。　　　　　　　　　　　　　　(MJW)
(107) リーナのガラこれ出してあげた。　　　　　　　　　　(MJW)
(108) このカラオケ大会のガラ毎年内地から来る。　　　　　(EW)

小笠原では意味の分岐(semantic split)や意味の過剰識別(hyperdifferentiation)と言える現象も見られる。(109)の自然談話のやり取りから、小笠原の欧米系話者の中に(全員ではないが、複数の話者に)ウマイとウンマイは2つの違う単語だと認識している人がいることが分かる。前者は「上手」で、後者は「おいしい」として、意味による使い分けが行なわれている[6]。以下の(109)で、会話参加者3人のうち、2人(MKS, EPS)がこの区別を認識しており、1人(ISL)は同じ欧米系でありながらこの区別を知らないようである。会話の内容は以下の通りである。この話者は3人共、返還直後からアメリカに住んでおり、日本領土としての小笠原で暮らした経験がまったくない。3人共アメリカで(それぞれ離れた地域で)暮らしているために、彼女たちの混合言語は米軍時代のまま「冷凍保存」されている。そのため返還後、島に残った同年代の人(ましては日本本土に移り住んだ人)は内地の日本語に染

まってしまったと嘆いている。2人はISLを内地の日本語に染まってしまった裏切り者だとからかっており、ISLは2人に比べて頻繁に島に戻っているからしょうがないと言い訳をしている。

この会話はアイデンティティ論の観点から分析しても興味深い会話である。この談話の実際の音声も、本書で紹介している多くの自然会話例と同様、『小笠原ことばしゃべる辞典』の付録CD-ROMに収録されている。

(109) MKS：No,「おいしい」ということウンマイ。

  ISL　：No! ウンマイじゃないんだって、ウマイ。Meたちはウンマイ。

  MKS：ウマイって上手ということだじゃ。

  ESPとMKS：(同時に)ウマイネ！

  MKS：と言うじゃ。That means that you're really good, ウマイは。ウンマイ is "Oh, delicious".

  ISL　：そうかい？使ってないからウンマイ。

  MKS：ウンマイは "Oh, it's so good!".

  ESP　：We used to talk like that. What happen you?

  MKS：変わったよ、これ。

  ISL　：Because I come here...

11.5.4.　八丈島方言に「逆流」している小笠原ことば

八丈島と小笠原との言語や物の伝播を考えると、ほとんどの場合は八丈島のものやことばが小笠原に伝わったケースが多い。しかし、逆の場合もある。ここで逆流と思われる「アイヤイヤイ」(感動詞)、「島寿司」、「カノ」(カヌー)の3つを検討する。

例えば、感動詞の「アイヤイヤイ」は小笠原でも頻繁に使われるし、八丈島の方言辞典類にも掲載されている(浅沼1999: 13、内藤1975: 132)。この語はサイパンの日本語及びチャモロ語でも使われている。話がこれだけであれば、〈八丈島→小笠原→サイパン〉という伝播ルートを考えたくなる。この感動詞は日本本土のどこにも使われていないが、スペイン語では使われて

326　第5部　返還後

いる。しかし〈八丈島→小笠原→サイパン→スペイン〉という伝播ルートは考えられない上、偶然の一致という可能性も低い。むしろ〈スペイン→サイパン→小笠原→八丈島〉の仮説が常識に適っている。

　「島寿司」は言語項目というよりも、物の名称と考えた方がいいかもしれない。島寿司は小笠原と八丈島だけではなく、南大東島にもある。一般に八丈島から小笠原と大東のそれぞれに伝わったと考えられているが、『伊豆諸島・小笠原諸島の民俗誌』にある延島冬生(1993: 509)の「しまずし」項では、島寿司は八丈で出来たものではなく、小笠原で出来てから八丈に伝わり、さらにそこから南大東に伝わったとされている。その説に従うと物だけではなく、名称である「シマズシ」も同様に小笠原で作られ、八丈島に「逆流」したと考えた方が妥当であろう。

　最後に「カノ」(カヌー)ということばについて考える。現在でも、小笠原でカノという発音は欧米系島民の間で聞かれる。これ以外にもカノー、クノー、クヌーブネなどという表記が文献に出てくる。図11-9、図11-10、図11-11 はいずれも 1874 年に坂田諸遠が編集した『小笠原島新系図』(小笠原教育委員会所蔵)に掲載されているものである。図11-9 には「島民用し舟一本を以て掘って　これを製す　クノーと呼ぶ」と、図11-10 と図11-11には「クヌー船を装ふ面の圖の一」とそれぞれ書かれている。

　カヌーという形態の舟が世界で始めて人間に開発された場所は八丈島であるという主張があるが、この主張の信憑性は筆者には分からない。茂在(1979)は八丈島で使われるカノ(「枯野」という字が当てられている)が八丈島から世界中に伝わり、英語などの西洋諸国にある canoe の起源となっていると主張している。これは言語学的に根拠のない空想に過ぎない。canoe という単語は 16 世紀(初出 1555 年)の西洋諸国の文献に登場しているのに、同時代の八丈島の記録にカノという言葉が出てこないということを考えると、一般に流布してしまっている茂在の主張はまったくナンセンスだと言わざるを得ない。ちなみに『八丈島の方言辞典』(浅沼 1999)に「カノ」やそれに類似する項目はなく、『八丈島の方言』(内藤 1975: 147)には「カノー(名)カヌー(船)転(ヌ→ノ)の例」のように八丈島方言が「カヌー」に由来する説

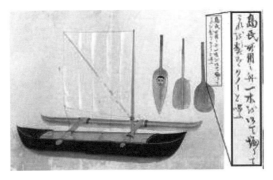

図11-9 「クノー」とも記されたカヌー

図11-10 「クヌー船を装う面」

図11-11 「クヌー船を装う面」

を掲載している。以上のことをまとめると、古くから小笠原には丸木舟を表す「カノ」という言葉があった。そして同じものを指す、同じ発音の単語が後に八丈島で発生した。つまり、八丈島から小笠原へと言葉が逆流したのである。

　カヌーという言い方がなぜカノに変化したかは、八丈島の規則的な母音対応で十分に説明できる。小笠原ことばではウ列とオ列の音が混乱したり、交替したりすることがあるが、これは八丈島方言の影響と考えられる。表11-3のように、標準日本語の［o］が小笠原で［u］になる単語が見られる。

　逆に標準日本語の［u］が小笠原で［o］に当たる場合がある（表11-4）。

　ウ列・オ列の混乱によって、島ことばに2種類の発音が見られる単語もある。父島北西に浮かぶ「ヒトマルジマ」は「ヒトマロジマ」とも呼ばれ

328　第 5 部　返還後

表 11-3　標準語の ［o］ が小笠原の ［u］ に当たる単語

単語	標準日本語 ［o］	小笠原ことば ［u］
箱ごと捨てる	ゴト	ゴツ
潜る	モグル	ムグル
死ぬ	マロブ	マルブ
一昨日	オトトイ	オトツイ
げっそりしている	ゲッソリ	ゲッスリ

表 11-4　標準語の ［u］ が小笠原の ［o］ に当たる単語

単語	標準日本語 ［u］	小笠原ことば ［o］
旋風、旋毛	ツムジ	ツモジ
唇	クチビル	クチビロ
丸太舟	カヌー	カノー
帆	セール	セーロ
シマシャリンバイ	アレキサンドル	アレキサンドロ

る。島民にその由来を聞くと「人丸島」だという説と「人麻呂島」だという説の両方があった。どちらの発音が原型かは判断しにくい。クチビロとクチビル（唇）の両方の発音が島で使われているという話を欧米系島民にしたところ、本人が「そうね、この島の人は訛っているから、クチビロのことをクチビルと言う人いるね」と答えた。どちらの発音が標準語でどちらが島ことばかが分からなくなるほど、両方の発音を聞き慣れているためであろう（ロング・橋本 2005a: 185）。

注

1　Isaac Gonzales...teaches children Japanese to prepare them for the return to Japan's sovereignty.

2 東京都の公式な観光推進機関である東京観光財団のキャンペーンの名称が「らっしゃい東京」にされているほど、東京らしい発音とみなされている。

3 小笠原の欧米系島民に「小笠原の独特なことばと言えば何がある？」と尋ねると、一人称代名詞の me に次いで出てくるの「ダイ」と上昇イントネーションの「カイ」である。すなわちトラッドギルらのいう「ステレオタイプ」ということになる(Trudgill 1986: 10)。

4 NHK(1990)で放送されたインタビューの中にジェリー・セーボレーが「埋めた」を「植えた」、または「掘り出して」を「引き出して」と言い間違っている箇所がある。
ジェリー：ひいじいさんが、自分のうちにいつもまいてある、星条旗、それといろんな手紙から何からね。うちの兄貴と Uncle Sam で、お前のおじさんなら、俺にもおじさんだ。いっぺん、植えたの。埋めたの。あの缶に入れて。ところが憲兵がうるさいから、もう［首を切る手ぶり］neck、首切られる。それで、また引き出して、焼いちゃった。

5 平山編(1965)によれば、文末詞の「〜ジャ」は新島・式根島方言の「志向表現」(勧誘表現)に「相手の気をひくという効果をあらわす」ものとして使用されており(97頁)、また八丈島方言では「強い断定をあらわす」(201頁)のである。そして「ドアジャ」は、断定「ダラ」に、さらに強い断定を表わす「ジャ」が接続したものとされる。「コレワ　フデドアジャ(これは筆なんだ)」(200頁)。また、山口(1987)では伊豆半島でも「ダジャ」が使用されているという。「ゼネズッツートコモ　シマダジャ(銭州という所も島だよ)」(230頁)。

6 八丈島方言では「おいしい」をンマケと言っていることがウンマイの特殊化に関与していると考えられる。

第12章 他の孤立した言語変種の社会との比較

　これまで小笠原だけの言語状況を考えてきたが、本章では世界中に見られる言語接触地域との比較を通じて小笠原の独自性と共通性について検討する。そこで言語体系そのものの「言語内的」要因以外に、人口のような地政学的要因や言語使用、ドメイン（第2章、§4.2など）、さらにはアイデンティティといった社会心理学的要因について検討する。

12.1. 類似した言語接触の状況

　近年孤立した言語（方言）、もしくは「陸の孤島の方言」（dialect enclave）に多くの関心が向けられている。なかでもウォルト・ウルフラム（Walt Wolfram et al. 1997, 1998, 1999）らの仕事は注目に値し、加えてトラッドギル（Trudgill 1997）も、孤立している状況と言語構造（すなわち形態論的、音韻論的な特徴）の関係を特定する研究を行っている。この章では対照研究の枠組みを構成するために、これまでに述べてきた言語学的特徴から対象を移し、孤立した言語変種が使われる共同体の社会言語学的側面を扱う。

　まずここでは、南太平洋のピトケアン島、ノーフォーク島（以下ではそれらの地域で話される言語変種をピトケアン・ノーフォークとして扱う）とパーマストン、南大西洋のトリスタン・ダ・クーニャとフォークランド諸島や、北カロライナ州海岸沖にあるオクラコーク島の島嶼共同体と、北太平洋にある小笠原諸島と比較する（図12–1）。これらの言語共同体を抽出したのはそれぞれの共同体が以下の諸特徴を共有しているためである。

① それぞれの言語変種が地理的に孤立した集団の話者によって話されている。小笠原諸島、ピトケアン・ノーフォークとパーマストンの言語変種はもともと言語接触の状況の中で発展してきたものであるにもかかわらず、話者たちは外部世界から孤立している。

② いずれも比較的新しく確立された島嶼共同体である。すなわち小笠原諸島は 1830 年、ピトケアンは 1790 年、ノーフォークとパーマストンは 1862 年、トリスタン・ダ・クーニャは 1817 年、フォークランド諸島は 1833 年、オクラコーク島は 1770 年にそれぞれのコミュニティが誕生した。

③ 多くの孤立した島ではその島固有の小言語(ハワイ島のハワイ語など)が使われるが、これらの島の言語は英語という大言語の変種である(小笠原の場合でも同様に、日本語という大言語の変種である)。

④ 「安定」と「不安定」の相反する側面がある。すなわち地理的な孤立によって(標準変種を含む)他の言語変種からの影響を絶縁させる傾向はあったが、一方で話者の数が極めて少数であったという事実がその移ろいやすい言語の性質を形作ったということ。

⑤ 標準英語(あるいは標準日本語)を話す数多くの外部者が、それぞれの島特有の言語変種の話者と隣り合って暮らしていたことで、より複雑な言語状況になった。

⑥ その話者にとってローカルな言語変種は(程度こそあれ)低位変種になり、標準変種が高位変種として機能した。

⑦ これらの共同体の研究は現在進行中であり、他の研究者とともに「リアルタイム」での有意義な議論が期待できる。

これから取り上げる様々な孤立した言語変種には、それらが使用されている共同体間には様々な相違点があるため、その比較には限界があることをあらかじめ断っておきたい。

ここまで大西洋と太平洋の両地域における言語接触の例に触れてきたが、小笠原との共通点は太平洋の他の地域で見られる。欧米人が数人の太平洋島

民を連れて無人島に住み着いた小笠原諸島と類似したケースについて考える。ピトケアン諸島のように英語を基盤としたピジンは、諸グループ間におけるコミュニケーションの一般的な手段としてしばしば発展する。そしてパーマストンの事例（Ehrhart-Kneher 1996）のように、そのピジンが島で生まれ育った第二世代の時点から母語となることもある。小笠原の言語が早い時期にきわめて独立した発展を遂げたことは、英語を基盤とした小笠原の接触言語が太平洋の言語接触の歴史において重要となる。小笠原に人が住み始めた 1830 年代の太平洋各地では共通した接触言語（南洋ジャーゴン south seas jargon）が使われ始めていたことについては以前述べた。しかし、この時点ではまだジャーゴン（つまり本格的なピジンになる前段階）であった言語構造の発達から見ても、地理的な普及から見ても、まだ初期段階にあった。このジャーゴンから派生した太平洋地域の複数のピジンがクレオールの言語体系に発展し、太平洋全域で使用されるようになったのは 19 世紀後半になってからである。太平洋の接触言語という枠組みにおいてピトケアンが特徴的であるということは、その早い時期の発展と発展期において相対的に孤立した状況であったということに強く関係している（Clark 1979）。

　（1）ボニン英語、（2）ピトケアン・ノーフォーク、そして、（3）パーマストン英語（Ngatikese ナティックピジンを含むこともできるが）の言語体系と社会言語学的な状況の比較は険しい道のりではあるものの、近い将来に必ずや有益な成果をもたらすであろう。とりあえずここではこれらの言語変種の使用と使用者のアイデンティティに関する考察を行なう。

　小笠原諸島とピトケアンの歴史は似たような社会言語学的状況（どちらも無人の孤島であったことや、ポリネシアの母親とヨーロッパの父親が子供を育てていることなど）から始まる。しかし、結果的に島民は彼らの言語に対して異なった態度を持つことになる。小笠原諸島の欧米系島民は彼らのアイデンティティの感覚を補強するために小笠原混合言語を使用することはなく、ピトケアン・ノーフォークとは対照的な言語観を見せている。コールガルト（Källgård 1993: 91）は「ピトケアン人はじぶんたちの言語を低劣にして奇妙な言語、さらにはバカげた言語であるとさえ考えていた」と述べている

が、「ピトケアン語は重要な存在であり、ある島民が述べたように、『われわれの文化のルーツの一部である』ことは島での一般的な見解であったように思われる。」と付け加えている。ピトケアンと小笠原の最大の違いは彼らの言語への認識の違いにある。ピトケアン人が彼らの言語に低い地位を付与する一方で、小笠原島民は一般的に彼らの言語を独特な変種とは意識していないのである。前者はピトケアン語(Pitcairnese)、後者は「英語と日本語を混ぜたもの」と呼ばれる事実こそが言語に対する意識の違いを示している。1903年にピトケアン島を訪問した人によると、島民は「話していることばは自分の言語(language)である」と語っており(Källgård 1993: 77)、単なる「ごちゃまぜのことば」ではなく、独自の「言語」という認識が芽生えていたことを示唆している。

　ピトケアン語の歴史において、ピトケアン語を話す島民と「余所者」(ピトケアン語では、白人であろうとポリネシア人であろうと自島民以外の者を、すべて *strienjas*「余所者」と呼ぶ)を区別する役割を担ってきたのは、ピトケアン語そのものであった(Maude 1964; Laycock 1989)。対照的に小笠原の欧米系島民は(彼らの呼称が暗示するように)日系島民との対比によって目立つ存在ではあったが、彼らが使用する英語の変種と他の英語の区別をむしろ控え目に扱おうとしていた。実際にこれらの社会言語学的な要素はボニン英語と他の変種を比較する際に重要な役割を果たしている。

　本章で扱われるほとんどのケースにおいて、言語変種と共同体の関係自体に特筆すべき問題はなく、説明を要さないであろう。例えばパーマストンでは英語の非標準変種が使われるが、いわゆる「コードスイッチング」が英語のローカルな低位変種と高位変種のことに関してを指しているのは明らかである。しかし、小笠原諸島の言語状況はより複雑でありため、説明をしなければならない。

　第2章で説明したように小笠原諸島を論じる際には、相互に絡み合った複数の言語変種—ボニン標準英語、ボニンクレオロイド英語、小笠原混合言語、小笠原コイネー日本語、小笠原標準日本語—の存在を考慮しなければならない。このうち主に本章で言及するのは小笠原混合言語である。混合言語

A：オクラコーク島、B：トリスタン・ダ・クーニャ、C：フォークランド諸島、D：ピトケアン島、E：パーマストン島、F：ノーフォーク島、G：ナティック島、H：小笠原諸島

図 12-1　いくつかの小言語コミュニティ（Google Map に基づき、筆者が作成）

は、その大部分を占める英語の構成要素やバイリンガル話者の英語の能力のため、そして高位変種である標準英語に対して低位変種として機能することなどから、他の5つの言語変種と比較することが可能である。同時に、小笠原における19世紀の他の変種とは異なり、今日でも島民によって話されている言語であることを忘れてはならない。

12.2.　言語的要因

12.2.1.　言語系統の分類

　本章でとりあげているさまざまな言語変種を「接触連続体」(contact continuum) のなかで位置づけることができる。すなわち、それぞれの言語体系が形成された際に、言語接触がどの程度の役割を果たしていたかによる分類（位置づけ）である。

　言語接触がその形成に最も大きな役割を果たしたのは小笠原混合言語である。

　ピトケアン・ノーフォーク語は機能的にはレイコックが主張するように内

集団の「隠語」(cant)として分類される(Laycock 1989)。しかし(その分類に関する議論が依然として続いているものの)、ピトケアン・ノーフォークは多くのクレオール的特徴を持つ事実とならんで、少なくとも発達過程における言語接触が大きな役割を果たした。

　パーマストン英語はピトケアン・ノーフォーク語に比べて文法構造の崩壊とその後の再構築の程度が軽く、その結果パーマストン英語の方が標準英語に近い(Ehrhart-Kneher 1996)。

　3つの大西洋の変種(パーマストン、ピトケアン・ノーフォーク、ナティック)は比較的容易に伝統的な地域変種のカテゴリーに適合される。但しシュライヤーは英語の方言を話す移住者はトリスタン英語の形成において一定の役割を果たしていることを指摘しており(Schreier 2003: 200)、またウルフラムらがオクラコーク変種の発達における地域変種の接触の重要性を指摘していることは書き添えておかなければならないだろう(Wolfram and Schilling-Estes 1997: 7–15)。

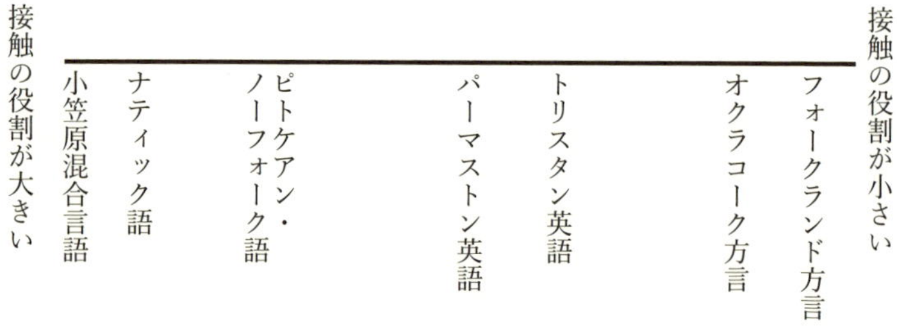

接触の役割が大きい　　小笠原混合言語　ナティック語　ピトケアン・ノーフォーク語　パーマストン英語　トリスタン英語　オクラコーク方言　フォークランド方言　接触の役割が小さい

図 12–2　形成過程における言語接触が果たした役割の大きさ

12.2.2.　理解度の観点から見た主流の言語変種との言語的距離

　ここでは小笠原の言語変種と主流の言語変種(主流英語および主流日本語)の間の言語的距離をその理解度から考察する。英語もしくは日本語の単一言語話者集団にとって小笠原混合言語は「耳慣れている」部分はあるが、どちらのグループもきちんと「理解」できるという訳ではない。日本語モノリンガル話者が以下の(43′)を聞いて得られる情報は「〜の〜の〜，あのー〜が

割れて、〜が〜だった」だけである。英語起源の言葉で話されているため、何が何に何をしたのかという情報を得ることはできないだろう（(43)の文脈に関しては§10.2.6 を参照されたい）。

(43´) Me の sponsor の French door, あのー glass door が割れて、water が up to the knee だった。

　英語話者にとっては、状況は正反対のものとなる。英語の単一言語話者なら上の発言は、「戸」、「水」、「膝まで」に関係する話だと分かるものの、文法的な側面についてはそれが平叙文／疑問文、肯定文／否定文、自動詞／他動詞なのかなど皆目検討がつかないであろう。また、例(56´)を英語モノリンガルが聞いても、「妻だけ」と「招待」しか分からない。「招待しないことにしたかもしれない」と「招待するべきではなかった」といった肝心な情報を伝える部分が日本語になっているため、英語モノリンガルには伝わらないのである。

(56´) その内、それで just the wife だけで集まって、それもだんだんなくなった。もう男 invite しないもん。

　小笠原混合言語は概してそれぞれの起点言語の音韻体系を保持している。英語起源の語彙素は英語母語話者が理解可能であることを強調しておかなければならない（例外的な事例は§7.5 の例(23)や§10.3.7 の例(63)など参照）。小笠原混合言語で使用される英語起源の単語は、日本人の話すカタカナ英語のようなものではない。これは主流の日本語が英語の語彙素を日本語の音韻体系に順応させる点で対照的である。また同時に、日本語しか話せない人、あるいは英語しか話せない人が混合言語を聞くときにはそれぞれ「耳慣れている」部分があるのだが、モノリンガルの人々は混合言語話者と日常的な会話を行うことができない。英語もしくは日本語へのコードスイッチによって混合言語話者の方が単一言語話者に順応する（歩み寄る）ときのみ、彼らの交

流が可能となるのである。

　主流英語話者との接触が盛んにある島もあれば、まったく孤立している島もある。この接触と孤立という相反する要因により、小笠原以外の島嶼変種は主流英語との相互理解の程度はさまざまである。主流英語話者との接触が盛んにある島もあれば、まったく孤立している島もあるのである。例えば1903年のある訪問者は「ピトケアンの住人たちはみな完璧な英語を話すが、彼らだけで話す段になると余所者には全く理解できなくなってしまう。」と述べている（Källgård 1993: 77）。そして、これは今日のピトケアンとノーフォークの状況の適切な説明のようにも思われる。

　主流の英語話者にとってのパーマストン英語の理解度の研究は、パーマストン英語が独特ではあるが主流英語話者に理解不能ではないということを示唆している。1954年の証言によると「彼らの話は分かりやすい」と報告されている。またほぼ同じ時代について言及した別の研究においても「私は何人かのパーマストンの島民と一緒に育ちましたが、ほとんど理解することはできませんでした……しかし、今［1975年］のパーマストンではほとんど支障なく彼らの話を理解することができます。」という報告がある（Ehrhart-Kneher 1996）。このように、太平洋の言語変種と比べて3つの大西洋変種は主流の英語の理解度に大きな差を示している。

12.3.　地政学的要因

12.3.1.　地理的孤立

　本書の冒頭で見たように、小笠原諸島は日本本土から1000キロ離れた場所に位置するが、これは北マリアナ諸島とほぼ同じ距離である。小笠原諸島が日本領土となる1872年までいかなる国家によっても明確な領有を宣言されなかったのはまさにこの地理的な孤立のためである。島が日本の領土となったことで、当然日本人の移住が始まり、彼らとの言語的交流が始まった。しかし同時に、日本の領土となったことで横浜や神戸にいた英語圏の人々との結びつきも生まれ、さらにはパラオやサイパン、ヤップなどの日本

の委任統治領の先住民との緊密な結びつきも生まれた。1945 年から 68 年までの米海軍時代に小笠原はこれら南方諸島との交流を続け、グアムとも緊密な関係を持っていた。そして 1968 年に日本に返還されてからは東京と密接な関係を築くに至っている。

　ピトケアンは太平洋の南東に位置するタヒチから東に 2400 キロ離れたイギリス領である。そして、隔絶した場所(当時の海図には正確には記載されていなかった)であったため、バウンティ号の反乱者たちに気に入られ彼らが住み始めることになった。ピトケアンはあまりに孤立した場所であったので、ある時点で住民たちは太平洋を越えてノーフォーク島へと移された。今日でもピトケアンに飛行場はなく、不定期の貨物便でのみ来訪が可能である。

　ノーフォークは今の所オーストラリアの海外領土であり、オークランドの北西 1100 キロ、ブリズベンを東に 1400 キロの場所に位置している。ノーフォーク島はオーストラリア及びニュージーランドへ向かう定期航空便の飛行場を有している。パーマストンは現在クック諸島の一部であるが、最も近い島が 320 キロ以上離れており、孤島と言える。島民は独特な歴史により、クック諸島よりもイギリスに対する親近感が強い。パーマストンは船便によって訪れることが可能であるが、不定期なものであって、いつ船が動いているかは分からない。トリスタン・ダ・クーニャはしばしば「世界で最も孤立した島」と呼ばる。イギリスの海外領土であるが、南アフリカのケープタウンから西へ 2778 キロ、最も近隣の聖ヘレナ島からでさえ南へ 2334 キロ離れた南大西洋上に位置している。飛行場は存在せず、空の便は無い。定期的な旅客船もないが、一年に二、三回ヨハネスブルクから貨物船が訪れる。フォークランド諸島は南アメリカのケープホルンから北東 700 キロ以上離れた南大西洋上にある。イギリスの海外領土であるが、1982 年のフォークランド戦争まではアルゼンチンとの緊密な結びつきを維持していた。飛行場が 1 つあり、南アメリカとの商業航空便が定期的に往復している。オクラコークはアメリカ合衆国の海岸からわずか 2、3 キロ離れているに過ぎない。しかし、渡りにくいという地理的悪条件と政治的な相違(南北戦争の時

340　第 5 部　返還後

は北軍寄り）などによって本土のノース・カロライナからは孤立している。

12.3.2.　微少な人口

　地理的な距離に加えて、話者の数が限られていることがその言語変種が存続している要因の 1 つである。欧米系のルーツを持つ人々はわずか 200 人程度で、日系島民の八分の一にも満たない。

　ノーフォーク島も似たような状況にあり、2001 年の統計調査においては永住者のほぼ半分がみずからをピトケアンの子孫であると見なしていた。人口は約 70 人であり、ほぼすべての居住者は最初の移住者の子孫である。同じことがパーマストンの 49 人の住民、トリスタンの約 300 人の住民についても当てはまる。フォークランド諸島には大きなイギリス軍の駐留基地があるが、約 2200 人の地元民たちとはほとんど触れ合いがない。オクラコークにおいては最初の移住者の子孫たちの数は約 375 人であるが、彼らは同程度の数を持つ比較的新しい移住者たちと共に暮らしている。

12.4.　言語ドメインに関する要因

　言語変種を考える際、それが使われるドメインは特に重要である。それは、当該地域の言語変種が標準変種に取って代わられる際、フォーマル（公式）なドメインから徐々にインフォーマルなドメインへと広がっていくからである。反対に、地域の言語変種がインフォーマルなドメインからよりフォーマルへとドメインを獲得するで、自らの地位を確立するのである。接触言語が話されている地域に標準英語が入り込む時は、最初は公式な場で使われるが、だんだんと家庭内にも浸み込んでくる。逆に、家庭内言語に始まった接触言語が（カリブ海のハイチなどのように）だんだんと公式な場面で使用されるようになった例もある。

12.4.1.　書きことばとしての使用

　ある言語変種に表記法が存在するということは、その言語を書きことばと

して表すことができるということである。ピトケアン・ノーフォークは本書で論じられている言語変種の中でも綴りの習慣を発達させる試みがなされてきた。コールガルト(Källgård 1993)は手紙や学校の子どもたちの作文から書きことばとしてのピトケアン語をいくつか収集しており、ピトケアンでは表記法が定まっていることがわかる。一方、ノーフォークには2つの異なった表記法がある。より標準英語に近いつづりと、発音通りのものがあり、後者は地元アイデンティティの強い人や政治的な自治権を主張する人が好む(Hayward 2006)。ピトケアン・ノーフォークはまた、数は少ないもののそれらの変種での翻訳も行われている。例えば聖書の一部などがノーフォーク変種に翻訳されている。小笠原混合言語は基本的に源泉となった2つの起点言語の音韻的な特質を保持しているが、日本語と英語の標準的な表記法によって十分満足に記述することができる。混合言語の話者は英語もしくは日本語のどちらか1つ、あるいはどちらの言語も読むことができるが、書くときにはどちらか1つの言語を使う傾向がある。

12.4.2. マスコミの役割

　出版界やマスコミのような領域での言語の使用に関しても論じなければならない。本章で論じられた共同体の小ささはマスコミに対する可能性を限界づけることになる。同じ理由で、共同体の小さいこと、(全人口の中で)話者の比率が高いこと、そして地域の境界が(島であるゆえに)はっきりしていること、これらの条件が整っているために、ラジオ放送や週刊新聞のような地元のメディアにおいて地元の言語変種が使われやすいと考えられる。小笠原諸島には現地で出版されている月刊新聞があるが、テレビを観ることは1976年までは不可能であった(1976年に有線テレビが設置され、父島と母島でケーブルが引かれ730世帯のうち233世帯でテレビを観ることができるようになった)。本土のテレビ放送は一ヶ月に何回か船で運ばれてくるビデオテープに録画されたものを通して行う。村役場の会議や学校の卒業式、運動会、地元の祭などの地域的行事も録画され、編集作業を経て有線テレビ局からそれぞれの島で放映された。1984年には衛星放送の開始とあいまっ

342　第5部　返還後

て、ボランティアで行われていたすべての有線局での放映が打ち切られた
（木野 2000）。

12.4.3.　学校カリキュラムにおける言語変種の使用

　比較研究のもう1つの領域として、その言語変種のための教育的な素材
や参考資料となる文献の存在がある。例えば語彙リストは編集されているの
か、文法書は存在するのか、外部からの人々がその言語を学ぶためのテキス
トはあるのかといった点である。ノーフォーク英語の3つの辞書を含めて、
ピトケアン・ノーフォークを学ぶための文献の存在は確認されているが、実
質的に他の5つの言語変種に対しては学習資料がないのが現状である
（Palmer 1992; Buffett 1999; Eira, Magdalena, and Mühlhäusler 2002）。

　これらの資料は果たして地元出身の青年層や新しい島民の学生たちの学習
のために学校などで教えられているのだろうか。ここで論じられた共同体の
いずれにおいても地元の言語変種は教育媒体の中にはあらわれていないが、
ピトケアン島では一応の対策としてピトケアン・ノーフォークを教育に含め
ることが提案され、考慮の対象とされている（Källgård 1993: 94–95）。2002
年にはノーフォーク島での学校カリキュラムに地元の言語変種が導入されて
いる（Mühlhäusler 2002）。またオクラコークでは言語変異に関する特別授業
がウルフラムらの提案によって企画され、中学校で実施された（Wolfram,
Schilling-Estes, and Hazen 1998）。小笠原では地元の言語変種の状況に関す
る特別なカリキュラムは存在しないが、地元の教諭たちがカラーの挿絵の
入った教科書を使って、言語とともに島の独自の歴史を中学校と高校で教え
る準備を進めている。

12.5.　言語使用の諸要因

12.5.1.　言語レパートリーと外部者へのコードスイッチング

　マイナーな言語変種の使用の範囲を判断する際に重要な問題は、話者が外
部者と交流する時にその言語変種を使用しているかどうかである。この要因

はメジャーな変種へのコードスイッチングを行ってそれを使用する話者自身の能力と関連するだけでなく、それを行う際の「癖」のようなものと関連している。例えば、小笠原混合言語の使用者は二言語もしくは三言語話者であり、標準日本語か標準英語、あるいは両方の言語を話すことができる。だが彼らは外部者と交流する際には大抵これらの標準言語のうちの１つにコードスイッチングを行っている。

　小笠原混合言語は内集団言語である。§10.2.4 の(40)で見たように、島民たちは「適当に作っちゃった。島民だけが知っていて、他の日本人は何話しているのか分からないように。すごく役に立ったよね」と語っている。このために外部者が混合言語を聞きとるのは困難である。この内集団的機能のために小笠原混合言語が生まれたわけではない。しかし、一旦使われ始めた混合言語が使われ続けた背景にはこの内集団的機能が存在するのだ。

　レイコック(Laycock 1989)は島を訪問した人々が残した二百年間に渡る体験談を分析した。その結果として、ピトケアンの人々がどの時代においても彼らの地方言語と英語の主流変種の両方を話すことができたという説得的な実証を行っている。無論ピトケアン語の歴史はノーフォーク語の歴史であるから、ノーフォークについても同様のことが言える。これまでの考察に基づけば、諸々の記録は二、三世紀の間においてピトケアン・ノーフォークの話者は彼ら自身で話すときの「彼ら自身の言語」と外部者と話すときの標準英語の間で意識的にコードスイッチングを行ってきたということを示していると言える。この意識的ではっきりとしたコードスイッチングはピトケアン・ノーフォーク話者が彼らの変種を区別された言語として概念化していることと一致している。

　現存するパーマストン英語に関するわずかな証拠は、ピトケアン島とノーフォーク島のような広範なコードスイッチングは示されていない(Ehrhart-Kneher 1996)。パーマストン英語はピトケアン・ノーフォークよりは主流英語に近いように見えるが、もしそうであるならばコードスイッチングは外部者とのコミュニケーションにはそれほど必要ではないため、一般的なものではないのかもしれない。勿論外部者との接触が比較的欠如してい

344　第5部　返還後

ることが単一の言語変種使用に大きく貢献しているということも十分に考えられる。同じくオクラコーク、トリスタン、フォークランド諸島の変種は主流英語と類似しており相互理解ができる可能性もあることから、ピトケアン・ノーフォークほど二方言使用とコードスイッチングを重要なものと見なしていないことが窺える。

12.5.2.　外部者による言語習得

　言語変種(ピトケアン・パーマストン・トリスタン)のうちのいくつかは全くと言ってよいほど最初に移住した人々によってのみ話されている。個々人の教師や牧師、時折やってくる言語学研究者、そして軍人といった身分で訪れる外部者はフォークランド諸島のように数こそ多いものの、現地の人々とは限られた接触を持つにとどまっている。小笠原、オクラコーク、ノーフォークのような事例では最近になって移住した外部者の数がもともと住んでいた人々の数を凌ぐ事態に直面している。しかし小笠原諸島の場合、特定の言語共同体に属さない成員へのコミュニケーションの問題はそう単純なものではない。外部者は一般的に小笠原混合言語を獲得しない。というのも、その言語は集団内的であると同時に集団内的でないコミュケーションの言語だからである。一方で小笠原諸島には日系島民が欧米系の共同体に入っていく例も存在し、大抵の場合は欧米系島民との結婚であるがそのようなことを通じて欧米系島民のコミュニティへと同化していく。彼らは欧米系のアイデンティティを獲得し、使用する言語形式が(小笠原クレオール英語であれ、小笠原混合言語であれ、あるいは米海軍とコミュニケーションするための「間に合わせの英語」であれ)そのアイデンティティと結びつくことがしばしば起こる。外部から来た人がピトケアン・ノーフォークを学び、それを使用したという証言が存在するが、これは一般的に少数の人間しかおらず、外部者が全くいないピトケアン島ではなくノーフォーク島での出来事である。

12.5.3.　若年層への継承

　若い世代への言語変種の継承は最も重大な言語的要因である。若い世代の

第 12 章　他の孤立した言語変種の社会との比較　345

不在が言語を消滅へと向かわせるためだ。言語が継承されていないということは若い世代が別の変種を獲得／使用していることを意味している。今日の小笠原の場合ではこの代替言語変種が小笠原標準日本語となっている。欧米系の子どもたちの中年層の親たちはアメリカ英語(アメリカ人教師に教えられ、米海軍の家族の下に寄留しながらグアムで高校に通ったりしたため)の強い影響を受けて育った。今日の中年層の話者は混合言語を用いることもあるが、彼ら自身で話すときのみか、特定の年配の島民と話すときに限られている。彼らの子どもたちに対して話すときにも、米海軍世代の島民はもっぱら日本語を使用する。これらの欧米系の子どもたちは今日の彼らの仲間のなかでも少数派に属している。彼らのクラスメートは新島民か旧島民のどちらかに分類される(§2.11 参照)。いずれにせよ、今日の子どもたちが混合言語を使用することはない。言語変種を継承しないということは、言語が消滅する危機にあるという意味であり、現在、標準日本語を除く(第 2 章参照)小笠原でのすべての言語変種が消滅へと向かっているように思われる。多くの少数言語環境において同様のことが起きているのだが、その言語変種を子どもたちに伝えない親たちは、積極的に伝えないにもかかわらず彼らの言語が衰退に向かう様を嘆く。そしてまさにその変種があらわす固有のアイデンティティが消滅の危機にあるということをその変種を使って嘆くのである。ここで次のことが指摘されなければならない。すなわち若い島民たちが彼らの第一言語として英語を選ばない一方で、彼らが英語を学ぶ機会はますます増えているということである。欧米系島民は近しい親戚が海外にいることもあり(大抵はアメリカ)、旅行で彼らを頻繁に訪れるということや、手紙や電話、(最近になって増えつつある)電子メールなどの手段によって緊密な連絡をとっている。

　フォークランド諸島とトリスタンの大西洋変種においては、(標準変種のような)英語の他の変種との地理的な距離が島民たちの標準変種の獲得を大きく遅らせている。言い換えれば、ローカルな言語変種が孤立しているということは、(ある程度)その変種を存続させることになるということである。とはいえ、20 世紀に輸送手段やコミュニケーション手段が発達したことで

346　第5部　返還後

外の世界との距離が縮まったことが、同程度とはいえないにせよ、これらの共同体の話者の生活に実際に関係してきた（Britain and Sudbury 2000; Sudbury 2001）。

　これらの人々が外部世界と持つ接触の程度に影響を及ぼした、その共同体に特有な要因が存在する。主流英語が彼らに影響する程度のことである。1961年、トリスタンの言語変種話者は島の火山活動のためにイングランドへ避難しなければならなくなり、約2年間の滞在することになった。その滞在期間中彼らは英語の他の変種にさらされることになったのである。フォークランドの島民は1982年の戦争以後、イギリス駐留部隊が増員したことで主流英語の流入を限定的ではあるものの経験している。しかし、この軍隊の駐留は小笠原のように長期間に渡り深く浸透した訳ではなかった。ウルフラムらは若年層の話者は高年層に比べて、使う方言の単語や表現の種類が少ない、そして方言を使う場面の種類が少なく、さらに方言を使う頻度が少ないと報告している（Wolfram and Schilling-Estes 1997: 122–24; Wolfram, Hazen, Schilling-Estes 1999: 66–73, 132–41; この例外に関しては86–100頁参照）。ウルフラムらはまた老年層の多くが伝統的な島の方言が消滅していっていることに不安を感じていると述べている。

　皮肉なことではあるが、変種に投資される言語的資本（linguistic capital）をあまり持たないオクラコークやフォークランド諸島のような場所こそが、その変種を最も長く存続させるのかも知れない。ピトケアン島では地元の変種と主流英語の間の大きな言語的差異が、話者がその変種に対して強い感情を持つ1つの要因となっており、その重要性を話者は使用と存続に位置づけている。またこれらの大きな差異が言語変種を外部者にとって理解不能なものにし、言語の利便性を削ぐことで、持続的な使用を妨げてしまうことがある。外部者には分からないからこそ、そして彼ら固有の言語であることもあり、人々はピトケアン語を使いたがるのだが、同時にこのような固有性がピトケアン・ノーフォーク語の言語としての使用価値を抑制することがあるのだ。

12.6. 社会心理学的要因

　小笠原島民の新しい世代における英語(独立した言語コードとしてであれ、混合言語の構成要素としてであれ)を継承するかしないかという問題において「アイデンティティ」がとても重要な要素になる。一世紀以上前に日本統治が初まった頃から欧米系島民は、いわゆる「日本人」とは異なるアイデンティティを保持し続けてきた。このことこそが英語の維持に大きく貢献してきたのである。そして英語が若い世代には使われない理由の1つとして、この欧米系のアイデンティティの概念が変化しつつあるということが考えられる。例えば、米海軍世代の人々に彼らのエスニシティを尋ねれば、「私は欧米系である」と答えるが、返還後の世代に同じ質問を尋ねれば、「私の祖先は欧米系であった」と答えるだろう。もともと住んでいた小笠原島民の一部には、家系的なアイデンティティとは、反対に区別された個人的なアイデンティティを維持する欲求や必要性が次第に減ってきており、若い世代へ使用を促す契機を失う事態になっている。言語使用に関する社会心理学的要因には(1)言語変種の概念化、(2)地元の言語変種に対する態度、(3)標準変種に対する態度、(4)集合的な話者たちの成員としてのアイデンティティなどが含まれる。言語的な能力と言語使用は小笠原島民のアイデンティティの形成において重要な役割を果たし、そしてこの固有なアイデンティティの感覚が言語使用を補強するのである。ここでは言語使用とアイデンティティの間の複雑な関係を歴史的な文脈と現代的な文脈に即して考察してみたい。

12.6.1. 標準変種に対する態度

　非標準的な変種を話す多くの共同体が、日本人の社会学者、柴田(1978)の「方言コンプレックス」、あるいはラボフ(Labov 1972)の「言語的不安」(linguistic insecurity)という事態に苦しんでいる。先に論じた共同体の孤立がこの苦しみから彼らを守ってきた訳ではない。むしろこの事態を悪化させたと言ってもよい。実際にはこれらの共同体の変種話者は標準英語に対して肯定的な見解を持っているとされているが、標準英語に対する彼らの見解は

348 第5部 返還後

その政治的な所属関係や他の要因に応じて異なっていることに注意しなければならない。小笠原島民には米海軍時代に話されていた標準的な英語としてのアメリカ英語があり、彼らの今日の英語はまさにそれを反映している。

オクラコークでは、南方変種がノース・カロライナ本土から影響を受けたのとは反対に（Wolfram, Hazen, and Schilling-Estes 1999: 49–50）、消失しかかっている島の特質のいくつかが北方変種に取って代わられた。このことはそれらの諸特徴の変化が必ずしもアメリカ南部の標準に向かう訳ではないことを示している。(110)で挙げた対話は小笠原島民のエセル・セーボレー・パック（Ethel Savory Pack, 1949 生）とアイリーン・セーボレー・ランバート（Irene Savory Lambert, 2004 年 5 月 4 日生調査）との会話を記録したものであり、言語的態度とアイデンティティに関する膨大な量の情報をこの短い会話のなかに見出すことができる。本書で取り上げた別の例と同じように、互いに混ざり合っている源泉となった 2 つの起点言語を区別するためにイタリックを用いている。

(110) ESP ：I refuse to learn the 丁寧 way. I refuse. I'm gonna stay 父島 way.
　　　ISL ：Me はちゃんとしないと。
　　　ESP ：They laugh at me, but that's okay.
　　　ISL ：いいんだ。both できれば。私はちゃんとの日本語も話せるし、この父島の日本語もやっているよ！

§7.7 で言及したように、小笠原混合言語（加えて小笠原混合言語の起点言語の 1 つである小笠原コイネー日本語を欧米系が使用する場合の言語）の最も顕著な側面の 1 つは、敬語の欠如、あるいは丁寧な形式の欠如である。(110)のやりとりでは、ESP はあからさまに標準日本語の規範に適応することを拒んでおり、周囲の嘲笑にさえ動じていないことを主張している。ISLはちゃんとした標準日本語を（時々は）使わなければならないと言ってはいるが、自分のルーツの放棄や島ことばを「修正」する必要はなく、2 つのコードを併用していく態度を明らかにしている。この短い対話は標準日本語と地

元の変種に対して相反する態度を明らかに示す例証である。一方の話者は適応に頑強な拒否を示しつつも、地元の言語が非難の対象になっているという認識も明示している。もう1人の話者は両方の変種の適切さを認めるバイリンガル的な見識を採用している。

なお、(110)を提示したのは主に内容のためだが、2つの言語の混ざり方について一言添えなければならない。というのは、(110)の最初の発話において日本語と英語が通常では見られない状態で絡みあっているからである。小笠原混合言語は一般的に、母体言語としての日本語と、埋め込み言語としての英語で構成されるが、「I refuse to learn the 丁寧 way」はこの反対であり、英語の文構造に日本語の個別単語が挿入されているのである。このタイプのコードミックスは小笠原では稀な例である。アメリカで数年暮らしたことのある島民の間ではしばしば聞かれるかもしれないが、戦前生まれの話者が話す混合言語には、このような文は見当たらない。このデータを提示することは読者を混乱に招き入れる可能性があり、また「小笠原混合言語はそれ自身固有の規則を有し、単純なコードミックスの言語ではない」という本書の主張を弱めることになるかも知れない。このように本書の理論を弱める危険を冒したのは、(1)小笠原混合言語とは異なり稀な例であるかもしれないが、このタイプのコードミックスも存在するということを示すため、(2)混合言語が存在する言語的環境の複雑さを示すため、(3)無視するわけにいかないほど内容が重要だと判断したから、である。

12.6.2. 地元の言語変種の概念化

言語変種の概念化には次のような疑問が含まれる。話者は彼らの言語と他の変種の相違を認識しているのか。彼らは彼らの言語を独特な方言とみなしているのか、それとも単純に「わたしたちが話すとおり」の言語と捉えているのか。そして、その変種は特別な名前によって周知されているのかという疑問である。本書の対象とするすべての言語変種のうちで、ピトケアン・ノーフォークだけが「変種」ではなく「言語」と呼ばれているが、この概念化に異論がない訳ではない。コールガルト（Källgård 1993）は一世紀も遡る

1903 年の出来事(当時外部の人々は島民と混ざって話す際には彼らの言うことを理解できなかったということ)について述べており、ここで島民たちは「彼ら自身の言語」を話すということを伝えている。1930 年代には言語学者ではない数人の著述家がその言語変種のことを「ピトケアン語」(Pitcairnese)と呼んでいた(詳細は Källgård 1993 を参照)。1964 年のロスとモーバリー(Ross & Moverley)による『ピトケアン語』(*The Pitcairnese Language*)はこの変種が「言語」として認識されていることを記している。20 世紀の作家の中にはピトケアン・ノーフォークを方言と呼ぶ者もいるが、このような概念化は同じように非言語学者の著作物(多くの非標準的な言語変種に関する著作物、特に接触言語に関するもの)に見られる「ひどい英語」と単に呼ぶということよりはずっと寛大なものである。

　小笠原混合言語にはさまざまな性格があるが、一般的に「方言」として見られることはなく、また「言語」と見られることもほとんどない。地元の話者も外部の人も同様に、多くの人々は混合言語を単に「2 つの言語がいっしょに混ざったもの」と見ている。たとえば魚介に関して該博な知識をもつ島民に木村ジョンソン(Johnson Washington)がいる。彼は物事を徹底的に考察する性格と能力の持ち主であるのだが、当時は島の言語を混ぜ物としか認識していなかったようである。ところが、私はこの人物と次のような興味深い話をしたことがある。

　彼は私に「島の言語についておまえが見つけようとしているものは何なんだ?」と尋ねた。私は彼の世代が 2 つの言語を混ぜているパターンや規則について知りたいと答えた。すると彼は、「パターンなんかないよ。私たちはただ混ぜているだけなんだ、それだけだよ」と反論した。この時点で私は数年に渡ってフィールドワークとその分析を続けており、混合言語がランダムな混ぜものではないと確信していた。そこでその場でいくつかの英語と日本語を無理やり結び付けて 1 つの文を彼に提示してみた。但し、混合言語において私が見つけたと思っていたパターンを無視して、である[1]。さらに私は「それであなたは今の私みたいにことばを混ぜるんですよね?」と彼に尋ねた。驚きの表情が彼の顔に広がった。彼はそのとき、彼がいつも考えず

に行っていた「混ぜもの」の背後に、きわめて複雑なパターンが隠されていたことを認識したのである。

しかしながら重要なことは、少数でありながらも何人かの島民は混合言語を(単なるミックスではなく)独自の言語体系と見なしていることである。§10.2.4 の(40)において、米海軍の占領時代に育った 2 人の欧米系島民のことばを引用した。そこで彼らは小笠原混合言語は 1 つのものであり、「島ことばといって、混ざった、作られたことばだった。日本語を文字通りに英語に訳してたけど、他のどこにもないことばだよね。」と述べていた。これは彼らが混合言語を日本語や英語とは異なった独自なものと考えていたことが背景にあるのだと考えられる。

こうした考え方はある男性の島民の発言の中にも見られる((41))。彼は日本語で次のように述べていた。

(41′)　それとね。われわれ独特のことばがあったんです。作りかけてた、ちょうど、子供ん中で、返還ちょっと前ぐらい。

12.6.3.　彼ら自身の変種に対する態度

孤立した言語変種に対する態度は、言語使用の共時的な側面と通時的な変化を理解するために重要な役割を果たす。本書で扱われた変種の多くは話者自身によって否定的に捉えられることがあるが、その否定ぶりには大きな振幅が存在する。コールガルトはピトケアン・ノーフォークを「低い地位の言語」と呼んだ。しかしながら話者自身によってとられる態度は、外部者によってあらわされる見方と同様に、他の言語変種の話者のそれと比べると驚くほど肯定的なものである。上で確認したように、1903 年にあるピトケアン・ノーフォークの話者は彼が彼「自身の言語」で話していたと語っていた(Källgård 1993)。今日でも同じく、ピトケアン・ノーフォークの拡張された領域ではいくぶん肯定的な態度が見られる。

混合言語に対する小笠原島民の態度は非標準言語に関して社会言語学者には馴染み深い愛憎のジレンマを示している。§11.6.1 の引用においてかなり

352　第5部　返還後

肯定的な態度を見たが、§8.3で考察した1979年の座談会の文字化資料には否定的な態度が満ちている。これらの成年層は1968年の小笠原返還時には小学校に在籍していた。つまり彼らは海軍の英語教育と東京から新たに赴任した教師に教えられた日本語教育のどちらをも経験しているのである。前の節で見た「独自である」とか「特別である」といった混合言語に対する肯定的な態度とは対照的に、§8.3の討論に参加した人は、自分たちの英語と日本語の両方の欠陥ばかりに注目していた。

座談会で述べられた否定的な態度は、ピトケアン島民の発言に見られるプライドとは驚くほど異なっている。そして更に興味深いことに同じ世代の小笠原島民の意見とさえ異なるのである。パーマストンにもともと住んでいた人々がどのように彼らの言語変種を考えていたか、あるいは言語変種に関する彼らの態度がどのようなものであったかは明らかではない。しかし、実際に存在する証拠に加えて、現地で進行中であると報告されている標準化の観点から見た時に、彼らが肯定的な態度を持っていたと想定する理由は今のところどこにもないのである。

3つの大西洋変種は一般に「地域的方言」か単純に「ちゃんと話せていない」ことばと見なされている。ウルフラムらは多くのオクラコークの島民が、まだ腰が軽くさまざまなところを訪れられる若い世代でさえ、彼らの地元のアイデンティティに対して強いプライドを持っていることを報告しているが、同時に、その態度は必ずしも伝統的な地元の方言に対する肯定的な態度と言い換えるられるものではないとも述べている(Wolfram and Schilling-Estes 1997: 23–24)。

12.6.4.　地元の変種に対する外部者の態度

小笠原島民の言語変種に対する外部者の態度は圧倒的に否定的である。海軍統治時代には、混合言語は主として島民が話をするときに日本語と英語をうまく区別することができない話者自身の欠陥として批判された。日本語の単一使用と並び、混合言語の使用は米海軍が連れてきたアメリカ人教師によって抑制された。1968年の返還後に島を訪れた行政官や教師、ジャーナ

リストなどの人々のほとんどが、混合言語に強烈な否定の態度を表している。彼らは2つの言語を分けることができず、適切な日本語を使えないと見なされたのだ。ピトケアン・ノーフォークに対する外部者の態度は一般に他の言語変種に対して示される態度よりは好意的なものである。1856年にこの言語変種を「ちんぷんかんぷんなしゃべり」(a kind of gibberish)と軽視した人もいるが、1905年にはそれを「非凡な方言」(an extraordinary patois)と感心した肯定的な評価が遥かに上回っている。1901年にある訪問者は、ピトケアンの言語を「せいぜいピジン英語の一種類」と幾分否定的な見解を述べているが、その一方、それを「彼ら自身の言語」とも呼んでいる(いずれの発言も Källgård 1993 に収録されている)。

外部からの者がどのようにパーマストンのことばを感じていたかについてはほどんど情報がないというのが現状である。その変種とその社会的状況に関して現存する資料からはこの点に関して楽観的な態度をとることはできそうにない。

トリスタンとフォークランド諸島の方言に対する外部者の態度は依然として正確に調査されてはいないが(「否定的ではない」と報告されているものの)、島民と関わった外部者の数が小笠原やオクラコークよりはずっと少ないため、彼らの感情だけではそれほど決定的な証拠とはならないかもしれない。ウルフラムらは、ノース・カロライナの人々はオクラコーク方言にアメリカ人が非標準的な方言に典型的に示す軽蔑を向けるか、さもなければ、好奇心の対象として見ていることを明らかにしている(Wolfram and Schilling-Estes 1997: 131–33)。

12.6.5. アイデンティティ

個人のアイデンティティを維持する必要性は小笠原諸島の非標準的な言語変種の発達と使用において重要な役割を果たす。欧米系であろうとなかろうと、「家系」というものは島民のアイデンティティを決定する唯一の要素ではないのである。日本人が1870年代に小笠原に到着する以前、小笠原島民は民族的にきわめて多様であった。彼らの歴史を通して、非日本人島民のア

イデンティティは、「彼らがそうであるもの」ではなく、「彼らがそうではないもの」によって定義されてきた。例えば「日本人ではない」とか「アメリカ人ではない」というようにである。彼ら自身がみずからを単一のグループと見ていたと示す証拠はないが、膨大な数の日本人移住者が押し寄せてきた19世紀後半から、彼らはみずからを（1875年から1945年まで周囲を取り巻くことになる）日本人と区別するための固有のアイデンティティを形成するようになった。

　皮肉なことに、戦後のアメリカ軍の到着は島民たちに民族的に反対側に属するような「別のアイデンティティ」を与えることになり、小笠原島民とはどのようなもので どのようなものではないのかを定義することになった。若い島民たちはまた彼らがグアムの高校で出会ったさまざまな集団（アメリカ本土の軍人の子供たちや地元のチャモロ人など）とは別のアイデンティティを維持することになったのである。ある欧米系島民はみずからを日本人というよりはアメリカ人であると考えていたが、彼ら独特のアイデンティティの持ち方は彼らが四半世紀もの間アメリカ軍兵士の家族とともに過ごすための役に立った。米海軍世代の多くの島民はスタンリー・ゲレー（Stanley Gilley, 日本名：南スタンリー）の態度に代表される。彼は1999年に筆者が行ったインタビューのなかで、日本人とアメリカ人のどちらであるとより感じているのかを尋ねたところ、彼は「私が日本人であるかアメリカ人であるかという問題ではない、私は小笠原島民だ」と答えている。

　区別された言語の使用はおそらく、このアイデンティティの唯一の、そして最も重要なシンボルであるだろう。区別されたアイデンティティが混合言語の発生と維持において重大な要素であることは充分ありえそうなことである。1968年の日本への返還以後、区別された独自のアイデンティティの維持が重要であると考える島民の数は減ってきているように感じるが、それこそが混合言語の使用（ならびにどんな形式であれ英語の使用）の急激な減少に関係している1つの要因であろう。固有のアイデンティティを持つ重要性はピトケアン・ノーフォークの歴史でも同様に重要な役割を果たしてきた。この変種の話者たちは（特に言語の歴史における重要な地点で）彼らを他の英

語話者やタヒチ人とは異なる存在として考えてきたということが報告されている(Laycock 1989)。Wolfram and Schilling-Estes(1997: 23–25)は、アメリカ合衆国の東沖の外れにあるオクラコークの島共同体で本土から次々に移住してくる人々を前にしても、中年層の男性は彼らの地元の方言を守り抜くだろうと述べている。これまで単一の概念としてアイデンティティの問題を考察してきたが、言うまでもなくアイデンティティの社会心理学的な現実は多面的なものであるため、以下では小笠原島民における集団アイデンティティの形成と維持に関連するさまざまな要因を考察することとする。

① 歴史的要因：彼らは19世紀所期から中盤にかけて到着した祖先たちのことを挙げることができる点で、共通の文化的ルーツを共有している。

② 家系的要因：数の限られている共通の祖先に辿ることができる特定の一族に属している。彼らは欧米系の家族の名前を保持し、欧米系の名前を使用している。

③ 人種的要因：彼らは非アジア人の身体的特徴を有している。

④ 宗教的要因：すべての欧米系島民が宗教を持つ訳ではないが、19世紀に日本人が到着するまでは教会が彼らの共同体において重要な役割を果たしていた。

⑤ 政治的要因：欧米系島民は19世紀後半に「帰化人」と呼ばれ、日系島民とは異なる法律上の権利を持っていた。今日では村営集会役員を選出するのに充分な人口比は占めないものの、彼らは政治家によって票を得るための政治的な統一体あるいは政治的なブロックと見られている。

⑥ 経験的要因：彼らは太平洋戦争時代の偏見に基づく扱いやアメリカ海軍統治下での生活、グアムでの学校教育など、共通の経験の感覚をもっている。

⑦ 文化的要因：彼らは歌や踊り、カヌー技術や魚釣りの方法、儀式的アイコン(特別な意匠に応じてつくられる葬儀用の花輪)、料理方法(「私

たちは日本人みたいにカメのシチューには砂糖を入れない」)など共通した独特な混合的文化を所有している。

⑧ 言語的要因：英語(区別された言語としても混合言語の構成要素としても)は島民や外部からの訪問者に顕著な社会言語学的要因のリストにおいて高い順位を占める。島民や他の人々は欧米系島民を主に彼らが英語を使用している点で、ひとつの明確な集団と捉えている。この関係は相互循環的であり、言語はアイデンティティを形作る際の重要な要因となり、共通のアイデンティティを支持することは言語維持の一助となる。

　欧米系島民のアイデンティティの複雑さと家系が単一の決定的要因ではないという事実を示すための具体的な例証を見つけることができる。島民たちが「現在欧米系島民の中で最年長は誰なのか」と尋ねられれば多くのものが「ゴロヘイ・セーボレー」(Gorohei Savory)と答えるだろう。たとえ彼が日系島民の生まれにして本土で育ち、結婚によってセーボレー家の一員となったことが知られていてもである。日系島民はしばしば結婚して欧米系の共同体に入るときに「欧米系化」する。このもうひとつの事例は欧米系の夫を持つ日系島民の妻であるオステ・ウエブ(§6.4を参照)に見られる。彼女は欧米系について語るときは一人称複数形("our people")を用いる。これらの人々のアイデンティティに要因⑥、要因⑦、要因⑧がそれぞれ関与している。結婚の観点から考えれば要因②はアイデンティティに関係していると言える。またこれとの関連で要因①も当てはまるであろう(欧米系と結婚した日系島民配偶者の場合である。つまり本人は欧米系の先祖を持っていないが、自分の子供は欧米系の先祖を持つのである)。

　返還後に生まれた若い世代のアイデンティティと、戦前生まれの彼らの祖父母、また米海軍世代である彼らの親たちのアイデンティティは異なる。老年世代は彼ら自身が独特な存在であるという感覚を有しているが、若い世代に関して—彼らの文化的ルーツに関心のある若い人々ですら—独特な祖先をもっている存在としてみずからを捉えているのみで、彼ら自身を独特な存在

とは捉えていない。両者における自身の捉え方には大きな相違があると言えるだろう。

今日では欧米系島民のアイデンティティは衰退しつつある。また、共同体言語としての英語というものの消滅もさまざまな兆候からはかり知ることができる。その消滅如何がこの独自の民族的アイデンティティと文化的アイデンティティの意識の今後を左右している。

注

1　その時作った文は例えば次のように英語と日本語を適当にごちゃ混ぜにしたようなものであった。「Would あなた help 私明日 to さばく a 魚 if I 釣る ed いち fish or に fish ？」

第 13 章　返還後における英語、日本語および混合言語

　日本に返還されてから小笠原諸島の社会は凄まじい変化を見せている。本章で小笠原の 3 つの言語変種である日本語、英語そして小笠原混合言語がどのように変わっているかを検証していく。まずは戦前に行政や学校教育で使われる優勢言語であった日本語が、米軍統治下の間にその座を失ったが、返還後にはその地位を再び獲得したことを取り上げる。そしてボニン英語や小笠原混合言語の勢力（使用者、使用頻度、使用ドメインなど）が弱まるという社会言語学的流れの中で、新島民の中でいくつかの島ことば（タマナ、ビイデビイデ、ドンガラなど）が一般化するという傾向が見られたことに注目する。

13.1.　返還後における日本語の H 言語復位

　1968 年の日本への返還と同時に、日本語が再び優勢言語の地位を取り戻した。二世紀弱で、小笠原は英語優勢の社会から日本語優勢に移り、そして再び英語優勢へ、そしてまた日本語優勢へと戻っているのである。かつて英語を学校で学び、学校で使用していたネイビー世代は、現在でもまだその英語を使うことができる。また彼らが日常的に使っていることばにも英語が聞かれる。しかし、英語じたいを使っているというよりも、英語の要素が多く含まれている小笠原混合言語と見たほうが妥当である。この世代が彼らの親世代と話す時は日本語や混合言語を使うが、彼らの子どもの世代は返還後に育っておりほとんどは日本語モノリンガルであるため、子どもと話す際は日

本語を使う。従って、ボニン英語も小笠原混合言語も消滅することは時間の問題であり、「絶滅が危惧される言語」(endangered language)というよりは、「絶滅が免れない言語」(moribund language)だと言える。実は小笠原で使われてきたさまざまな言語変種(第2章参照)のうち、小笠原標準日本語以外は、全てすでに消滅しているか消滅の運命にある。その言語とは、入植者が最初に持ってきたさまざま言語、後に日系入植者が持ってきたさまざまな方言、その後に発達したコイネー日本語、19世紀のボニンピジン英語やそれから発展したクレオロイド英語、そしてボニン標準英語である。

13.2. 現在の小笠原日本語の特徴

本書では、欧米系島民の言語に注目してきたが、彼らの言語的影響が現在、島の「新新島民」と呼ばれる内地出身の島民のことばにも見られる。ここでは現在小笠原で広く通用する特徴的なことばを取り上げその起源について考察する。まず内地の日本語と違う語彙を見てみよう。

小笠原では、標準語の文章の中に、動植物の呼称など耳慣れない単語が聞かれる。例えば、ヤロード(固有種の木)、ササヨ(魚のミナミイスズミ)、ピーマカ(料理名)はそれぞれ、英語(yellow wood)と八丈島方言(笹魚)、ハワイ語(酢を意味する pinika)に由来する(本書§3.7参照)。ロースードは小

図 13-1　ロースード

笠原村の村花に指定されているが、これは英語の rose wood（バラの木）が訛ってできたことばである（図 13-1）。

これらの単語は新しくやってきた「新々島民」の間でも一般的に使われている。

際立った意味論や語用論的な特徴もある。「この船で来た？」と聞かれたら島民ではない人は、色々な船舶の中の特定の船について聞かれていると考えるのが当然である。しかし、小笠原ではこの表現の意味が違う。小笠原に通う客船は一隻しかない。つまり、その客船に乗って島に来るほかなく、「この船で来た？」という質問は「この便で来たか」という意味で使われるのだ。従って、上の質問に対して、「はい。おがさわら丸で来ました」というのはとんちんかんな答えになる。答えはその時の便で来たのなら「はい。今便です」となり、そうではなければ「いいえ、先便です」や「先々便です」というふうに答えることになる（図 13-2）。

図 13-2「今便」の使用例

定期船は月に 4、5 回内地との往復をするが、その曜日は決まっているわけではない。島民の生活リズムは観光客や物資が着くことによって決まるのである。従って小売店では、「定休日：水曜日」などではなく、「定休日：出航日翌日」という標識を見ることになる。定期船は島に入って来て、3、4 日停泊すると再び内地へと戻る。停泊している船に乗って帰る観光客は「この船で帰る」と言い、「一航海いる」や「ワンボートいる」と表現される。

「内地」での都合によって一航海で島を離れる観光客が多いため、定期船が東京に戻っている2、3日の間は島が静まりかえる。そのため「中日(なかび)」または「便間(びんかん)」になると、「入港中」に遊覧船を運営している人がその期間は漁師をやっているような場合がある。従って、次のような文は内地ではちんぷんかんぷんに聞こえるが、小笠原ことばではちゃんと語用論的に適切な発話である。「ゆっくりダイビングがしたいなら、この船で帰らないで、ツーボートいて、入航日前日などビンカンに潜った方がいいんじゃない？ 次便(つぎびん)は混むらしいけどね」。これは普通の人が考える「方言」ではないが、小笠原ことばの単語・表現の意味レベルにおける特徴を反映している例である。

また本書を通して「本土」のことを「ナイチ」と呼んでいるので、改めて読者に紹介するまでもないが、小笠原では前者よりも後者の方が一般的である。現在、北海道なども使われていることばだが、多くの人にとっては戦前の「外地＝植民地」と対比することばのイメージが強く、古めかしい時代遅れの響き（最悪の場合軍国的な表現に聞こえるかもしれない）があるようである。興味深いことに、沖縄では本土の人のことを「ナイチャー」と言うが、本土の人が住む地域のことは「ナイチ」ではなく、「ホンド」と呼ぶのが一般的である。ちなみに小笠原では「ナイチャー」ということばは使われず、「ナイチの人」と表現するしかない。

小笠原で生まれたと思われる日本語も多くある。ギョサンは漁業関係者の人が履くサンダルであり（図13-3）、センマチは「船舶待合所」のことを指して使われる。

図13-3 「ギョサン」が並ぶ店

13.3. 小笠原日本語に見られる英語の影響

　小笠原の日系島民の会話や欧米系の日本語の中に気になることばがある。それは主に、(1)耳慣れない英単語(セーロ＝帆、ウェール＝鯨)と、(2)内地の外来語と違った発音(シェツ＝シャツ)である。後者(一般の日本語外来語と発音が異なる単語)の背景には(2a)違う音韻変換規則を使っていることと(2b)標準英語と異なるニューイングランド(マサチューセッツ州)訛が直接小笠原に伝わったことがある。これは、日系島民(特に旧島民)が使う日本語が周りにいる欧米系島民の言語的影響を受けた例である。なお、本節で取り上げる特徴は欧米系の会話にも現れるが、それは混合言語だけではなく、彼らが使う日本語にも現れる。

13.3.1. 小笠原日本語における英語起源借用語の母音の発音

　小笠原では内地と違う発音が見られる。例えば、ウェントル［uentoru］という単語が日常的に使われる(図13–4)。語源を調べると英語の winter turtle がなまったことが分かる。「タートル」の後部の発音はさておき、標準日本語であれば前部は「ウィンター」［uinta:］になることが予想される。しかし、なぜエ段になるのか。これは(2a)の違う変換規則によって日本語の音韻体系に合わせられた例に当たる。

　ウェントルの意味は「未発達の海亀」である。海亀は成長すると、冬は島

図13–4　ウェントルと名づけられたボート

を遠く離れた餌の少ない外洋に出て太平洋を横断し、翌夏に産卵のために故郷の島に戻ってくる。しかし、未発達の海亀はまだそんな力がなく、冬でも餌が豊富にある島の周辺を泳いでいる。したがって、冬で獲れる winter の turtle は比較的に小さいウェントルだけであるのだ。

　英語の winter の最初の母音は［ɪ］であり、［i］の母音とは音韻論的に区別される。しかし、日本語は母音が5つしかないので、英語の［ɪ］が［i］と共にイ列の発音に変換される。例えば、英語の feet［fiːt］と fitness［fɪtnɛs］は音価の違う母音が使われている。しかし、日本語には［i］と［ɪ］の区別がない。日本語のフィート［fiːt］とフィットネス［fittonesu］の場合は母音の質（音価）ではなく、母音の長さで区別されている。英語ではこれが母音の長さの問題ではなく、その発音そのもの（音価）が異なる問題である。英語の［i］のように日本語の五母音と一致する母音が自動的にイ段にされることは当然だが、日本語にない［ɪ］は、［i］に便宜上置き換えているだけ

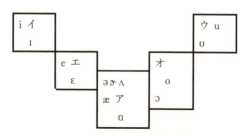

図 13-5　標準日本語の借用語で英語の 12 母音がどのように
　　　　 日本語の 5 母音に置き換えられるか

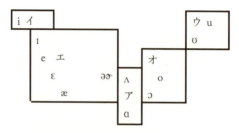

図 13-6　小笠原日本語の借用語で英語の 12 母音がどのように
　　　　 日本語の 5 母音に置き換えられるか

である。実際の音価で言えば、[ɪ] は日本語のイとエとの間にあるので、どちらに変換しても良いはずである。現在は慣習として英語の [ɪ] をイ段に置き換える(図13-5)。しかし、中浜(ジョン)万次郎の文献では English は現代のように「イングリッシュ」ではなく、「エンケレセ」と表記されている(永国 1982)。このことからも分かるように、外来語にどの仮名を当てるかはある程度恣意的な判断によるところが大きい。そのことを考慮すると小笠原で、[ɪ] をイ段ではなく、エ段に置き換えることが選択されている不思議なことではない(図13-6)。

ウェントル以外にもこうした現象がダンプレン(英語の dumpling に由来)もこれに当たる。(ちなみに「ダンプレン」とは、鶏だしの塩味のスープに小麦粉の団子を入れた素朴な家庭料理のことである。アメリカやイギリスなどでも様々な形で食べられているが、小笠原ではキャベツや白菜をいれる。家によってたまねぎを入れるところやジャガイモを入れるところもある。)

図 13-7　祭りの夜店で売るダンプレン

他の発音においても変換規則の違いが見られる。例えば、小笠原でシャツのことをシェツと言う人がいる。本来、一般英語の発音は [ʃɚːt] または [ʃəːt] であるので、これを音声学的に近いア段に置き換え [ʃatsu] となる。小笠原で使われているエ段の発音は、原音から遠すぎるように思われるが、実は小笠原に伝わった発音は標準英語ではなく、ニューイングランド方言の [ʃɜːt] だった。この母音は図に載せていないが、[ɛ] に近い。つまり、音韻

366　第 5 部　返還後

変換規則の違いだけではなく、ニューイングランド訛が小笠原に伝わったことも違いの背景にある。次の(111)でこの借用ルートと各段階の音価を現している。

(111)a.　一般英語 *shirt* [ʃɚːt, ʃəːt]→標準日本語 [ʃatsu]

　　b.　ニューイングランド方言の英語 *shirt* [ʃɜːt]→ボニン英語 [ʃɛːt]→小笠原混合言語 [ʃɛːt]→小笠原日本語 [ʃetsu]

13.3.2.　ニューイングランドなまりが現れるボニン英語

　なお、図 13–1 と図 13–2 の音韻変換規則の違いだけで説明できない発音も小笠原に見られる。英語の原音は [i] であるのにもかかわらず、小笠原ではエ段になっている単語があり、その現象は個人の名前にまで及んでいる。注目すべきはこれらがすべて語尾に来る母音であることだ。鳥(カツオドリ)の「ブベ」は英語の *booby* [bubi]、雌山羊の「ネーネゴート」や雄山羊の「ビレゴート」はそれぞれ *nanny goat* [næni goʊt] と *billy goat* [bili goʊt] に由来する。また、欧米系島民の苗字、セーボレーは本来 *Savory* [seɪvəɹi] であり、ゲレーは *Gilley* [gɪli] に由来している。

　これらの原音 [i] が日本語のエ段の [e] に置き換えられたことは図 13–6 では説明がつかない。この背景にも、初期の有力者数人が話していたニューイングランド訛りがあると思われる。その方言では語尾の [i] が昔から、もう少し広い(低い)母音である [ɪ] として発音されている(§5.3.1 でもチャーリー爺がこの発音を行っていることが確認された)。つまり、昔の西洋系の島民がこれらの単語を発音すると、それらが前述のような一般米語の発音ではなく、むしろそれぞれ [bubɪ]、[næni goʊt]、[bili goʊt]、[seɪvəɹɪ]、[gɪlɪ] のように発音されていたのだと推測できる。そう考えれば、図 13–6 でそれらの日本語の発音が説明できる。なお、ゲレーの 1 つ目の [ɪ] までが [e] に変わった経緯は明らかではないが、逆行同化ということも考えられるのであろう[1]。以上のことから、小笠原日本語のいくつかの単語はボニン英語から直接入ったということが分かるであろう。

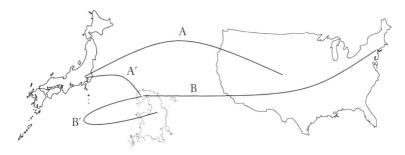

図 13–8　小笠原日本語に入った英語起源借用語のルート

　これまで述べたことから、小笠原日本語に入っている英語起源の単語には2種類あると言える。それぞれがたどったルートを図 13–8 で示した。1つは一般的な外来語である。これは矢印 A のように英米から内地に渡って、そこで日本語の一部となってから A′ のように小笠原に渡った物である。こういった単語は何千にも昇るであろうが、「ボート」、「パソコン」、「ケーキ」などはこれに当たる。一方、矢印 B のように一旦ボニン英語に入った dumpling や winter turtle が形を変えて日系島民のことばに「ダンプレン」や「ウェントル」として取り入れられたものもある（B′）。

13.4.　歴史的まとめ

　本書で示したのは、二世紀近くに渡り英語が小笠原諸島の欧米系島民の生活の中でかかわっていたことである。その「英語」とは様々な形をとっており、母語話者が話す主流英語の変種、非母語話者によるピジン化された変種、そして再び母語となったクレオロイド英語、および英語が日本語と絡み合ってできた小笠原混合言語である。
　1830年代の初期の開拓者の時から、英語は何かしらの形でコミュニティの内部や外部者とのコミュニケーションで使用されてきた。これが初期ピジン英語（Early Pidgin English）の変種であり、おそらく安定ピジンまでの発展はしなかった。この「ボニン初期ピジン英語」は急速クレオール化（abrupt

creolization）という現象を経て、クレオロイド英語になったのである。しかし、島の歴史のどの時代においても、こうした島生まれの独自の言語変種と平行してより広く通じる主流英語も島で使われているのである。島民が数世代に渡り主流英語の言語能力を維持することができた背景には、(1)島在住の英語母語話者はごく少数でありながら多大な影響力を持っていたこと、(2)主流英語を話す訪問者との接触があったこと、(3)島生まれの男子が島を離れ捕鯨船やアザラシ船の乗組員として英語を話す機会があったこと、(4)女子がホノルルや東京、横浜、神戸の英語媒介の学校に「留学」したことなどの要因があった。

　八丈島から入植者の到来とともに、その言語変種が小笠原に入って来た。その後内地各地の方言が入って来たことで、コイネー日本語が形成された。そして、欧米系島民が日頃耳にしていたこのコイネーを身に付け、徐々にバイリンガルな人が増えていくことになる。バイリンガル化によって、日本語と英語のコードスイッチングが生じ、徐々に複雑になっていった。第二次世界大戦までには、2つの言語が構造的に絡み合ってきていた。それまで英語を使用することで独自なアイデンティティを維持してきた欧米系の話者の優勢言語は段々と日本語へと変わってきたのである。しかし、英語が苦手な欧米系話者でも英語と日本語を混ぜて使うことによって、日本語モノリンガルな日系島民との区別を保つことができたため、こうした使用が新たなアイデンティティ表示となったのである。

　戦前に育った親が家庭内で日本語と英語を混ぜながら話していたが、この言語状況で育った子どもがそうした絡み合っていることばを母語として獲得し、混合言語がより体系化されたものへと結晶した。もはや、「2つの言語を混ぜて話す」というよりも「2つが混ざってできた言語を話す」という状況になっていた。

　第二次世界大戦後の島には、欧米系島民（またはその日系の配偶者）しかいなかったので、日本語モノリンガルな人と自分たちを区別する必要性はなくなった。しかし、今度は英語モノリンガルの米国海軍が新たな「他者」となった。米兵やその家族、または留学先のグアムやサイパン、さらに移住先

のアメリカ本土にいた人々から構成された「英語モノリンガルな世界」に、欧米系島民は自分たちのアイデンティティが吸収されて失われないように、日本語と英語との絡み合いから生まれた小笠原混合言語を使い続けた。

米軍時代にはこの混合言語は「日本語まじりの英語」として批難され、1968年の返還後には、それは「英語まじりの日本語」として同じように軽蔑された。混合言語の話者は「威信言語」(prestige language)と言える日本語または英語のいずれかに意図的に切り替えたのである。現在も、混合言語は内集団のことば(ingroup language)として位置づけられているので、欧米系島民が(島や日本本土、あるいはアメリカで)集まるとこの言語変種が飛び交う。返還後に生まれ育った世代には混合言語を聞いた際には分かる「消極的バイリンガル」もいるが、ほとんどは日本語を第一言語としているのである。

しかしその一方、日本語が優勢となっている返還後世代の欧米系でも、成人するとアメリカなど海外に渡り英語を勉強する人がいる。その割合を調査しているわけではないが、筆者が個人的に知っている若い欧米系の留学経験者は6人で、彼らの日系のクラスメートではそうした人を1人しか知らない。自分のルーツを意識し初めて興味が湧いたという動機を挙げる人や、海外に親戚がいることで渡航がしやすかったと語る人もいる。

13.5. コミュニティの現状

父島に最初の開拓者が住み着いて島を切り開いてから180年が経つ。130数年前に彼らの子供が日本に帰化して、60数年前にひ孫が西洋の世界に引き戻され、そして40年前に再び日本へと戻ったのである。その激変の中で欧米系島民の人々は現在どうなっているのか?

現在、小笠原諸島の東京都小笠原村になっており、人口の多くは数年間だけ島に滞在してから内地へと戻る「長期滞在者」で占められている(松木1998)。島在住者は行動派が多く、ゲートボール場やテニスコート、サッカーのグラウンドはいつも人でにぎわっており、自然や文化に関する研究会

を開催すると島民たちが積極的に参加する光景が見られる。かつての公開シンポジウムでも島の人口の 7% に当たる人々が参加するということがあった（ロング 2003a）。

　日本の歴史あるいは日本社会の中で、欧米系島民の存在はそれなりに認識されている。昔のペリー提督が島を訪れた際にナサニエル・セーボレーと会談したように、あるいは最初の日本政府代表小花作助がベンジャミン・セーボレーやトーマス・ウエブと会談したように、現在も有力者が島を訪れる際に決まって欧米系の長老に敬意を払っている。元東京都知事の石原慎太郎が 1999 年に父島を訪れた際にテレビニュースで放映されたのは、欧米系島民の瀬堀エーブルと話し合っている映像であった。ジョージ・ブッシュ（父）41 代目米国大統領が父島を訪れた際も、天皇皇后両陛下の小笠原諸島視察の際にも、欧米系島民が表舞台に立ち、その存在や歴史が認められているのである。

　言語学的には島のモノリンガル化が進んでおり、例外もあるが、大部分の新島民や欧米系の若い世代は日本語しか話せないのが現状である。日常生活レベルでの英語使用という歴史を誇る島にとっては皮肉な結末であり、新島民の中にはこうした傾向を残念がっている人もいる。日本国民が相当な時間とお金をかけて英会話をマスターしようとしている現代において、日本語と並んで生活語の 1 つとして英語を保持することは不可能なのであろうか。現在島の教育関係者もこの問題を真剣に考えており、小学校でも英会話の教育に力を注いでいる。

　欧米系島民本人たちが英語の衰退を残念に思っている理由は 2 つある。21 世紀の世の中において、子供や孫は英語が話せた方が有利だったのにという意識もあるが、英語の衰退とともに自分たちのアイデンティティが失われ、日本社会の中へと消えてしまう現実に直面しているのである。

　実際、英語のバイリンガリズムや小笠原混合言語の使用に対する意識は変わりつつあるようだ。筆者が 10 年前にフィールドワークを始めた頃、島民は身内以外の前でその話し方を聞かせることに抵抗を示していた。しかし最近学生を調査に連れて行った際には、調査に応じてくれた島民は島独特の話

し方を喜んで聞かせてくれた。

　返還後に数多くの欧米系島民が島を離れることを選択し、日本本土やグアム、ハワイ、米国本土などに移り住んでいる。一方、今でも多くの欧米系が島に残り、村役場や東京都小笠原支庁の仕事に就いたり、民宿や観光船を経営したり、地域社会の柱になっている。

　現在、小笠原島民としての独自なアイデンティティを捜し求めているのは欧米系だけではない。旧島民や新島民、新新島民が協力して「小笠原文化」を自らの手で作り上げようとしている。「小笠原文化」を築き上げるときに重要な資源となっているのは言うまでもなく島の歴史である。現在でも島社会の太平洋のルーツを意識し、島を去る人の首に手作りのレイ（花や葉の飾り）をかける習慣が続いている。毎年夏には島民の10人に1人が出演するフラダンス大会が開催される。大会の名称はハワイ語で「家族」の意味する「'ohana」である。2008年には、父島に伝わるポリネシア型のアウトリガーカヌーを漕いで母島まで往復した男たちがいた。そして戦前に小笠原に伝わった南洋踊りは、太平洋文化圏の中の小笠原の位置づけを象徴していると言える、重要な文化的遺産である。

13.6.　ボニン・アイランダーたちの将来

　多数の言語や文化の融合によって「ボニン・アイランダー」としてのアイデンティティを確立させたこの島の人々の将来はどうなるのであろうか。独自なアイデンティティが失われつつあると悲観視する人もいるが、筆者自身は楽観的である。静態的なアイデンティティを保持するということではなく、先祖がアイデンティティ形成を行なったように、これからの世代も形成するプロセスを繰り返し行なうことになるであろうと考えているからである。

　島の歴史には循環的な側面が見られる。はじめ、優勢言語は英語だったが、その地位は日本語にとってかわった。そして、再び英語が優勢になって、またその座を失ったのである。19世紀の終わりから20世紀の前半ま

で、捕鯨関係の仕事に携わった島民がいたが、1980年代になりホエール・ウォッチングという形で、再び、鯨を頼りにして生計を立てる島民が登場した。

地元を離れて旅に出たがる気持ちは、もしかすると、数世代おきに現れる「隔世遺伝」によるかもしれない。200年近く前に、世界各地の男女が故郷を捨てて旅に出た結果、小笠原の島に辿り着いたのである。彼らがふるさとと呼んでいた所にはアグリハン島やバミューダ諸島、ブーゲンビル島、ブレーメン、ブルターニュ地方、ブラジル、カーボベルデ諸島、デンマーク、ジェノヴァ、グアム島、八丈島、ホノルル、リスボン、マダガスカル、マサチューセッツ州、マニラ、新島、ノノウス島、ヌクヒヴァ島、ポンペイ島、ロツマン島、サリー郡、タヒチ島などが含まれる。今日には、小笠原の元島民がアラスカやアリゾナ、カリフォルニア、コロラド、サウスカロライナ、フランス、グアム、ハワイ、ペンシルバニア、横浜、千葉などに移り住んでいる。移民によって作られたこの島は現在、小笠原ディアスポラの元となっている。

「グローバル・ヴィレッジ」や「地球人」のようなことばは無造作に使われるために、用語としての迫力がなくなっているが、小笠原にはぴったりな言い方であろう。ナサニエル・セーボレーが大海原の中の小笠原に住み着いた時に、二度とマサチューセッツの故郷に戻れない覚悟の上のことであっただろう。しかし現在の世の中にはジェット機による旅行や高速インターネット通信といった技術のおかげで、故郷を離れてもつながりを保つことが可能である。近年では、元島民や昔駐在した米兵が毎年のようにアメリカで集いを開いている。また　アメリカに移住した元島民が島に帰ってきたり、電子メールによって島にいる人との連絡を取ったりしている。地理的な条件に縛られない「ボニン・アイランダー精神」が受け継がれている。

第 13 章　返還後における英語、日本語および混合言語　373

注

1　「教会」を意味する［tʃɛː tʃ］は小笠原の日本語ではなく、ボニン英語や OML で
　しか使われないが、これもおそらくニューイングランド訛の［tʃɜː tʃ］のなごり
　であろう(Wells 1982: 520–21)。一般米語なら、これはむしろ［tʃɑtʃ］になるは
　ずである。

第14章 「小笠原混合言語」は本当に「言語」なのか
—5つの側面からの検証—

　筆者が唱える「小笠原混合言語」は単なるコードスイッチング(コード切り替え)とどう違うか。1つの言語体系であるという主張の根拠は何であるか。これらは言語学者に最もよく聞かれる質問である。本章で「小笠原混合言語」は本当に1つの言語体系であるかどうかを検証する。

14.1.　問題の所在

　「混合言語」とは接触言語の一種であるが、ピジンやクレオール、コイネー、ネオ方言(真田 2000)など、これまで注目されてきた接触言語とは異なるものである(ロング 2010)。一方、コードスイッチング(コード切り替えなどの呼び方もある)という言語行動のような現象とも異なる。「混合言語」(Mixed Language)という概念は Bakker(1994)が提唱したものである。「混合言語」の研究は言語接触、さらには言語習得やコードスイッチングの理論構築にも大きく貢献する概念として注目されている。

　小笠原欧米系島民が話す英語と日本語が混ざっていることばは、度々単なるコードスイッチングと言われて来た。しかし、「小笠原の混合言語」はまさに言語体系であるということを主張したい。以下では言語意識面、言語使用面、言語能力面、言語習得面、言語構造面の5つの側面からの議論をしていく。

14.2.　言語意識面

　小笠原混合言語を島民の意識から考えると1つの言語体系であると結論付けることができる。ここでその意識面から見た言語体系である根拠を1つずつ取り上げてみる。

　これまで、多くの研究者が小笠原の言語状況を単なるコードスイッチングとして捉えてきた。確かに、欧米系島民に尋ねれば、自分たちは「英語と日本語をミックスしているだけだ」と答える人は少なくない。この意識だけをみれば、本章で唱えている「言語説」の論証としては弱い。しかし、言語意識の別の側面を見ると、「英語と日本語をただ混ぜているだけ」という自己評価と合わない部分が出てくる。

　例えば、欧米系島民は自分たちのことばに対して「コンプレックス」(劣等感)を抱いており、「自分らが英語と日本語をミックスしているのが恥ずかしい」と語る。その場合、もし小笠原混合言語が単に「英語と日本語をミックスしている」行動であるなら、言語を混ぜて使用することををを止めれば良いはずである。しかし、彼らにとって小笠原混合言語は1つの言語体系であり母語となっているから、恥ずかしく感じながらも、自分を表現する手段としてそれを使わざるを得ないのである。

　なお、上で述べた一般的な見方(「ミックスしているだけだ」という意識)とは反対に、島民の中には小笠原混合言語を「自分たちが作った言語だ」と意識している人がいる。ただし、こうした認識でいる人は圧倒的に少数派ではある。

　もう1つの「意識面」における特徴は、島民が「(小笠原混合言語として)自然に聞こえる」という言語の混ぜ方に対して、「変に聞こえる」ものが存在するという意識を持っている点にある。例えば、次の文法性判断調査を欧米系島民に対して行うとする。その時に別の欧米系島民が発した文「me らは all day 頑張った」を聞かせたら、「その言い方普通に使うね」と答える。すなわち肯定的な判断を下すのである。一方、英語と日本語が恣意的に混ざった文を聞かせれば「自分たちはそういう混ぜ方をしない」とか「それは

sounds funny だよ」(おかしく聞こえるよ)という否定的な判断を下すのである。同じように、よその言語コミュニティ(例えば、関東や東海、関西などのインターナショナルスクールの生徒たちの間で普通に使われている言い方)を聞かせると、その混ぜ方を自分たちは言わないとはっきり主張するのである。例えば、日本語の動詞語幹＋英語の過去形「ガンバル ed」のような言い方はよそのコミュニティで実際に行われているが、小笠原の人に尋ねると「そういう言い方を me らはできない」と答える。すなわち、英語ネイティブや日本語ネイティブのそれぞれが文法性判断をできるように、小笠原混合言語ネイティブの人々にも自分たちのことばに内在しているルールに基づく文法性判断ができるのである。なお、上記のように、欧米系島民の多くは「英語と日本語を単に混ぜているだけだ」という意識を持っているので、言語調査を通じて自分たちの混ぜことばにこうした規則性があることをはじめて自覚し、本人たちが驚くという場面もしばしばあった。

　なお、ここで明確にしておきたいのであるが、本論で使っている「小笠原混合言語」という名称はあくまでも筆者が議論を進めるために用いる便宜上のラベルのようなものである。島民たちはこの名称を使っているわけではない。

　名称はともあれ、もし彼らのことばが「単に混ぜているだけ」であったら、このように「使える混ぜ方」に対して「使えない混ぜ方」の判断そのものはできないはずである。小笠原混合言語は独自のルールが存在するからこそ、英語、日本語、中国語、スペイン語などほかの言語と同様「文法性判断」が可能なのである。

14.3.　言語使用面

　言語使用という側面から考えても、小笠原の欧米系島民が話していることばは単なる「ミックス」やコードスイッチングではなく、1つの融合した言語体系であると言える。

　小笠原混合言語は欧米系同士の間で使われるいわゆる「身内言語」(ingroup

language)である。小笠原混合言語は英語と日本語が混ざっていることから、明治時代に島に入植して来た日系住民との間に発生したリンガ・フランカだと誤解されやすい。しかし、小笠原混合言語はよそ者との間に使うコミュニケーション手段(=リンガ・フランカ)ではない。それどころか、欧米系島民はよそ者の前で混合言語を使うのを恥ずかしがったり、嫌がったりするのが現状である。それに、もし欧米系島民が英語と日本語を別々のコードとして持っているのであれば、身内で話す時に二言語を混ぜる必要はない。彼らにとって混合言語はむしろ自分にとって最も自然に出る言語変種である。すなわち、社会言語学での vernacular(日常語)に当たる(ミルロイ 2000: 89–100)。ラボフが言うには、ある集団が身内同士のくだけた場面で使う言語変種(=vernacular)はその集団にとって最も自然に出ることばで、彼らの母語に当たる。小笠原混合言語がもし彼らの母語だとすれば、それは「言語」と判断せざるを得ないであろう。

14.4. 言語能力面

上記の言語使用面と関連があるが、言語能力面から考えても小笠原混合言語は単なるコードスイッチングではなく1つの言語体系であることが分かる。

米軍統治下に育ったネイビー世代と呼ばれる人たちの中には、英語よりも日本語が弱いと嘆く人は少なくない(ロング 2002a: 303)。この「日本語が弱い」という表現は具体的に言えば次のようなことがある。(1)小笠原混合言語に含まれている八丈島方言の要素と標準語との区別がよく分からない。(2)敬語や丁寧語が満足に使いこなせない。(3)日本語の読み書きはあまりできない、あるいはまったくできない。(4)非日常的な高度な語彙を(英語で分かっているが)日本語で知らないなどである。

「日本語が弱い」と言う人がいるように、「英語がちょっと苦手だ」と嘆く人もいる。欧米系島民の中には、日本語を混ぜずに英語だけをしゃべる時と、英語を混ぜずに日本語だけをしゃべる時の両方にことばが不自由である

という印象を受ける者もいる。しかし、この人たちは「英語と日本語が混ざっても構わないなら」自分を表現することになんらの不自由も感じないようである。「日本語と英語の混ざったしゃべり方で自分を満足に表現できない」なんて言う人も聞いたことがない。「混ざったことば」(つまり混合言語)は最も自由に物事について考えたり話したりすることのできる思考言語である。

　明治時代に最初に英語と日本語を混ぜ始めた世代において、「第一言語である英語と第二言語である日本語を混ぜていた」という言い方は間違いではない。しかし、1920 年代から 1960 年代にかけて生まれ育ったほとんどの人は、むしろ「混ざったことばを第一言語として持っていた」という言い方が実態を正確に捉えているのである。「英語と日本語を混ぜてしゃべる」明治や大正生まれの話者と「英語と日本語が混ざっている言語をしゃべる」昭和生まれの話者について考えるときに、「混ぜる」と「混ざっている」の他動詞・自動詞の使い分けが重要である。

14.5.　言語習得面

　小笠原混合言語は 1 つの言語体系であるというもう 1 つの根拠は、言語習得面に見られる。上記の言語能力でも暗示されていることだが、ここで明示的に述べようと思う。

　「日本語と英語を別々の言語体系として習得した後に、それらを習慣的にミックスするようになった」という誤った解釈をする研究がある。しかし、実際はそうではなく、融合型の言語体系である「小笠原混合言語」を第一言語として獲得しているのである。欧米系島民にとって混合言語は最初に習得した第一言語であり、英語はその後に習った第二言語、日本語はその後に身につけた第三言語である。

　こうしたことは島民の証言から分かる。1929 年生まれの瀬堀エーブルは家庭内で話していたことばについて、「日本語と英語をミックスした」と表現している。もちろん、彼が言っている「ミックス」とは戦後の混合言語の

ような組織化されたものかどうか分からない。むしろ、その前身に当たるもっと緩いミックスだったかもしれない。ただ、その言語は家庭内で使用していたため、第一言語的なインプットと言えよう。事実、1920年生まれの瀬堀ヘンドリック(通称ネケ)は年少期に家庭内で英語を話さなければ父親に怒られたと語っている(ロング・今村・新井 2011: 38)。1908年生まれの瀬堀ナサニエル(通称ナテ)も同じように語っている(Sampson 1968: 130)。つまり、この2人は家庭内で混合言語を使用していなかったと推測される。しかし、裏を返せば、家庭内においても日本語が出ることがあったからこそ、このように叱られることがあったのであろう。

エーブルが成人して家長となった家庭の言語使用について聞かれたら次のように答えた。

筆者　　　：自分の子供と喋るときは何語で喋るんですか？
瀬堀 AS　：あのお、English and Japanese.
筆者　　　：Mixing them?
瀬堀　　　：Mixed. Yeah, I talk mix, huh? そう。［中 略］School は English school だからね、ここで返還する前ね。だから子供は英語でね、school 行くと。で、家に帰ってくると Japanese と English の両方ね、使ってたの。　　　　　　　　　　　　（ロング 2003b: 11）

これは言語使用の話ではあるが、子供が育った言語環境に関する事実なので、言語習得と密接に関係している証言だと思われる。

そして、現在においても、欧米系島民はコードスイッチングを行うことがある。さらに場面や相手による言語の使い分けもある。英語だけで話す場合(英語しか話せない研究者と話す時など)と、日本語だけを話す場合(日本語しか話さない観光客が来た時など)があるのである。しかし、英語と日本語はあくまでも第二言語、第三言語として習得しているのであり、最初に習得しているのは混合言語の様である。

14.6. 言語構造面

　言語構造面から考えても、小笠原混合言語は単なるコード切り替えというよりも1つの言語体系を成していると言えよう。

　まず、混合言語は2つの音韻体系を持ち合わせている。日本語の中に臨時借用語を取り入れるときに、英語など外国起源の単語でも日本語の音韻体系のまま（いわゆるカタカナ発音）で発音する。小笠原混合言語はそうならずに、原音（英語の音韻体系のまま）で発音される。日本語の部分も英語の音韻体系に沿った「外人なまり」ではなく、日本語の発音がなされる。

　代名詞は内容形態素（語彙形態素）と様々な違いを見せる機能形態素である（あるいはそれに近い）。いくら外来語好きで「忘れないようにリマインドしてください」や「私はその学会にあまりコミットしていない」のような内容形態素を連発している話者でも、英語の代名詞を使わないであろう。代名詞を含めて機能形態素は普通、使用されることは少ない。しかし、小笠原混合言語では日本語の述語と共に英語の代名詞が使われることがある。しかもそれは英語の文法的特徴である格変化（I, me, my, mine）や単・複数形の区別（we, us, our, ours）などを伴って現れるわけではない。ただ単に「英語＋日本語＝小笠原混合言語」と言うことができないのである。これは英語にも日本語にもない特徴と言わざるを得ない。

　小笠原混合言語の数字、助数詞（classifiers）はほとんど英語起源のものであり、日本語のそれが極端に回避される傾向が見られる。例えば、「あとabout three kilos で sundown」（残り3キロのところで日が沈んだ）や「me らは one week ぐらいそこにいたよ」のように表れる。例から分かるように、日本語の場合、マルイチニチやツイタチ、ハツカ、ハタチ、トウカ、ニジュウイチニチ、シガツ、ヨネンマエなどのような時間関係のことばは数詞とからんでいる。これはヨンカゲツ（小笠原混合言語ならば four months と言う）だけではなく、シガツ（混合言語ならば April と言う）の場合も日本語なら数詞が用いられる。小笠原混合言語の場合は、数詞と直接関係のない「時間関係」の単語にまでこうした現象（すなわち英語を使う傾向）が拡大しているよ

うである。例えば、オトトイやサライネンよりも、day before yesterday や year after next が表れやすい。ときどき、筆者が小笠原混合言語について研究発表や講演を行なう場合、聴衆から「日本語の言い方が長いから英語が好まれるのではないか」と言われることがあるが、day before yesterday（一昨日）や、year after next（再来年）のような例から分かるように（短い英語が採用されることもあるものの）英語の方が日本語の表現よりはるかに長い場合にもそれが採用されていることがある実態が分かる。つまり、小笠原混合言語で選ばれるのはたまたま短い方になったり、長いものになったりするだけであり、長さは直接関係ないのである。

　ネイビー時代に英語による教育を受けているから、専門用語をはじめとする「難しい単語」（専門用語までいかなくても非日常用語の単語）は英語のものが採用されるのではないかとよく聞かれる。これは事実である。つまり「難しい単語は英語から入っている」と言うことはできるが、しかし逆に、そうだからと言って「英語から入っている単語は全て難しい単語か」と言えば、そうではないのである。そもそも、上で紹介している day before yesterday や me は極めて日常的な単語であり、決して「学校教育によって覚えたから」英語のものが採用されているというわけではない。

　小笠原混合言語は日本語が基盤言語（matrix language）になっており、英語がその日本語の構造に埋め込まれている（埋め込み言語＝embedded language）のである。しかしだからと言って、「文法構造は日本語で、個別単語だけ英語」というわけではない。英語はむしろ、句（phrase）や節（clause）単位で取り入れられることが多いのである。しかも英単語を正確な句・節に組み合わせるために文法的知識が必要である。例えば、「water が up to the knee だった」や「just the women が集まるようになった」といった発話がよく見られる（§10.3.5 や§10.3.7 参照）。これらを日本語に置き換えると「水が膝まで上がってきた」、「女だけが集まるようになった」のようになる。混合言語はただ単に英単語を日本語の文に取り入れているだけではない。そもそも「ひざまで」と「up to the knee」では語順が違う（前者は名詞が先に来て、後者は名詞が後に来る）。混合言語を使うのに単語の知識だけではな

く、こうした文法能力も必要である。さらに、英語では［up to］の複合的前置詞の使い方、そしてこの文法環境において knee や women の両方の名詞には定冠詞の the が必要だという知識もなければならないのである。

日本人が英単語を(臨時借用語として)日本語の文に混ぜるときにこうした文法能力や知識は(個別単語として英語を取り入れているため)不要である。また、単語ではなく、節や句単位で取り入れようとするこうした能力や知識が欠けているため、文法的に間違った英語を生み出すのである。例を挙げよう。某コーヒーショップで見かけた看板に Celebrating wonderful ten years in Japan と書かれていた(図 10–2)。言いたかったことは「日本(に進出してから)の素晴らしい 10 年を祝って」であろうが、これは非文(文法的に間違っている)である。英語の場合に wonderful のような性質を表す修飾語と ten という助数詞が両方使われる場合、助数詞が先に来なければならない。このように語順に関する知識、複数形を使うべきか単数形を使うべきか、不定冠詞か定冠詞やゼロ冠詞のどれを使うべきかなどの知識は文法的知識である。英語の個別単語を日本語の文に入れるときにはこうした知識は不要だが、文(あるは節、句)単位を入れるときは必要である。小笠原混合言語においてこのような語順の間違いは基本的には見られないのである。

14.7. まとめ

以上、言語意識面、言語使用面、言語能力面、言語習得面、言語構造面という 5 つの側面から、小笠原の欧米系島民の間で使われている日本語と英語が混ざっている話し方が言語であるのかを検討した。

その結果、その話し方は単なるコードスイッチング(ましては臨時借用語)とは言えないという結論に至った。その話し方が歴史的にどのように作り上げられてきたかということを考えると、バイリンガリズムそしてコードスイッチングは関わっていたであろうが、現在において、それは 1 つの言語体系として融合していると判断せざるを得ないのである。

第 15 章　世界遺産時代の小笠原ことば

　2011 年に小笠原諸島がユネスコの世界自然遺産として登録されて以来頻繁にニュースに登場するようになり、世界の関心が高まっている。しかし、小笠原が世界で誇るのは自然環境だけではない。小笠原のことばを言語的文化遺産だとして位置づけることができる。小笠原の言語状況を研究する「意義」をのちに考えるが、まずその前に本書で見てきたいくつかの言語事象を、自然科学という視点で捉え直してみたい。

15.1.　生物学から言語を考える

　生物学者は小笠原の生物を「固有種」、「広域分布種」、「外来種」に分類している。一方で言語について考える時にその言語の発音体系(母音がいくつ、子音がいくつ)と文法体系(語順や活用方法など)と語彙(辞書に載せる単語)の 3 つの要素を考慮しなければならない。以下で、生物学のこの三分類を借りて「小笠原ことば」の語彙(単語)について考察してみたい。しかし、やはり生物と言語は違うので、単語を「固有種」と「広域分布種」、「外来種」と呼ぶのはあくまでも比喩だけであり、この喩えには限界がある。単語の例を見る前にまず、生物と言語の違いを確認しよう。

　生物学で言う「外来種」は人間によって島に持ち込まれた生物のことを指す。小笠原諸島に持ち込まれた狩り用のヤギや食料のためのアフリカマイマイ、害虫退治のためのオオヒキガエル、ペットのグリーンアノール(トカゲ)や(野良)猫、木材で誤って持ち込まれたシロアリ、園芸用のハイビスカスや

木材用のアカギなどが野生化し、生態系に悪影響を与えている。小笠原の場合、人間が最初に上陸したのが340余年前で、人間が定住したのは180余年前なので、外来種の歴史はせいぜい数百年しかない。

　小笠原諸島は元々海底火山が海面から突き出た島々なので、元々動植物は皆無だったはずであるが、数万年をかけて、虫や鳥、植物の種子などが様々な方法で島に辿り着いて定着している。島にいる自然解説者たちはこの説明に「3つのW」という表現を使っている。すなわち、wind（風に運ばれた）、wave（波によって流れ着いた）、wing（自らの翼の力で飛んで来た）という3つの来島方法である。人間によって（意図的または偶発的に）持ち込まれた外来種と違ってこうした「広域分布種」は島での歴史が長い。例として挙げられるのは、オカヤドカリやカツオドリなどである。

　3つ目の「固有種」は島に辿り着いてから独自の変化を遂げて別の種へと進化した動植物を指すようである。小笠原の花として指定されているムニンヒメツバキやオガサワラオオコウモリ、母島にしか生息しない鳥メグロはいずれも小笠原の固有種になっている。固有種はDNAの変化によって生まれるので、島での歴史が長い。

　ここまで述べたのは、生物自体が「固有種」か「広域分布種」か「外来種」の話であるが、これからはこうした生物の名称を含めて、小笠原ことばの単語が「言語的な固有種」か「言語的な広域分布種」か「言語的な外来種」であるかという議論である。

15.2.　言語的固有種

　上で述べた「生物学用語を言語の説明に使うことには限界がある」話にここで戻る。小笠原で誕生した単語は少ないが、いくつか見られる。グリーンペペ（光るきのこ）やセンマチ（船舶待合所）、ギョサン（漁師のサンダル）などはこれに当たる。これらを生物に喩えると、「言語的固有種」に当たる。いずれも20世紀の半ば以降に島で作られた造語である。すなわち生物の場合、固有種は比較的に歴史の古いものであるが、「言語的固有種」は他の単

語に比べて新しい場合がある。上で触れたヤロードは英語の *yellow wood*（黄色い木）、ロースードは英語の *rose wood*（薔薇の木）がそれぞれ島で訛（なま）ってできたもう少し古い単語である。この類は *winter turtle* の訛語（かご）に由来するウェントルが含まれる。未成熟のウミガメを指す単語である。大きく成長したウミガメは冬になると日本本土やハワイなど遠くへと旅立つので、冬には捕れない。島の人間にとって重要なタンパク源だったウミガメは、冬に捕れるのは島近海に居付くウェントルだけである。

　欧米系島民の間で生まれた不思議な挨拶ことば「マタミルヨ」も小笠原でしか使われないという意味では言語的固有種と言える。この表現に見られる単語そのものは日本語だが、英語の *see you again* の直訳として使われている。言語学に説明すると「英語の意味領域に日本語の語形を当てはめた」表現である。食べ物の名称ピーマカやダンプレンも言語的固有種と言える。前者はハワイ語の *pimika*（お酢の意味）に由来する生魚の酢漬けである（ちなみに、もっと遡るとハワイ語の *pimika* のルーツは英語の *vinegar* にある）。元のハワイ語のピミカの母音が /i/ から /a/ に変わり、意味がお酢そのものから酢に漬けた魚料理というふうに変化しているのである。すなわち、音声変化と意味変化の両方を起こしているから言語固有語と言える。ダンプレン（洋風すいとん）は英語の *dumpling* に由来するが、母音が /i/ から /e/ に変化している。カツオドリを指すブベ（英語の *booby* に由来する）にも同様の母音変化が見られる。初代の入植者にはマサチューセッツ方言を話す人がいたが、この /i/ → /e/ の音声変化はその影響だと思われる。

　発音が変化している単語もあれば、意味や文法的な性格が変わった単語もある。八丈語（八丈島方言）に由来するナムラという単語が前者に当たる。元々は「魚群」から来たと思われ、魚の群れのみを表していた単語であるが、段階的には陸の生物にも使われるようになり、「ヤギのナムラがいた」などが言えるようになった後、さらに人間にも当てはめられるようになり、「向こうから自衛隊のナムラが歩いて来た」のように意味領域が広がった。

　文法変化として、ホゲル（散らかす）という八丈語に由来する動詞が挙げられる。元の用法では他動詞しかなくて、「部屋をホゲルなよ」のように使っ

ていたが、米軍統治下時代には他動詞から自動詞へ変化した。その時代には島が日本本土との接点がほとんどなく、英語による学校教育がおこなわれ、日本語の「規範意識」(何が普通の日本語か、何が正しい日本語かという意識)が薄かった。その時代には若い欧米系の間で、ホゲルが自動詞だと勘違いされて、ホガスという他動詞が新たに生み出された。この変化した用法では、「部屋をホガスなよ」という言い方に対して、「部屋がホゲテイルんじゃないか」という言い方が生まれた。これは「燃える・燃やす、焦げる・焦がす、出る・出す、増える・増やす」のような自動詞・他動詞の対になっている動詞への「類推」として説明できる文法的変化である。いずれにせよ、元々の八丈語とは文法的な使い方が違うだけに「言語的固有種」と言える例である。

ビーデビーデと呼ばれる木(沖縄でデイゴという名で親しまれている)は小笠原の象徴として広く受け入れられている。小笠原高校の学園祭の名前(図3–5 参照)や紀要の題目としても登場する。図 3–7 で解説したように、この「ビーデビーデ」は昔ウリウリやウデウデとも表記されており、その起源はハワイ語の *wili-wili* だと考えられている。

小笠原のタコノキはかつてラウハラ、ラハロー、ラワラ、ラワラワ、ルーワラ、ロハラ、ロハロ、ロハヲ、ロワラなどと呼ばれていたことを 3 章で解説したが、これもハワイ語起源の単語である。ハワイ語の *lau hala*(厳密に言うと「タコノキの葉」の意味)に由来する。江戸時代から太平洋諸島出身がタコの葉を編んで籠を作っていたようだが、明治に入植した日本人がこれを高度な作品を目指して小笠原独特なタコの葉細工が生まれた。現在の島でその体験教室が開かれている(図 15–1)。

15.3. 言語的広域分布種

小笠原ことばには上述のように、英語やハワイ語、八丈島方言などの単語が入って変化した「言語的固有種」もあれば、原語のままで使われている「言語的広域分布種」とでもよべる単語がある。伊豆諸島や日本本土でも使

図 15–1　タコの葉細工

われている方言語形はこれに当たる。例えば、ゴツ(標準日本語「ごと」に当たる)という言い方が小笠原に見られる。「鍋ゴツ捨てる」や「箱ゴツ運ぶ」のように使われる接尾辞である。「ゴツ」は八丈島やその「子方言」と言える南大東島にも分布している語形なので、広域分布種の単語に分類できる。

§7.4 で見たように、小笠原で「潜る」ことをムグルと言うが、『日本方言大辞典』を見れば類型は青森、佐渡島、福島、茨城、千葉、神奈川、静岡などに分布していることが分かる(図 7–6)。ブッコル(落ちる、図 7–3)やモロコシ(トウモロコシ、図 7–5)なども言語的広域分布種に当たる。

15.4. 言語的外来種

　小笠原諸島に日本語が入って来たのは 1860〜70 年代である。それより数十年も前から英語やハワイ語が使われていた。そう考えると、小笠原の日本語にこれらの言語からの単語が「借用語」(外来語)として入ってきたのは驚かない。しかし、上で見たように、多くの単語は何らかの要素(意味、発音、文法的用法)において変化が見られるので、厳密に言えばそれらはハワイや英語圏、八丈や日本本土に見られない小笠原だけの「言語的固有種」で

ある。そういうふうに定義をすれば、何ら変化もしていない純粋な「言語的外来種」は意外と少ない。以下で比較的音や意味の変化が少ない単語をいくつか取りあげる。ほとんどは上述の延島冬生氏の研究によるものである。

古い文献やお年寄りの会話に出てくるプヒ(ウツボ)が挙げられる。ハワイ語でウナギ科一般を表わす puhi に由来すると思われる。小笠原の父島と兄島とのあいだに人丸島(または人麻呂岩)があるが、昔はプヒアイランドともよばれていたようである。欧米系のナンヨウブダイやその仲間をウーフーと言うが、ハワイ語やはり同じ魚を指す uhu に由来すると思われる。小笠原に最初に住み着いたのはアメリカやヨーロッパの西洋人とハワイやタヒチなどのポリネシア諸島民であった。前者にとって見たことのない動植物が多かったが、後者にとって地元で似た物に見慣れていたので、名称を持っていたのである。

小笠原の周りでミナミイスズミという魚をよく見かける。大部分は銀色だが、黄色い色彩変異を起こしている固体も珍しくない。これをホーレーやホーレスと言う。小笠原初代開拓者のナサニエル・セーボレーの息子ホーレス・セーボレーが好んでいたという話があるが、後者の名称が古いということもあって、これが民間語源説であると思われる。一方、ハワイ語で黄色染料として利用されたヤロードと同属の木(*Ochrosia compta*)を *hōlei* とよぶから、むしろこれが真の起源ではないかと考える。

植物にタマナ(テリハボク、学名：*Calophyllum inophyllum*)が挙げられる。現代のハワイ語辞典を見ると、同じ木を表わす単語として *kamani* が載っているが、じつは 19 世紀のハワイ語では /t/ → /k/ という音韻変化が起こりつつあって、こうした発音上のバリエーションが見られる。日本でも有名なカメハメハ王は自分の名前をむしろタメハメハと発音していたようである。

ハワイ語起源の小笠原は生物名が多いが、他の物も見られる。例えば小笠原で「性行為」を意味する「モエモエ」はハワイ語で「寝る、眠る」を意味する *moe* に由来するであろう。小笠原では意味拡張が起こり、女性器を表わすようになっている。大阪弁など日本語のいくつかの方言で「女性器→性行為」という逆の意味変化が見られる。

ハワイに由来する地名がいくつかある。現在小港（こみなと）という日本名で親しまれているところは、古い地図にはプクヌイ（*Pukunui*）と記されている。これはハワイ語の *puka nui*「大きい穴」が少し訛ったものだと思われる。確かにその港へ行けば、波が開けた通り穴が並んでいる。

15.5. 小笠原の言語を知る「意義」

東洋のガラパゴスと呼ばれる小笠原諸島には貴重な固有種の単語が多く存在しているが、小笠原の言語体系にもユニークな現象が数多くある。1830年にアメリカのマサチューセッツ方言を話すナサニエル・セーボレーが小笠原に住み着いたが、その後米国本土で消失した古い発音を、彼の子孫が使っている「小笠原英語」に現在でも聞くことができる。

小笠原が自然遺産に登録されたのは、独特な動植物が島にたどり着いたためではなく、島にたどり着いたものがそこで独自の生態系を形成したためである。この生態圏には、「ことの葉」というもう1つの「植物」も含まれていると言って良い。小笠原ことばは太平洋の他の島々で形成されたピジンやクレオールなど単純化された接触言語とは種類が違い、言語と言語が単純化せずに絡み合う形で独自の発達を遂げているからである。

§10.2.6 で見た小笠原混合言語の会話例をもう一度見よう。「Typhoon のとき、three days ぐらい雨が降って、me らの house の中は water が up to the knee だったよ。クォー！そして this is on the heel of that tsunami ね。アイヤイヤイ。津波思い出した、また。怖さっ！So we've been veterans of natural disasters だじゃ。」のように、英語と日本語が（単語単位だけではなく）語句単位で入り混じっている話し方だ。

消滅の危機にあるとユネスコに認められた「日本列島の8言語」は、沖縄県の与那国語、八重山語、宮古語、沖縄語、国頭語、鹿児島県奄美群島の奄美語、東京都八丈島の八丈語、そして北海道のアイヌ語である。東京都小笠原諸島の「混合言語」も、そうした言語の1つに数えられるべきだと思われる。しかし、この独特な混合言語は米軍統治化に生まれ育った現在の中

高生層の欧米系にしか使われていなくて、彼らの世代と共に消える「全滅の危機に瀕した言語」と言わざるを得ない。

　さて、こうした消える運命にある小笠原の言語変種の知る「意義」はどこにあるのでああろうか。その重要性は、ローカルな理由とグローバルな理由、そして日本の将来を考えるために大切なナショナルな理由の3つに分けて考えることができる。

　「ローカルな意義」において、小笠原ことばそのものが時代背景を教えてくれる場合がある。例えば、地元でタマナ（標準和名：テリハボク）と呼ばれている木の名はハワイ語の *tamani* に由来するのだが、これと似た種の木が、桃のような実を結ぶことから標準和名でモモタマナと呼ばれるようになった。英語を経由せずに日本語に入ったハワイ語はほとんど皆無だが、小笠原ことばであるタマナは今や標準日本語とも言える。ところでこの木は現代のハワイでは *kamani* として知られている。19世紀後半からハワイ語の中でt音が全てk音に変わり始め、20世紀半ばには新しいk音が標準的なハワイ語の発音と見なされるようになった。つまりタマナという単語が小笠原に伝わったのは20世紀ではなく、1830年代の入植当時だった可能性が最も高いことが分かる。小笠原に生える木の「ことの葉」から島の歴史を垣間見ることができるのである。

　一方、「グローバルな意義」において、小笠原ことばは多数の言語が同じ地域で使われる場合に、どのような言語現象が起こるかを教えてくれる。上記の会話例に見た小笠原の混合言語は世界各地に見られるピジン言語とは異なり、日本語の部分も英語の部分も文法が崩れていないまま分かちがたく融合しているのだ。また、「meら」（「私たち」いう意味）のように日英両言語の部分による混成語は見られるものの、内地のインターナショナルスクールの帰国子女たちの間で使われる「頑張るed」（頑張る＋英語の過去形）のような単語は小笠原では使われないし、島民に「変だ」と言われる。言語学用語で言えば、前者のように「派生形態素」レベルで言語が混ざるのは許されるが、「屈折形態素」レベルでの混合は小笠原では認められないということだ。小笠原ことばは、人間の脳が言語をどのように習得し、どのように処理

しているかという謎を解明する可能性さえ有している貴重な言語なのである。

　現代の日本国が直面している多文化共生や移民の問題の糸口は小笠原の多民族、多文化、多言語の歴史にある。「複数の言語をごちゃ混ぜに使っている子供たちの思考回路に悪影響はないのか」、「移民系の若者は日本社会に溶け込みながらも自分のルーツにどうやってプライドを持ち続けられるか」、などの個人や社会が抱える具体的な問題である。これらの観点から多文化共生社会日本の未来を考えるのが「ナショナルな意義」と言える。

　1990年代以降日本に定住する外国人は南米を中心に増えている。またインドネシア人に日本に来て介護士として永住してもらうのは国策として進められている。これまで単一民族に近い日本社会にとってこれは大地を揺るがす変化である。しかし、未曾有のことではない。図4-1で見たように日本語や日本人は古来他文化との接触を繰り返している。平安時代に東北地方の蝦夷を大和の統一国家に取り込んだ。「近代」と言えば、19世紀後半からアイヌや琉球、華僑は日本社会に次々と吸収されていき、20世紀には朝鮮（韓）半島の人が大量に住み着く。小笠原はこうした近代の最初の異文化接触である。しかも現在でも小笠原に英語や混合言語を話す人がたくさんいることを考えると、1世紀半が経過した今でもその接触が続いていると言える。こうした事実を考えると現在日本の外国人集住地域で起きている様々な問題のヒントは小笠原の過去や現在から得ることができるに違いない。

謝辞

　私が小笠原に初めて行ったのは 1997 年。当時大阪大学の大学院で日本の方言を研究していたが、徳川宗賢先生に「ロング君はせっかく英語と日本語の両方ができるから、君にしかできない研究フィールドがあるよ」と教えていただいたのがきっかけだった。小笠原には 1830 年代に島に住み着いた先祖の血をひく欧米系島民が暮らしている。複雑なアイデンティティを持つ彼らに、人生の半分以上を日本で過ごした私が共感できるところがあった。しかし何よりも興味深かったのは、彼らが日常生活で用いている英語と日本語が混在している言語のことだった。

　それ以来様々な人の助けを受けながらたくさんの論文を手がけてきた。本書で使ったデータや分析の初出は以下の通りである。3 章の一部(Long 1999)、5 章(Long and Trudgill 2004)、§6.4, §7.1, §9.4(Long 2000)、§12.6 (Long 2004)、§1.5 と 12 章(Long 2001b)。第 6 章、第 7 章、第 12 章はロングの英語原稿を南谷奉良が日本語訳したものである。他の章はロングが日本語で書いたものである。全体の日本語ネイティブチェックで甲賀真広にお世話になった。

　本書にある分析を以下の学会や研究会で発表したときに貴重な意見をもらっている。大阪樟蔭女子大学 1997 年 12 月 19 日、国語問題協議会 1998 年 5 月 23 日、Austronesian Circle of Hawaii 1998 年 9 月 17 日，NWAVE 27 1998 年 10 月 1 日、甲南大学 1998 年 10 月 24 日、American Dialect Society 1999 年 1 月 7 日、NWAVE 29 2000 年 10 月 7 日、Asian Studies Conference Japan 2003 年 7 月 21 日、小笠原ビジターセンター 2007 年 8 月 13 日、Asiatic Society of Japan 2003 年 2 月 17 日。また、次の文部科学省の科学研究費を頂いている：#10710259(1998, 1999), #11480052, (1999, 2000), #12039233(2000), #13019205(2001), #13410139(2002, 2003), #14390043 (2002, 2003, 2004), #16652033(2004, 2005)。なお、本刊行物は、JSPS 科研費 17HP5068 の助成を受けたものである。

　これまで次の方々にアドバイス、指導、資料、データなどをいただき御礼申し上げる(順不同、敬称略)。赤間泰子、阿部新、稲葉慎、加藤夕佳、小西潤子、島田絹子、鵰田房蔵、鈴木創、曽我部哲弥、延島冬生、山口真名美、安井隆弥、Robert Bayley, Regina Barcinas, Joel Bradshaw, Richard Burg, Ron Butters, Ross Clark, Gail Savory Cruz, Paul Cunningham, Sebastian Dobson, Robert Eldridge, Jeffrey Gilley, Stanley Gilley, Ed Gunderson, Philip Hayward, Minoru Ikeda, Marcel Knapp, Peter Mühlhäusler, Mikael Parkvall, Dennis Preston, Edgar Schneider, Kenneth Rehg, Able Savory, Elsie Savory and John Wick, Ethel Savory Pack, Hendrick(Nicky)Savory, Irene Savory Lambert, Jonathan and Etsuko Savory, Minnie Savory, Beret Strong, Peter and Jean Trudgill, Mary June Washington Miyagawa, Edith Washington, John Washington, Jeannie Washington, Rance Washington, Johnson Washington, Flora Webb, Michael Wescoat, Margie Yahagi。

参考文献

Arima, Midori (1990) *An Ethnographic and Historical Study of Ogasawara/The Bonin Islands, Japan*. Stanford University PhD dissertation.

Bakker, Peter and Maarten Mous, eds. (1994) *Mixed Languages: Fifteen Case Studies in Language Intertwining*. Amsterdam: Institute for Functional Research into Language and Language Use (IFOTT).

Beechey, Fredrick W. (1831) *Narrative of a Voyage to the Pacific and Bering's Strait*. London: H. Colburn and R. Bentley.

Bickerton, Derek. (1981) *Roots of Language*. Ann Arbor: Karoma.

Bickerton, Derek, and Carol Odo. (1976) *Change and Variation in Hawaiian English. Vol. 1: General Phonology and Pidgin Syntax*. Washington, DC: National Science Foundation.

Blake, P. J. (1838) *Report from the Officer Commanding H. M. S. Larne, on the Occasion of her Visit to the Bonin and Caroline islands, in regard to acts of violence committed on the natives by British subjects and particularly by the Master and crew of the cutter Lambton of Sydney*. ハワイ大学の Hamilton 図書館保管の手記の複写版

Blake, P. J. (1924) *Report on the Cruise of HMS Larne in 1839*. In *Historical Records of Australia*. Series 1, vol 20, pp 27–28, 655–672. Sydney: Library Committee of the Commonwealth Parliament.

Blake, Capt. Robert. (1839) Visit to Port Lloyd, Bonin Islands, in Her Majesty's Sloop' Larne'. *Proceedings of the Bombay Geographic Society* 3: 109, 106

Britain, David and Andrea Sudbury. (2000) There's sheep and there's penguins: 'Drift'and the use of singular verb forms of BE in plural existential clauses in New Zealand and Falkland Island English. *Essex Research Reports in Linguistics* 28: 1–32.

Buffett, Alice. (1999) *Speak Norfolk Today: An Encyclopaedia of the Norfolk Language*. Norfolk Island: Himii Publishing.

Burg, B. Richard. (1994) *An American Seafarer in the Age of Sail; the Erotic Diaries of Philip C. Van Buskirk 1851–1870*. New Haven: Yale University Press.

Carr, Elizabeth Ball. (1972) *Da Kine Talk: From Pidgin to Standard English in Hawaii*. Honolulu: University Press of Hawaii.

Cholmondeley, Lionel Berners. (1915) *The History of the Bonin Islands*. London: Archibald

Constable and Co.

Clark, Ross.(1979)In search of Beach-la-mar: Towards a History of Pacific Pidgin English. *Te Reo* 22: 3–64.

Clement, E. W.(1905)Mito Samurai and British Sailors in 1824; with Appendix: 'List of Shipping which entered and sailed from Port William, St. George's, Bonin Islands from 1 Jan. 1833 to 1 July 1835'. *Transactions of the Asiatic Society of Japan* 33

Collinson, R. C.(1852)The Bonin Islands in 1851, Port Lloyd. *Nautical Magazine*. March, 135–138.

Collinson, Richard.(1889)*Journal of H. M. S. Enterprise, on the Expedition in Search of Sir John Franklin's Ships by Behring [sic] Strait, 1850–55*. London: Sampson Low, Marston, Searle, and Rivington, Limited.

Corne, Chris.(1982)A Contrastive Analysis of Reunion and Isle de France Creole French: Two Typologically Diverse Languages. In *Isle de France Creole: Affinities and Origins*, eds. Philip Baker and Chris Corne, 8–129. Ann Arbor: Karoma.

DeChicchis, Joseph.(1993)Language Death in Japan. In *Proceedings of the XVth International Congress of Linguists*, eds. André Crochetière, Jean-Claude Boulanger and Conrad Ouellon, 133–136. Québec: Les Presses de l'Université Laval.

Dillard, J. L.(1972)*American Talk*. New York: Random House.

Ehrhart-Kneher, Sabine.(1996)Palmerston English. In Wurm, et al, 523–531.

Elbert, Samuel H. and Mary Kawena Pukui.(1979)*Hawaiian Grammar*. Honolulu: University of Hawai'i Press.

Eira, Christina, Melina Magdalena and Peter Mühlhäusler.(2002. *Draft Dictionary of the Norfolk Language*. unpublished manuscript.

Findley, Gordon.(1958)*A History of the Bonin-Volcano Islands. Book2 1951–1958*. Declassified government report in the Navy Archives, Washington, D. C.

Forgue, Guy Jean.(1977)American English at the Time of the Revolution. *Revue des Langues Vivantes* 43: 253–269. Repr. in *Dialect and Language Variation*, ed. Harold Allen and Michael Linn, 511–523. Orlando: Academic, 1986.

Forster, Honore.(1991)*The Cruise of the Gipsy. The Journal of John Wilson, Surgeon on a Whaling Voyage to the Pacific Ocean 1839–1843*. Fairfield, WA: Ye Galleon Press.

Fuller, Janet.(1996)When Cultural Maintenance means Linguistic Convergence: Pennsylvania German Evidence for the Matrix Language Turnover hypothesis. *Language in Society* 25.4: 493–514.

Gast, Ross H.(1944)*Bonin Islands' Story. with maps, old and new*. [Monrovia, California]: Monrovia News-Post.

Goldschmidt, Richard.(1927)Die Nachkommen der alten Siedler auf den Bonininseln

[Descendants of the original settlers of the Bonins]. *Die Naturwissenschaften* 15: 449–453.

Grimes, Barbara F., ed. (1996) *Ethnologue, 13th edition*. Dallas: Summer Institute of Linguistics. (online at http://www.sil.org/ethnologue)

Hawks, Francis L., eds. (1856) *Narrative of the Expedition of an American Squadron to the China Seas and Japan, performed in the years 1852, 1853, and 1854, under the Command of Commodore M. C. Perry, United States Navy*. Repr. New York: AMS Press, 1967.

Hayward, Philip. (2006) *Bounty Chords: Music, Dance and Cultural Heritage on Norfolk and Pitcairn Islands*. London: John Libbey.

Hezel, Francis X., dir. (2006) Micronesian Seminar. (online at http://www.micsem.org/home.htm).

Head, Timothy E., and Gavan Daws. (1968) The Bonins, Isles of Contention. *American Heritage* 19.2: 58–64, 69–74.

Holm, John. (1988) *Pidgins and Creoles, volume 1, Theory and Structure*. Cambridge: Cambridge University Press.

Holm, John. (2000) *An Introduction to Pidgins and Creoles*. Cambridge: Cambridge U. Press.

Holm, John. (2004) *Languages in Contact: The Partial Restructuring of Vernaculars*. Cambridge: Cambridge University Press.

Hymes, Dell. (1971) *Pidginization and Creolization of Languages*. Cambridge: Cambridge U. Press.

Jourdan, Christine and Ellen Marbiru. (2002) *Pijin, a Trilingual Cultural Dictionary*. Canberra: Australian National University.

King, Rev. Armine Francis. (1898) "Hypa, the centenarian nurse." *Mission Field* [London: Society for the Propagation of the Gospel in Foreign Parts] November: 415–21.

Källgård, Anders. (1993) Present-day Pitcairnese. *English World-wide* 14.1: 71–114.

Kenyon, John S. (1958) *American Pronunciation*. 10th edition Ann Arbor, MI: Wahr.

Konishi, Junko. (2001) Developing Tradition: The Origin and History of Music in the Ogasawara Islands. *Perfect Beat, the Pacific journal of research into contemporary music and popular culture* 5.2: 30–48.

Labov, William. (1972) *Sociolinguistic Patterns*. Philadelphia: University of Pennsylvania Press.

Lal, Brij V. and Kate Fortune. (2000) *The Pacific Islands, an Encyclopedia*. Honolulu: University of Hawaii Press.

Laycock, Donald C. (1989) The Status of Pitcairn-Norfolk: Creole, Dialect or Cant? In *Status and function of languages and language varieties*, ed. Ulrich Ammon, 608–629. Berlin: Mouton de Gruyter.

London, Jack. (1895) Bonin Islands: An Incident of the Sealing Fleet of '93. *The High School Aegis 1, 2. Oakland: Oakland High School.* Repr. in *Jack London's Articles and Short Stories in the Aegis.* 1981. Edited by James E. Sisson. Oakland, CA: Star Rover House.

Long, Daniel. (1999) Evidence of an English Contact Language in the 19th century Bonin (Ogasawara) Islands. *English World-Wide* 20.2: 251–286.

Long, Daniel. (2000) Examining the Bonin (Ogasawara) Islands within the Contexts of Pacific Language Contact. In Steven Fischer and Wolfgang B. Sperlich. eds. *Leo Pasifika: Proceedings of the Fourth International Conference on Oceanic Linguistics.* 200–217, Auckland: Institute of Polynesian Languages and Literatures.

Long, Daniel. (2001a) Insights into the Vanishing Language and Culture of the Bonin (Ogasawara) Islands-Mr. Charles Washington's 1971 Interviews–*In Endangered Dialects of Japan (Endangered Languages of the Pacific Rim publications Series* A4–001), ed. Shinji Sanada, 46–85. Osaka: Endangered Languages of the Pacific Rim Project.

Long, Daniel. (2001b) Towards a Framework for Comparing Sociolinguistic Aspects of Isolated Language Variety Communities. *University of Pennsylvania Working Papers in Linguistics* 7.3: 159–74.

Long, Daniel. (2003) *The Disappearing Japanese Language Variety of the "Westerners" of the Bonin (Ogasawara) Islands. (Endangered Languages of the Pacific Rim publications Series* A4–023). Osaka: Endangered Languages of the Pacific Rim Project.

Long, Daniel. (2004) The Bonin (Ogasawara) Islands: A Multilingual, Multiethnic and Multicultural Community in Japan. *Transactions of the Asiatic Society of Japan*, 4th series, 18: 41–55.

Long, Daniel. (2007) *English on the Bonin (Ogasawara) Islands.* (Publications of the American Dialect Society 91). Duke University Press.

Long, Daniel and Peter Trudgill. (2004) The Last Yankee in the Pacific: Eastern New England Phonology in the Bonin Islands. *American Speech* 79.4: 356–367.

Lütke, Frédéric (Fyodor Petrovich Litke). (1835–36) *Voyage autour du Monde fait par ordre de Sa Majeste l'Emperour Nicolas Ier. sur la Corvette Le Seniavine, pendant des annees 1826, 1827, 1828 & 1829, Sous le Commandement de Frederic Lutke.* Paris. (*Puteshestvie vokrug svieta の*翻訳) Reprinted 1971, New York, Da Capo Press.)

Lynch, John. (1998) *Pacific Languages, an introduction.* Honolulu: University of Hawaii Press.

McArthur, Ian Douglas. (2002) *Mediating Modernity-Henry Black and Narrated Hybridity in Meiji Japan.* University of Sydney PhD thesis.

Maher, John. (1997) Linguistic minorities and education in Japan. *Educational Review.* 49.2: 115–127.

Maude, H. E. (1964) The History of Pitcairn Island. In A. Ross. and A. W. Moverley. *The*

Pitcairnese Language. London: Andre Deutsch. 45–101.

Middlebrooke, Helen Widger. (2001) Living on Guam, Staying on Guam. online at http://www.guam.net/home/inmiddle/guam.html

Mishoe, Margaret and Michael Montgomery. (1994) *The Pragmatics of Multiple Modal Variation in North and South Carolina.* American Speech 69.1: 3–29.

Montgomery, Michael and Stephen Nagle. (1993) "Double modals in Scotland and the United States: trans-Atlantic inheritance or independent development?" *Folia Linguistica Historica* 14: 91–107.

Morioka, Heinz, & Sasaki Miyoko. (1983) The Blue-Eyed Storyteller: Henry Black and His Rakugo Career. *Monumenta Nipponica* Vol. 38, No. 2. (Summer).

Mufwene, Salikoko. (1996) The founder principle in creole genesis. *Diachronica* 13: 83–134.

Mühlhäusler, Peter. (1986) *Pidgin and Creole Linguistics.* Oxford: Blackwell.

Mühlhäusler, Peter. (1998) Some Pacific island utopias and their languages. *Plurilinguismes* 15: 27–47.

Mühlhäusler, Peter. (2002) A Language Plan for Norfolk Island. In D. Bradley and M. Bradley. eds. *Language Endangerment and Language Maintenance.* London: Routledge/Curzon, 167–182.

Mühlhäusler, Peter, and Philip Baker. (1996) English-derived contact languages in the Pacific in the 20th century (excluding Australia). In Wurm, et al, 497–522.

Mühlhäusler, Peter and Rachel Trew. (1996) Japanese language in the Pacific. In Wurm, et al, 373–399.

Myers-Scotton, Carol. (1993) *Duelling Languages: Grammatical Structures in Codeswitching.* Oxford: Oxford University Press.

Myers-Scotton, Carol. (2002) *Contact Linguistics: Bilingual Encounters and Grammatical Outcomes.* Oxford: Oxford University Press.

Nishimura, Miwa. (1997) *Japanese and English Codeswitching, Syntax and Pragmatics.* New York: Peter Lang.

Palmer, Beryl Nobbs. (1992) *A Dictionary of Norfolk Words and Usages plus English-Norfolk Appendix.* 2nd ed. Norfolk Island: Palmer.

Peard, George. (1973) *To the Pacific and Arctic with Beechey. The Journal of Lieutenant George Peard of H. M. S. Blossom, 1825–1828.* Barry M. Gough. ed. Cambridge University Press.

Peattie, Mark. (1984) The Nan'yo: Japan in the South Pacific, 1885–1945. Ramon H. Myers and Mark Peattie. eds. *The Japanese Colonial Empire, 1845–1945.* 172–210.

Peattie, Mark. (1988) *Nan'yo. The Rise and Fall of the Japanese in Micronesia 1885–1945.* University of Hawaii Press.

Pesce, Dorothy Richard. (1958) *A History of the Bonin-Volcano Islands. Book 1 1830–1951.*

Platt, John. (1975) The Singapore English Speech Continuum and its Basilect'Singlish'as a 'Creoloid'. *Anthropological Linguisitcs* 17: 363–74.

Quin, Michael. (1837) *Remarks on Peel Island, Bonin Groupe.* Manuscript housed in the National Library, London, reference number FO17/21.

Quin, Michael. (1856) Notes on the Bonin Islands. *Journal of the Royal Geographical Society* 26: 232–235.

Records Regarding the Bonin-Volcano Islands. U. S. Naval Historical Center Operational Archives. Washington, D. C. Boxes 097, 098, 099, 100, 101, 102.

Reinecke, John. (1969) *Language and Dialect in Hawaii: a sociolinguistic history to 1935.* Stanley M. Tsuzaki. ed. Honolulu: University of Hawaii Press.

Roberts, Julie. (1997) Hitting a moving target: acquisition of sound changes in progress by Philadelphia children. *Language Variation and Change* 9: 249–266.

Robertson, Russell. (1876) The Bonin Islands. *Transactions of the Asiatic Society of Japan* 4: 111–143. 日本語訳：小西幸男 (1998)「ボニン・アイランズ」『日本語研究セン ター報告』6: 59–85

Ross, A. S. C. and A. W. Moverley. (1964) *The Pitcairnese Language.* London: Deutsch.

Ruschenberger, William Samuel Waithman. (1838) *Narrative of a Voyage around the World, during the Years 1835, 36, and 37; including a narrative of an embassy to the Sultan of Muscat and the King of Siam,* two volumes. London: Richard Bentley.

Sakanishi, Shio, ed. (1968) *A Private Journal of John Glendy Sproston, U. S. N.* Tokyo: Charles E. Tuttle. (Tokyo: Sophia University, 1940)

Sankoff, Gillian. (1993) Focus in Tok Pisin. In *Focus and Grammatical Relations in Creole Languages,* ed. Francis Byrne and Donald Winford, 117–140. Amsterdam: John Benjamins.

Sampson, Paul. (1968) The Bonins and Iwo Jima Go Back to Japan. *National Geographic.* July: 128–144.

Schreier, Daniel. (2003) *Isolation and Language Change, Contemporary and Sociohistorical Evidence from Tristan da Cunha English.* New York: Palgrave Macmillan.

Sebba, Mark. (1997) *Contact Languages: Pidgins and Creoles.* New York: St. Martin's Press.

Sewall, John S. (1905) *The Logbook of the Captain's Clerk. Adventures in the China Seas.* Bangor, ME: Chas. H. Glass.

Shepardson, Mary. (1977) Pawns of power: the Bonin Islanders. In Raymond D. Fogelson and N. Adams, ed. *The Anthropology of Power.* NY: Academic Press, 99–114.

Shepardson, Mary. (1998) *The Bonin Islands: Pawns of Power.* Unpublished monograph.

Sudbury, Andrea. (2001) Falkland Islands English: A Southern Hemisphere Variety?

English World-Wide 22: 1, 55–80.

Tanaka, Hiroyuki. (1998) How the Japanese of the Edo period perceived the Ogasawara Islands. translated and annotated by Stephen Wright Horn. In Long, ed., 31–58.

Taylor, Bayard. (1855) *A Visit to India, China and Japan, in the Year 1853.* London: Sampson Low, Son and Co.

Thomason, Sarah. (2001) *Language Contact.* Washington, D. C.: Georgetown University Press.

Thomason, Sarah and Terrence Kauffman. (1988) *Language Contact, Creolization and Genetic.* Berkeley: University of California.

Trudgill, Peter. (1983) Language Contact and Language Change: On the rise of the creoloid. In *On Dialect, Social and Geographical Perspectives*, 102–107, Oxford: Blackwell.

Trudgill, Peter. (1986) *Dialects in Contact.* Oxford: Blackwell.

Trudgill, Peter. (1996) Dual-Source Pidgins and Reverse Creoloids: Northern Perspectives on Language Contact. In I. Broch and E. H. Jahr. eds. *Language Contact in the Artic: Northern Pidgins and Contact Languages.* Berlin: Mouton de Gruyter, 5–14, reprinted in Trudgill 2002: 68–75.

Trudgill, Peter. (1997) Dialect Typology: Isolation, Social Network and Phonological structure. *Towards a social science of language*: vol 1, ed. Gregory Guy, et al. Oxford: Blackwell.

Trudgill, Peter. (2002) *Sociolinguistic Variation and Change.* Georgetown University Press.

Trudgill, Peter. (2004) *New-Dialect Formation: The Inevitability of Colonial Englishes.* Oxford University Press.

Trudgill, Peter, Daniel Schreier, Daniel Long, Jeffrey P. Williams. (2003) On the reversibility of mergers: /w/, /v/ and evidence from lesser-known Englishes. *Folia Linguistica Historica* 24: 23–46.

Tryon, Darrell. (2000) Ngatikese Pidgin. In Steven Fischer and Wolfgang B. Sperlich (eds.) *Leo Pasifika: Proceedings of the Fourth International Conference on Oceanic Linguistics*, Auckland: The Institute of Polynesian Languages and Literatures, 394–379.

Van Buskirk, Philip. (1880–1881, 1898) *The Private Diary of P. C. Van Buskirk.* Unpublished manuscript in the University of Washington Library manuscripts collection.

Wagenseil, Ferdinand. (1962) *Rassengemischte Bevölkerung der japanischen Bonin-Inseln; ihre Anthropologie und Genetik* [The Mixed-race Population of the Japanese Bonin Islands: Their Anthropology and Genetics]. Stuttgart: E. Schweizerbart.

Walker, Bryce. (2002) The Lives of the whale hunters. *American Legacy. The Magazine of African-American History & Culture.* Winter, 38–48.

Wells, John C. (1982) *Accents of English.* Cambridge: Cambridge University Press.

Williams, Samuel Wells. (1910) *A Journal of the Perry Expedition to Japan.* (published as *Transactions of the Asiatic Society of Japan*, Vol. 37, Part 2). Yokohama: Kelly and Walsh, Ltd (reprinted 1973 Scholarly Resources).

Winford, Donald. (2003) *An Introduction to Contact Linguistics.* Blackwell.

Wolfram, Walt, and Natalie Schilling-Estes. (1997) *Hoi Toide on the Outer Banks: The Story of the Ocracoke Brogue.* Chapel Hill, NC: University of North Carolina Press.

Wolfram, Walt, Natalie Schilling-Estes and Kirk Hazen. (1998) *Dialects and the Ocracoke Brogue.* Ocracoke, NC: Ocracoke School.

Wolfram, Walt, Kirk Hazen, and Natalie Schilling-Estes. (1999) *Dialect Change and Maintenance on the Outer Banks.* Tuscaloosa: University of Alabama Press.

Wurm, Stephen, Peter Mühlhäusler and Darrell Tryon. (1996) *Atlas of Languages of Intercultural Communication in the Pacific, Asia and the Americas.* Berlin: Mouton de Gruyter.

浅沼良次 (1999)『八丈島の方言辞典』朝日新聞出版

阿部新 (2002)「小笠原諸島に方言はないのか？」ロング 2002a 編収録、57–94

阿部新 (2006)『小笠原諸島における日本語の方言接触―方言形成と方言意識―』(小笠原シリーズ 4) 南方新社

青野正男 (1978)『小笠原物語』松本精喜堂

有馬敏行 (1975)「小笠原での日本語教育」『言語生活』281: 35–41.

有馬敏行 (1985)「返還直後の小笠原住民(特に小・中学生及び青年)のことばの実態」『音声の研究』21: 409–417.

石原俊 (2007)『近代日本と小笠原諸島　移動民の島々と帝国』平凡社

井上史雄 (2000)『日本語の値段』大修館書店

エルドリッヂ，ロバート (2002)「小笠原と日米関係：1945–1968」ロング 2002a, 245–270

エルドリッヂ，ロバート (2008)『硫黄島と小笠原をめぐる日米関係』南方新社

NHK 放送局 (1987)「太平洋ブラザーズ～東京都小笠原村～」『ぐるっと海道 3 万キロ』70: 4.13.

NHK 放送局 (1990)『日本とアメリカの間で　小笠原セーボレー一族の 160 年』(NHK セミナー　現代ジャーナル)：4.30

大熊良一 (1966)『歴史の語る小笠原島』南方同胞援護会

大蔵省印刷局編 (1888)『官報』1433: 120–121

大槻文彦 (1935)『大言海』富山房

小笠原愛作 (1987)「ゴンザレス Gonzales, Joseph」項、『日本キリスト教史大事典』546–547

小笠原小中学校編 (1979)『小笠原小中学校創立十周年記念誌』小笠原小中学校

加茂元善 (1889)「小笠原島風俗記　附　帰化人種の区別」『東京人類学会雑誌』4.38:

322–327(三浦清俊 1882 を参考した報告)

金澤裕之(2008)『留学生の日本語は、未来の日本語―日本語の変化のダイナミズム―』
　　ひつじ書房

金田章宏(2001)『八丈方言動詞の基礎研究』笠間書院

簡月真(2009)「台湾日本語における「でしょ」の新用法」『社会言語科学』11.2: 28–38

北国ゆう(2002)「小笠原諸島の民謡の受容と変容―そのことはじめ―」ロング 2002a,
　　130–160

木野康(2000)「小笠原 CATV の盛衰とその存在意義」前納弘武編『離島とメディアの
　　研究、小笠原編』: 103–125 学文社

倉田洋二編(1983)『写真帳小笠原　発見から戦前まで』アボック社

郡史郎(1997)『大阪府のことば』明治書院

坂田諸遠編(1874)『小笠原島真景図　父島之部』

真田信治(2000)『脱・標準語の時代』小学館

清水理恵子(1994)「小笠原欧米系島民言語生活研究」共立女子大学文芸学部卒業論文

瀬川清子(1931)『村の女たち』未来社

関口やよい(1988)「小笠原諸島住民の言語使用に関するパイロットスタディー」
　　『*Sophia Linguistica*』26: 151–162

柴田武(1978)『社会言語学の課題』三省堂

染谷恒夫・有馬敏行(1972)『小笠原村初代村長と校長の記録』福村出版

田中弘之(1997)『幕末の小笠原　欧米の捕鯨船で栄えた緑の島』中公新書

田村紀雄(1968)「小笠原の文化とことば」『言語生活』207: 70–74

チャムリー，バナード(国吉房奎訳)(1985)「小笠原諸島史(上)(全訳)(初期の一移民ナ
　　サニエル・セボリーおよび日本の領有」『研究収録 10』海城高等学校 1–17

チャムリー，バナード(国吉房奎訳)(1986)「小笠原諸島史(中)(全訳)(初期の一移民ナ
　　サニエル・セボリーおよび日本の領有」『研究収録 12』海城高等学校 63–91

チャムリー，バナード(国吉房奎訳)(1987)「小笠原諸島史(中)(つづき)(全訳)(初期の
　　一移民ナサニエル・セボリーおよび日本の領有」『研究収録 12』海城高等学校
　　1–28

チャムリー，バナード(国吉房奎訳)(1988)「小笠原諸島史(下)(全訳)(初期の一移民ナ
　　サニエル・セボリーおよび日本の領有」『研究収録 13』海城高等学校 9–25

チャムリー，バナード(国吉房奎訳)(1989)「ボーニン・アイランズ(小笠原諸島)―開
　　拓初期の明暗―」『研究収録 14』海城高等学校 77–93

津田葵(1988)「小笠原における言語変化と文化変容」『Sophia Linguistica』23, 24: 277–
　　285

辻友衛(1995)『小笠原諸島歴史日記　上』近代文芸社

テイラー，ベイヤード(国吉房奎訳)(1982)「ベイヤード・テイラーの『印度・中国・

日本への訪問記』抄訳―沖縄訪問記・小笠原諸島探検記―」『研究収録』7: 41–66 海城高等学校

東京府(1929)『小笠原島総覧』東京府

内藤茂(1975)『八丈島の方言』私家版

永国淳哉(1982)『ジョン万エンケレセ』高知新聞社

西野節男(1988)「小笠原の返還と島民教育の変化―「帰国」子女教育の一つの事例として―」『国際教育研究』(東京学芸大学海外子女教育センター)8: 1–14

ネウストプニー, JV(1997)「言語管理とコミュニティ言語の諸問題」国立国語研究所編『多言語・多文化コミュニティのための言語管理―差異を生きる個人とコミュニティ』21–37

延島冬生(1990)「ボニンアイランドという名前」『翼の王国』251

延島冬生(1993)「しまずし」項『伊豆諸島・小笠原諸島の民俗誌』東京都島嶼町村一部事務組合

延島冬生(1997)「小笠原諸島先住民のことば」『太平洋学会誌』72–73: 77–80.

延島冬生(1998)「小笠原諸島に伝わる非日本語系のことば」ロング 1998b, 129–148.

日比谷潤子(1995)「ヴァンクーヴァーの日系人の言語変容」柳田利夫編『アメリカの日系人 都市、社会、生活』: 153–171 同文舘

橋本謙治(1979)「日本語教師第一号の哀歓」『びいでびいで』: 54–55 東京都立小笠原高等学校 10 周年記念誌

平山輝男(1941)「豆南諸島のアクセントとその境界線」『音声学協会会報』67–68: 1–5

平山輝男(1965)『伊豆諸島方言の研究』明治書院

平山輝男・大島一郎・加藤信昭・馬瀬良雄(1959)「北部伊豆諸島の言語調査報告」『伊豆諸島文化財総合調査報告』2

松木一雅(1998)『長期滞在者のための小笠原観光ガイド』やまもぐら

松田峰子(2002)『中橋和泉町松崎晋二写真場』朝日新聞社

三浦清俊(1882)『小笠原島誌』(国立公文書館蔵)

水野筑後守忠徳(1861)「小笠原住民対話書」東京都小笠原村教育委員会編『小花作助関係資料』

宮本正雄(1979)「在来生教育の過渡期をふり返って」『びいでびいで』東京都立小笠原高等学校 10 周年記念誌 62

ミュールホイスラー, ピーター＆レイチェル・トリュー(2000)「太平洋における日本語」『社会言語学』3–1: 24–38(朝日祥之訳)

ミルロイ, レズリー著、太田一郎、陣内正敬、宮治弘明、松田謙次郎、ダニエル・ロング共訳(2000)『生きたことばをつかまえる ―言語変異の観察と分析』松柏社

茂在寅男(1979)『古代日本の航海術』小学館創造選書

森恭一・ロング，ダニエル(2007)「ドンガラ」『メガプテラ』小笠原ホエール・ウォッチング協会 50: 6

山方石之助編(1906)『小笠原島志』東陽堂支店

山口幸洋(1987)『図説静岡県方言辞典』吉見書店.

山口遼子(2005)『小笠原クロニクル　国境の揺れた島』中公新書

山本泰子(1968)「黒潮の島に育つ子ら」48–53

ロング，ダニエル(1998a)「小笠原諸島における言語接触の歴史」ロング 1998b, 87–128

ロング，ダニエル編(1998b)『日本語研究センター報告』6 大阪樟蔭女子大学日本語教育センター

ロング，ダニエル編(2002a)『小笠原学ことはじめ』南方新社

ロング，ダニエル(2002b)『日本のもう一つの先住民の危機言語小笠原諸島における欧米系島民の消滅の危機に瀕した英語とその文化』環太平洋の「絶滅に瀕した言語」にかんする緊急調査研究(A4–015)

ロング，ダニエル(2003a)「第 2 回公開研究会『小笠原諸島の言語・歴史・社会』の報告」『小笠原研究年報』26: 69–79

ロング，ダニエル(2003b)『日本のもう一つの先住民の危機言語—小笠原における欧米系島民の消滅の機器に瀕した日本語—』(「環太平洋の『消滅に瀕した言語』にかんする緊急調査研究」科研費報告書 A4–023)

ロング，ダニエル、磯野英治、塚原佑紀(2008)「小笠原諸島の欧米系島民に見られる語アクセントの型およびその世代差」『小笠原研究年報』31: 31–40

ロング，ダニエル・橋本直幸(2005a)『小笠原ことばしゃべる辞典』南方新社

ロング，ダニエル・橋本直幸(2005b)「「方言」ではない「地域言語」の辞書作成—『小笠原ことばしゃべる辞典』の特徴をめぐって—」『都立大学方言学会会報』145: 1–10

ロング，ダニエル・橋本直幸(2004)「小笠原欧米系島民の日本語にみられる文法的特徴」『日本語諸方言に見られる中間言語的変異の研究—言語変異理論の立場から—』(科学研究費報告書)64–73

ロング，ダニエル(2010)「言語接触から見たウチナーヤマトゥグチの分類」『人文学報』428: 1–30

ロング，ダニエル、今村圭介、新井正人(2011)「激動の 20 世紀を生きた小笠原諸島欧米系島民のオーラルヒストリー」『Ogasawara Research 小笠原研究』36: 21–49

索　引

A‑Z

Bakker　39, 243, 244, 247, 281, 282, 375

Blake　70, 71, 73

Buskirk　121, 168, 191, 255

Cholmondeley　59, 61, 98, 115, 124

Collinson　60

covert prestige　114

Holm　6

Konishi　126

Labov　259, 285, 347

Maher　14

Mühlhäusler　15, 16, 89, 91, 105, 121, 150, 342

Platt　9

Quin　51, 71, 73

Robertson　50, 61, 125

Sebba　6, 7, 9, 50, 59

Thomason　6, 8, 95, 283, 284

Trudgill　7, 8, 9, 10, 34, 35, 149, 283, 283, 314, 331

vernacular　259, 285, 378

あ

アイデンティティ　3, 244, 246, 253, 254, 258, 286, 325, 331, 333, 345, 347, 352, 353, 354, 355, 356, 368, 369, 370, 371

アイヌ　110, 250, 391, 393

アクセント　151, 305

アスペクト　101, 160, 205, 309

兄島　315

アフリカーンス語　10

奄美大島　200, 391

安定ピジン　6, 7, 33, 94, 283

い

硫黄島　17, 20, 24, 219

威信　38, 369

伊豆諸島　18, 199, 326, 388

一段動詞　307

一人称　202, 329, 356

井上史雄　110, 111

意味の過剰識別　324

意味の分岐　324

意味領域　279

意味論　35, 201, 202, 205, 274, 276, 280, 306, 321, 361

意味論的推移　322

隠語　244, 336

イントネーション　151, 305, 307

インドネシア　21, 281, 393

う

ウエブ家　32, 52, 59, 60, 61, 62, 78, 150, 172, 173, 219

ウエブ, ジェッセ　132, 168, 183, 187, 188, 189, 190, 205

ウエブ, トーマス　52, 57, 96, 149, 370

ヴォイス　322

受身　205

お

オーストロネシア　47, 48, 53, 238, 314

小笠原クレオロイド英語　11

沖縄　84, 200, 310, 311, 313, 362, 388, 391

沖ノ鳥島　17

オクラコーク　339, 340, 342, 344, 346, 348, 352, 353

オランダ語　10

音韻　35, 40, 84, 139, 140, 141, 142, 143, 145, 172, 178, 187, 189, 190, 191, 196, 198, 199, 202, 229, 240, 241, 244, 248, 258, 262, 263, 297, 303, 304, 307, 337, 341, 363, 364, 381, 390

音韻体系　337

音韻変換規則　363, 365, 366

音韻論　305, 331

音声　13, 365

か

カーボベルデ　31

海上英語　70

改名　30, 171, 172, 174

外来語　257, 277, 278, 301, 363, 365, 367, 381, 389

拡張　8, 322

隠れた威信　114

カナカ　30, 42, 47, 53, 56, 57, 58, 97, 125

カヌー　68, 74, 186, 195, 229, 295, 326, 327, 355, 371

可能表現　307

カロリン語　20, 30, 42, 48, 56, 57, 70, 88, 126, 133

関西方言　311

冠詞　34, 95, 156, 159, 190, 206, 208, 231, 235, 241, 383

干渉　194, 241

関東方言　37, 307, 308, 308, 320

勧誘形　279, 329

き

擬音語　306

帰化　29, 30, 40, 40, 61, 97, 116, 117, 118, 171, 172, 245, 246, 253, 355, 369

基層言語　5, 11, 11, 43, 93, 105, 286

起点言語　10, 204, 205, 281, 337, 341

機能形態素　201, 269, 381

機能的語彙　201

規範意識　58

基盤言語　382

木村ジョンソン　263, 350

疑問詞　308

九州方言　309

急速クレオール化　5, 7, 8, 34, 95, 283, 367

急速クレオロイド化　10

旧島民　25, 40

教育　11, 12, 13, 27, 45, 58, 84, 113, 114, 115, 116, 117, 118, 124, 147, 216, 229, 254, 292, 293, 352

強制疎開　12, 24, 36, 213, 214, 238

キリバス諸島　124, 126

キングズミル群島　124

く

グアム　18, 24, 28, 29, 36, 42, 46, 48, 69, 77, 109, 126, 178, 180, 193, 213, 215, 227, 234, 237, 238, 239, 241, 254, 285,

286, 345, 354, 355, 368, 371, 372
屈折形態素　205, 392
クレオール　5, 7, 15, 31, 32, 39, 86, 91, 92, 95, 101, 141, 150, 152, 153, 158, 159, 198, 237, 241, 263, 283, 284, 285, 336, 375
クレオール英語　15
クレオール化　8, 16, 283
クレオロイド　4, 7, 8, 9, 10, 13, 14, 15, 22, 33, 34, 35, 38, 95, 119, 120, 126, 141, 145, 152, 155, 156, 157, 158, 159, 167, 180, 187, 190, 205, 208, 237, 240, 241, 243, 263, 284, 291, 360, 368
敬語　208, 258, 267, 285, 295, 299, 348, 378
形態素　160
形態論　204, 331

け

ゲレー家　32, 70, 133, 172, 173, 216, 219, 366
ゲレー, ジェフレー　168, 257
言語環境　31, 55, 224, 245, 345, 380
言語干渉　150, 154, 206, 231, 280, 310
言語接触　14, 15
言語喪失　192
言語的資本　346
言語的不安　347
言語転移　13, 279, 280
言語の絡み合い　243
限定ピジン　35

こ

語彙提供言語　5

語彙形態素　201
コイネー　12, 13, 36, 37, 37, 198, 284, 348, 360, 368, 375
高位変種　34, 38, 43, 156, 169, 221, 222, 334
航海用語　192
コードスイッチング　38, 112, 167, 207, 209, 243, 244, 254, 255, 256, 258, 262, 272, 285, 306, 334, 337, 342, 343, 344, 368, 375, 376, 377, 378, 380, 383
コードミックス　349
語源説　63, 84, 90, 127, 390
コペペ　87, 88, 89, 126
コミュニティ　3, 11, 17, 30, 33, 34, 62, 72, 94
語用論　306, 307, 361, 362
コロニアル・ラグ　314
ゴンザレス家　31, 70, 77, 115, 116, 117, 128, 172, 173, 216, 217, 253
ゴンザレス, アイザック　128, 294, 328
ゴンザレス, ジョセフ　97, 105, 113, 116, 123, 168, 169, 176
混入　9, 189

さ

再構築　5, 9, 39, 92, 95, 192, 243, 281, 284, 336
サイパン　17, 18, 24, 28, 48, 109, 126, 167, 176, 177, 180, 193, 217, 227, 238, 239, 241, 313, 325, 326, 338, 368
在来島民　118
真田信治　375
三起点言語　283
3 次的ハイブリッド化　6, 55

し

子音群　197

シェパードソン，メアリー　131, 132,
　135, 156, 172, 175, 183

自動詞　304, 311, 316, 322, 323, 337,
　379, 388

嶋谷市左衛門　21

ジャーゴン　6, 69, 72, 91, 333

借用語　189, 311, 314, 363, 364, 367,
　381, 383, 389

収斂　252, 253, 256, 257

縮小　8, 9, 322

授受動詞　310

主流英語　15, 336, 338

準クレオール　→クレオロイド

上層言語　5, 9, 43, 93, 105

聖ジョージ教会　116, 117, 118, 165,
　169, 215, 253, 294

初期ピジン　94, 109

助数詞　201, 202, 203, 268, 381, 383

ジョン万次郎　112, 365

シンガポール英語　9

新島民　40

す

数詞　258, 271, 298

洲崎　21

スペイン語　193, 193, 377

須美寿島　18

せ

セーボレー家　22, 42, 52, 59, 60, 62, 70,
　78, 89, 123, 172, 173, 219, 366

セーボレー，サミュエル　159

セーボレー，ジェリー　124, 132, 168,
　170, 222, 329

セーボレー，ナサニエル　29, 30, 32, 42,
　56, 59, 61, 96, 100, 122, 150, 174, 370,
　372, 390, 391

セーボレー，ベンジャミン　120, 121,
　254, 370

セーボレー，ホーレス　98, 100, 101,
　390

世界自然遺産　4, 385

接触言語　11, 14, 15

接触連続体　335

接頭辞　199, 316, 320, 321

接尾辞　198, 389

瀬堀アイリーン　120, 157, 159, 174, 348

瀬堀エーブル　24, 174, 191, 192, 193,
　194, 195, 196, 197, 198, 202, 222, 255,
　256, 257, 273, 370, 379, 380

瀬堀ナサニエル　380

瀬堀ヘンドリック　380

前ピジン　6

専門用語　3, 192, 193, 201, 267, 306, 382

そ

創始者の原理　31, 86

嬬婦岩　18

存在動詞　307

た

待遇表現　295, 296

ダイグロシア　4, 23, 24, 118, 119, 167,
　169, 170, 215, 228

第二次世界大戦　11

代名詞　101, 159, 194, 201, 207, 208, 232, 257, 258, 264, 267, 295, 299, 305, 308, 381, 381

台湾　13

脱クレオール化　9, 10, 11, 35, 152, 209, 283

脱クレオロイド化　11, 34

脱混合言語化　11

他動詞　152, 199, 304, 311, 316, 322, 323, 337, 379, 388

タヒチ　46, 58, 76, 149, 355, 372

単純化　9

短母音化　301

ち

チャモロ　20, 28, 29, 36, 42, 48, 56, 133, 138, 193, 219, 238, 239, 354

中位変種　221

中間言語　37, 64, 120, 231, 305

チュークラブ　124, 125

超高位変種　169

朝鮮　13

長母音　301, 305

つ

通訳　24, 73, 76, 77, 78, 112, 168, 170, 171, 180, 221, 254

津波　318, 323

て

低位変種　9, 34, 38, 43, 156, 221, 222, 334

丁寧語　208, 258, 267, 378

デロスサントス，マリア　29, 30, 42

転移　281, 297, 300, 301

と

ドイツ　29, 30, 46, 49, 134

東京方言　37, 192, 307, 320

統語　202, 206, 207, 244, 247, 255, 277, 282

統語素　160

統語論的収斂　11, 247

徳川宗賢　395

特殊化　322, 329

トクピシン　121, 178, 188, 190

ドメイン　27, 112, 118, 119, 169, 340, 359

トリスタン・ダ・クーニャ　16, 339, 340, 344, 346, 353

な

内容形態素　257, 381

媒島　18

ナティック　16, 88, 129, 145, 336

南洋踊り　126, 371

南洋庁　13

に

二起点接触言語　283

二重化　62, 63

二重母音　139, 140, 305, 307

二重モーダル　160, 161

二人称代名詞　266

ニューイングランド　143, 144, 263, 365, 366

ニュージーランド　142

ね

ネウストプニー　14
ネオ方言　375

の

ノーフォーク　178, 222, 332, 333, 335,
　336, 339, 340, 341, 342, 343, 344, 349,
　350, 351, 353, 354

は

パーマストン島　16, 91, 137, 145, 150,
　178, 332, 333, 334, 336, 336, 338, 339,
　343, 344, 352, 353
ハイパ　96
バイリンガル　23, 118, 335, 368, 369
バイリンガル教育　11
バイリンガル混合言語　283
函館　119
派生形態素　392
八丈系島民　118
八丈島　267, 308, 312, 13, 18, 22, 35, 36,
　37, 40, 113, 198, 199, 199, 301, 305,
　311, 318, 326, 372
八丈島方言　36, 305, 316, 317, 319, 321,
　322, 323, 325, 326, 327, 360, 387, 388
母島　20, 21, 30, 52, 57, 96, 112, 125,
　153, 172, 175, 180, 186, 196, 315, 341,
　371, 386
バミューダ　40, 46, 57, 58, 70, 134, 372
パラオ　42, 109, 126, 167, 313, 314, 314,
　338

ハワイ　28, 29, 30, 32, 36, 47, 48, 53, 56,
　57, 58, 59, 63, 64, 66, 68, 69, 70, 77, 80,
　81, 83, 84, 87, 103, 111, 113, 123, 133,
　149, 189, 190, 215, 217, 227, 234, 237,
　238, 239, 241, 253, 262, 286, 314, 314,
　315, 316, 371, 371, 372, 387, 388, 389,
　390, 392
ハワイピジン英語　5
半クレオール　9

ひ

ピジン　5, 6, 7, 10, 14, 15, 25, 32, 33, 39,
　50, 55, 62, 64, 67, 69, 80, 92, 101, 145,
　156, 159, 167, 190, 241, 263, 283, 284,
　360, 375
ピジン英語　8, 11, 77
ピジン化　5, 6, 8, 16, 33, 59, 283, 367
非接触型拡張　7
ピトケアン　8, 14, 15, 16, 18, 91, 92,
　145, 178, 332, 333, 334, 335, 336, 339,
　340, 341, 342, 343, 344, 349, 350, 351,
　352, 353, 354
非ネイティブ　25
非母語話者クレオロイド　10
平山輝男　13

ふ

不安定ピジン　4
フランス語　30
文法　92, 160, 202, 205, 205, 241, 274,
　277, 281, 298, 321, 337, 381, 383, 385,
　388, 389, 392
文法構造　8, 39, 87, 95, 101, 156, 207,
　222, 252, 257, 273, 281, 336, 382

文末詞　　318
分離言語　　282, 283

へ

米海軍　　11, 12, 15, 24, 27, 32, 34, 143,
　　147, 174, 191, 213, 215, 245, 351, 355,
　　356, 391
ペリー提督　　22, 52, 52, 53, 78, 370
返還　　25, 40
変換規則　　365
偏流　　322

ほ

母音　　364
母音対応　　327
方言接触　　13
ポートマント一文　　271, 272
補助動詞　　307
ポスト・クレオール　　9, 34, 221, 222,
　　283
ポスト・クレオロイド　　16, 34, 35
母体言語　　252, 286
北海道　　13, 110, 313, 362, 391
ポナペ　　126, 129
ボニン英語　　4, 6, 14, 16
ボニンピジン英語　　94
ポリネシア　　15, 28, 47, 48, 59, 69, 77,
　　86, 113, 120, 137, 138, 149, 333, 371
ポルトガル　　29, 31, 46, 49, 50, 77, 80,
　　86, 138, 253

ま

マサチューセッツ　　32, 59, 70, 133, 135,
　　138, 143, 149, 161, 240, 363, 372, 372,
　　387, 391
マザロ　　29, 54, 56, 59, 60
マダガスカル　　46, 91, 135
マトリックス言語交代仮説　　244
マリアナ諸島　　→サイパン
マルケサス　　28, 30, 46, 47, 48, 53, 74,
　　75, 76
満州国　　13, 110

み

ミクロネシア　　15, 24, 42, 47, 48, 69, 72,
　　77, 86, 88, 96, 109, 110, 120, 126, 129,
　　313, 314, 315
ミチフ語　　281
南スタンリー　　174, 286, 354
南大東島　　199, 326, 389
南鳥島　　17

む

聟島　　18, 20, 186

め

メラネシア　　126

も

モキル　　28, 48, 88, 109, 126, 127, 129,
　　133
モダリティ　　160, 201
モリス，ロバート　　134

ゆ

優勢言語　11, 25

よ

嫁島　18

り

リーファ　152, 186, 193, 241, 306
陸前高田　62
琉球　37, 110, 311, 393
リンガ・フランカ　8, 167, 246, 378

る

類義語　280

れ

レユニオン・クレオール　9

ろ

ロース　30, 171, 172
ロティック　141, 142, 188, 197
ロビンソン家　70, 96, 176
ロンドン，ジャック　122

わ

ワシントン，ジョージ・オーグスティン
　　57, 91, 133, 135, 172
ワシントン，イーデス　132, 133, 173,
180, 318
ワシントン，チャーリー　129, 131,
137, 139, 140, 141, 142, 145, 146, 148,
150, 151, 152, 153, 154, 155, 157, 158,
160, 161, 162, 163, 168, 172, 173, 174,
175, 179, 180, 209, 217, 218, 240, 259

【著者紹介】

ダニエル・ロング（Daniel Long）

〈略歴〉

1963 年アメリカテネシー州生まれ。1982 年に来日し、1987 年に大阪大学大学院入学。1995 年同大学院から博士（文学）取得。大阪樟蔭女子大学日本語研究センターの助教授を経て、1999 年から東京都立大学。現在、首都大学東京人文科学研究科日本語教育学教室教授。

〈主な著書（共編著含む）〉

『マリアナ諸島に残存する日本語』(2012)、『日本語からたどる文化』(2011)、『世界の言語景観　日本の言語景観』(2011)、*English on the Bonin (Ogasawara) Islands* (2007)、『小笠原ことばしゃべる辞典』(2005)、『小笠原ハンドブック』(2004)、『小笠原学ことはじめ』(2002)、ほか。

小笠原諸島の混合言語の歴史と構造

—日本元来の多文化共生社会で起きた言語接触

The History and Structure of the Ogasawara Mixed Language: language contact in
Japan's original multicultural society

Daniel Long

発行	2018 年 2 月 16 日　初版 1 刷
定価	8000 円＋税
著者	© ダニエル・ロング
発行者	松本功
印刷所	三美印刷株式会社
製本所	株式会社 星共社
発行所	株式会社 ひつじ書房

　　　　〒 112-0011 東京都文京区千石 2-1-2 大和ビル 2 階
　　　　Tel.03-5319-4916　Fax.03-5319-4917
　　　　郵便振替 00120-8-142852
　　　　toiawase@hituzi.co.jp　http://www.hituzi.co.jp/

ISBN978-4-89476-904-5

造本には充分注意しておりますが、落丁・乱丁などがございましたら、小社かお買上げ書店にておとりかえいたします。ご意見、ご感想など、小社までお寄せ下されば幸いです。

[刊行書籍のご案内]

概説　社会言語学

岩田祐子・重光由加・村田泰美著　　定価 2,200 円＋税

社会言語学とは何を研究する学問なのか、社会言語学を学ぶことで言語や言語の背景にある社会・文化について何がわかるのかについて、学部生にもわかるように書かれた入門書。入門書とはいえ、英語や日本語の談話データを分析しながら、社会言語学の様々な分野におけるこれまでの代表的な研究成果だけでなく、最新の研究成果も網羅している。社会言語学を学ぶ学生だけでなく、英語教育や日本語教育、異文化コミュニケーションを学ぶ学生にとっても役立つ内容である。

方言学の未来をひらく　オノマトペ・感動詞・談話・言語行動

小林隆・川﨑めぐみ・澤村美幸・椎名渉子・中西太郎著　　定価 5,800 円＋税

オノマトペ、感動詞、談話、言語行動…これらの分野の地域差はどう研究するのか。近年の学界の関心を踏まえ、方言学の未開拓の分野を切り拓く先導役を果たすのが本書である。初めてこの分野に触れる人たちのために、先行研究の概観や課題の整理を行い、方法論や資料論を検討しながら実践例を示す。すぐに使用できる調査項目の案も掲載した。方言学に限らず、言語学・日本語学にとっても本書はこの分野の基礎的な文献となるにちがいない。